JN301983

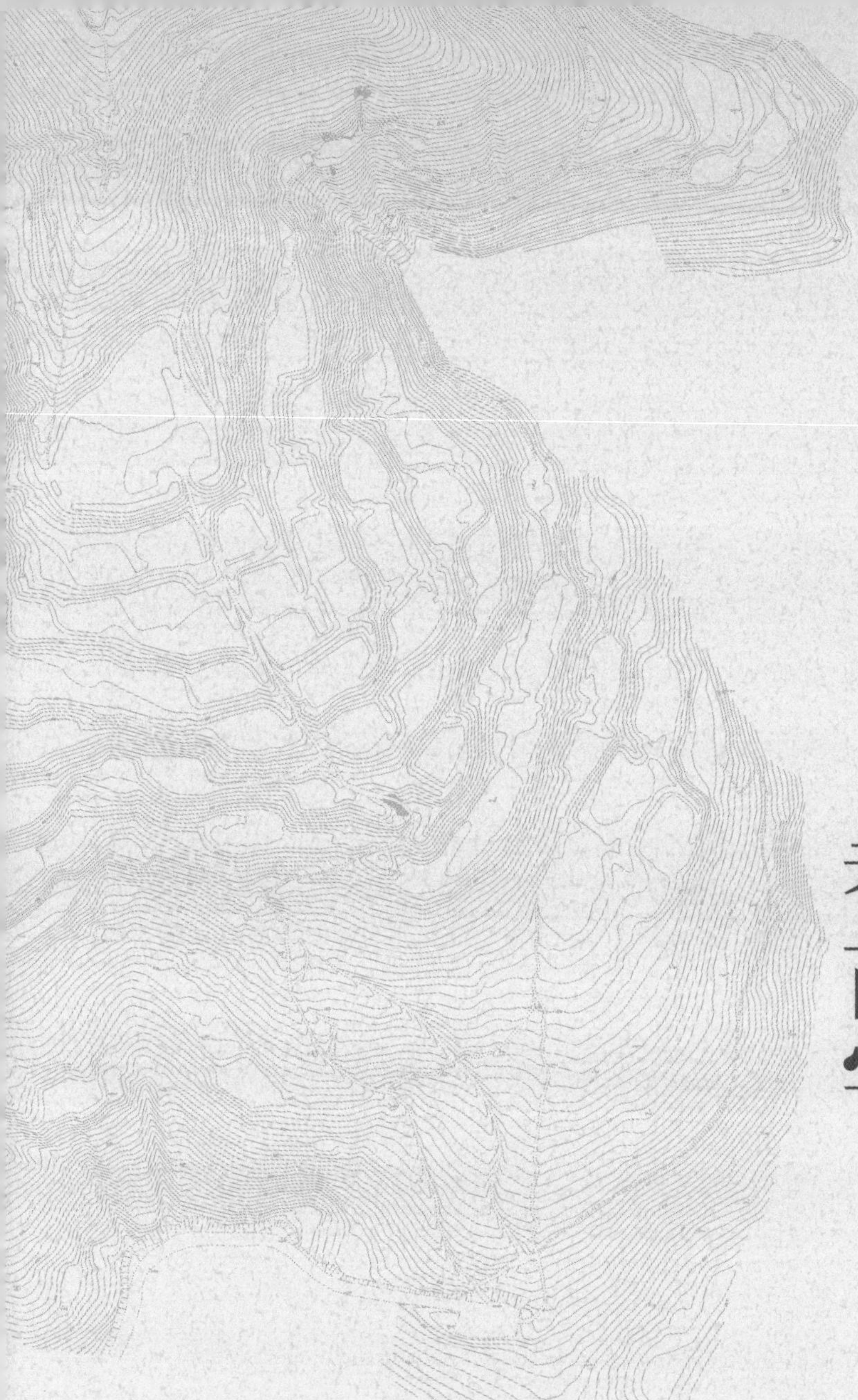

湖と山をめぐる考古学

用田政晴

目次

序章　考古学と民具・博物館……3
第一部　湖の考古学……13
第一章　湖底遺跡……15
第一節　琵琶湖の水没村伝承……16
第二節　琵琶湖湖底遺跡の調査と展示……40
第三節　余呉湖の歴史環境と埋没林……61
第四節　松原内湖の歴史的意義……81
第二章　湖上交通と治水・利水……99
第一節　琵琶湖の湖上交通史……100
第二節　丸子船の復元・展示と保存……128
第三節　琵琶湖の浦・湊・津……157
第四節　琵琶湖洪水対策と運河構想の歴史……171
第五節　川と池の竪樋……188
第二部　山の考古学……205
第一章　城郭……207
第一節　小谷城とその支城の体系的構造……208
第二節　佐和山城にみる交通史的意義……232

第三節　湊をめぐる城館と山城……243
第四節　近江城郭研究の現状……262
第二章　山寺と信仰……273
第一節　伊吹山・霊山の山岳寺院研究……274
第二節　弥高寺跡の史的評価……295
第三節　近世山岳寺院の一様相……316
第四節　上平寺城山岳寺院論……326
第五節　一字一石経塚の意味……341
第三部　アジアの湖と博物館……355
第一節　琴湖と琵琶湖の比較文化……356
第二節　琴湖の遺跡保護と博物館の設立……374
第三節　トンレサップ湖の歴史的意義……393
第四節　東南アジアの稜堡と博物館戦略……405
おわりに　アジアから琵琶湖へ……425
図表出典……435
初出一覧……444
索　引……巻末

序章

考古学と民具・博物館

一　考古資料

本書は、先年に刊行した『琵琶湖をめぐる古墳と古墳群』[1]につづく「琵琶湖」シリーズ二冊目にあたる。このシリーズは、おそらくは近いうちに全三冊として完結する予定である。

本書には、当初、『琵琶湖をめぐる考古と民俗』という標題を用意していた。一般には、「考古学」と縁遠い丸子船などの「民俗資料」、あるいは「民具資料」を扱い、さらには「博物館」をめぐる話題も積極的に取り上げていたためである。ただ、この「民具資料」も、また「博物館」も「考古資料」と不可分に結びついたもの、あるいは「考古資料」そのものと考えられる場合があるため、わかりやすさをめざして「考古学」と総称することにした。

一方、シリーズ一冊目の古墳を「野」にたとえ、本書では残る「湖《うみ》」と「山」をあわせてここでは扱うことになった。古墳や古墳群は野に限らず山にもあるが、多くは生活・生業域の山塊頂部や山麓にあり、日常的に人の入らない奥山や高山にはない。従って、このたとえも許されることと思う。「あとがき」でも触れるように、本書は門外漢として考えた十数年の記録や発想が中心であり、「科学」を自認するほどのものではない。しかし、その標題には、琵琶湖地域における物質文化を中心に扱い、一冊目の「野」で関わった弥生時代や古墳時代を除いたいくばくかの歴史の理解と復原を求めた軌跡という意味を込めている。

二 「考古資料論」と民具資料

筆者が学生だった三〇年以上前、恩師の近藤義郎先生は、学問上の疑問を私たち学生にしばしば投げかけていた。もうすでに学界の権威でもあった先生が、年端もいかない私たちに、いたってまじめに、素直に、このことについてどう思うかと質問を繰り返すことに不思議さを感じながらも、思いつくままそれなりに一所懸命考えてお答えした。その結果、私などは叱られることもしばしばあったが、今、自分自身がそのころの先生の年齢に達して、職場で共に作業にあたる、かつて考古学を学んだ人達に、歴史に関する自分の発想を日常的に語り、その反応を見ていることに似ているかも知れないと思うようになった。

おそらくは、私が学部の二回生か三回生だったころ、先生は「屏風絵などは、考古資料か文献資料か」と私に尋ねられたことがあった。どのようにお答えしたかは憶えていないが、ちょうどそのころ先生は、「原始資料論」という考古学の方法論をまとめておられる最中だった。これは、『岩波講座日本歴史』二五、別巻二の「日本史研究の方法」として掲載され[2]、さらにその後、「考古資料論」と改題して、先生の研究成果の一部をとりまとめた『日本考古学研究序説』に所収された[3]。当時の私は、その論文をなめるようにして読み、後の専攻科入学試験の第一問目、「型式とは何か論ぜよ」という問いに、少なくとも臆することはなく取り組めた。

さて、その「原始資料論」において先生は、「物的な遺存体を考古資料」と呼び、「風俗・伝承・民話・技術などとしてつたえられるものを民俗資料」と称して、「習俗や技術など」とも言い換えた。つまり、先生のいう「民俗資料」は、目に見えない資料、あるいは文字や物的ではないものを指すことによって区別しているように考えられる。

最近では、私にとってのもう一人の恩師・春成秀爾先生が、一八世紀末から二〇世紀半ばにかけて、北アメリカ北西海岸の先住民がポトラッチ（富と威信の象徴を贈る儀式）の際に使っていた銅板を追究する姿勢にも大いに触発されてきた。

また、イギリスで活躍したオーストラリア人考古学者、V・G・チャイルドは、「今朝私の車からゆるんではずれ落ちたネジ」や「昼食の後に私がきちんと埋めたいわしの空缶」は「考古資料である」と述べ、「私たちがこうしたものを研究していないのは、目撃者の話や印刷物といういっそう充分な情報源をもっているからだ」ともいう(4)。

そうした立場からすると、丸子船や多くの「民具資料」は物的資料であり、「考古資料」であるということもできる。その場合、時代性はおそらくは問われないことになる。

三　民具資料整理

本書の多くは、筆者が新しい総合博物館の設立準備にあたりはじめた一九九〇年以降に、折にふれ記したものをもとにしている。当時、そのプロジェクトチームの中にあっては人文・社会系唯一の担当者でもあり、展示計画等を立案するため、考古資料はもとより多くの民俗資料や時には文献資料にも対峙した。特に、滋賀県教育委員会が、一九七八年から一八年間をかけて収集した民具、三九七〇件、六五一四点を新しい博物館の中心資料とする方針であり、ほとんど未整理だったこれら資料と、それ以降十数年にわたって格闘することになった。その成果は、二〇〇六年から順次、資料目録やデータベースとして公表し、二〇〇九年三月、資料目録は五冊目を刊行して完結した。(5)

先に刊行した『琵琶湖水系漁撈習俗資料』(1)および(2)は、二五八四件の資料を収録し、二〇〇六年三月に刊行したものである。ここではすべての資料の写真を撮影・掲載し、資料番号、旧受入番号、分類、地方名・標準名、点数、収集地、特徴、法量、重量などと共に、精緻な資料の実測図四七四点を掲げた。

通常の資料目録は、資料のリストだけである場合が多く、写真もその一部に限られる。実測図と称する図面であっても、その大きさやおよその構造がわかるスケッチ程度のものが多い。そんな中にあって、この資料目録ではすべての写真と資料のほとんどの種類を網羅した詳細な図面を掲載するなど、これまでにない民具資料目録を作成した。特に実測図は、図上復元することが多い従来の方法にとらわれず、現況を可能な限り記録するなど、考古資料実測の方法に依拠して行ったものである。

例えば、琵琶湖博物館所蔵の船や舵、碇、艪、帆、アカトリなど船関係民具資料はそのすべてを実測した結果、考古学的な分類・型式と編年、つまり地域性や時代性を加味し、精緻で客観的な分析を行うことが可能となった。少なくとも素材提供の機能は十分果たせる条件がそろった。

こうした整理をはじめた数年後には、順次、民俗学や社会学の学芸員が拡充されていったが、体を張って資料と地道に向き合う作業に最後まで取り組んだのは、臨時的な職員でありながら、かつて考古学を学んで発掘調査経験も積んだ細川真理子、國分政子、辻川智代さんたちだけであった。こうしたところも、方法論的には「民具資料」を「考古資料」と同類と私がみなす根拠といえるかも知れない。

四　丸子船

一九九〇年の博物館開設準備室への異動から後は、本来の考古資料を扱う作業や調査は二の次となっていき、民具資料の整理作業に加えて、丸子船の復元製作と展示、(6)および関連する船関係資料の収集と保管、(7)それらの企画展示・ギャラリー展示の開催、(8)加えて博物館の管理的な業務に関わることとなった。これらが資料目録の目処がついた二〇〇六年までの中心的な仕事であったため、その象徴であった丸子船に関する第一部第二章の一部は、論文としての形式をとっていないものの、どうしても本書に取り上げておきたかったものである。私にとってこの十数年間は、広義の「考古資料」を相手にした日々でもあった。

さて、その「民具資料」と格闘したこの間に、有形無形の教えと支援を受けた民俗学者橋本鉄男先生と最後の伝統的な船大工松井三四郎さんを亡くし、今、これを一つの区切りにしようとしている。

五　物的資料と博物館

先に「総合博物館」と称したように、琵琶湖博物館は歴史展示のみならず地学、動物・植物を扱う生物学、それに河川や農業工学、社会学、それに生きた魚など幅広い分野の成果を生かした展示や活動を行っている。むしろ、活動方針では、調査・研究をベースにして幅広く資料整備、情報活動や交流事業を行い、最後に展示も行うという位置づけである。琵琶湖博物館の中長期的な目標像も「地域だれでも・どこでも博物館」と称して、博物館外での地域において住民が主体となった博物館的活動においている。これは日本における新しい博物館像のひとつではあるが、一方では本来あるべき基本的な博物館展示がおざなりになり、十年一日がごとき状況になっている。さらには、社会学や民俗学のうちの風俗・伝承・民話・技術など物的でないものは展示としては成り立ちにくく、また、物的なものを介してはその意図を伝えにくいものであることが、これまでの博物館での経験を通じてわかってきた。私自身が考える博物館のあるべき姿は、ある意味、保守的で回帰的なものになりつつある。その昔、お金持ちのコレクターが、自慢げに自分のコレクションを披露したような博物館も、悪くないと今になっては思っている。

つまり博物館事業の本来あるべき基本的活動の展示は、物的な資料を中心に扱ってはじめて成り立つものであるということである。そういう意味では、「博物館」は多分に「物的」であり「考古資料」に似た資料に依って立つものであるといえる。従って、「博物館」に関わる事柄を「考古学」の分類中で扱っても、大幅に逸脱するものではない。

以上、本書を『湖《うみ》と山をめぐる考古学』と題した理由を説明してまえがきにしておきたい。

注

（1）用田政晴『琵琶湖をめぐる古墳と古墳群』、サンライズ出版、二〇〇七年。
（2）近藤義郎「原始資料論」『岩波講座日本歴史』二五、別巻二（『日本史研究の方法』）、岩波書店、一九七六年。
（3）近藤義郎「考古資料論」『日本考古学研究序説』、岩波書店、一九八五年（一部を補訂した「増補版」は、二〇〇一年）。
（4）V.G.Childe, Piecing together the Past, London,1956.（邦訳、近藤義郎訳『考古学の方法』、河出書房新社、一九六四年）。
（5）a用田政晴編『琵琶湖博物館資料目録』第一三号（『民俗資料一　琵琶湖水系漁撈習俗資料』(1)）、滋賀県立琵琶湖博物館、二〇〇六年。
b用田政晴編『琵琶湖博物館資料目録』第一四号（『民俗資料二　琵琶湖水系漁撈習俗資料』(2)）、滋賀県立琵琶湖博物館、二〇〇六年。

c用田政晴編『琵琶湖博物館資料目録』第一七号（『民俗資料三　衣食住』）、滋賀県立琵琶湖博物館、二〇〇八年。

d用田政晴編『琵琶湖博物館資料目録』第一八号（『民俗資料四　生産生業』）、滋賀県立琵琶湖博物館、二〇〇八年。

e用田政晴編『琵琶湖博物館資料目録』第一九号（『民俗資料五　生産生業（諸職）ほか』）、滋賀県立琵琶湖博物館、二〇〇九年。

（6）用田政晴・牧野久実編『琵琶湖博物館研究調査報告』（『よみがえる丸子船　琵琶湖最後の伝統的木造船復原展示記録』）第一三号、滋賀県立琵琶湖博物館、一九九九年。

（7）注（5）bに同じ。

（8）a用田政晴・牧野久実編『第七回企画展　湖の船—木造船にみる知恵と工夫—』、滋賀県立琵琶湖博物館、一九九九年。

b用田政晴編『琵琶湖博物館研究調査報告』（『企画展示『湖の船』開催記録』）第一九号、滋賀県立琵琶湖博物館、二〇〇三年。

第一部

湖の考古学

第一章

湖底遺跡

第一節　琵琶湖の水没村伝承

一　はじめに

琵琶湖のまわりでは、かつての地震などによる地殻変動によって、村が水没したと言い伝えられているところがいくつか知られている（図1―1）。

これら湖中に沈んだ村は、しばしば「〇〇千軒」と便宜的に呼ばれるが、その呼称に歴史的意味はほとんどない。そして、今でも湖底において石垣や井戸を見ることができたり、古い絵図や古文書等によってもその村のことが説明されている。(1)

こうした水没村伝承と琵琶湖の水位については、近年、林博通が精力的に調査を行い、手がかりはわずかながら着実な成果をあげており、(2)その概要も簡単に知ることができる。(3)それによると、現在の琵琶湖の水位は、明治三八年（一九〇五年）に南郷洗堰として瀬田川に設置され、のち昭和三六年（一九六一年）に改設された瀬田川洗堰によって調節されている。この基準水位は、明治七年（一八七四年）に設置された鳥居川量水標の零点を基準として計測され、平成四年（一九九二年）からは、大津市

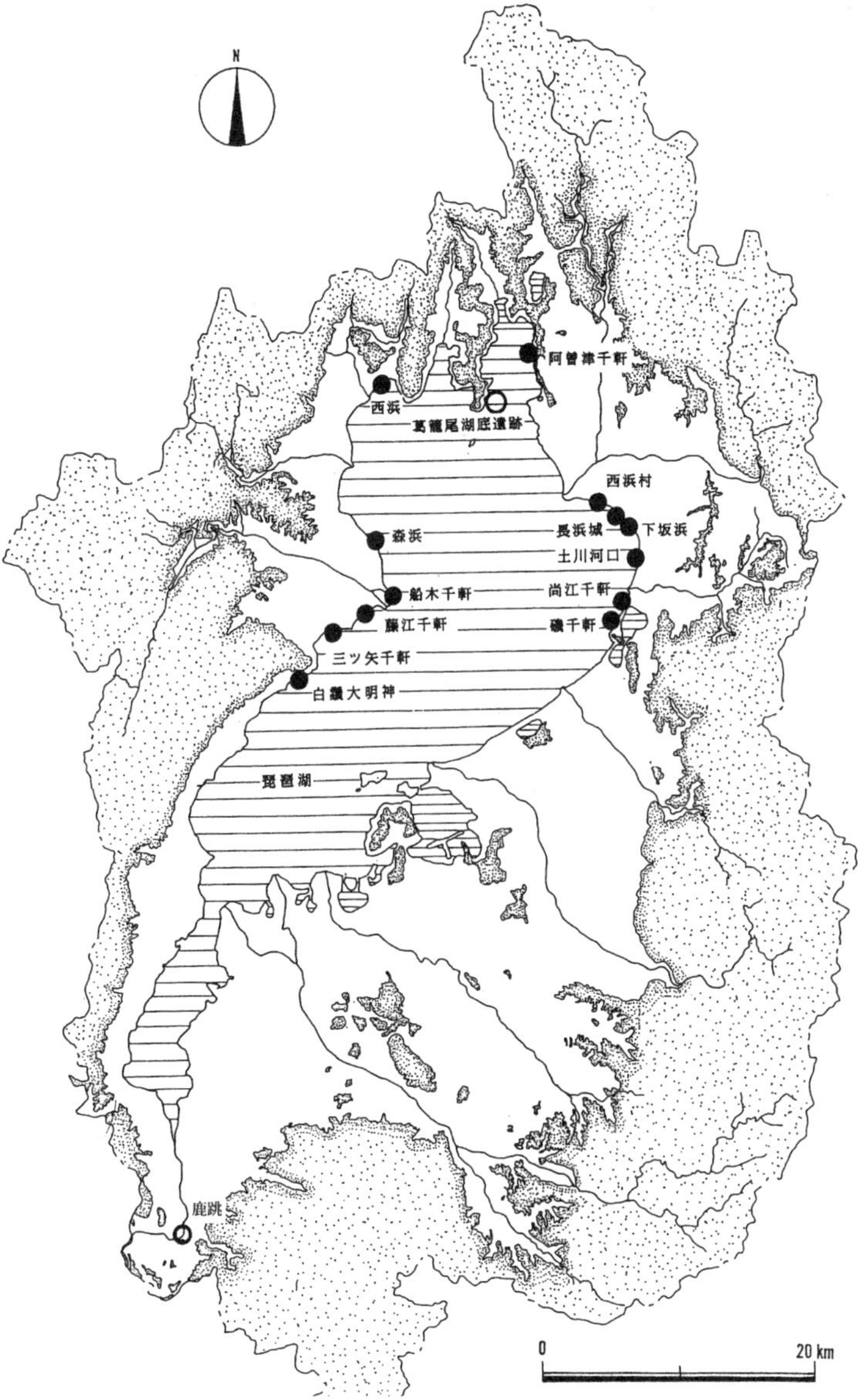

図1－1　琵琶湖の主な水没村伝承地と関係地

三保ヶ崎、大津市堅田、彦根市彦根港、高月町片山、高島市大溝の五カ所の観測データの平均値が公表されている。しかし、それ以前の記録は、享保三年（一七一八年）以降、膳所藩の北山田・下笠と彦根藩による新海での観測記録が断片的に知られているだけである。そして、その水位や汀線の変動の要因や具体的な状況については、未だ一定の見解とはなっておらず、単に水位の上昇か地殻変動かというような結論にも達していない。

琵琶湖には、いわゆる千軒伝承をもつ湖中に沈んだ村が一二あり、湖底遺跡は約九〇を数えるが、ここでは筆者が実際に現地調査を行って見ることができた二つの「千軒」に関係すると考えられる施設・遺構の紹介を行い、こうした千軒伝承の残る湖底の村と瀬田川の関わりについて触れる。

二　主な「千軒」村

(1)　三ツ矢千軒

高島市安曇川町下小川の三ツ矢地区は、現在の湖岸から六〇〇〜七〇〇ｍも離れているが、この地区のはずれに若宮神社が鎮座している。この神社の社殿は小さいが、神輿はかなり大きく、担ぐのには四〇人の人手が必要という。ただ、平成二〇年現在の三ツ矢地区は二三戸しかなく、とうていこれだけの神輿は担げない。このことが、かつての村の一部が現在の湖中に沈んだと伝えられる根拠の一つにもなっている。

「大三ツ屋は（略）永田村より寅卯にありて葭島より百間許も沖に在りしなり。其村址は水底に石垣一町斗もあり、石橋もあり、早水の時は五尺許の水底なり。某年今の地に移りて鯰川と称す。小三ツ矢は青柳村大字下小川の三ツ矢なり」[4]。

その他、三ツ矢千軒伝承地付近の元禄ごろ（一六八八～一七〇三年）の絵図には、今の湖面の部分にまで小字名が付いていたり、さらに地元では、湖岸から約一〇〇m沖の湖底に石垣の崩れた跡が見られるという話も残っている。

(2) 藤江千軒

三ツ矢千軒のすぐ北、高島市安曇川町藤江にはかつて五つの神社があり、「湖水四丁程の水底に黒野神社の当時のお旅所の敷石が見える」[5]。

「往古は藤江千軒と称して今の民家より東方に数百軒の人家ありしが、豊臣秀吉が大坂築城に当たり、勢多川の下流鹿飛米浙の地に湖水の流れを堰止めしかば、湖水氾濫して沿湖の人家多く流出し、今は僅かに其一部を残せるなりと云う。南北の二大沼松木梅木も豊臣時代までは田地なりしが、藤江千軒水害の際に共に水底に没して二大内湖なりしと伝う」[6]。秀吉が大坂城築城時に、瀬田川を堰き止めたことにより藤江千軒が水没したという伝承が記載されている。

また、地元の人の話によると、「石垣等が見られる」と言い、慶長七年（一六〇二年）六月二二日付け『江州高島郡藤江今在家村検知帳』では、現在の内湖部分も水田として含まれているという。

(3) 阿曽津千軒

阿曽津婆の伝説で有名な、伊香郡高月町西野にあったという村である。

「嵐と津波みたいなのがやってきたんやなあ。（略）部落をひと飲みにしてどおと、琵琶湖の中へ引きずり込んでもた。（略）在所で『の』のつく所は、皆、逃げたんや言うて。『七野』あるんですわ。七里村ちゅうてね。そこが、磯野、柳野、熊野、習志野、桑野、東野、西野言うて」[7]。

深さ約二〇mの湖底からは、一九七四年に古墳時代の須恵器と土師器が採集されており、湖底を示す等深線図によると、かなり深い部分ではあるが沖への張り出した地形が認められる。

最近の調査では、沖合約五〇m、深さは一五mの湖底斜面に石垣あるいは石段が見られ、沖合約七〇m、深さ約二〇mの場所には木枠も残っているという[8]。

(4) その他の水没村伝承

高島市安曇川町北船木は、「往者は船木千軒と称したりと。（略）某年洪水氾濫して湖辺水底となり、殊に南浜の一部甚しく陥落したり」[9]と伝える。

また、白鬚大名神は、「土俗伝云、当社の鳥居は前汀湖中にあり、昔は陸地にありしに湖水増して今水中となる」[10]という。琵琶湖博物館蔵で一八世紀前葉の『近江名所図屏風』に描かれたこの鳥居は、確かに陸地にある（写真1―1）。

一方、琵琶湖東岸では、「神照村大字祇園の西に古へ西浜村と称せし村ありしが、曾て地震により陥落して村の大半を失ひ、その後、今の大字祇園及び長浜町に移住するものあり。（略）此の西浜村

の陥没は寛政頃の地震なりと伝う」。(11)

「長浜城は今日の湖岸より約四〇間の沖まで地域ありしものが、波浪の為に削られしものなりと伝えられ、湖に石垣の痕跡遺れり」(12)ともいう。

また、尚江千軒は、米原市筑摩と朝妻の間にあったといわれ、「古へ筑摩の西北に当り、尚江と称する大村ありしが、中古大地震の時、其の地陥落して湖中に沈めりと伝へ、風浪なき日、湖底を瞰視すれば、井戸の遺阯等を見る事を得べしといへり」(13)と、『滋賀縣史』第一巻を引用して伝え、現在の湖岸近くの湖中に井戸跡が見えたらしい。

写真１－１　『近江名所図屏風』（部分）
（滋賀県立琵琶湖博物館蔵）

先述の林博通らによる調査によると、筑摩神社沖では縄文土器や須恵器の他、土坑や古墳時代の須恵器と石のかたまりも発見され、正中二年（一三二五年）に近江北部や敦賀をおそった大地震によってかつての陸上部が沈下したと考えられている。(14)

磯千軒は、「米原町大字磯の漁人の談に、磯より三四十町を隔つる湖中に一帯の浅瀬あり、湖水澄徹の日に水底を凝視すれば、井戸の土筒等点々存在するを見る」(15)。今でも米原市磯の湖岸を歩くと、古墳時代から平安時代を中心とする須恵器片が相当数採集されるなど、湖底遺跡として遺跡地図にも記載されている[16]。

その他、高島市新旭町の森浜沖周辺での湖中の「隠れ道伝承」などが、湖底に沈んだ村の伝承としてよく知られている。

三　三ツ矢千軒と阿曽津千軒の調査

(1)　三ツ矢千軒の石堤

小谷昌による琵琶湖国定公園学術調査の際の報告に、三ツ矢千軒に関連すると思われる「湖底石堤」位置図が示されている[17]。文章による説明はないが、現在の三ツ矢集落から南に向かい、琵琶湖に注ぐ小河川河口部すぐ東側湖中に、「湖底石堤」が沖に向かって約一〇〇m延び、その先がやや東に曲がって表現されている。石堤は幅一〇～二〇m程度と見ることができ、深さ約二～二・五mの湖底まで石堤は存在する。

筆者が昭和六一年(一九八六年)一一月一三日に現地調査を行った時、小谷の「石堤」とほぼ同規模・同形状の石堤を発見した。ただ、位置が小谷の図と少し異なり、西へ約三〇mずれる。ちょうど鯰川河口部の東側に位置し、当時、湖岸に面して建っていた国民年金センターの沖に相当し、今の三ツ矢集落の南約五〇〇mの位置にあたる(図1―2)。

当日の琵琶湖水位は、標準水位よりマイナス五〇㎝であったため、この石堤は船上より容易に見ることができた（写真1―2）。また実際にその石堤の裾に人間が立って見たところ、水は人の胸付近までであり、当時の水位を考えあわせると石堤は、標準水位からマイナス二m程度の沖合いの湖底にまでその先端は延びていたことになる。

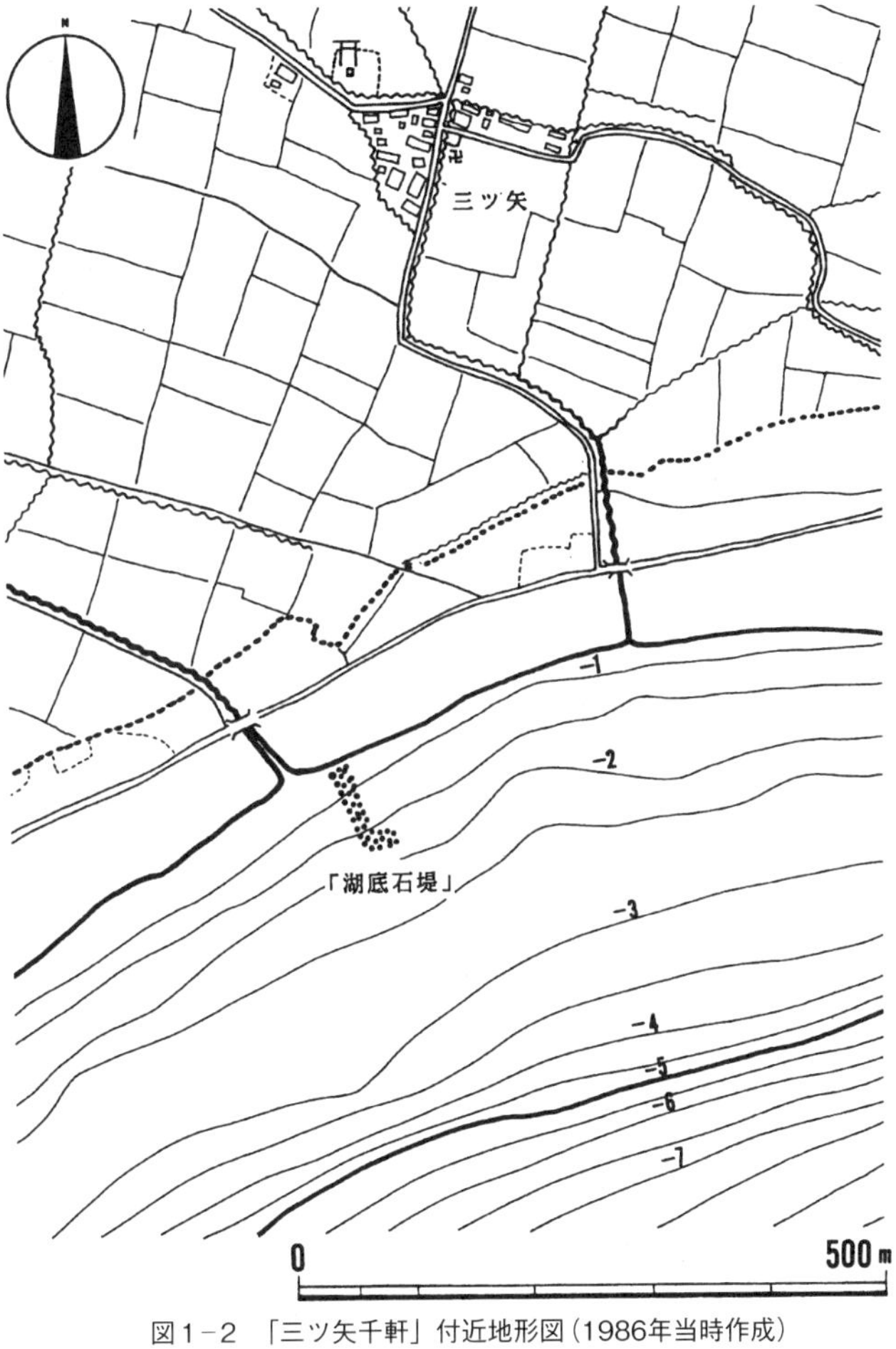

図1−2 「三ツ矢千軒」付近地形図（1986年当時作成）

最近、詳細な測量調査が行われたが、林博通によると石堤（石塁）は約八〇m延び、そこから鉤形に曲がってさらに二五m延びており、その幅は六～一〇mという（図1―3）。そしてその石堤中に打ち込まれた杭のC14年代測

写真1－2　「三ツ矢千軒」の石堤

写真1－3　「三ツ矢千軒」石堤の石仏

定をしたところ、西暦一一六〇～一三五〇年ごろに伐採されたらしい[18]。
　石堤は、ひと抱え程度かそれよりやや大きい自然石からなり、その堤の断面は大雑把に言うと台形か半円形になるようである。それらの石の中に転用した石仏一体を発見した。像高約五〇㎝の半肉彫製品で、中世後期を大きく遡るものではないという印象を得たが、現物はすぐに元の位置に戻した（写真1－3）。先の木杭の示すC14年代とはへだたりがあり、解釈が分かれるところである。その他、五輪塔の一部などの石材も散見された。その後、林博通らによってさらに詳しくこの石堤が調査・報告されている[19]（図1－4）。
　ただ、さらにこれより二〇年近く前に、高島市の漁師岡村平佐衛門が同様の石仏をここから引き上

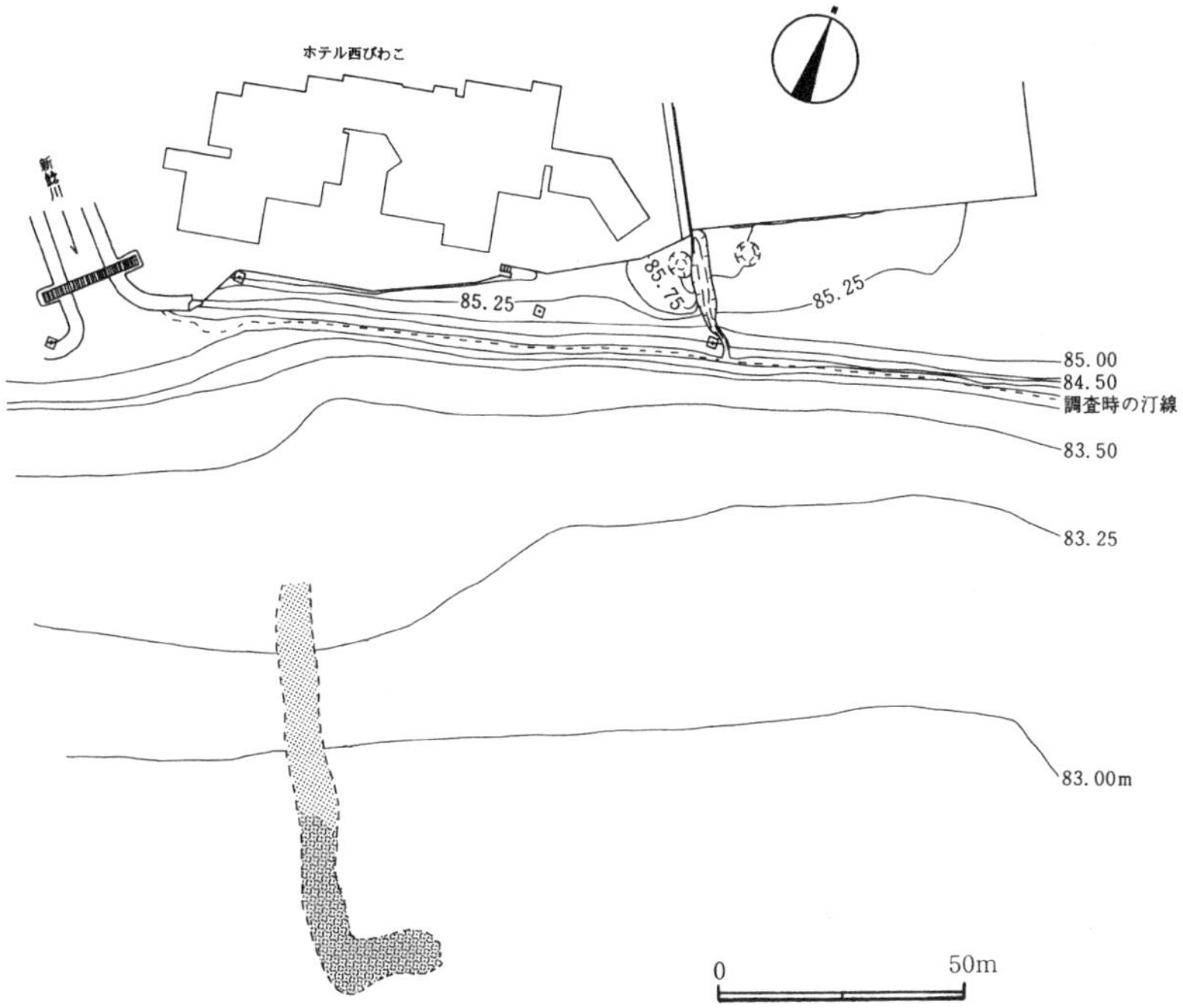

図1－3　「三ツ矢千軒」の確認遺構

げ、高島市永田の長盛寺に奉納しており、今も見ることができる（写真1―4）。岡村の話によると、現地では石積みの他に直径約一・五ｍほどの井戸もあり、石仏はこの井戸の脇にあったという。

例えば、城の場合、信長の安土城、秀吉の長浜城や山崎城、弟秀長の大和郡山城、明智光秀の福知山城などでは、墓石や地蔵、五輪塔などが無造作に積まれているが、これらは「無頼」ではなく「けがれの逆転」で、呪術性を求めたのだとする説がある。[20]

その他、地元でのいくつかの証言は、石堤と木杭の存在を知らせるものであるが、現在までのところ、これら石堤は港の防波堤機能を持ったものであると考えるほかない。そのおおよその位

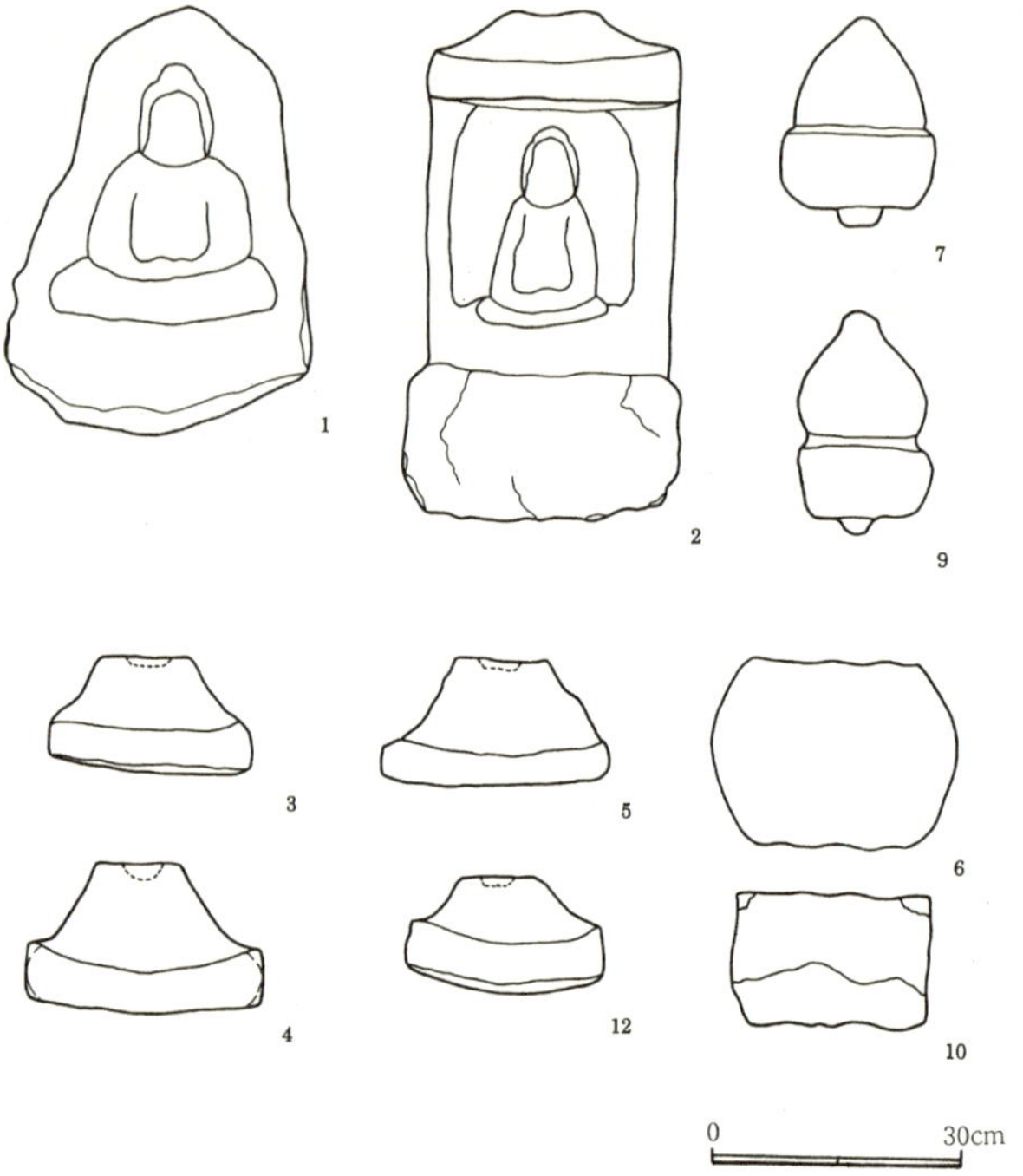

図1－4 「三ツ矢千軒」発見石造品

置と規模および水深が明らかになったのみであるが、防波堤あるいは桟橋であるなら、少なくとも今の標準水位より約一・五mは水位が低くないと機能しないものであったということができる。

　これに関連して、ほぼ同じ頃、高島市新旭町深溝浜において浜から沖に向かって延びる同様の石堤を見ることができた（写真1―5）。異常渇水による埋蔵文化財への影響を調査していた時で、幅約一〇m、長さ約五〇mにわたってひと抱え大の割石が積まれていた。縁辺部には木杭も見ることができたが、周囲にはその他の施設・遺構などは認められなかった。

　類似する遺構は、安土町大中の湖南遺跡でも検出されている。浜堤と内湖の水際に築かれた施設は、長さ三〇m、幅二・一mの突堤状をなすものと、方向をかえて長さ四〇mを測るものがある。[21] 七世紀前葉に相次いで作られた石積みを側面から木材で補強したこの堤は、桟橋、消波堤あるいは内湖を横断する道路ともいわれているが、筆者が現場を見ながら調査担当者に述べた彦根市松原内湖を横断する湖中道路と橋である「百間橋」と「大街道」のような施設が、最も可能性が高い。

写真1－4　長盛寺の石仏

写真1－5　深溝浜の石堤

(2)　阿曽津千軒の石臼と石積

昭和六一年（一九八六年）四月、朝日新聞社が中心になって、水中テレビロボットを使った琵琶湖底探査が、伊香郡高月町の阿曽津千軒伝承地（図1－5・6）でも行われた。

調査の結果、湖岸から一〇mほどは緩やかな湖底で、水深四～五mのところから急斜面になって、水深二〇～二三m付近で再びなだらかになる地形であった。この急斜面の途中、水深一五m付近で湖岸線に沿って数一〇mに渡って石積みが帯状に続いていたという。[22]

同じ年の一一月に、筆者も同様の水中カメラロボットを使用した湖底の調査を行った。この時も全体像はつかめなかったものの、水深約一〇m付近から約一五m付近までの間で多数の石を確認し、中には石列とおぼしきものも見ることができた。またこの伝承地の北側湖底の水深約八m付近では、石

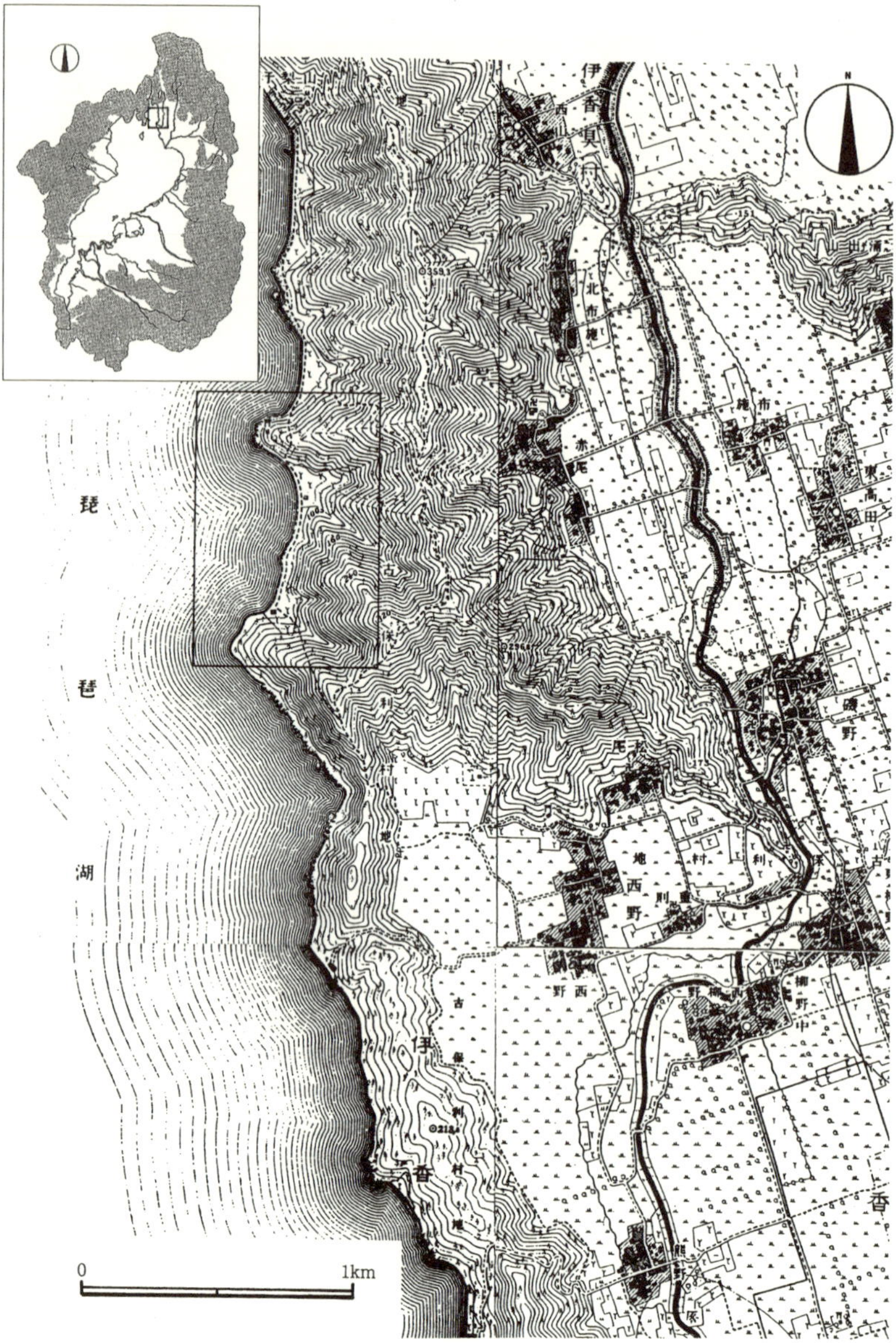

図1－5　「阿曽津千軒」周辺地形図（大日本帝国陸地測量部明治二六年測図）

臼を発見した。

一方、この阿曽津千軒伝承地の陸上部分は、崖錐性の堆積物からなる二haほどの狭くて急な扇状地状の地形で、地表面は礫をかなり含む砂礫土からなる。今でも小さな社と柳の木が残るこの陸上部は、石積みによって雛壇状平坦地が形成されており、こうした平地群の南端に、山の東側にあたる西野集落から八ツ岩の鞍部を越えて来る「若狭道」が取りつく。この先、北側へは明治二八年（一八九五年）測図の陸地測量部地図によると、現在の木之本町山梨子まで続いていたようである。

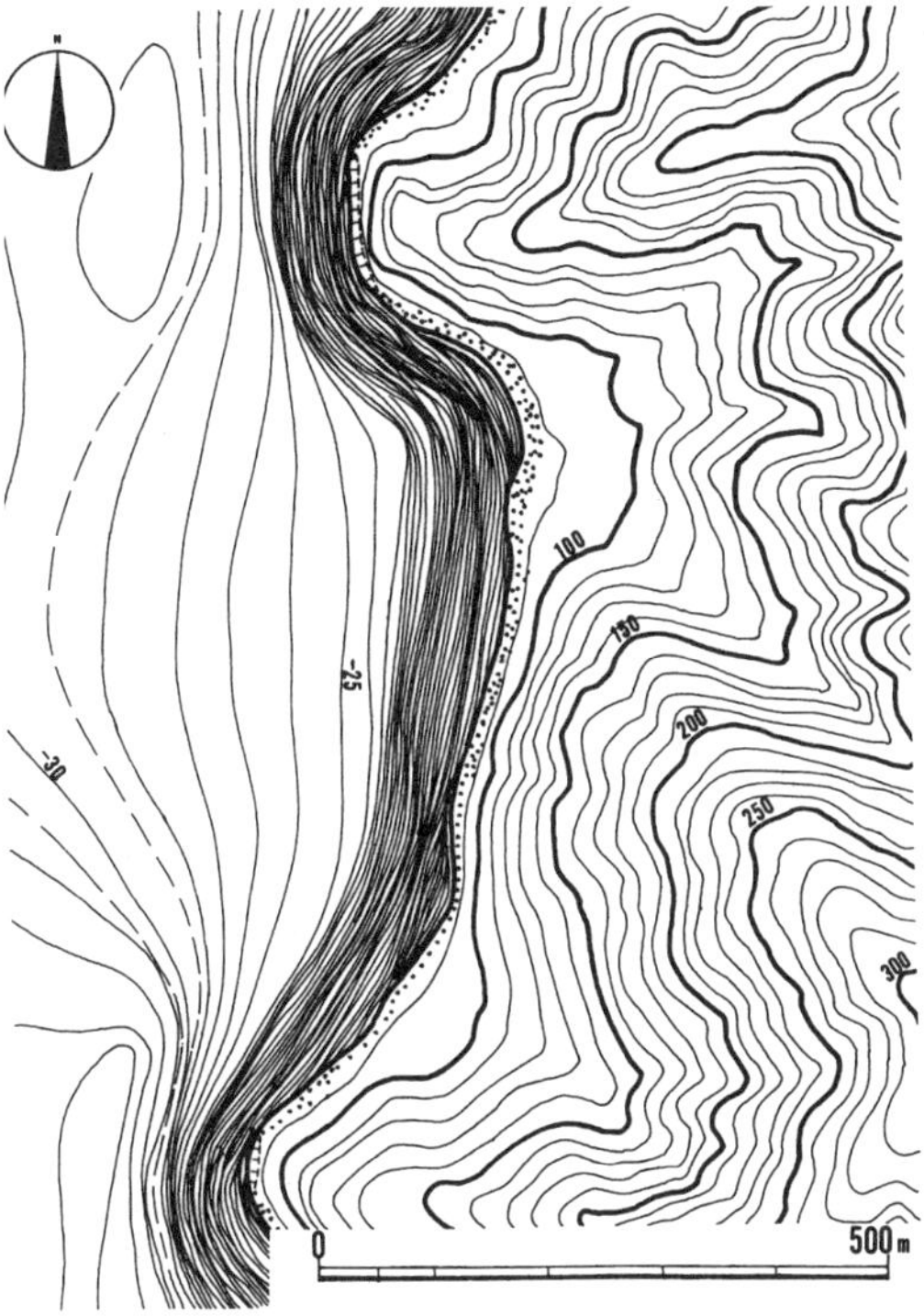

図1−6　「阿曽津千軒」付近地形図

湖北・伊香郡を中心とした地域の歴史研究に熱心に取り組んだ今井清右衛門からは、生前、この阿曽津千軒のことについて、以下のような教示を得た。

今井は、大字西野を中心に古文書、過去帳等をずいぶん調べたが、阿曽津という名前は出てこなかったという。また、江戸時代には木戸ヶ浜、片山、山梨子がこの地域の物資の集積地であり、特に彦根藩への米は、船積みのために木戸ヶ浜へ集められたという。このように阿曽津という地名は、近世以降、全く知られなくなったとのことであった。

以上のことから、阿曽津の湖底、水深およそ八mから十数mには石積みと石臼が遺存することから村とおぼしき遺構が眠っていると考えられ、かつ、それが湖中に没したのは近世以前のことと類推することができる。

(3) 瀬田川と琵琶湖水位

従来、水深一〜二m程度の位置に沈んでいる多くの琵琶湖の湖底遺跡は、平安時代の末から鎌倉時代の初めごろまでにすべて廃絶したものであるといわれてきた。しかし、近年の琵琶湖のマイナス一m程度の水位低下の際の筆者等の調査によって、鎌倉時代以降の遺跡もいくつか発見されるようになった。例えば、長浜市下坂浜地先や米原市土川河口付近の琵琶湖湖底では、灰釉陶器、山茶碗のほか中・近世の陶器や土師質の土器を採集しており、これらは現在、滋賀県立琵琶湖博物館で展示しているところである。

また、琵琶湖総合開発事業にともなう琵琶湖周辺の多くの発掘調査により、大雑把ながら現在の標準水位よりマイナス四mで縄文時代前・中期、マイナス三mで縄文時代晩期、マイナス二mで弥生時代前・中期の遺構面が存在することが明らかになってきている。一方、陸水学や花粉分析等の成果により縄文時代においても二〜三回の水位変動があったことが裏付けられている。[23]

現在も残る水没村伝承地は、阿曽津千軒だけが近世以前で、他の三ツ矢千軒などは関係文書等の記述や古絵図も考えあわせると、近世前期である蓋然性が高い。また、多くの千軒伝承のほか長浜城、坂本城の湖中の石垣なども考えあわせると、それらは琵琶湖全域に分布すると考えてよい。

文献上、地震による水没といわれているのが尚江千軒、西浜村、洪水・津波によるといわれているものが船木千軒、阿曽津千軒、白鬚大明神、そして大坂城築城によるといわれているのが藤江千軒である。

このような現象から、これらの村が沈んだ原因は、琵琶湖の水位上昇による水没と考えるのが自然である。水位上昇とは『山槐記』にいうような一時的な津波か、琵琶湖全体の水位上昇のどちらかであるが、少なくとも一時的な津波というものは地震によるもの以外に原因はない。

また琵琶湖全体の水位上昇は、琵琶湖から唯一流れ出る河川、瀬田川の停滞や川床の上昇によるものである。「湖辺の田園は従来湖水氾濫の外を被りしが、近年瀬田川改修工事後其害を被ること減少せり」[24]。

古くから瀬田川の川床には土砂が堆積しやすく、水が塞き止められ、湖岸のあちこちにたびたび水害をもたらしていた。明治三三年（一九〇〇年）の瀬田川改修以前は、現在の一二分の一の流下能力しかなく[25]、特に、弘法大師が鹿の背に乗って跳び渡ったという伝承が残る大津市の鹿跳橋付近は、そうした原因の場所の一つであった。

近世にはじまる瀬田川浚渫の願い出は、寛文年間より明治まで二十数回にわたって行われている。しかし、供御瀬と鹿跳は軍事上の秘密の徒渉点であり、京都の防衛、彦根城・膳所城の堀の水位の確保、湖周辺の五〇にものぼる村の意見の不一致、下流部の大坂淀川筋が反対したことなどにより[26]、なかなか受け入れられなかったが、幕府は寛文一〇年（一六七〇年）から瀬田川浚渫に着手している[27]。

これは、寛文二年（一六六二年）に起こった現在の高島市上音羽を震源地とするマグニチュード七・六の大地震により、[28]瀬田川川床に土砂が堆積し、その結果、浚渫せざるをえなかったためであると考えられる。またこの地震の前後の旧高島郡の絵図の分析により、田畑の減少が明らかにされている。[29]

これも、地震による瀬田川への土砂堆積が琵琶湖の水位を上昇させ、湖辺地域の水没を引き起こしたためだと考えられる。こうしたことから、多くの洪水・津波伝承を伴う村の水没は、地震に伴う大がかりな地形活動で証明するより、瀬田川の疎通能力の低下による水位の上昇が直接の原因と考えてよい。

そうした中で、説明し難いものは阿曽津千軒である。近世以前に水深八から十数mに沈んだ阿曽津の村は、やはり局地的な地形活動も含めて考えたほうがよさそうであるし、現在の周辺の陸上部の地形も、切り立った崖錐性の斜面からすぐ湖になることがそのことを裏付けている。

四　葛籠尾崎湖底遺跡の再考

最後に水没村に関連して、著名な葛籠尾崎湖底遺跡について触れておく。この遺跡の評価に関しては、丸山竜平による事実関係の整理が役に立つ。[30]その意見を要約すると、この遺跡の発見品は土器に限られ、石器等は他地点発見のものが混入されていること。その組成からも遺存状況からも、一般の集落と同じではなく特殊な性格をもつと考えられること。この周辺の地形形成はすでに縄文時代中期には完了しており、それより後の大規模な地形変動等は認められないということなどである。また、弥生時代中期の壺胴部下半に穿孔がみられることから、水葬あるいは風葬の可能性も指摘されている。

一方、小笠原好彦は、一般的な集落とは異なる碇泊港あるいは避難港が葛籠尾崎東岸に存在し、そこに仮設的住居とデポ（埋納遺構）のような土器収納遺構があったと考える。そして、そこで土器を取り替えた時に湖中投棄したと推測する。[31] なお、平安時代中・後期の土師皿は、竹生島の僧が聖地である島での往生を避けるために、対岸に渡ってきて短期間居住したことに関わるという。

ただ、この遺跡の性格についての筆者の意見は、それらとは少し異なる。二〇〇八年一一月に、春成秀爾らと共に、一〇年ぶりに葛籠尾崎沖とその土器を展示する湖北町尾上を訪ねた。

春成は、国立歴史民俗博物館の所蔵になる「伝滋賀県琵琶湖出土銅鐸」は、葛籠尾崎沖からあがったものかも知れないと考え、それに付着した泥との比較のために訪ねたもので、結果として、銅鐸は南湖の浅瀬に埋没していたと考えるに至った。[32] ただ、筆者らは、あらためてこの葛籠尾崎湖底遺跡の特殊性と新しい知見をその時に確認した。

一つは、縄文時代早期・前期をはじめとする土器の遺存度の良さである。底部から口縁部まで一つの個体としてつながったままの縄文時代早期や前期の土器検出例は稀有であるが、ここの出土遺物は完形品、あるいはそれに近い遺存状況ということだけではなく、土器の表面の磨滅・磨耗が全くなく、一度も土中には埋まったことのない土器表面であると考えられた。水分の多い土層中にあっても、土器の表面はひと皮むけたようになるのが常である。ここでの収集品ではそうした痕跡は皆無であり、すり傷も見あたらなかった。

第二は、土器の割れ口が極めて鋭利であり、あたかもさっき割れたかのように、角が取れていないことである。完形品のまま漁師網で引き上げられ、その時にピシッとひびが入り、取り上げたとたんいくつかに分割してしまったかのような遺存度である。

第三には、かつて奈良時代の所産と小江慶雄が述べた土師皿は、後に小笠原好彦にすべて平安時代のものであると指摘された。ところが今回、尾上公民館で展示されている土師皿を改めて観察し、同行した辻川智代の教えによれば、大半は平安時代末から鎌倉時代、およそ一二世紀後半から一三世紀前半の京都系のものであり、在地のものは含まれていないようだということであった。少なくとも平安時代末から鎌倉時代にかけての時期は、都人がここまで来て、あるいは都の道具を用いて何かを行った痕跡がこの葛籠尾崎湖底遺跡ということになるかも知れない。

以上のことから、葛籠尾崎遺跡は水没村などの一つとは位置づけず、湖上における水神あるいは航行の安全を祈願する祭祀と結びつけて考えておきたいが、それが縄文時代早期にまで遡るとは言いきれない。

地元に伝えられる「阿曽津婆」の伝説[33]などによると、葛籠尾崎は湖の航路上の難所であったことがわかる。また、この近く、木之本町山梨子から竹生島の間は、「びわ湖の中でも一番深く、風が吹くと三角波になるため、漁師の舟がてんぷくしても死体が上がらない」[34]のである。さらには、天平宝字二年（七五八年）、恵美押勝に擁立された淳仁天皇が、後に都をのがれ、安曇の港から舟木の人々がお供をして菅浦に向かう途中、上陸まぎわに突風が吹いて舟は東へ流されたという。その浜辺が王浜と称され、今では長浜市（旧びわ町）大浜であるという。[35] 隣接する塩津湾は、今でもその強い風と波により琵琶湖の中でも特にウィンドサーフィンのメッカともいわれ若者でにぎわっているし、かつて湖北町尾上から竹生島まで、復元した縄文時代の丸木舟による実験航行を行った時も、大きく北に迂回しなくてはならなかった[36]。

こうした伝承や民話などから、竹生島と葛籠尾崎周辺湖域は古くから風波が強く、特殊なところとして認識されていたことがわかり、その荒ぶる神をしずめる長い時代にわたる祭祀の痕跡とみなすことができるのである。その状況証拠の一つが、最近発掘調査された西浅井町塩津に所在する塩津港遺跡である（図1–7）。

ここは二〇〇七年度の調査において、湖岸の港に隣接する「神社」の堀から平安時代末の起請木簡が一〇〇点以上出土し、神仏を招聘して木簡を使った祭祀が明らかになった。記された年号は、保延三年（一一三七年）から建久二年（一一九一年）まで一〇点あるが[37]、ここでは八世紀から何らかの施設が存続し、一二世紀に突如として廃絶したようである[38]。特に、木簡からは運送業者の存在やその信用度をはかるものが読み取れ、塩津港が湖上輸送の拠点であったことのみならず、それらを司る信仰の場であったことが推察される。

塩津港遺跡は、いわゆる葛籠尾半島あるいは菅浦半島の東側基部にあたるが、この半島の周囲にはさらにいくつかの注目すべき遺跡がある。塩津港遺跡と葛籠尾崎湖底遺跡の中間、半島の東側湖底には古墳時代の須恵器が見つかっている片山湖底遺跡、そこからいうと半島の反対側にあたる西側基部の日差・諸川湾内には、かつて縄文土器があがったという諸川湖底A遺跡がある。ともに水深は一〇mを超える湖底に広がっているようであり、この葛籠尾半島の先端や、そのやや東側にあたるこれま

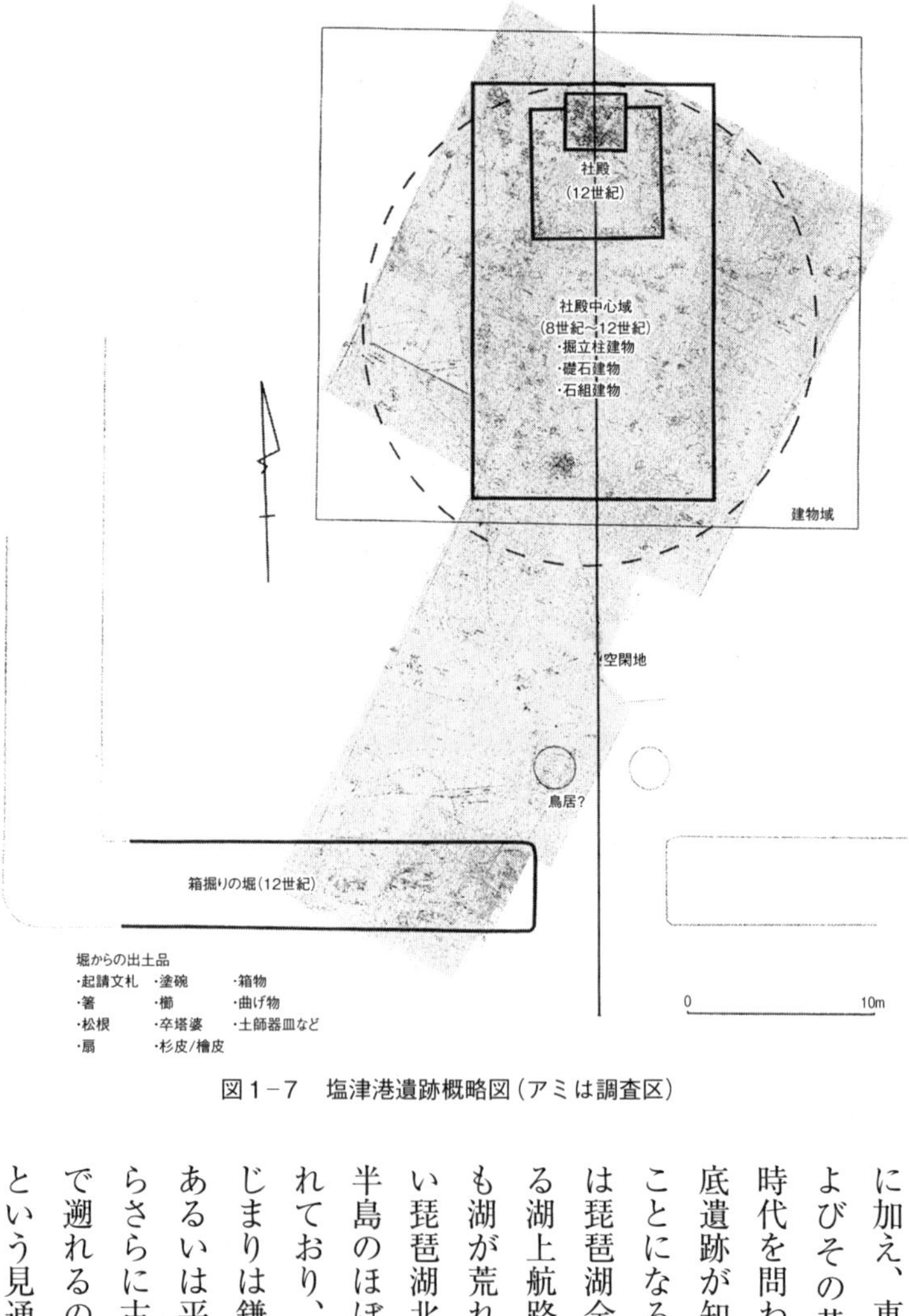

図1－7　塩津港遺跡概略図（アミは調査区）

での完形土器出土地点に加え、東側・西側およびその基部にまで、時代を問わなければ湖底遺跡が知られていることになる。おそらくは琵琶湖全体にかかわる湖上航路祭祀が、最も湖が荒れることの多い琵琶湖北端の葛籠尾半島のほぼ全域で行われており、それらのはじまりは鎌倉時代初期あるいは平安時代末からさらに古い時代にまで遡れるのではないかという見通しを持っている。

注

（1）琵琶湖の水没村伝承については、かつて古川与志継が詳らかに紹介している（「におの海の変貌―琵琶湖の水位の変動をめぐって―」『近江』第三号、近江考古学研究会、一九七三年）。また、湖底遺跡の総括的な追究は、秋田裕毅らによって行われた（秋田裕毅『謎の湖底遺跡を探る―琵琶湖一万年の変貌―』、滋賀県立近江風土記の丘資料館、一九八八年や『びわ湖湖底遺跡の謎』、創元社、一九九七年など）。

（2）a林　博通「琵琶湖湖底遺跡研究序論」『近江の考古と歴史』（『西田弘先生米寿記念論集』）、西田弘先生米寿記念論集刊行会編、真陽社、二〇〇一年。

b林　博通「琵琶湖と湖底遺跡」『知ってますかこの湖を―びわ湖を語る五〇章―』、琵琶湖百科編集委員会編、サンライズ出版、二〇〇一年。

c林　博通「琵琶湖湖底遺跡の研究―三ツ矢千軒遺跡の調査―」『環琵琶湖地域論』、思文閣出版、二〇〇三年。

d林　博通『尚江千軒遺跡―琵琶湖湖底遺跡の調査・研究―』、滋賀県立大学人間文化学部林博通研究室編、サンライズ出版、二〇〇四年。

（3）注（2）dに同じ。

（4）山本　元『高島郡誌』、滋賀県高島郡教育会、一九二七年。

（5）「藤江千軒のみこし」『安曇川町昔ばなし』、安曇川町教育委員会、一九八〇年。

（6）注（4）に同じ。

（7）「阿曽津婆（七野の地名由来）」『西浅井むかし話』、西浅井町教育委員会、一九八〇年。

（8）注（2）bに同じ。

（9）注（4）に同じ。

（10）寒川辰清『近江輿地志略』、一七三四年（宇野健一改訂・校注『新註近江輿地志略　全』、弘文堂書店、一九七六年）。
（11）滋賀県坂田郡教育会編『改訂近江坂田郡志』第一巻、一九四一年。
（12）注（11）に同じ。
（13）注（11）に同じ。
（14）注（2）dに同じ。
（15）注（11）に同じ。
（16）「磯湖底遺跡」「磯湖岸遺跡」（滋賀県教育委員会『平成一三年度滋賀県遺跡地図』、二〇〇二年）
（17）小谷　昌「琵琶湖の湖底地形およびその環境」『琵琶湖国定公園学術調査報告書』、琵琶湖国定公園学術調査団、一九七一年。
（18）注（2）bに同じ。
（19）注（2）cに同じ。
（20）小和田哲男『戦国の城』、学習研究社、二〇〇七年。
（21）田中咲子ほか『芦刈遺跡・大中の湖南遺跡　蒲生郡安土町下豊浦』（『ほ場整備関係（経営体育成基盤整備）遺跡発掘調査報告書』三五—二）、滋賀県教育委員会・財団法人滋賀県文化財保護協会、二〇〇五年。
（22）『朝日新聞』一九八六年四月五日付け朝刊および林博通氏のご教示による。
（23）用田政晴「余呉湖の埋没林とその評価」『余呉町埋蔵文化財発掘調査報告書』一、余呉町教育委員会・財団法人滋賀県文化財保護協会、一九八五年で整理したことがある。
（24）注（4）に同じ。
（25）全国治水砂防協会『日本砂防史』、一九八一年。
（26）饗庭昌威「水とのたたかい」『近江』第三号、近江考古学研究会、一九七三年。

(27)清水保吉・中村五十一郎『琵琶湖治水沿革誌』第一巻、琵琶湖治水会、一九二五年。
(28)大長昭雄・松田時彦「寛文二年の近江の地震―地変を語る郷帳」『古地震―歴史資料と活断層からさぐる』、東京大学出版会、一九八二年。
(29)内藤　登「特別展『湖西の古地図』余話―高島郡南部湖畔の沈下―」『安曇川文芸会館ニュース』第九号、一九八一年。
(30)丸山竜平「葛籠尾崎湖底遺跡の考古学的検討覚書」『滋賀考古学論叢』第三集、一九八六年。
(31)小笠原好彦「葛籠尾崎湖底遺跡考」『滋賀史学会誌』第七号、一九八九年(『近江の考古学』、サンライズ出版、二〇〇〇年に再録)。
(32)春成秀爾『弥生青銅器コレクション』(『国立歴史民俗博物館資料図録』六)、国立歴史民俗博物館、二〇〇九年。
(33)注(7)に同じ。
(34)「山梨子村の風の音」『続近江むかし話』、洛樹出版社、一九七七年。
(35)「淳仁天皇と菅浦」『近江むかし話』、東京ろんち社、一九六八年。
(36)横田洋三「縄文時代復元丸木舟(さざなみの浮舟)の実験航海」『紀要』第四号、財団法人滋賀県文化財保護協会、一九九〇年。
(37)濱　修「古代木簡から中世木札へ―塩津起請文木札の世界―」『古代地方木簡の世紀―文字資料から見た古代の近江―』、滋賀県立安土城考古博物館、二〇〇八年。
(38)a「起請札木簡が多数出土―西浅井町塩津港遺跡―」『滋賀埋文ニュース』第三三二号、二〇〇七年。
b濱　修「滋賀県塩津港遺跡出土の起請文札」『古代文化』第六〇巻第二号、二〇〇八年。

第二節　琵琶湖湖底遺跡の調査と展示

一　世界最大の淡水貝塚・粟津湖底遺跡

(1)　粟津貝塚とは

粟津貝塚は粟津湖底遺跡とも呼ばれ、世界でも例の少ない水没した淡水の、しかも大規模な貝塚である。

この貝塚は、昭和二七年(一九五二年)に、漁師の網にひっかかって縄文土器が出土したことで知られ、歴史地理学者藤岡謙二郎や小林博らによって確認された[1]。当時は、琵琶湖の水もきれいで、船の上から湖底の貝層が良く見え、藤岡は坪井清足らとともに簡単な測量も行い、ここが貝塚であって湖上住居址ではないことを明らかにした。藤岡はまた、もともとこの遺跡は、高橋川の湖岸デルタ微高地上にあったものが、その後、水没したものと考えた[2]。その後、昭和五五年(一九八〇年)、昭和五八年(一九八三年)、昭和六三年(一九八八年)に行われたアクアラング等を使った潜水調査によって、この遺跡は水深二～三ｍの湖底にあり、縄文時代早期から中期、およそ一万数千年前から五〇〇〇年前にかけての遺跡であることがわかってきた。[3] その規模は、東西二四〇m、南北三二〇m以上を計り、世界最大の淡水貝塚ともいわれている(図1―8、写真1―6)。

実際には、貝塚は三カ所に分かれており、その一番東側に位置する第三貝塚において、平成二年(一九九〇年)から平成三年(一九九一年)にかけて琵琶湖総合開発事業に伴う航路浚渫工事に先立って大規模な発掘調査が行われた。[4]

写真1−6　粟津貝塚調査区

調査は湖の中を二重の鉄の板で囲み、中の水を二四時間排出することによって、陸上と同じ状態にして実施された。北側は約八九〇〇㎡、南側調査区は約五九〇〇㎡について陸化した調査区を設定したが、水を抜いた湖の底は思いのほかきれいで、空き缶やタイヤなどわずかな船の落とし物のほかは、ヘドロの堆積などは全くなく、砂と石が広がっていた。当時、何度も調査地区を船で訪ねた私たちは、湖底を普通にスニーカーで歩いていることに妙な感動をおぼえたものである。

調査の結果、東西約一五m、南北約三五mの規模を持つ、平面が三日月形の貝層は、かつての北から南に向かって伸びる浅い流路に面して形成されていたが、その貝層の約八割がセタシジミで、今のものより相当大きく、幅、つまり殻長三㎝をこえるものも珍しくなかった。その他、タニシ・イシガイなども貝層から見つかっている。また、ドングリ・トチ・クルミ・ヒシ

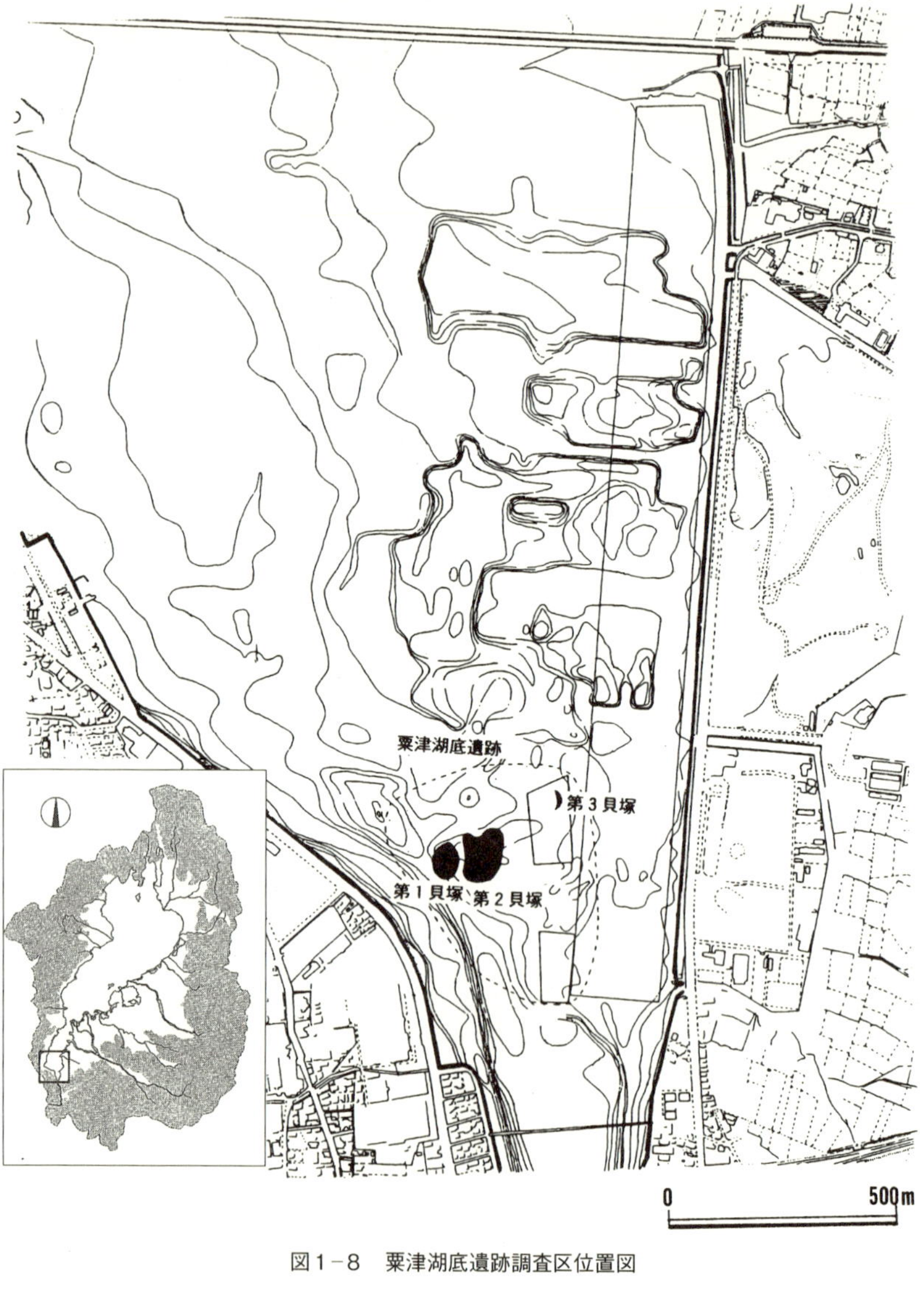

図1－8　粟津湖底遺跡調査区位置図

の実も同時に多く見つかり、貝塚と一体となって黒い層をなし、堆積していた。黒いというのは、こうした植物遺体が炭化している状態であるが、今日まで少なくとも数千年間腐らずに残ってきたのは、琵琶湖の水に浸かって保存されていたためである。

その他、もちろん琵琶湖の魚の骨やスッポンの甲羅、イノシシやシカの骨も見つかり、シソ・エゴマなど栽培種の発見などから植物の栽培も行っていたと考えられ、湖のまわりに住みついた縄文人の豊かな食生活を知ることができる。特筆すべきは、貝・魚・ほ乳類・木の実・雑穀など動物性と植物性の食物が同じ遺構で検出され、栽培種も含めて縄文時代の食生活のバランスや一年を通じての食生活カレンダーが明らかになったことである。また、何よりも西日本で数少ない貝塚の詳しい調査例であったことはいうまでもない。

(2) 剥ぎ取り作業

こうした湖辺の縄文人の食生活を知ることができる貝塚が湖の底から見つかったという感動は、当時の特異な調査地の制約から現地説明会は開催されず、多くの人に見てもらうことができなかった。そこで、琵琶湖博物館の展示を計画中であった筆者らは、できるだけそのままの形での博物館の展示を試みるため、植物遺体を含めた貝塚をかたまりとして取り上げようとした。しかし実際には不可能なことであったため、大型で立体的な剥ぎ取りを計画した。

常設展示に用いる長さ一三m、幅四m、高さ五〇cmのものと、特別展・企画展あるいは他の博物館などへの貸し出し用の長さ八m、幅一m、高さ五〇cmの規模の二種類の貝塚を剥ぎ取る位置を現地で

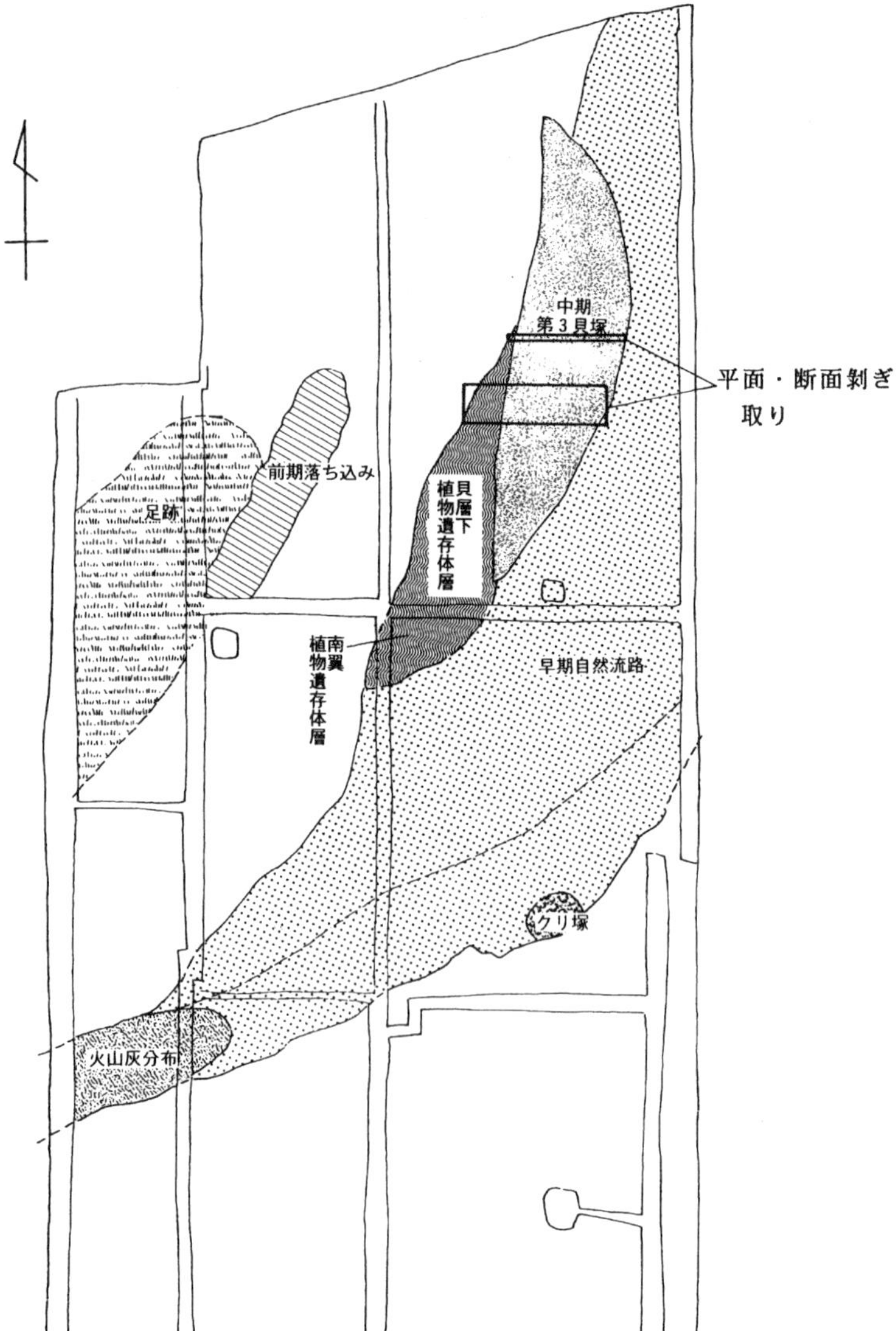

図１−９　粟津湖底遺跡遺構概略図

写真1－7　粟津貝塚貝層剥ぎ取り作業

決め、平成三年（一九九一年）一月、湖上を吹く寒い風の中、三日間をかけて作業を行った（図1–9、写真1–7）。

まず、剥ぎ取る貝層に耐久性のあるエポキシ系の合成樹脂をスプレーで吹き付け、寒冷紗・ガラスクロス等で裏打ちをした。より強いものにするためこれを三枚重ね、二日間乾かした後、一気にめくりあげる。ただこれが相当重いため、大きい方は九分割、小さい方は二つに分割して行った。大人が五、六人がかりでやっと数㎡の貝層を剥ぎ取るといった具合である。厚いところでは三㎝ほど貝や土がくっついてめくれ、土器や動物の骨までもがそのままの状態で取り上げられる。これらの表面には、後に艶消しとしてイソシアネート系とアクリル系樹脂を塗布・使用した。

これらをロール状に巻いてクレーンで船に積み、陸揚げした後、鉄骨を組んだパネルに貼り付けて復元した。ただ、実際には剥ぎ取ったものを裏返して展示するため、現地の貝塚とは左右が逆転したものとなる。

(3)　展示準備

この大きな貝塚の剥ぎ取り資料は、博物館の建設中に、B展示室と呼ぶ「人と琵琶湖の歴史」展示室奥の搬入口からクレーンで吊って運び入れた。平成七年（一九九五年）一一月のことである。

そしていくつかに分割していたこの剥ぎ取りをつなぎ合わせて、継ぎ目を埋めた。使った砂の多くは、数年前に現場の湖底から採集し、コンテナ五箱に入れて保管しておいたものである。湖の中での発掘現場を再現するため、一本が六〇kgもある本物の鉄の板（鋼矢板）を切って並べ、工事現場で用いるパイプの手すりも仕入れて設置した。このために相当重量が増したが、階下の一階部分は企画展示室で柱がないため、一時は建築構造上、問題になりかけたのである。

今、博物館で見ることができる貝層は、このようにすべて本物であるが、大きなたくさんの貝だけでなく、奥の壁際に広がる黒くなったドングリなどの層も見ることができる。また詳細に観察すると、動物の骨や縄文土器片も見つけることができる。

国内や世界各地の博物館で、地層などの大きく平面的な剥ぎ取りはよく見かけるが、これほどまでに大きく、また立体的なものはまだ見たことがない。今では、「世界最大の淡水貝塚である粟津貝塚」の「世界最大の立体はぎ取り資料」と自称しているのである。(5)

(4)　粟津貝塚の展示

琵琶湖博物館B展示室の入口から入ってしばらく行くと、小さい橋を渡る。その下と周辺に粟津貝塚の調査現場を再現している（写真1―8）。

展示されているのは調査の時に剥ぎ取った資料そのもので、そこにある貝の七七%は琵琶湖固有のセタシジミである。最近は貝の殻長がせいぜい一～二cm程度のシジミしか採れないが、これらは平均三cm、中には四cm以上のものもある。縄文人はもちろんシジミだけを食べていたわけではなく、野や山のドングリやトチ、湖岸のヒシの実などを採集し、カロリーの大半は植物から得ていたようである。[6] その他、シカやイノシシ、コイ・ナマズ・スッポンなどもとっていた。当時の人々か動物のうんこ（糞石）も五個、小さな箱の中に展示されている。

背景画には、畑を手入れしている人を意識して描いてみた（図1―10）。人間の世話が必要なシソ・エゴマもこの貝塚では見つかっていたからで、植物を栽培した痕跡は、今では日本列島において縄文時代前期までさかのぼることができる。[7]「農耕は弥生時代から」というのがこれまでの常識で

写真1－8　粟津貝塚の展示

図1－10　粟津貝塚展示の背景図

あったが、縄文時代にはすでに植物栽培が始まっていたようであり、近江でも粟津貝塚以後、いくつかの証拠がそろいつつある。詳しいことは、展示室の入口にある「世界の考古学者からのメッセージ」映像の中で、高橋護が実際に語っている。

二　湖が保存した弥生時代の木製品

琵琶湖やその周辺の遺跡からは、原始・古代の農具をはじめとする木製品が、日本列島で最も多く発見されていると言っても過言ではない。

これらの木製品は、通常は土中にあると腐ってやがてなくなることが多いが、水に浸かっていると木は腐らず、琵琶湖が多くの木製品を今日まで残してきたということができる。かつての多くの湖岸のヨシなども、水分の多いところではあまり腐らずに層をなして堆積していることがある。これを琵琶湖地方ではスクモ（有機質腐植土層）と呼ぶが、この堆積物からしばしば原始・古代を中心とする木製品が、完全な形で検出される。

琵琶湖博物館では、彦根市の松原内湖と米原市の入江内湖という、かつてはつながってひとつの内湖であったところから発見された木器(8)を集めて展示した。船のカイや水をかい出すアカトリ（アカスクイ）、タモアミなどは、他ではあまり見あたらない、湖ならではのものである。

通常、これらの木製品は、本来、木材の樹脂分が流出し、新材の約一六倍の水分を含んでおり、腐蝕を受けてもろくなっている。従って、空気に触れるとひからびて粉々になっていくが、ポリエチレングリコールという固形ワックス状の高分子物質（ＰＥＧ）水溶液に一年間ほど漬けて処理するＰＥＧ加温含浸処置法によると、木の中の水分がＰＥＧに置き換わり、半永久的に保存が可能となる。ただ少し重くなって黒ずむのが特徴で、これをさらにトリクレンやエタノール水溶液等による洗浄を行うと表面の処理は終了となる。

こうした高分子のポリエチレングリコールを利用した木製品の半永久的保存法は、今では一般的に行われるようになり、滋賀県では通常、その平均分子量四〇〇〇のものを使用している。これは常温ではローソクのような固形状で、約五五℃で溶けはじめる。従って、約六五℃で保温できるタンクを用意してＰＥＧの水溶液を入れ、そこに木製品を浸け込むのである。最初は二〇％程度の低濃度で行い、徐々にＰＥＧ濃度を高めて木製品の中にしみ込ませるようにするため、大型品は当然のように時間がかかり、丸木舟のようなものは二年以上の時間を必要とする場合もある。

三　古代の瀬田唐橋

(1)　大津宮

六六七年、天智天皇は大津に都をおいた。朝鮮半島の錦江河口付近・白村江で唐・新羅の連合軍に敗れた（六六三年）後、都を飛鳥からより安全な内陸部に移したのである。今の近江神宮の南、大津市錦織地域あたりにその中心があったが、当時の琵琶湖の汀線は、今より六〜七〇〇m西にあり、都のすぐ東側は湖だったようである。(9) また、西は比叡山系の山裾を削って宮域とするなど、山と湖にはさまれ、東西の比高差約一〇mを計る狭隘な傾斜面に都が築かれていた。まさに湖畔の都であったということができる。従って、西近江路ともいうべき街道は、大津宮を大きく迂回した西側の山中に入り、それ以外は東の湖上を舟で進むしかないなど、ある意味でこの都は、畿内中枢を守る関所としての機能も持っていたのである。琵琶湖博物館では、特に目の不自由な方向けでもあったが、このことを体感するため、小さいながらも立体模型を製作してみた。

都の東は湖、西は山、北と南に寺院を四つ配置して、都はその防衛線を固めていた。ちなみに北の寺は穴太廃寺と南滋賀廃寺、北東の山中に崇福寺、南の寺は園城寺前身寺院と今では呼んでいる。

一方、古墳時代以来の四神思想の影響も無視できない。東に湖という流水があり、南に西大津駅付近の汀地がある。西には比叡の山麓を迂回させた西近江路が走り、北にはその山から伸びた低丘陵とその裾の森が広がる「四神思想」の地でもあったとみる。

(2) 瀬田唐橋(勢多橋)の橋脚

先述のように、木製品をPEGで保存処理したものの一つが、B展示室の古代瀬田唐橋の橋脚基礎構造である。(10)

これは、現在の瀬田川にかかる旧東海道の橋、瀬田唐橋の下流八〇m付近の水深約三・五mの川底で発見された七世紀の瀬田唐橋(勢多橋)の基礎部分である(図1–11、写真1–9)。一九九二年に行われた発掘調査では、約四五〇㎡の範囲を鋼矢板で囲んだ調査区では、川底にアカガシの丸太を一一本並べた上に、ヒノキの角材を六角形に組み、そこに六本の柱を立てて橋の橋脚にしていた遺構が発見された。さらにこの基礎部分は水に流されないようにネット状の細材を編み込んで基礎材の押さえとし、さらにたくさんの石で押さえてあった。基礎と基礎の間は一五ｍあることから、その幅は八ｍ、橋を直接支える横方向の材の厚みは八〇㎝、上の板の厚みは一五㎝以上あった巨大な橋であったと推定されている。[11] 天禄元年（九七〇年）、源為憲の『口遊《くちずさみ》』には、「山太、近二、宇三。大橋を謂う」（『続群書類従』巻九三〇）とあり、山城の山崎橋が一位、近江の勢多橋が二位、宇治橋が三位の規模を誇っていた。

図１−11　唐橋遺跡の位置図

　このヒノキは年輪年代測定法によって、六〇七年以後、そう時を

写真1－9　唐橋遺跡の調査状況

経ずして伐採されたものと判明しているし、基礎の中から出土した土器も七世紀中頃のものとみられ、この年代を裏づけている。

ところで、六七二年には壬申の乱が起こり、この勢多橋の上での最後の決戦により、大友皇子側が敗れて大津宮もわずか五年五カ月で滅んでいる。橋の基礎部分からは、建造時の多くの大きな釘やかすがいなどの他、大量の刀や矢じりも発見され、壬申の乱の時のものも含まれているようである。どうもこの橋脚は、決戦の舞台を「支えていた」ようなのである。

古代の律令制下において、「畿内」とは地方制度上の特別地域であり、天皇死亡時や政権内での反乱のあった時、関係者の地方潜入を防ぐため畿内周辺にいくつかの関が置かれた。だが、実質的な畿内の東の畿外との境は瀬田（勢多）川であり、勢多橋は重要な関であった。しばしば記録に残る橋の切断とは、関所の閉鎖を意味し、畿内と東国の接点であり、禊ぎや祓い所として有名な「七瀬の祓い所」は、勢多橋・勢多川を中心にした唐崎から佐久奈度（桜谷）までのライン上で知られているのである。ただこれらは、畿外から畿内へ入る疫神や鬼を祓いや禊により流し去る場所であり、琵琶湖とそれに続く瀬田川こそが、実質的な畿内の外郭線であったとも言える。

つまり、勢多橋から東が東国・東山道であり、畿内の西にある山崎橋を含めた二つの橋が、いわゆる畿内中枢の入口であった。

(3) 渡来系集団の技術

さて、この橋の基礎部には四つの鉄鉱石が置かれていた。鉄に象徴される強さをこの橋に望んだものともいわれるが、古代瀬田丘陵に展開した鉄生産集団の首長による要衝橋造営を想像させる。(12) 橋の上から投げ込まれた多くの貨幣は、その多くが一一〜一三世紀の宋銭である。トレビの泉のようで興味深いものがあるが、橋での関銭のような可能性も考えておかなくてはならないものである。

写真1−10　瀬田唐橋の展示

なお、展示したこの橋の背景は、南北朝時代（一四世紀）に描かれた『石山寺縁起』の唐橋のシーンである。橋脚の色合いが、復元した橋脚の色合いとそっくりなのは偶然のことである（写真1−10）。

この橋脚に似た構造をもつものが、昭和五九年（一九八四年）から昭和六二年（一九八七年）にかけて、韓国の慶州郊外で発見・調査されている。(13) 新羅の都のあったところで、月精橋（月浄橋）と呼ぶ統一新羅時代の木製の橋である。勢多橋と同時代のものであったため、勢多橋自身が朝鮮半島からの技術者の手によるものとも考えられているが、そうした構造をもつ橋は近代まで知られており、大正四年（一九一五年）に竣工した甲賀市黒川橋の渡り初めの写真を見ると、[14]その橋脚は月精橋のそれに近い。また、大正七年（一九一八年）にシベリアへ出兵した日本の陸軍は、大正九年（一九二〇年）に爆破されたウスリー江の鉄道橋を三週間で修築したが、写真で見るとそれも古代勢多橋の伝統を受け継いだもののように見える。古代の近江は、朝鮮半島からの多くの人たちの居住地でもあったようで、新羅系や百済系の文化が伝わり、オンドルの遺構や古代寺院の瓦の模様、古墳の副葬品や渡来系氏族の伝承などに、その痕跡を見ることができる。こうした中、この舟形の平面形をもつ橋脚は新羅的ともいわれている。[15]

なお、「唐橋」の初現は、知られるかぎりは「気比の神楽」『承徳本古謡集』（承徳三年（一〇九九年）書写）である。

また、現在展示している擬宝珠《ぎぼし》は、昭和三九年（一九六四年）に改修された時に作られたもので、裏側にはその時の刻印が見える。

四　古代琵琶湖の産物

アユをはじめとする琵琶湖の水産物は、古代から朝廷や有力神社に納められ、その姿を今に残すのが日吉山王祭の粟津御供《あわづごく》である。

日吉の神に粟飯をはじめとする食べ物を粟津神社が湖上で捧げる祭りで、今では毎年四月一四日に膳所《ぜぜ》の神社が交代で行っている。琵琶湖博物館で展示している御供は、膳所神社のものをもとにしている。

さて、「膳所」の語源は古代の御厨《みくりや》にまでさかのぼる。これは朝廷や神社に食物を供給する役所のことで、琵琶湖のまわりでもいくつか知られているが、膳所では三輪大明神が大和から唐崎へ向かう途中、ここで粟飯を供御として献じたことからその名が起こったという。

筑摩御厨《つくまのみくりや》もその一つで、推定地である米原市筑摩湖岸遺跡の八世紀末から九世紀にかけての出土品には、[16]「月足」と書かれた墨書土器《ぼくしょどき》、硯《すずり》、刀子《とうす》と呼ぶナイフのようなもので、紙の代わりの木簡を削る消しゴムの機能を持った道具、缶《ほとぎ》と呼ぶ容器、それに「神功開宝」などの古銭など、古代の民衆の村では見られないものがいくつか見つかっていることから（図1―12）、当該地は古代の役所跡と考えられ、まさしく宮内省内膳職筑摩御厨に相当すると思われる。また『延喜式』内膳司条によると、この筑摩御厨にはフナや米、塩、信濃麻等が集められていることから、ここではフナズシを加工して、朝廷などに供給していたのではないかといわれている。加工されたフナズシは、筑摩の北に位置する天野川河口の要港、朝妻湊から搬出されたと想定され、同時期に存在していた瀬田・和邇の御厨へ東国物資を運ぶ集散地も兼ねていたと考えている。ただ、ここでいうフナズシは、「味塩鮒」という塩づけのフナであるという説もあり、フナズシ加工説はさらに今後の検討を要する事項である。ただ、いくばくかの可能性があり、博物館来館者の興味を少しでもひくために、展示の中で意図的に取り上げた話題である。

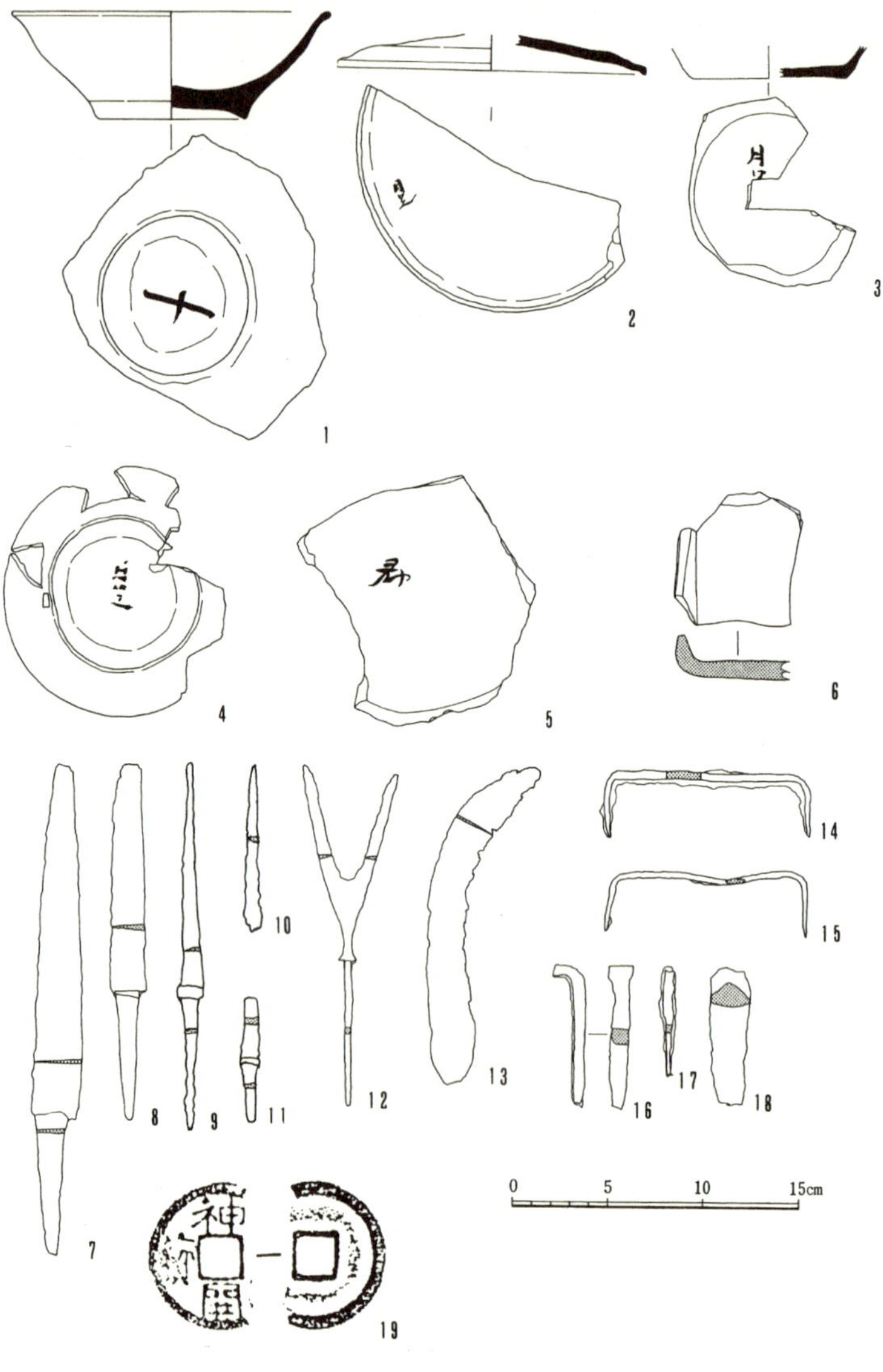

図1−12　筑摩湖岸遺跡出土品

　なお、筑摩湖岸遺跡に隣接する筑摩神社の祭神は、御食津神、大年神、宇賀野魂神の三柱であり、御食津神は朝廷の大膳職が祀る食物神といわれている。つまり、筑摩御厨と密接な関係を思わせ、毎年、五月三日に行われる奇祭・鍋冠祭（鍋釜祭）も、[17] 鍋や釜を献上する姿を模したものとみることができる（写真1−11）。

八世紀末に営まれた長岡京から出土した木簡の中には、「近江国生蘇《なまそ》三合」と記され、当時の日本で唯一、チーズ状の乳製品が近江から都へ運ばれたことがわかり、筑摩御厨のある坂田郡からの贄《にえ》の荷札もある。[18] 贄は「六十三隻」と表現され、一般には魚とみられているが、「隻」はフナズシの単位であるかもしれない。一方、平城宮出土の木簡には、「筑麻」御厨からの御贄の量を数えたものがあり、その「醤《たまり》」は銭で貢納されていたことがわかる。[19] 当時の近江国の御厨でも、「醤」を銭にかえるほどに銭が流通していたことになり、筑摩湖岸遺跡での「神功開宝」の出土にもうなづくことができる。

写真1−11　鍋冠祭

なお、琵琶湖の特産物ではないが、近江の木材は古代の都や東大寺などの大寺院の建築用材としてよく利用され、甲賀と高島には山作所《さんさくしょ》という材木を管理・供給する役所が置かれた。材木は野洲川や安曇川を筏に組んで流し、琵琶湖から瀬田川・宇治川や木津川を通って奈良などに運ばれた。こうした木材の運搬に、川や湖など琵琶湖水系が極めて便利だったと考えられ、安曇川と湖での運搬などは、戦後まで行われていた。最後のころは、筏に組むのは、川を流して河口付近で商主ごとに分別回収した後であり、その筏は湖岸をゆく人に曳かれて運ばれたということは、船大工松井三四郎に教えられた。

五　博物館の歴史展示と考古学

通常、博物館における通史展示は原始・古代にはじまる。つまり、旧石器時代から、縄文時代、弥生、古墳、奈良の都……と続いていくが、琵琶湖博物館においては生態展示と通史展示を組み合わせることに挑戦してみた。

B展示室と呼ぶ「人と琵琶湖の歴史」展示室を四つのゾーンにわけ、湖底遺跡、湖上交通、漁業、治水・利水をそれぞれのテーマとした。また、それら四つを彩るように、天井から環境映像を流すこととし、ここで水と湖にまつわる祭り・伝統的行事を紹介することにした。来館者は、四つのテーマを順に追っていくことによって、知らず知らずのうちに古い時代から新しい時代へと移っていくのである。もちろん細かな時代区分は前後するが、おおむね湖底遺跡が原始・古代、湖上交通が古代から近世まで、漁業が近世から近代、治水・利水が近代以降という区分になる。

こうした中、考古学の成果がどのようにこの新しい展示の試みに貢献できるかを考えた時、やはり古い時代を得意とするが、すべてのゾーンの中心的な資料は、物的な資料である考古資料に依っていこうとした。粟津貝塚の貝層はぎ取り資料は湖底遺跡の象徴であり、瀬田唐橋の橋脚復元も古代における巨大な湖上交通の表現であった。もちろん丸子船や堅田のハリブネ、姉川のカワブネもある種の考古資料であり、湖上交通と漁業の展示における中心的な資料となった。つまりこうした考古資料抜きに琵琶湖の歴史における生態は考えられなくなったことは明らかであり、一方では、粟津貝塚の貝や動物・植物遺体の分析には自然科学的手法が必要となったし、弥生時代の農具や古代唐橋などの大型木製品の保存には、新しい科学的方法を駆使せざるを得なくなった。また、古代琵琶湖の産物を考えるにあたっては、古代律令制の具体像を示す『延喜式』や古代の木簡資料から得られた文字史料に頼る部分もある。

このように考古学を柱にした学際的な取り組みとして、琵琶湖博物館の歴史展示を一つの試みとして紹介してみた。

注

(1)藤岡謙二郎・丸山竜平「瀬田川入口水没遺跡について」『近江　郷土史研究』第三号、一九七三年。

(2)注(1)に同じ。

(3)吉川義彦・吉崎　伸『遺跡確認法の調査研究　昭和五五年度実施報告―水中遺跡の調査―』、文化庁、一九八一年。

(4)伊庭　功ほか『粟津湖底遺跡第三貝塚』(『琵琶湖開発事業関連埋蔵文化財発掘調査報告書』一)、滋賀県教育委員会・財団法人滋賀県文化財保護協会、一九九七年。

(5)用田政晴「世界最大の淡水貝塚・粟津貝塚―その貝層立体はぎ取り―」『博物館ができるまで』、滋賀県立琵琶湖博物館、一九九七年。

(6)伊庭　功「第三貝塚からみた縄文時代中期前葉の生業」(注(4)文献)
(7)高橋　護・田嶋正憲・小林博昭「岡山県灘崎町彦崎貝塚の発掘調査」『考古学ジャーナル』第五二七号、二〇〇五年など。
(8)a中井　均『入江内湖遺跡(行司町地区)発掘調査報告書―滋賀県立文化産業交流会館建設に伴う発掘調査―』(『米原町埋蔵文化財調査報告』Ⅸ)、米原町教育委員会、一九八八年。
b吉田秀則ほか『琵琶湖流域下水道彦根長浜処理区東北部浄化センター建設に伴う松原内湖遺跡発掘調査報告書』Ⅱ、滋賀県教育委員会・財団法人滋賀県文化財保護協会、一九九二年。
(9)林　博通『大津京跡の研究』、思文閣出版、二〇〇一年所収の林博通の諸論文など。
(10)中川正人・用田政晴「古代勢多唐橋の調査と復原展示―大型出土木材の保存―」『第一八回文化財保存修復学会講演会大会講演要旨集』、文化財保存修復学会、一九九六年。
(11)大沼芳幸『唐橋遺跡』(『瀬田川浚渫工事関連遺跡発掘調査報告書』Ⅱ)、滋賀県教育委員会・財団法人滋賀県文化財保護協会、一九九二年。
(12)用田政晴「塩の流通と鉄の生産」『琵琶湖をめぐる古墳と古墳群』、サンライズ出版、二〇〇七年。
(13)趙　由典ほか『月精橋発掘調査報告書』、文化財研究所・慶州古蹟発掘調査団、一九八八年。
(14)用田政晴『信長　船づくりの誤算―湖上交通史の再検討―』、サンライズ出版、一九九九年。
(15)田中俊明「唐橋遺跡と壬申の乱―東アジア世界と倭国」『新・史跡でつづる古代の近江』、ミネルヴァ書房、二〇〇五年。
(16)中井　均『筑摩湖岸遺跡発掘調査報告書』(『米原町埋蔵文化財調査報告書』Ⅴ)、米原町教育委員会、一九八六年。
(17)筑摩祭資料編さん委員会『筑摩の鍋冠祭』、米原町教育委員会、一九八一年。
(18)鬼頭清明「近江国と木簡」『湖国と文化』第三五号、一九八六年。
(19)注(17)に同じ。

第三節　余呉湖の歴史環境と埋没林

一　はじめに

余呉町は滋賀県の最北端に位置し、東と北で岐阜県と福井県に接する。その町の中ほどを柳ヶ瀬断層に代表される南北方向の二つの構造谷があり、本州島地峡部を胴切りにする。

東は伊吹山系に連なり、それらの間をぬって福井県境の栃木峠付近に源をもつ丹生川（高時川）と余呉川が南流し、これらの河川によって形成された狭小な谷底平野と余呉湖北岸の低湿地を中心に集落が点在している。

しかしながら、この地は古くから交通の要所であり、特に北国街道と若狭街道の分岐点である柳ヶ瀬は、江戸時代から関所が設けられ、さらに北国街道の宿駅が中河内、宿が柳ヶ瀬や椿坂におかれ、中河内には本陣もあった。

時代は前後するが、律令制下では伊香郡余呉郷・片岡郷・遠佐郷にあたり、中世の余呉荘がほぼ相当する。

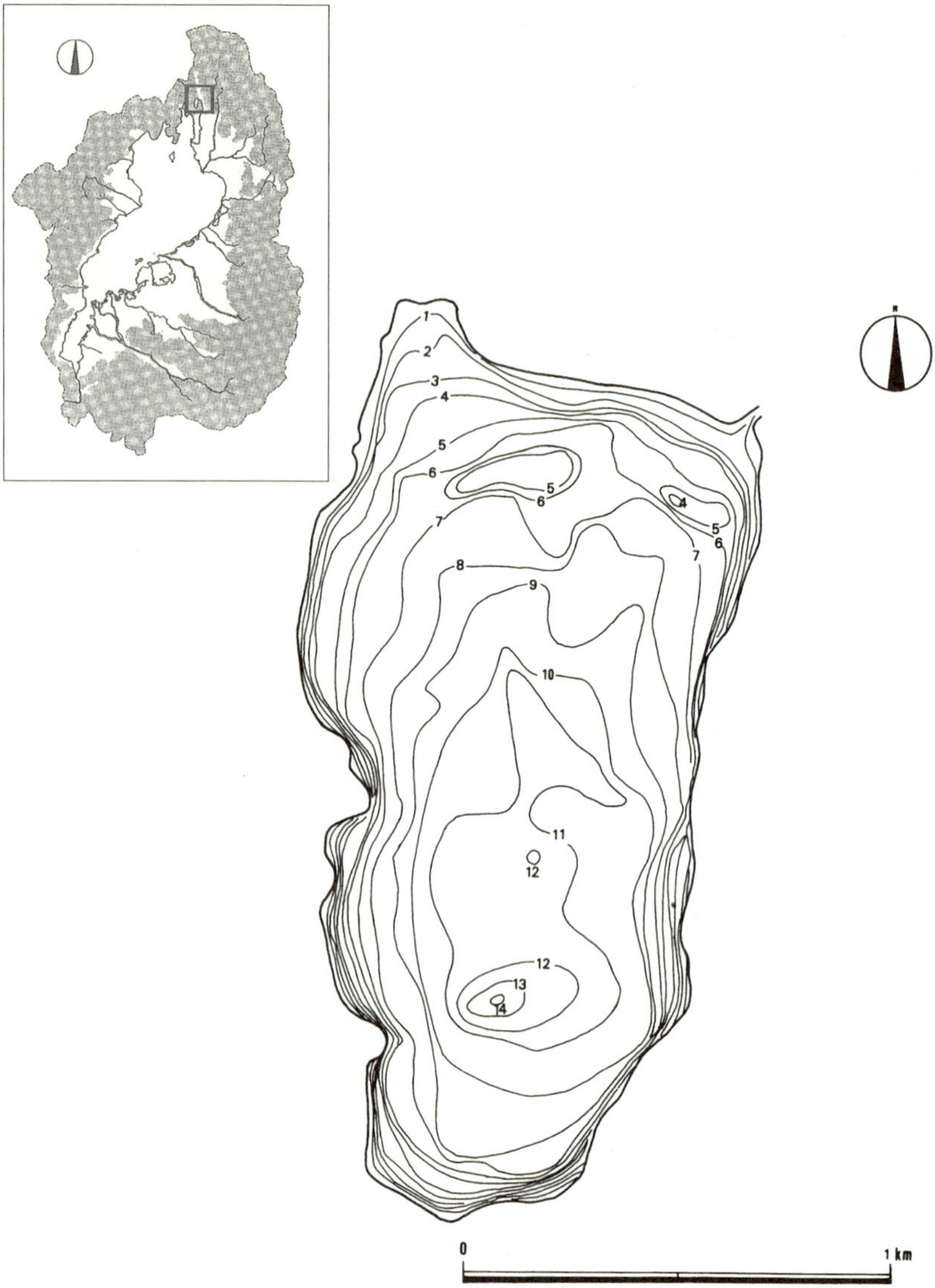

図1−13　余呉湖等深図

この余呉町南部の川並・下余呉には、柳ヶ瀬断層に接して西側が沈下する運動と、北方から南方へ傾下する運動との合成によって形成された第三紀の陥没湖である余呉湖がある。余呉湖は、東西一・二km、南北二・三km、周囲六km、面積一・六三km²、容積〇・〇二二km³を計り、最大深度一四・五m、琵琶湖より約四七m高い海抜一三二m地点にある(図1―13)。

かつては「餘湖」・「餘呉」あるいは「余吾」の字をあて、天然状態においては排水河川も流入河川もない閉塞湖で、湖水は地下水・降水量によって完全にコントロールされている。しかし、江戸時代中ごろに江土地区から余呉川へ至る水路が設けられ、昭和の余呉川総合開発事業でも承水路と放水路が新設されるなど、現在ではほぼ水位管理ができる状態になっている。

二　余呉湖の歴史環境

余呉町では柳ヶ瀬断層によって形成された南北の構造谷の、主として東側ラインに沿って縄文時代の遺物出土地が点々と知られている。

柳ヶ瀬で中期の、坂口の上ノ山古墳群の墳丘盛土中より後期の縄文土器片が見つかり、坂口の南の桜内遺跡では後・晩期の土器と共に切目石錘・石鏃・敲石が検出されている。(1) そして余呉湖北岸では、干上がった湖底から埋没林と共に縄文土器片が二点出土し、余呉湖底遺跡と称されるようになった。(2)

このように縄文時代の集落の痕跡は、現在までのところ大きな二つの構造谷のうち、西の余呉川に

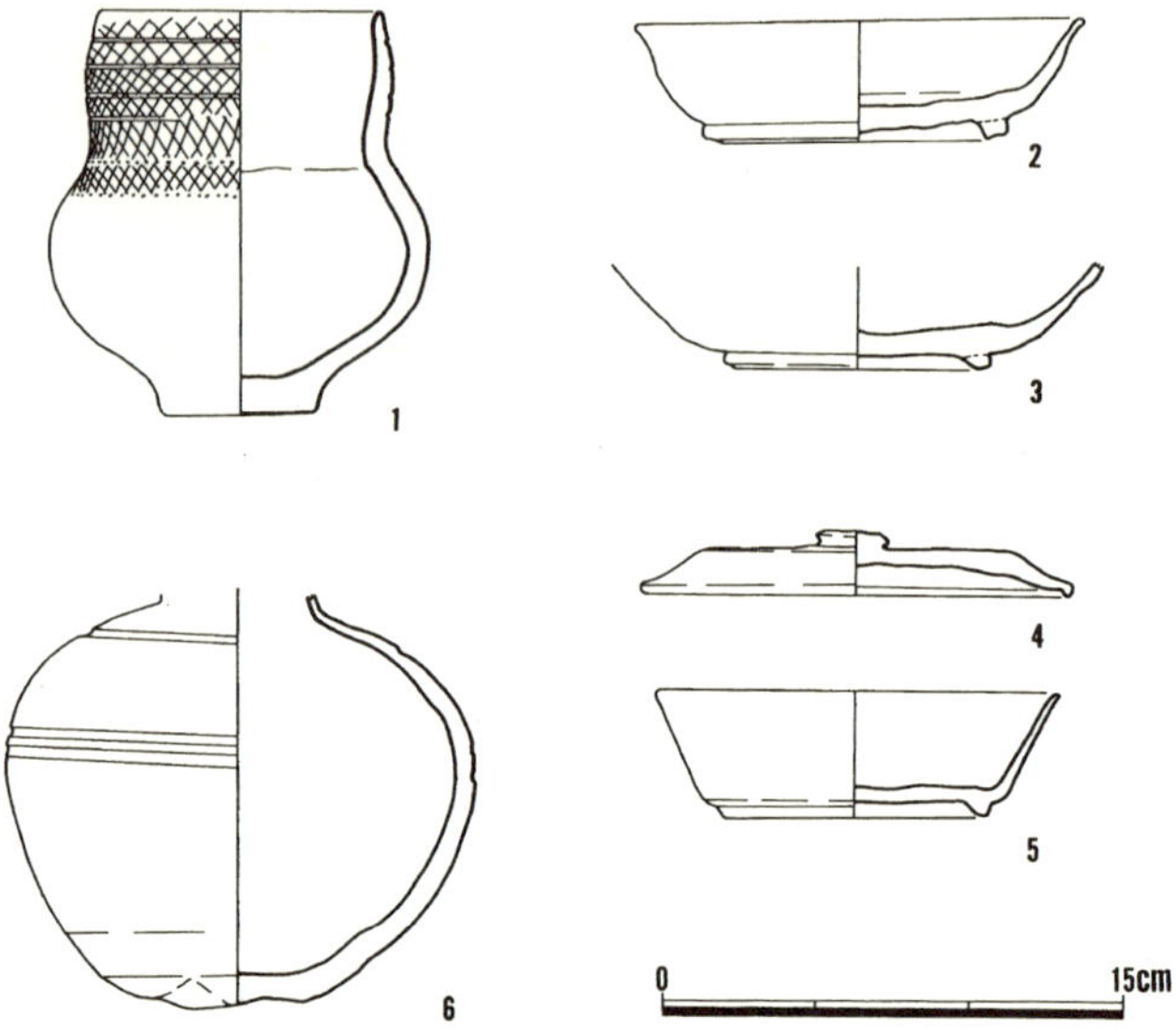

図1－14　下丹生遺跡・大門遺跡・笠上遺跡・蔵方遺跡出土土器

沿ってあり、東の丹生川沿いには見られない。

その後、古墳時代に至るまでの遺跡は、下丹生の河岸段丘上の下丹生遺跡で出土した弥生時代後期の壺が伝えられているのみであったが[3]（図1－14）、北陸自動車道建設に伴う調査で、先述した柳ヶ瀬断層に沿った余呉町南部で集落跡や墓が検出されるようになった。坂口遺跡[4]・桜内遺跡では弥生時代後期後半の竪穴式住居跡が見つかり、それと対応するような墓地も、近接した地区において、主として方形周溝墓という形式を採って築かれている。これらは集落と隣接する丘陵上に築かれたものがあるなど、その墓地の占地にも差異が認められる。

いずれにしても弥生時代の開発は、余呉町南部のわずかでも耕地の得やすい余呉川と丹生川の河川沿いに集中したようである。周知の遺跡の中では最も北に位置する国安の松田遺跡も弥生時代後期の土器片がわずかながら知られているが、ここも余呉川と文室川によって形成された小さな自然堤防上に位置している。

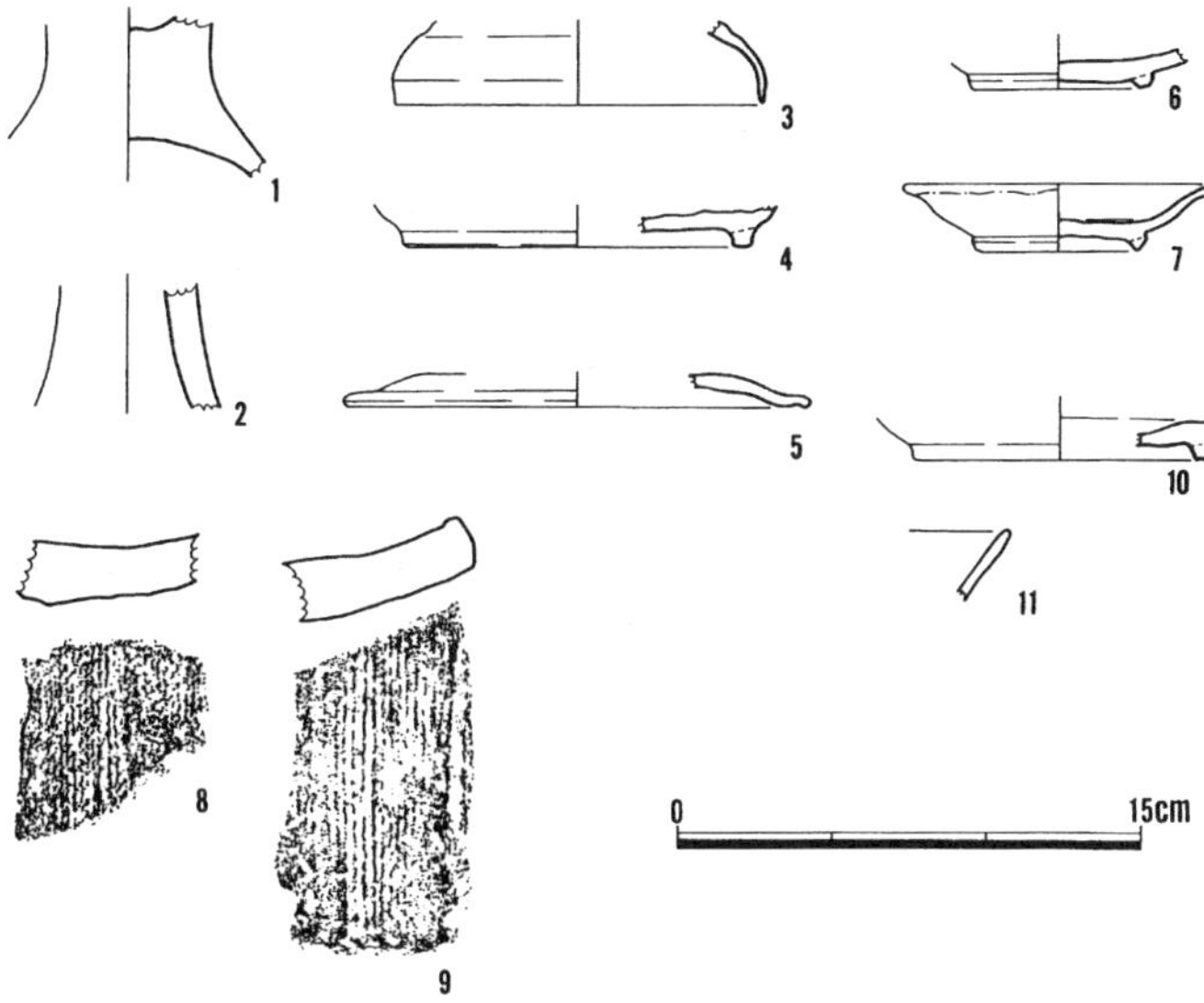

図1−15　松田遺跡出土遺物

昭和四〇年（一九六五年）五月一六日に、農道構造改善工事中に礫質土中から出土したという松田遺跡出土品（図1−15）(5)のうち、1・2は弥生土器、3〜5は須恵器、6・7は灰釉陶器、8・9は平瓦片である。また、10の須恵器と11の灰釉陶器は国安の南東の田面で表採したものである。平瓦は共に凹面に布目、凸面は縄目叩きが認められ、かなり磨耗したものである。

やがて、この山間の狭小な谷部にも古墳が築かれる。古墳時代前期の黒田長野古墳群(6)の方墳をはじめとして、後期になると坂口の長山古墳群、中之郷の鉛練古墳、今市の狐谷・塚谷古墳、下余呉の崩れ谷・北畑古墳(7)、坂口の大門・上ノ山(8)・西山古墳群など基本的に数基一単位の後期古墳群が、弥生時代集落と同様に余呉川沿いの町南部を中心に分布している。これらが北国街道を望む位置にあることは、この交通路を抜きにしては理解できない。また、玉類を副葬した前期の土坑墓も中之郷の笠上遺跡(9)で知られている。

これに対し、これまで丹生川沿いの古墳はほとんど知られていなかったが、近年、点在する小さな集落を望む丘陵上や山腹にも保根の七塚など、古墳らしきものが知られるようになった。

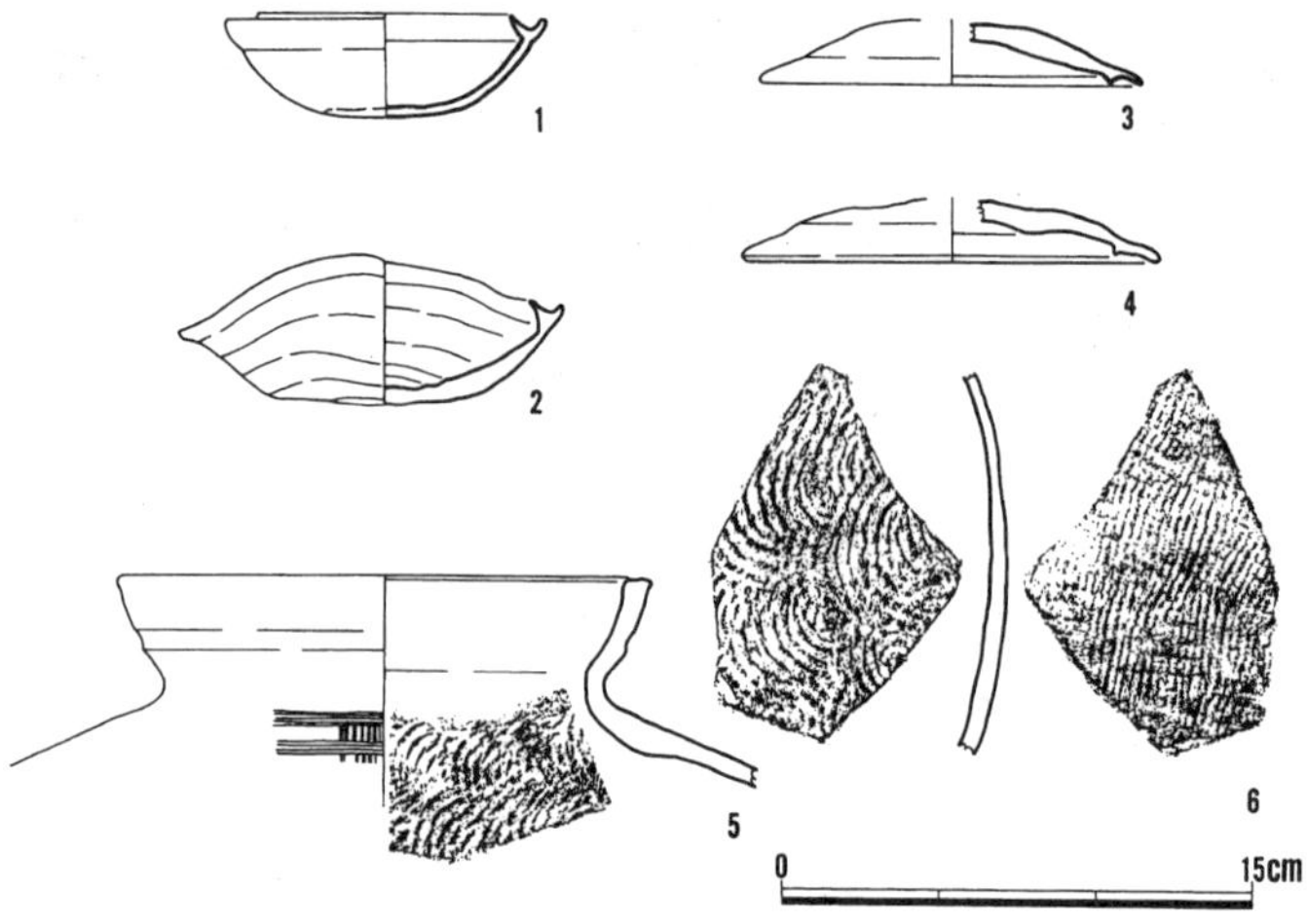

図1−16　赤子山スキー場窯跡出土土器

このころの集落跡も桜内遺跡上層や蔵方遺跡[10]で知られ、これらは奈良時代まで集落が継続して営まれている。国安の松田遺跡でも、弥生時代以降、平安時代までの遺物出土が先述のように知られ、二片の瓦は国安の南のナラ寺伝承地に関連するものとも考えられる。古墳時代以降は、下余呉の蔵方遺跡や中之郷の大門遺跡の須恵器がわずかに知られているが、現在までのところ調査された例はない。

余呉川沿いの中之郷から丹生川沿いの下丹生へ抜ける峠道の、右側にあたる北面した斜面は、現在、赤子山スキー場となっているが、ここは須恵器の窯跡として知られている。町教育委員会で保管している二〇点ほどの須恵器片とスキー場北西隅で採集した数点の須恵器片を見ると、融着した状態のものや焼成不良のものなどが含まれている。現在では現地でまとまった量の遺物の集積や灰・炭・窯壁片等は観察されないが、付近に良質の灰白色粘土が見られることなどを考え合わせると、須恵器窯と考えてさしつかえない。これらの遺物から七世紀代の窯であると考えられる(図1―16)。

上丹生の丹生神社では古くから「ちゃわん祭り」が伝わるが、この丹生神社の南方の山麓には「末《すえ》遠《とう》」という地があり窯跡であったという[11]。ただ、現地で遺物等は採集できていない。

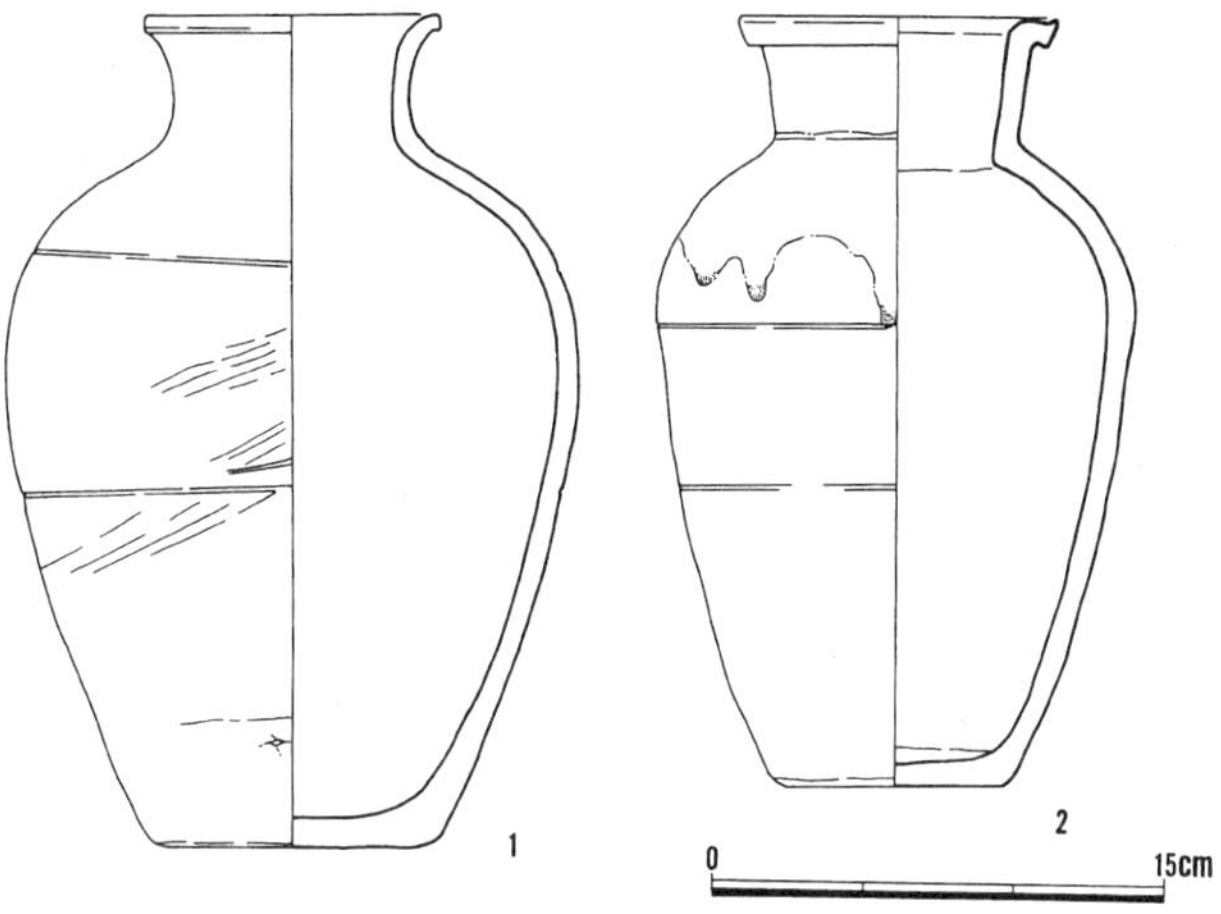

図1－17　菅並六所神社裏塚・下余呉八幡社崩れ谷出土土器

また、余呉町教育委員会で、鎌倉期の蔵骨器と思われる二点の陶器を実見できた。図1―17の1は菅並の六所神社裏の墓地にある塚状部分から出土したもので、合わせて刀子状の鉄器が出土したと伝えられる。全体に細身の壺で、胴部に二条の沈線が残る。口縁部端はやや凹気味に処理され、頸部から肩部にかけては透明に近い灰色の自然釉がかかる。胴部下半を中心に〇・五～一cm大の石ハゼも認められる。全体に暗茶褐色を呈し、堅緻に焼き上がっている。

2は下余呉の八幡社近くの崩れ谷から出土したといわれ、神社に寄進されたものである。これも細身の体部にN字状に近い口縁をもつ壺で、胴部に二本の沈線が見られる。一～五mm大の長石を中心とする砂をかなり含む淡茶褐色の胎土で、頸部下端から肩部にかけて淡緑色の釉がかかる。共に常滑か越前産と思われるが、いずれにしても2が後出である。

中世も末期になるとこの地は越前朝倉氏の入洛ルートとなり、またいわゆる賤ヶ岳合戦の主戦場となり、多くの城跡・陣跡が北国街道沿いに分布する。その数は知られているだけで二四カ所を数え、特に柳ヶ瀬の北西の近江・越前の国境に位置する内中尾山の玄蕃尾城[12]は、賤ヶ岳合戦の際に柴田勝家の本陣が置かれたところとして著名で、初現的な天主台を中心に良好な遺構が山上に残っている。

巧みな郭配置・虎口郭・馬出し郭の存在や郭と並行する空堀の発達・天主台の出現等から、柴田段階の天正一一年という限定された時期の遺跡であると考えられ、豊富な内容をもつ標式的な城跡として貴重なものである。

なお名の由来する佐久間玄蕃の城は、南の行市山山頂にあるため、内中尾山城という名称の方が適当かと思われる。

余呉町内の近世遺跡の調査例としては、坂口遺跡の神社跡[13]と上丹生の堀郷遺跡と呼んだ一字一石経塚[14]がある。

後者は山麓を削平して小さなテラスを作り出し、そこに深さ約一mの方形坑を穿ち、約八万個の礫石経を埋納したものである。その上部に石碑と石の観音像を安置した小祠があり、この石碑と所有者宅に残る文書等から、江戸時代後期の文化八年(一八一一年)ごろに、坂東三三ヶ所・秩父三四ヶ所の巡礼の旅への奉賽のために造営したものである。近世において、こうした山間部でも仏教の庶民化を示す遺構が残っているのである。

三　余呉湖底遺跡の埋没林と古気候復元

余呉湖の埋没林については、これまで堀江正治らを中心に古陸水学・古気候学方面からの調査・研究が進み、多くの成果が報告されている。[15] 昭和四五年（一九七〇年）に余呉湖北岸で見つかった株三六本・倒木六本からなる埋没林では、昭和五三年（一九七八年）にそれを保護するための埋没林と余呉湖を区切る堤防工事が行なわれた。その時、一部加工痕の認められるクルミ・トチ・ハスの実十数個と共に縄文土器片二点が検出され、それ以降、余呉湖底遺跡として知られるところとなった（図1―18）。

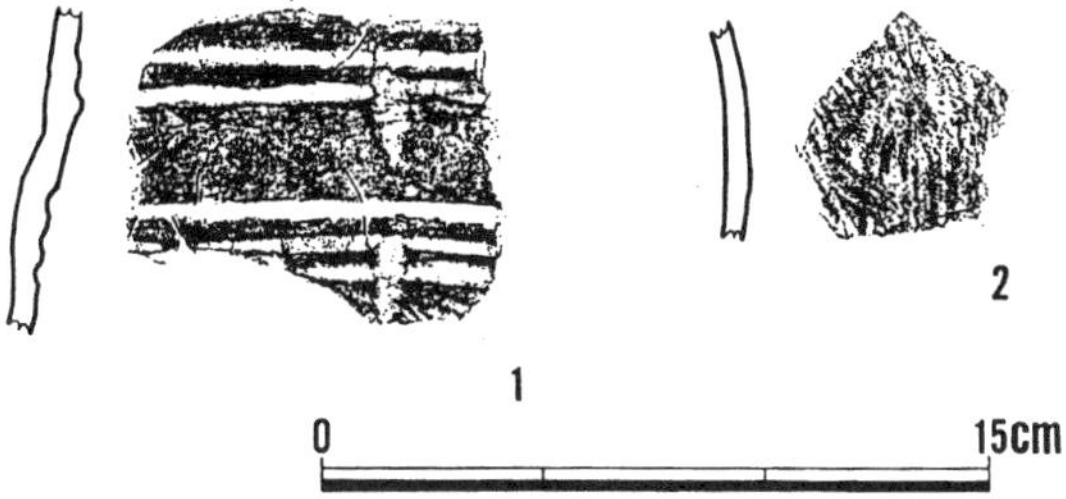

図1−18　余呉湖底遺跡出土土器

土器の出土状況については、埋没林のうち一本が護岸堤下に埋もれることになったためサンプルを兼ねて引き上げたところ、埋没林に付着していた泥土中にあったものといわれる。[16]

この余呉湖北岸での埋没林については、昭和四五年（一九七〇年）に湖の水位を低下させた際、湖底に現れたものを余呉町立鏡岡中学校の科学クラブ員が発見したもので、昭和四七年（一九七二年）一二月に堀江らが現地調査を行っている。この時の新聞記事や町での聞き取りの結果、水位を平常水位より約一・八m下げたところ、湖岸から約五〇m沖にかけて埋没

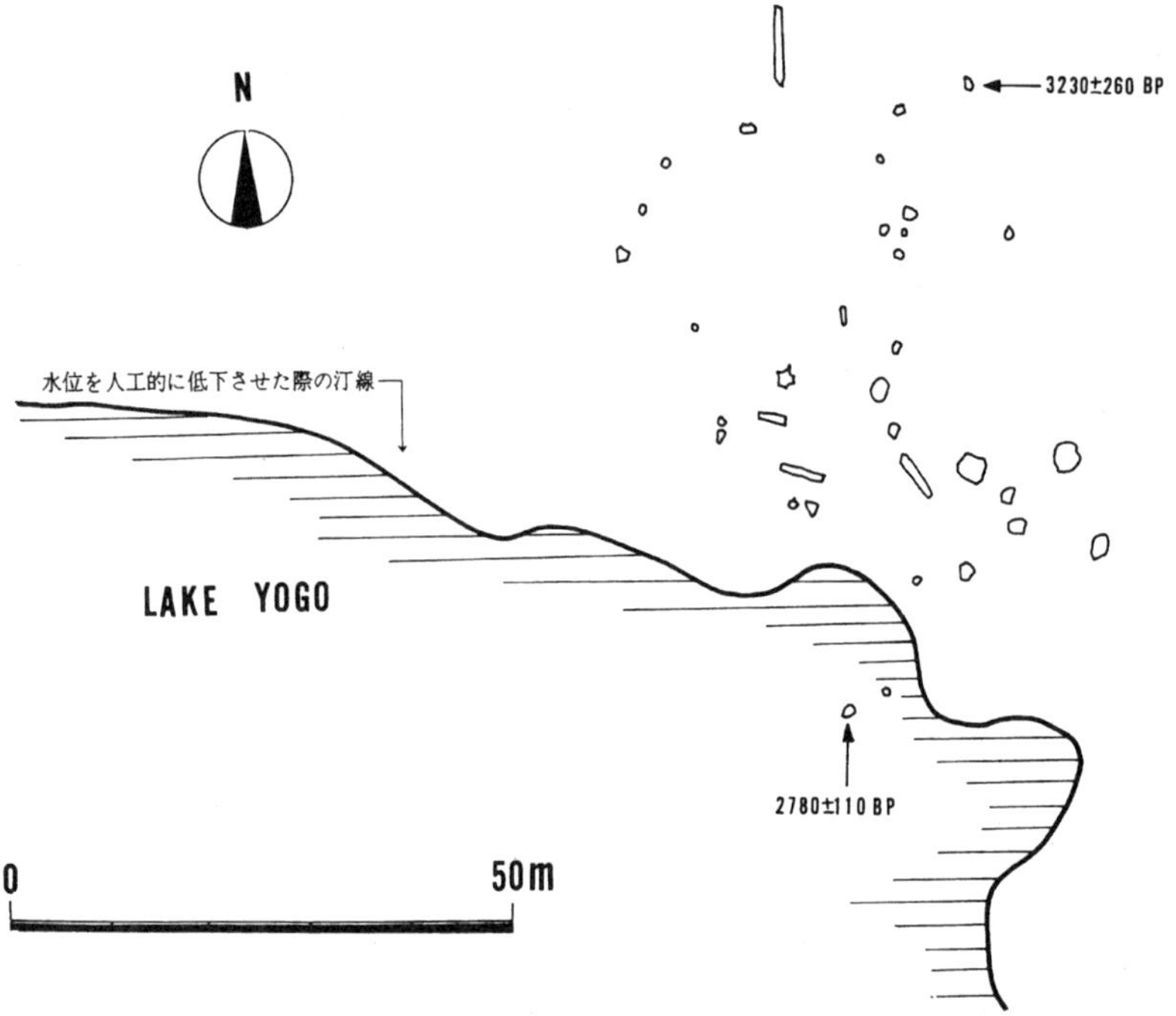

図1−19　余呉湖北岸の埋没林出土状況

林が現れ、いずれも直径七〇cmから二m、大きいものは直径数mあり、湖岸から六m付近より沖にかけて、列状に約五〇mにわたって続いていたという。また、倒木には長さ約六mを計るものもあったらしい。

また堀江らの成果によると、余呉湖北部の水田より二m下に、C14による年代測定で三二三〇±二六〇年B.P.（一九五〇年より前）と推定されるもの、水中には二七八〇±一一〇年B.P.と測定された木があったという(図1−19)。これらに遡ること約二〇年前に、堀江によりすでに埋没林がこの付近で発見されており、湖成層や泥炭層におおわれた中から採取した標本は、三一八〇±一八〇年B.P.だったと報告されている。

さらに昭和四七年（一九七二年）には、余呉湖南部の国民宿舎近傍にあたる「新羅の森」の南で、湖岸が深く掘削された際、二層の埋木群が発見されている。一層と二層の埋木の間には約一mの湖成層堆積物があり、埋木自体の年代は六五二〇±一四〇年B.P.と八〇六〇±二六〇年B.P.を示していたという。

こうした古陸水学の調査から、余呉湖では約三〇〇〇年、六五〇〇年、八〇〇〇年B.P.の三層の埋没樹林繁茂の時代は水位が低く乾燥気候で、木が水没し湖成層が堆積した時代は水位が高く湿潤気候であり、こうした古気候に支配されて樹林と湖底堆積物と称する湖成層とが交互に生成されたと考えられている。

さらに三〇〇〇〜六五〇〇年B.P.の間に堆積物の不整合が見られ、これを含めると後氷期においては、八〇〇〇年B.P.ごろ、六五〇〇年B.P.ごろ、六五〇〇〜三〇〇〇年B.P.のある時期、三〇〇〇年B.P.ごろ、そして現代と少くとも五回の乾燥期を余呉湖の周辺では経てきていることになる。(17)

先述した一九七八年に発見された二片の縄文土器は、三二三〇±二六〇年B.P.と二七八〇±一一〇年B.P.という三〇〇〇年B.P.グループの埋没林しか検出されていない地区からの出土品であり、注(1)文献の出土状況の記述や、「木の実と縄文土器は埋没林の根株の周囲（湖底の土砂から三〇cm）から発見された」という記述(18)から、これら三〇〇〇年B.P.の埋没林グループにほぼ伴うか、やや後出するものではないかと考えられる。

堀江らによる昭和四七年（一九七二年）の調査時には、余呉湖北岸水田下マイナス二mで三二三〇±二六〇年B.P.の埋没林が出ていること、さらに余呉湖の泥中に含まれる窒素の量から推定した湖底の変動を推定したグラフ[19]（図1—20）を見ると、三一八〇±一八〇年B.P.を示す資料がマイナス二・七〜マイナス二・二mの間で埋まってきていると読み取れることなどから、この付近ではマイナス二〜マイナス二・七mを前後するところが、三〇〇〇年B.P.グループの埋没林の包含層であったと考えられる。

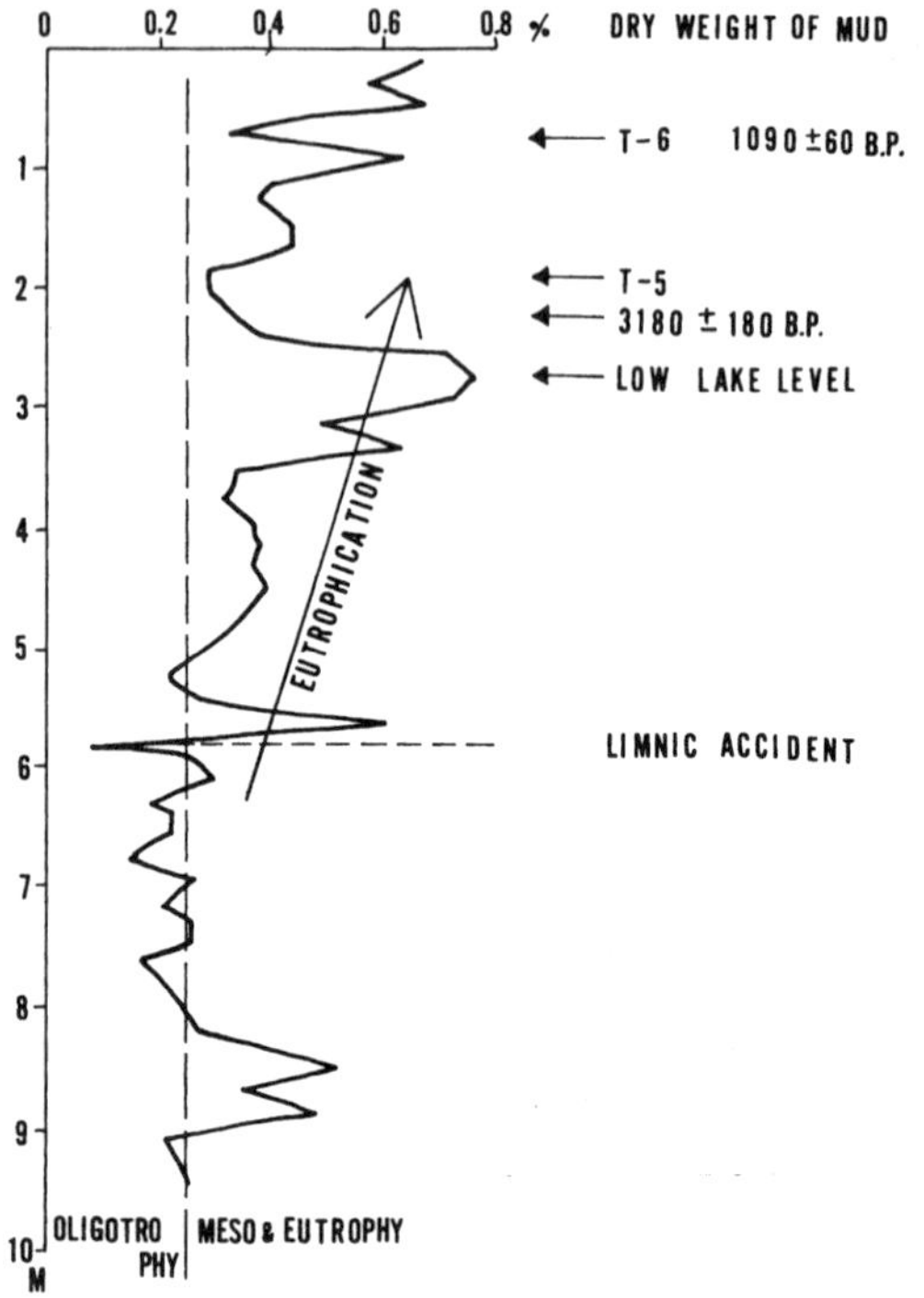

図1−20　余呉湖堆積物中の窒素量変化

他方、余呉町川並沖で長さ一〇mのコアサンプルを採取し、主としてN、C、Pの分析を行った堀江の成果がある[20]（図1—21）。温暖多雨気候が卓越する場合にはCの増加・Nの減少という現象を伴い、寒冷乾燥気候の卓越はCの供給の減少・Nの増加が考えられる。こうしたことから余呉湖のレベルでいうと、マイナス八・六m・マイナス七・六m・マイナス三・五m付近で寒冷気候の現象が見られ、マ

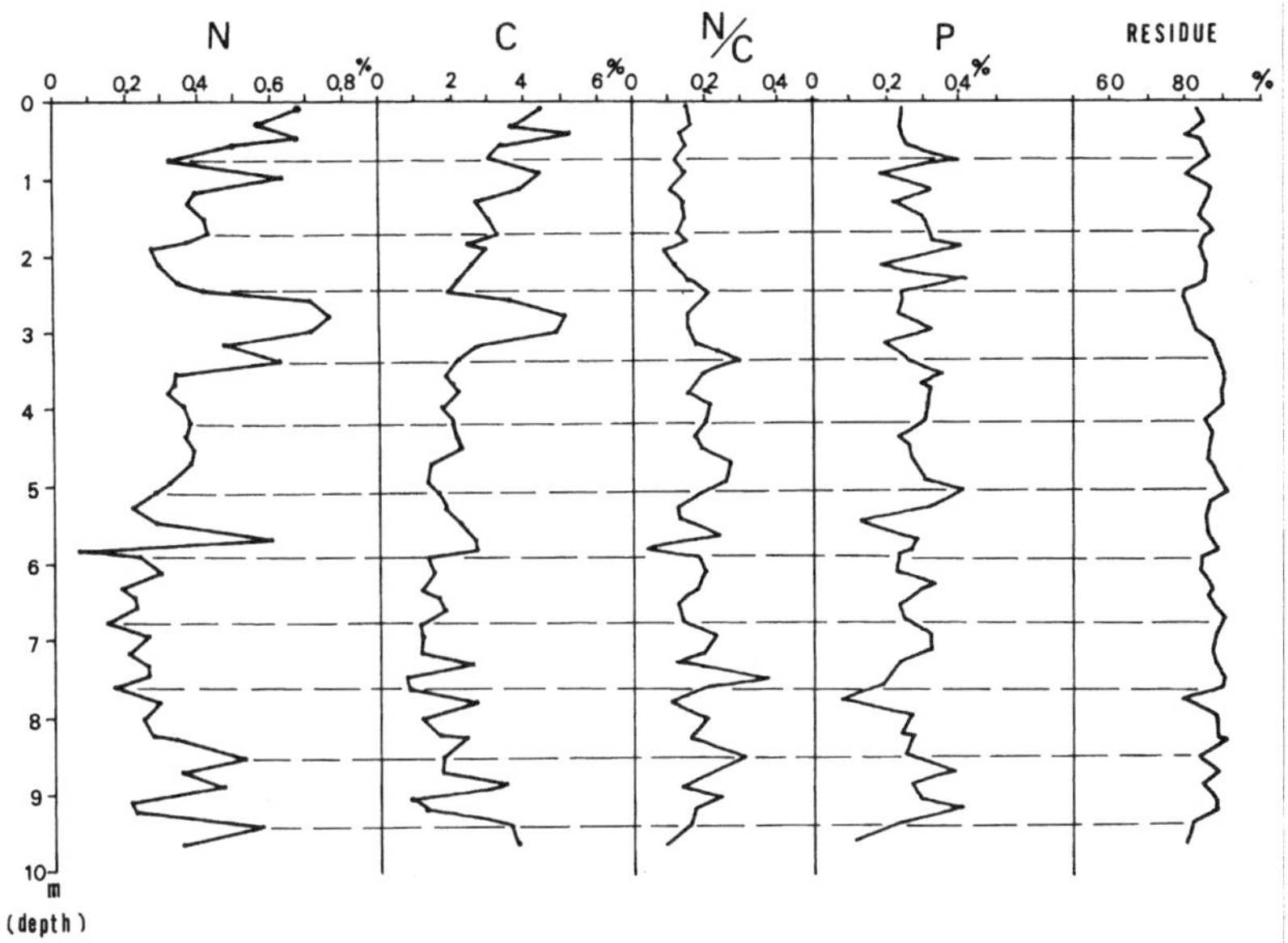

図1－21　余呉湖堆積物の化学変化

イナス五・八m付近とマイナス二・五mより上層で温暖多雨の事実が認められる。またマイナス七・八m・マイナス二・〇m付近でのカーブは微少な地殻変動と分析され、それぞれC14年代で七八〇〇年B.P.・二二〇〇年B.P.とされる。これらをもとにグラフからC14年代を推定すると、八七〇〇年B.P.ごろ・七五〇〇年B.P.ごろ・四七〇〇年B.P.ごろ・三五〇〇年B.P.ごろに寒冷乾燥気候になり、六〇〇〇年B.P.ごろと三〇〇〇年B.P.ごろ以降に温暖多雨化の傾向が認められるのである。

　琵琶湖での一九七・二mに及ぶコアサンプルの藤則雄による分析[21]では、マイナス三・七〇m（B.P.三〇〇〇年）ごろから *Alunus*、*Zelkova*、*Salix* などの木本類が減少し、これらに代わって *Grami-neae* を主体とする草本類が多くなり、*Oryza* がマイナス三・四〇m

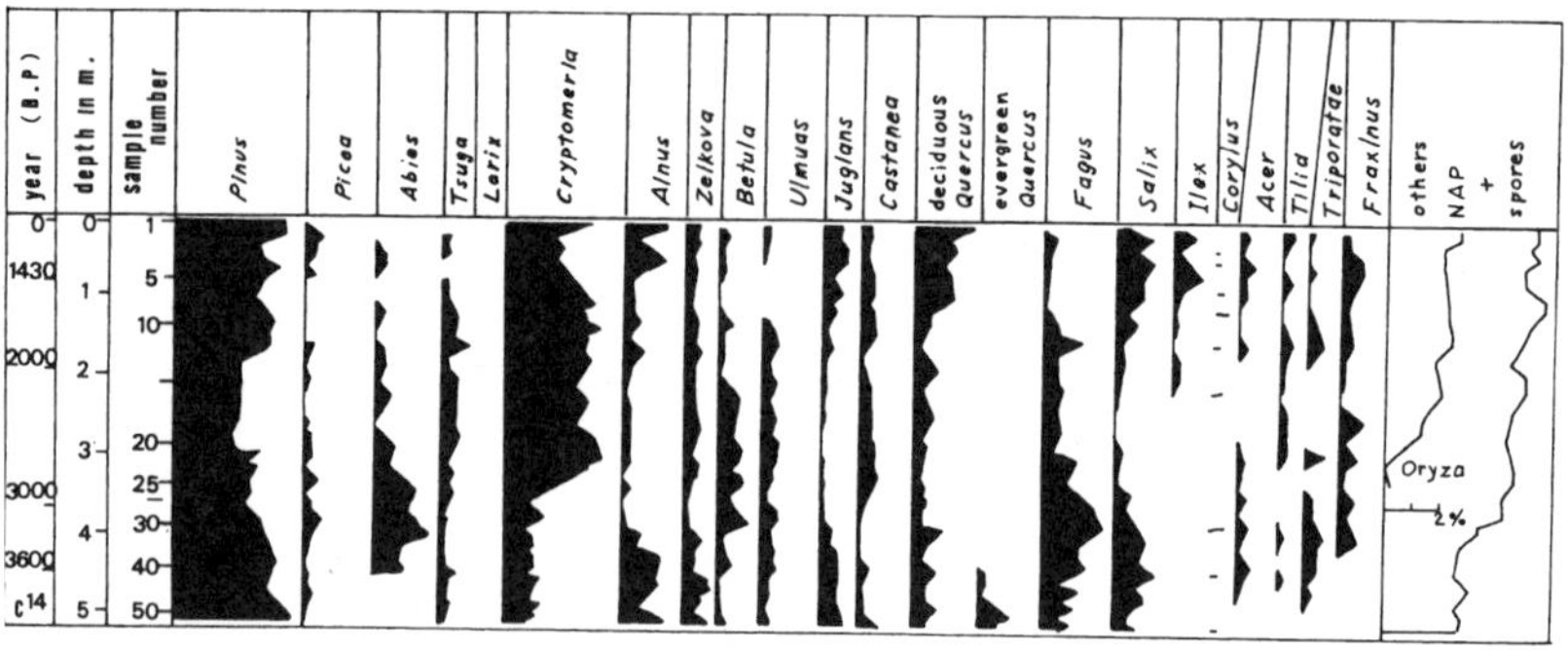

図1－22　琵琶湖湖底5m付近の花粉分析図

（B.P.二九〇〇年）の層位で初めて検出され、このころ稲作が開始されたという。そして花粉学的には寒冷期における気温低下は五～七℃、温暖期には二℃位の気温上昇であるという。

こうした琵琶湖での成果は、余呉湖でのN、C、Pなどの化学分析結果にほぼ対応するが、あくまで基準とすべきは、天然状態にあっては閉鎖湖である余呉湖のデータである。草津市御倉町での花粉分析結果も公表されているが、琵琶湖についてはC14年代を含めた良い資料がすでに昭和四八年（一九七三年）に公表されているので参考までにかかげておく（図1―22）。

以上のような結果について、C14年代をもとに総合して考えると、マイナス五～マイナス七℃ぐらいの寒冷乾燥期は八七〇〇～八〇〇〇年B.P.、七五〇〇～六五〇〇年B.P.、四七〇〇年B.P.ごろ、三五〇〇～三〇〇〇年B.P.ごろに相当し、六〇〇〇年B.P.前後と三〇〇〇年B.P.以降が二℃ぐらい上昇した温暖湿潤期に相当することになる。なお、本文中のC14年代はすべて当時の測定値であり、較正したものではない。

四　縄文時代の余呉湖と琵琶湖の水位

縄文土器が出土したレベルについては、一・八m水位を下げた際に湖底が完全に露出し、埋没林根株の周囲の土砂を約三〇cm下げたところ土器片が出土したという。

一方、当時の滋賀県余呉川管理事務所での説明によると、余呉湖の水位T．P．（東京湾を基準とする高さ）は一一月一日から五月一四日までは一三二・八〇mに管理されているが、昭和四五年（一九七〇年）一一月一五日ごろは一二九・五五mまで水位が下がり、埋没林の株が見えるレベルは一三〇・六〇m前後であると推定されるとのことであった。

北岸の標高約一三三mを計る水田下の埋没林が、マイナス二m付近で出土したことなどを考え合わせると、埋没林包含層は一三〇～一三一mの範囲におさまり、縄文土器は一三〇・五〇mを前後するレベルにあったと推定される。

なお堀江らのいくつかの論文にある余呉湖の標準水位一三四mや、水位を一三一mまで下げて埋没林を露出させた等の水位値については、O．P．（大阪湾を基準とする高さ）が基準となっていると思われる。従ってT．P．に読みかえると、それぞれ一三二・七五七m、一二九・七五七mとなる。

ここで今回、あらためて余呉湖底遺跡出土の縄文土器片を観察したので略述しておく（図1―18、写真1―12）。1は深鉢の口縁部近くの破片で、暗褐色を呈し胎土中に金雲母が若干見られる。外面はナデ後幅二～三㎜の沈線を横に配し、二カ所に縦方向の棒状押圧が施される。この押圧の原体までは不詳である。内面は指頭圧痕が残り炭化物が付着している。2は黒褐色を呈し、これも金雲母を含むが精良な胎土で焼成は比較的良好である。外面には二枚貝による条痕が施され、内面に炭化物が残る。

以上のことから、縄文土器資料は晩期初頭、滋賀里Ⅰ式ないしⅡ式であると考えられる。また、トチの実一三点、クルミ五点も実見したが（写真1―13）、クルミのうち一点は人工的な貫通穿孔が観察できた。従って、余呉湖面が昭和四七年（一九七二年）段階より二～三m低かった三五〇〇～三〇〇〇年B.P.ごろの寒冷乾燥期に育った「埋没林」が、三〇〇〇年B.P.ごろ以降の温暖湿潤期に埋まりはじめたころの産物とみな

写真1－12　余呉湖底遺跡出土土器

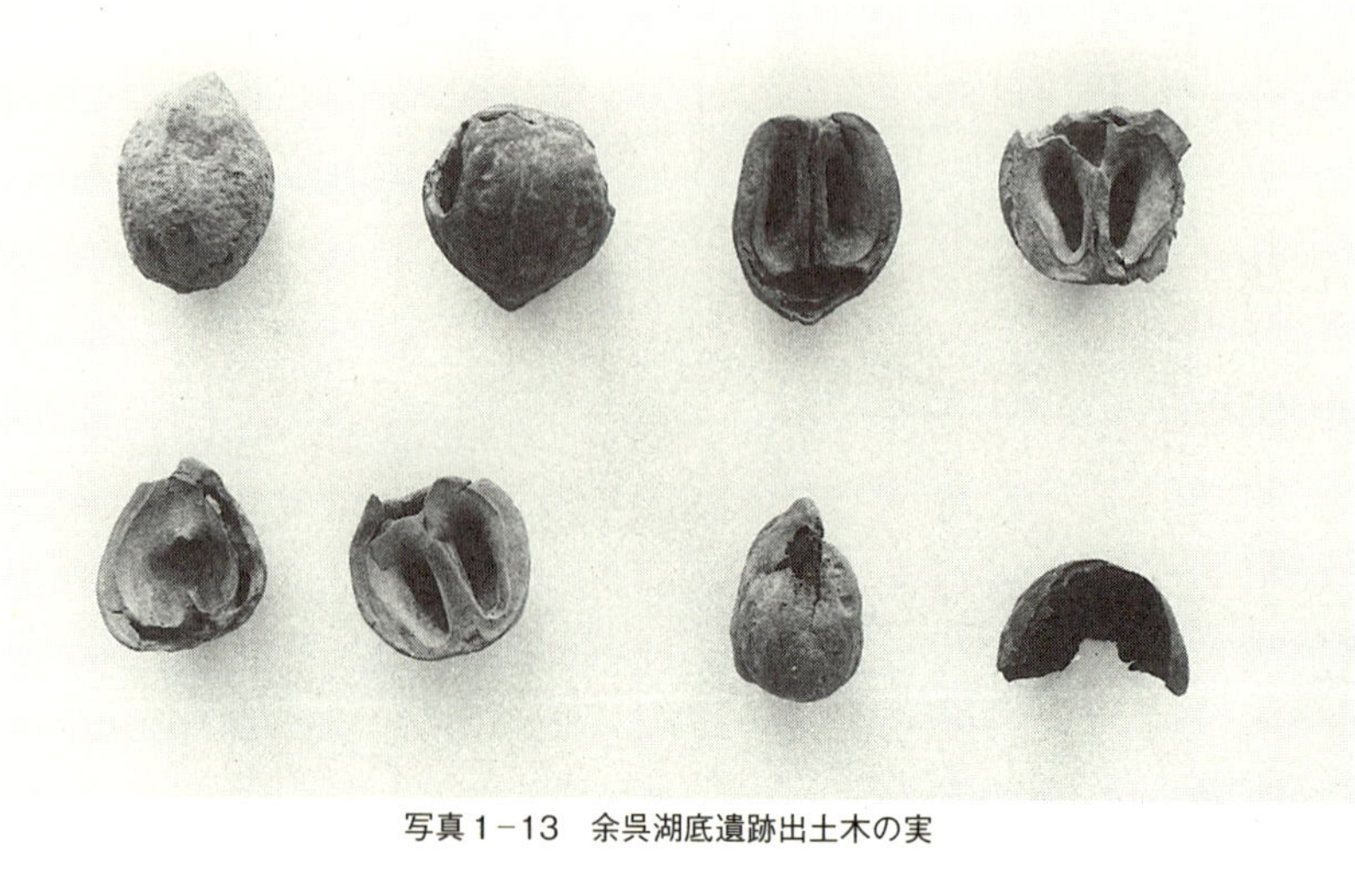
写真1－13　余呉湖底遺跡出土木の実

される。

琵琶湖の湖底遺跡の調査例も最近多くなり、考古資料から琵琶湖の水位変遷や気候の復原が行なわれている。[22]縄文時代前・中期を中心とする粟津貝塚は、現在の水位（T．P．）よりマイナス四m、晩期前半の志那南遺跡がマイナス三・一m、晩期の長命寺湖底遺跡でマイナス三・八m、晩期と弥生時代前期を中心とする志那湖底遺跡はマイナス二・八m、の位置にあり、縄文時代晩期段階で少くともほぼ三mは水位が下っていたと考えざるを得ない。また弥生時代前期〜中期でも大中の湖南遺跡や七条浦遺跡の例から二mは下っていたようである。

このように余呉湖で晩期前半をマイナス二〜マイナス三mと推定した結果にほぼ符合し、余呉湖と琵琶湖は自然科学の分析のように、考古資料からみても基本的にはほぼ同様の水位変化を示すような自然環境にあったようである。

先の藤による琵琶湖の花粉分析の結果は、エミリアーニがカリブ海のコアで求めたGloborotaliaと酸素同位体とによる古水温変化図[23]に対応し（図1―23）、基本的には世界的に同様な気候変化をこれまでのデータは示しているようである。

参考までに、富山県魚津市の海底埋没林では、そのスギの頭部が地表から〇・六〜一・〇mの深さにあり、海面から埋没林の根本までは一・五mあるという。それは一九六〇±七〇年B．P．と測定され、地表より二m下には縄文時代後期末の土器が出土している。

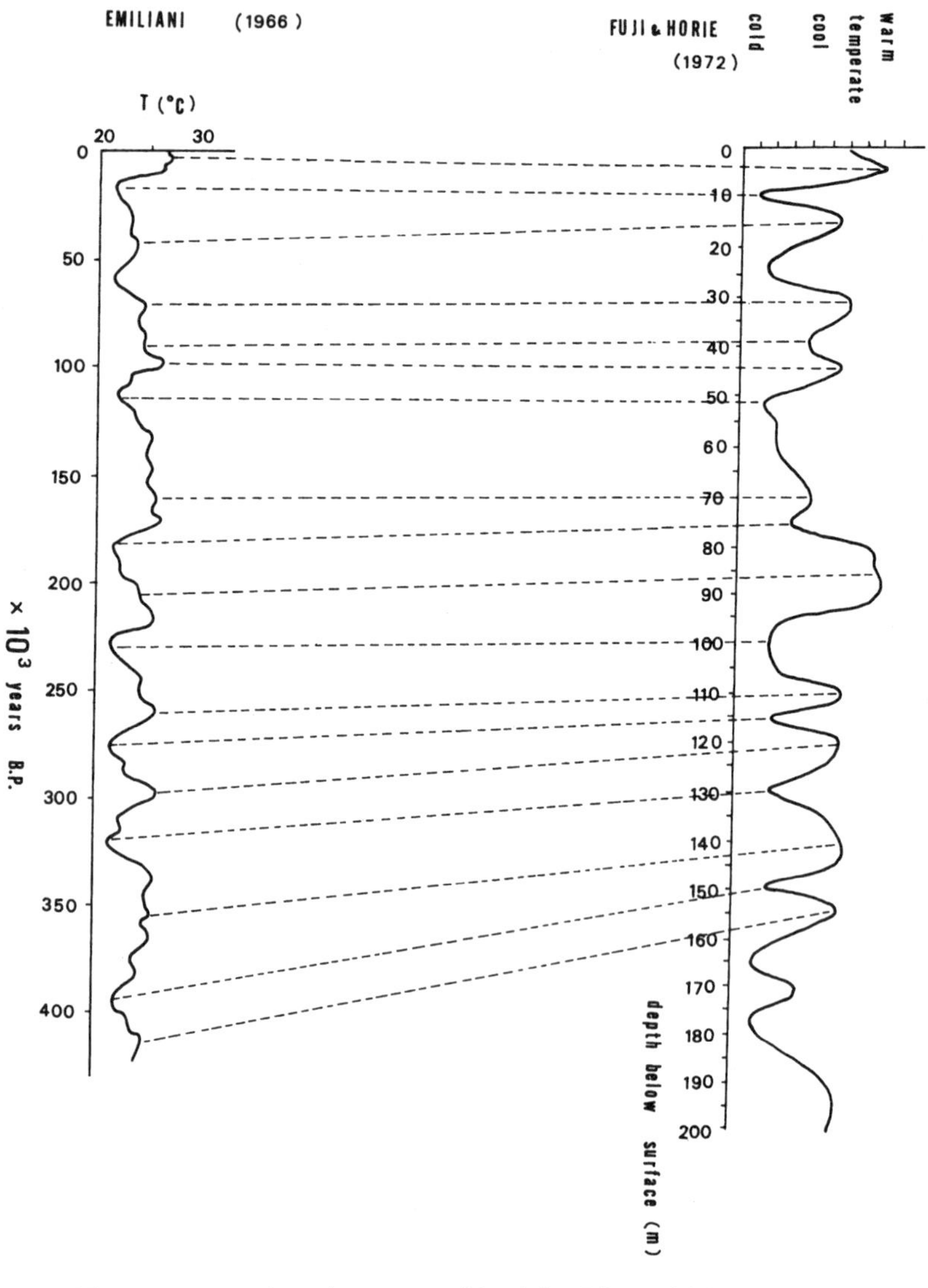

図1－23　Emiliani (1966) によるカリブ海の古水温変化図と古気候変化図の比較

注

（1）田中勝弘ほか「湖北地方の縄文時代遺跡」『滋賀文化財だより』No.一九、財団法人滋賀県文化財保護協会、一九七八年。
（2）注（1）に同じ。
（3）梅原末治「伊香郡古代遺跡と遺物」『近江伊香郡志』上巻、一九五二年。
（4）田中勝弘ほか『北陸自動車道関連遺跡発掘調査報告書』Ⅸ、滋賀県教育委員会・財団法人滋賀県文化財保護協会、一九八四年。
（5）赤井文彦氏蔵。赤井氏のご好意により実見。
（6）田中勝弘「木之本町黒田長野古墳群」『北陸自動車道関連遺跡発掘調査報告書』Ⅴ、滋賀県教育委員会・財団法人滋賀県文化財保護協会、一九八〇年。
（7）a　注（3）に同じ。
　b 田中勝弘「上ノ山古墳群」『北陸自動車道関連遺跡発掘調査報告書』Ⅲ、滋賀県教育委員会・財団法人滋賀県文化財保護協会、一九七六年、五五頁に実測図。
（8）注（7）bに同じ。
（9）田中勝弘「笠上遺跡の発掘調査」『北陸自動車道関連遺跡発掘調査報告書』Ⅰ、滋賀県教育委員会・財団法人滋賀県文化財保護協会、一九七四年。
（10）注（7）bに同じ。
（11）山路興造「ちゃわん祭の歴史と意味」『丹生神社ちゃわん祭―丹生神社ちゃわん祭調査報告書―』、丹生神社ちゃわん祭保存会、一九八三年ではこれを否定する。なお、現地踏査にあたっては、上丹生の浅井清三郎氏にご案内いただいた。
（12）a 山口充「玄蕃尾城」『日本城郭大系』一一、新人物往来社、一九八〇年。
　b 余呉町教育委員会「まぼろしの城玄蕃尾城を訪ねて」『広報よご』八一号、余呉町教育委員会、一九八三年。

(13)注(4)に同じ。
(14)用田政晴『堀郷遺跡調査報告―余呉町上丹生所在の一字一石経塚―』滋賀県教育委員会・財団法人滋賀県文化財保護協会、一九八二年、および本書第二部第二章第五節。
(15)一九七五年に京都で開かれたInternational Symposium on Globalscale Paleolimnology and Paleoclimate(グローバルスケールにおける古陸水・古気候国際研究集会)のレジメに余呉湖関係の論文などそれまでの成果が収められている。
(16)注(1)に同じ。
(17)a Shoji Horie, Seiichi Kanari, Kinshiro Nakao, 1975. Buried Forest in Lake Yogo-ko and its Significance for the Study of Past Bio-Environments, Proc. Japan Acad, 51(№8)(注(15)に再録)。
b 堀江正治「日本列島の氷河問題を解く湖底の記録」『東レ科学振興会科学講演会記録 日本列島の自然史―琵琶湖の研究からのアプローチ』、一九七七年など注(15)所収の堀江論文をはじめとする堀江らの成果による。
(18)昭和五三年(一九七八年)一〇月三〇日付け『中日新聞』。
(19)注(17)aの図1。
(20)堀江正治「湖盆の地殼変形の問題」『京都大学防災研究所年報』第一〇号、一九六七年。
(21)藤則雄「びわ湖底堆積物の古生物学的研究I花粉学的研究」『陸水学雑誌』第三四巻、第二号、一九七三年。
(22)a丸山竜平「考古学的資料からみた瀬田川関連諸遺跡」『瀬田川浚渫工事に伴う流域分布調査 瀬田川』、滋賀県教育委員会・財団法人滋賀県文化財保護協会、一九八三年。
b丸山竜平「びわ湖の発達と水位の変動」『びわ湖と埋蔵文化財』、水資源開発公団琵琶湖開発事業建設部、一九八四年など。
(23)C.Emiliani, 1966. Paleotemberature Analysis of the Caribbean Cores P63049 and a Generaliqed Temperature Curve for the Last 425,000 Years, J. Geol, 74.

第四節　松原内湖の歴史的意義

一　松原内湖の古写真

ここに掲げた写真は、明治三八年（一九〇五年）一〇月に、彦根市松原町地先にある大洞弁財天の船着き場付近で撮影されたものである（写真1－14）。大きく帆を張った丸子船と田舟が松原内湖に浮かんでおり、山の脇の東海道線には、米原方面に向かう列車の後ろ姿が写る。江戸時代から戦前にかけて、湖上輸送の主役であった丸子船が帆を張った写真は珍しく、それが二隻も写っていることは驚きである。数人見える人影は、地元では「弁天さん」と呼ばれる大洞弁財天（別名、長寿院）の参拝者であろうか。

この写真は、拙著の表紙にも用いたものである。(1) そこで詳しく述べたように、琵琶湖の湖上交通史上、最も象徴的な出来事は、織田信長による元亀四年（一五七三年）の大船建造と直後の早舟への解体であり、その舞台となったのがこの佐和山山麓の松原内湖である。

佐和山にいた信長は、大船建造の大号令を出し、国中の工人を集めて建造した。それは長さ三〇間

写真１−14　『彦根大洞秋之夕景色』（1905年）（部分）
（彦根市立図書館蔵）

という大船であったが、浮力のない淡水で、しかも遠浅の湖辺部が多いという琵琶湖では役に立たず、ほどなく解体してしまったという因縁の場所が松原内湖である。

明治時代後期は、物資輸送や人の移動が湖上の船から鉄道に取って代わられようとしているころである。まさしくこの写真は交通手段の新旧交代を象徴するものとなった。

今でも「弁天さん」にお参りした後、山門から下り、ＪＲ琵琶湖線の踏切を渡ると、写真同様の鳥居と船着き場の石垣が残っているが、まわりの松原内湖は干拓され、近年は宅地化が進んだため住宅街となっている。さらに住宅街の脇には、彦根と米原・長浜を直接結ぶ県道が開通し、国道や湖周道路にかわって多くの車が行き交っている。

二　篦状木製品

(1)　篦状木製品のあらまし

この松原内湖にある松原内湖遺跡からは、篦状木製品と呼ばれる木製品が出土し、平成一五年

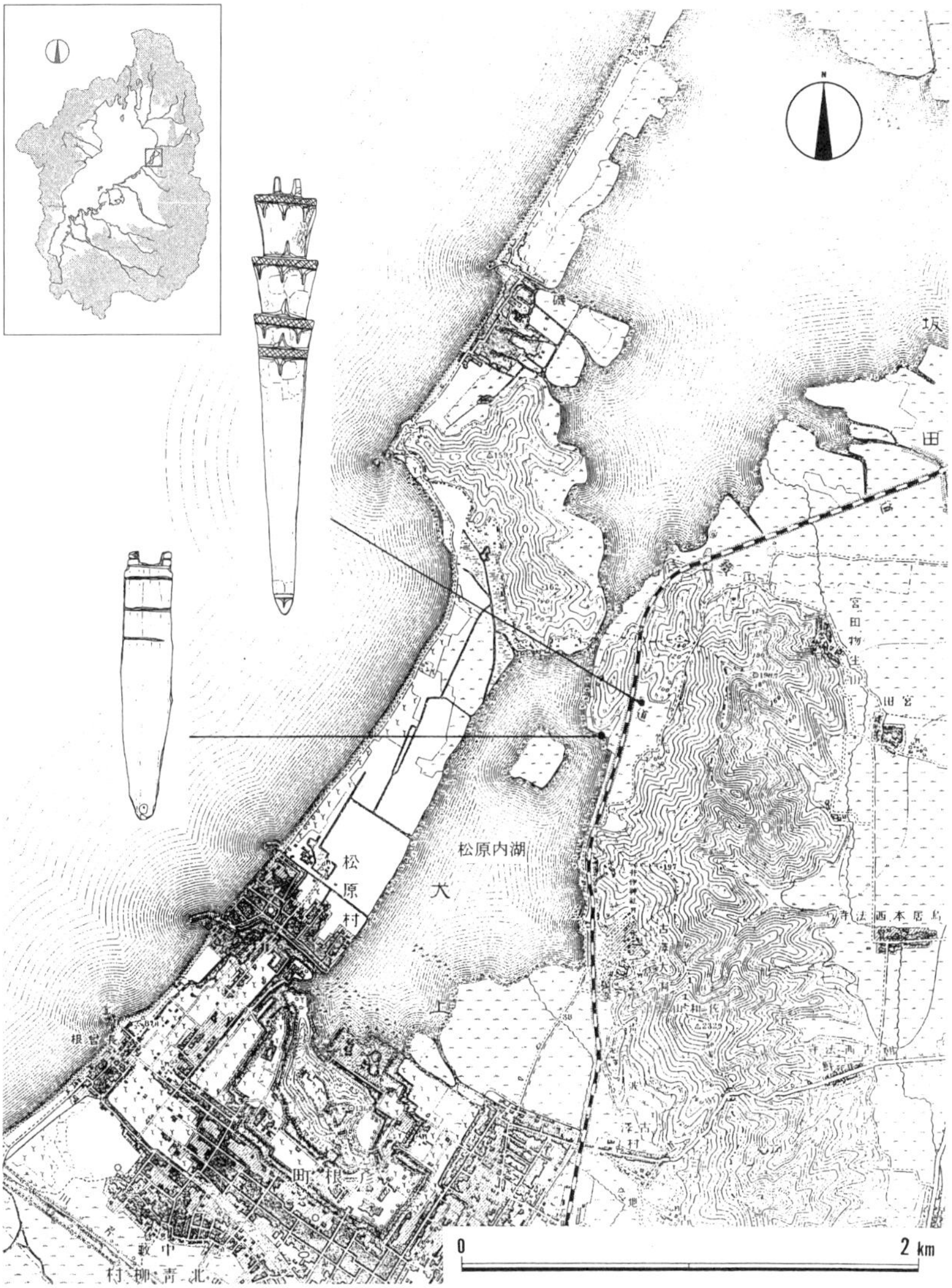

図1－24　松原内湖遺跡周辺地形図
（大日本帝国陸地測量部明治26年測図を一部改変）

（二〇〇三年）四月三日に、滋賀県指定有形文化財（美術工芸品）考古資料の部として指定された（図1―24）。

松原内湖遺跡は、彦根城の北に位置した旧松原内湖の北東縁辺部にあり、縄文時代から江戸時代にまで至る複合遺跡として知られている。[2] 現地では、昭和五九年（一九八四年）から平成三年（一九九一年）にかけて発掘調査が行われ、その資料は、現在、琵琶湖博物館に収蔵している。また、弥生時代を中心とする木製農耕具や漁具などは、琵琶湖博物館二階の「人と琵琶湖の歴史」展示室で、常設展示している。

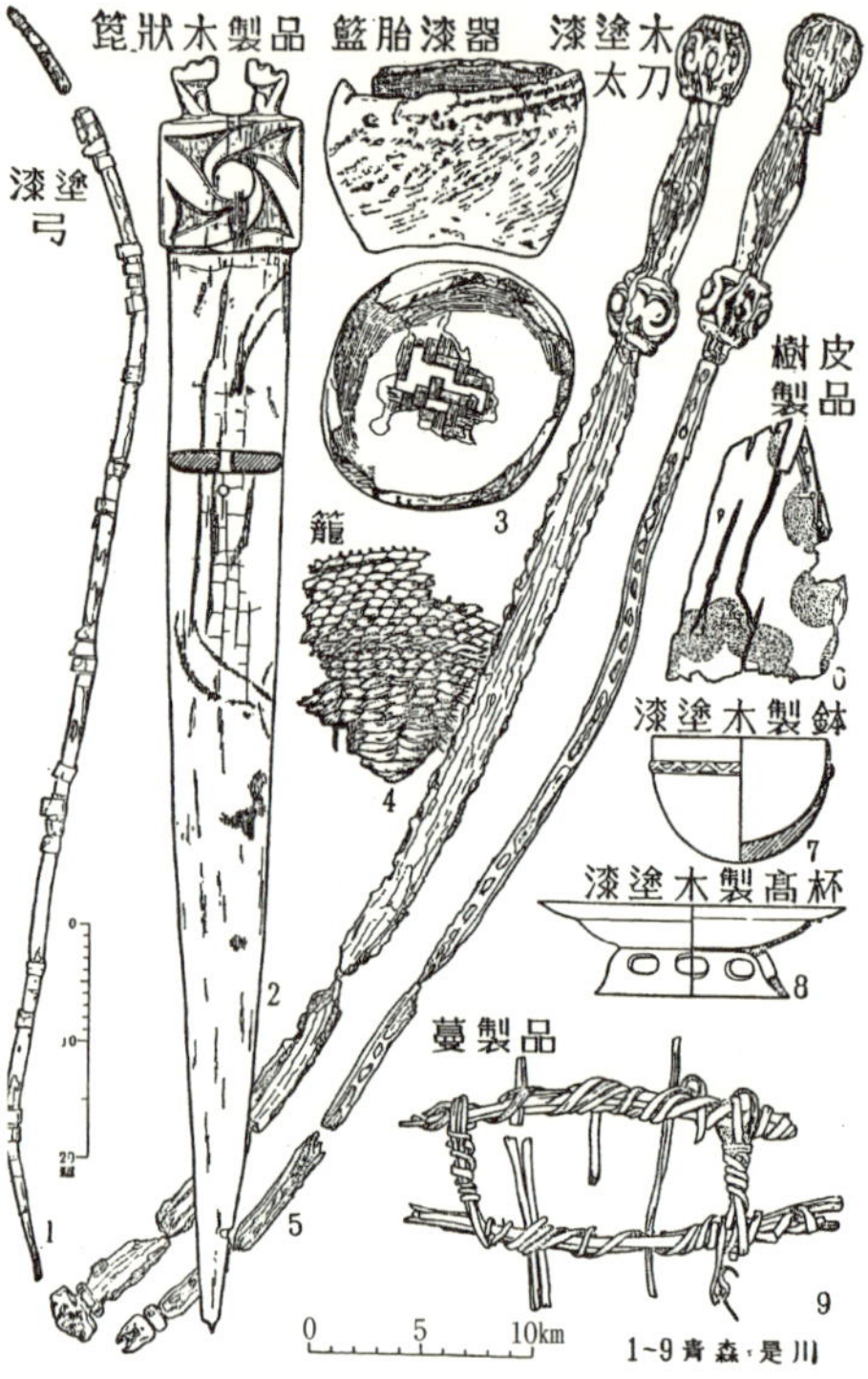

図1−25　篦状木製品の紹介

篦状木製品は、戦後の考古学概説書として最も著名な小林行雄の『日本考古学概説』にも、縄文時代晩期の遺物として、青森県中居遺跡の資料が図入りで紹介されていたが[3]（図1―25）、その用途は明らかにはなっていなかった。

この資料は、かつての松原内湖の湖岸に堆積した縄文時代後期後半の元住吉山I式ないし一乗寺K式と呼ばれる土器を中心とする遺

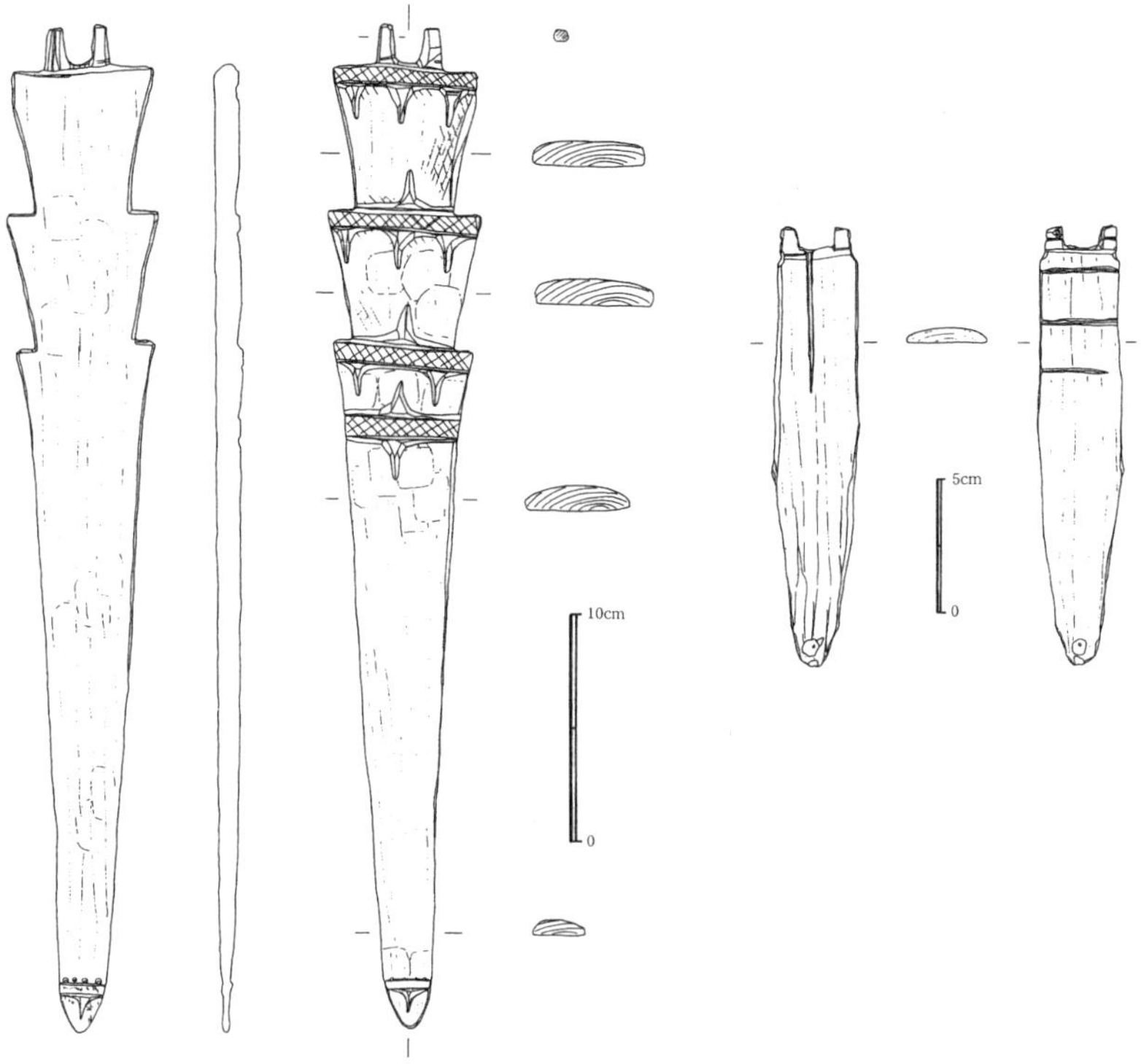

図1－26　松原内湖遺跡出土の篦状木製品

物包含層から出土したものである（図1―26）。しかし、そこに施された格子文、山形文、三叉文という文様は、縄文時代晩期前半（およそ三〇〇〇年以上前か）の滋賀里Ⅱ式の土器によく見られるものであることから、このころの琴のような楽器か機織の道具の一つと考えられている(4)。

大きい方（第一号）は、剣身を三段重ねしたような形で、長さ四三・七㎝を測る。頭部には二本の突起とともに彫刻がほどこされ、山形文の一部には水銀朱による赤い着色も認められている。表面はていねいに磨かれており、裏面は無文で、先端には四つの小さな穴があいている。

小さい方（第二号）の長さは一六・六㎝で、先端に焼け火箸による焦げた跡があることから、もともとは長いものを作り替えた可能性がある。二本の角状突起を備え、表面には線刻がほどこされており、これも先端には焼け火箸であけられた小さな穴がある。また、裏側は無文である。

(2) 篦状木製品の用途

発見当初、アイヌに伝わる「トンコリ」と呼ばれるものに近い楽器かと考えられ、文様帯と音階が一致するといわれていた。しかし、弦や琴柱を取り付けた跡がないことから、これもアイヌなどに伝わる機織の道具の一つで、「アッシ（ニレ科の樹皮繊維織物）」などを織る際、緯糸を入れるために開口したり、糸を通した後に打ち付けて整える「篦」の可能性もある。[5] また、このような類似例は、南米インカ文化などでも知られている。[6]

いずれにしてもこの木製品は、装飾豊かで、赤く着色されるなど精巧なものであることから、特殊な使い方をしたものである。篦状木製品は、西日本の縄文時代にはほとんど類例がなく、また東日本でもこれほど精巧なものはほとんど知られていないため、貴重な資料となっており、近年ではこうした学史をふまえて、あらためて弦楽器の可能性について機能面から認める説もある。[7]

三　他の主な資料

巻胎漆器《けんたいしっき》は日本では正倉院御物（漆冠笥、銀平脱鏡箱、漆胡瓶など）にしか類品のないものであるが、松原内湖遺跡では、現存直径一七・五cm、厚さ四mmの円盤状のものが奈良時代包含層から墨書須恵器などと共に出土した（写真1―15）。木芯に厚さ一mm、幅三・三mmのテープ状の檜材を巻き、布を着せ、黒漆を塗って仕上げた容器で、いわゆる曲物とは区別され、巻胎技法と呼ぶ技法になるものである。

写真1−15　巻胎漆器

正倉院御物の銀平脱合子四合は、東大寺献物帳（『国家珍宝帳』）によると、百済の義慈王が内大臣藤原鎌足に贈った厨子納物の一つであり異国のものであろうと推定される。正倉院御物と本遺跡出土例以外では、韓国の慶州・雁鴨池《あなぷち》遺跡出土の「柳枝成形漆器」、ドイツのシュツットガルト民族学博物館収蔵の「銀平脱合子」などが知られている[8]。

その他、縄文時代後期～晩期の土器群と共に、漆器椀（滋賀里Ⅰ～Ⅱ式期）や丸木舟も見つかるなど、先述のように木製品の遺存状況が極めて良い。

丸木舟は一二隻検出したが、完形最大のものは、長さ五・〇m、幅〇・四五m、最大深七cmを計る。原木の根元側を船首として、くり抜き部分を一度焼いてから削り、船殻の厚さを三cmほどに仕上げている。こうした加工法は、東南アジアの民俗例（例えば、一九世紀後半のボルネオ・ダヤク族）と共通のものである。これで県内では、安土町大中の湖南遺跡をはじめ五遺跡三〇隻近くの縄文および弥生時代の丸木舟が出土したことになり、湖国ならではの量を誇る。

一方、この遺跡は昭和六〇年（一九八五年）に小銅鐸が出土したことでもよく知られている。[9] 弥生時代後期後葉の土器群（ほぼ唐古遺跡第五様式第一亜式並行期）が中心をなす包含層から出土したもので、高さ五・五cm、重さ四〇・四gを計る。鐸身部の双孔の位置が低く、鐸身部の断面は銀杏形を呈する。舞部の型持たせ孔は完全に分離し、紐の取付き方が鐸身部との間に肩部を有しているなど、あまり例を見ないものである。無文で摩滅が著しく、鐸身部に一部欠損と鋳型の合わせ部に大きな亀裂が認められる。近畿地方の東端での出土品である。

四　松原内湖の火薬庫

(1)　最初の報道

平成一四年（二〇〇二年）一〇月一九日付けの朝刊各紙には、「彦根藩の火薬庫全容判明」（中日新聞）などと報道された大きめの記事があった。

報道によると、江戸幕府を支えた彦根藩が、幕末に作った大規模な火薬庫跡の全容が発掘調査によっ

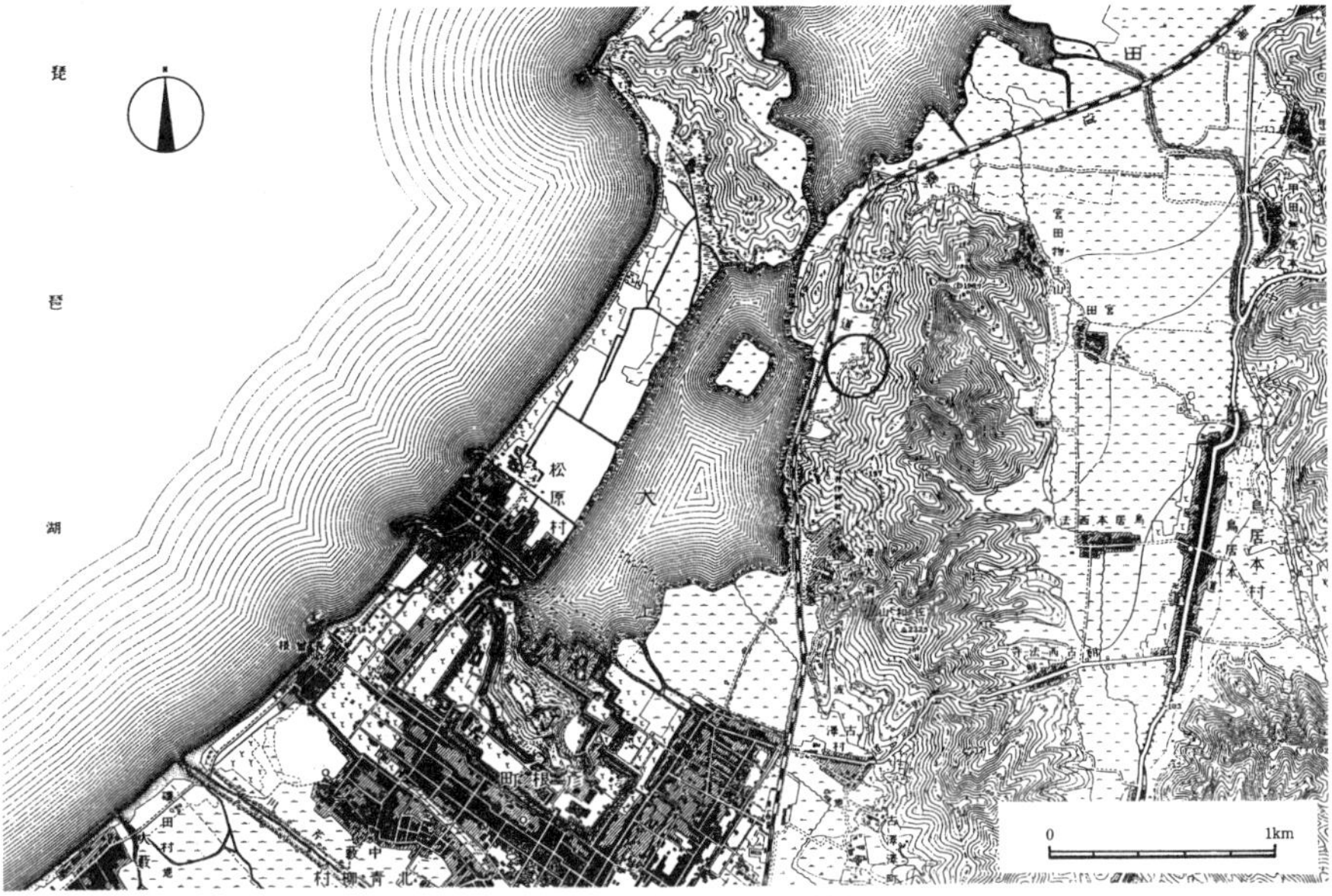

図1－27 『焔硝御土蔵』の位置
(大日本帝国陸地測量部明治26年測図)

て明らかになり、幕末に軍事改革を進めた彦根藩が、火薬庫を大きくして、より多くの火薬を保管する必要があった様子がうかがえるという。幕藩体制下の火薬庫の全容が明らかになったのは全国的にみても珍しいものであった。現在では干拓されてしまったが、かつての松原内湖に面したところに火薬庫があったという、その立地が重要なのである(図1—27)。

その後、最近では加賀藩の黒色火薬製造所であった金沢市土清水《つっちょうず》塩硝蔵跡が発掘調査され、七×二二mの「硝石御土蔵」建物が検出されているし、岡山市の岡山城本丸下の段でも九・五×三〇mと七×一八mの規模をもつ一七世紀の鉄砲蔵跡が調査されている。ここでは、鉄砲のみならず、火薬や火縄が保管されており、岡山三大河川の一つ、旭川に隣接していた。

(2) 火薬庫の全容

彦根藩の火薬庫は、かつての松原内湖に面した山の西側斜面に約六〇m×四〇mの平坦地を造成し、そこに長さ二九m、幅四・五mの本瓦葺きの火薬庫が計五棟、建てられていた。これらの建物群の正面には、幅八mの堂々たる階段が取り付き、安全のための約六〇mの空閑地をはさんで管理用の建物や門の跡も検出されている（写真1―16）。

一般に、火薬庫は爆発事故の被害を最小限に押さえるため、建物は小規模にし、誘爆を防ぐため建物を土塁などで取り囲むのであるが、これらは大規模な建物で、しかもそれらの施設は認められなかった。しかし、火薬庫の建物群を取り囲む三方の山裾には、水を防ぐ溝が巡り、建物も高さ二〜三〇cmの基壇の上に建てられるなど、湿気を防ぐ設備が整えられていた。

この地は、彦根藩の古絵図に『焔硝御土蔵』として記されており[10]、幕末の彦根藩の火薬庫であり、周辺には管理にあたった武家屋敷群の広がっていたことがわかる（図1―28）。

写真1−16　彦根藩火薬庫跡

(3) 彦根藩の相州警備

江戸幕府は、幕末になると外国船の出没に備えて現在の東京湾周辺の警備を増強することになった。

弘化四年（一八四七年）二月、幕府は、彦根藩を筆頭にして相模、安房、上総の警備を命じた。彦根藩の引き受けた三浦、鎌倉両郡の海岸線は一〇余里もあり、最も警備線が長く、特に外国船渡来の要衝にあたる地域であった。もともと彦根藩は、京都守護の重責にあり、西国三六カ国の抑えという地位に加えてこれらの責任を持たされた。

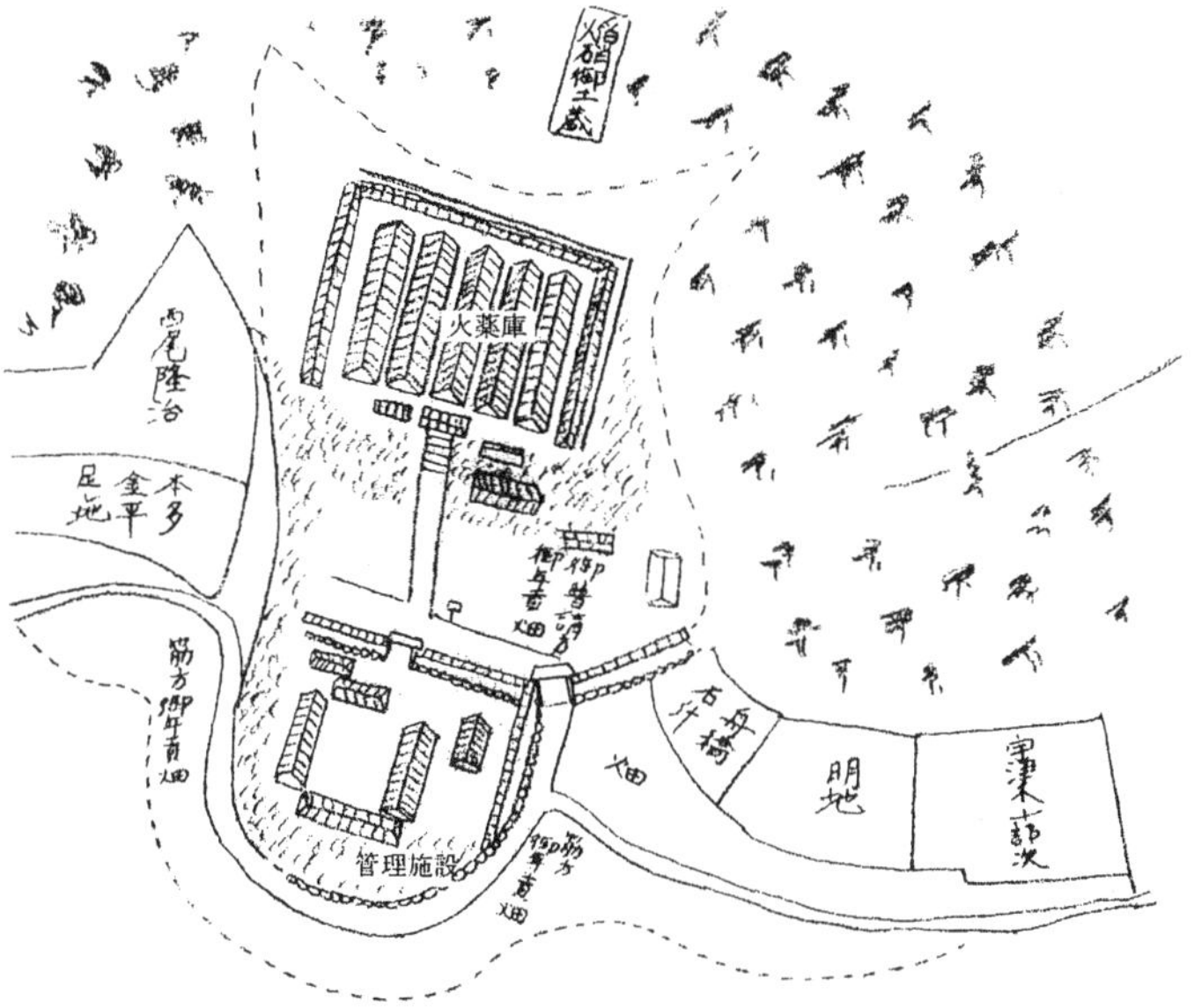

図1−28　旧彦根藩『大洞焔硝庫』

このため彦根藩は、藩領である佐野と彦根で西洋式の青銅砲を鋳造し、陣地に配備した。また、井伊直弼の代には、今の東京湾に台場を八カ所設け、そこで用いる備砲の火薬は、すべて彦根および佐野で製造したという。その火薬を製造・保管していたのが、大洞焔硝庫といわれる松原内湖に面した当該地であった。こうした幕末の緊張した対外情勢の一面が発掘調査から読みとれる。そうした意味では、日本史の中に位置づけることのできる遺跡でもある。

⑷　火薬庫と松原内湖

この火薬庫は、明治五年（一八七二年）三月、旧藩主井伊直憲から陸軍省に引き継がれ、実測地坪二九七二坪余で、「湖の水面より高きこと凡そ二四尺、背後は山を繞らし、前方は自然の傾斜を加え、田圃を以て湖水に沈む」場所であった[11]。

先述のように、前面は松原内湖の湖水、残る三方は山で囲まれたこの地は、大量の火薬の保管に最も適した場所であった。しかも、彦根城から内湖をはさんで「およそ二十町」という距離にあった。

そもそも琵琶湖の周囲を見渡してもみても、山塊が湖に迫っている場所はきわめて限られている。この磯山をはじめとする松原内湖周辺を除けば、湖北の高月町片山から高島市マキノ町海津にかけて、高島市白鬚神社付近、それに近江八幡市長命寺山・沖島周辺ぐらいである。その中でも、三方を山に囲まれ、秘密も保持できる場所となるとさらに限られてくる。

この火薬庫の位置は、現在でも、市街地から近くにありながら、前面をＪＲ琵琶湖線で遮断されていることもあって、人家は近くになく、下水処理場以外の施設も全くない場所である。今も昔も、危険物などの保管には最もふさわしい場所であるといえる。

もし出火すればすぐ前の湖水を利用できる。彦根城から船で至近距離にあり、しかも出荷等の輸送に際しては、すぐに船積みし、内湖から琵琶湖へ出て日本海あるいは京都方面に運べるという絶好の場所だったのである。

五　松原内湖の環境

(1)　琵琶湖の水位復原の視点

滋賀県内では、琵琶湖岸・湖底での発掘調査例がかつては多かった。筆者は湖底の各時期の包含層のレベルと古陸水学の成果を用いて、縄文時代の琵琶湖の水位変遷と気候復原をしたことがある。[12] その際、資料の多くは包含層のレベルを用いた。その結果、縄文時代晩期段階で、現在の標準水位（T．P．（東京湾を基準とする高さ）八四・三七一ｍ）よりおよそ三ｍ、弥生時代中期段階でおよそ二ｍ水位が下がっていたと推定した。

松原内湖遺跡では、ゆるい傾斜地の低地部で縄文時代後期～晩期の包含層、そのやや山寄りで晩期の遺構（土坑墓・甕棺墓）（船橋式・長原式）が検出されており、これらはほとんど重複しない。この境界はおよそT．P．で八三・〇～八三・五ｍであり、標高八二・五～八三・〇ｍで遺存していた丸木舟群のことを考え合わせると、日常的な水位変動は今日よりかなり大きかったにしても、およそ八三ｍ（マイナス一・三ｍ）付近が縄文時代後・晩期の琵琶湖の水位となる。

守山市赤野井湾遺跡では八〇・八ｍ（マイナス三・五ｍ）で縄文時代早期の集石炉が検出されている。[13] 今後、包含層ではなく確実な遺構のレベルで水位変遷を考えていく必要があるが、包含層レベルでの古陸水学等を援用した気候復原の方法に誤りはない。

(2) 地理的位置

松原内湖を湖上交通の中枢に位置づけたのは、石田三成であった。松原内湖を望む佐和山城は、その城の大手を琵琶湖とは反対側の旧東山道（中山道）に向けていた。しかし、三成は自らの屋敷を城の裏側である琵琶湖側に構え、松原内湖に港を整備した。また、佐和山城の外港・松原湊とを繋ぐ百間橋も設けた（第二部第一章第二節参照）。

このように、一つの中世の山城が、中世的な陸路支配主義から近世的な水上交通重視の時代を経験し、三成は松原内湖を湖上交通の要に押し上げたのであった[14]。

先に紹介した一九〇五年（明治三八年）一〇月に撮影の、松原内湖に浮かぶ丸子船の写真は、火薬庫近くの船着き場に百石積みの丸子船二隻が係留されている写真である。明治末でも、まだ松原内湖は湖上交通の拠点として機能していたことを偲ばせるものである[15]。

彦根藩の火薬庫は、彦根藩の中枢近くでありながら人家は遠く、三方を山、前面に湖水を控えた場所にあり、防災上、あるいは秘密保持上、極めて良い場所にあった。加えて、湖上を利用した輸送面でも琵琶湖のほぼ中心という優れた場所に位置し、波静かな内湖に面していたことになる。

(3) 松原内湖遺跡の歴史的意義

旧松原内湖およびそれにつながる旧入江内湖は、原始・古代においては地勢的に東日本と西日本の結節点の一部にあたり、東西文物が相当量交流している珍しい場所である。またそこが、内湖縁辺部の腐食泥質の湿地帯という有機物の保存に極めて良い環境であったために、今日までそのことを我々に教えてくれている。

先述のように、松原内湖遺跡では、箆状木製品の他にも縄文時代後期から晩期にかけての二〇隻近くの丸木舟、漆器椀、竪櫛、黒漆と赤漆で装飾した弓、弥生時代後期から古墳時代前期にかけての小銅鐸、黒漆塗りの木製短甲や蓋《きぬがさ》、奈良時代の巻胎漆器が発見され、平成一九年（二〇〇七年）から平成二〇年（二〇〇八年）にかけての調査では、やや奥まった谷間から奈良時代の頑丈な掘立柱建物倉庫が見つかり、あわせて松原内湖から山越えで米原へ抜ける道沿いなどからも同時代の竪穴住居跡が一〇棟以上検出されるなど、一般の村ではない様相を備える。「山家」と墨書された須恵器坏の存在も[16]、そのことを裏づけ、内湖の奥まった港あるいは物資の集散地をこの地に想定させる。

特に、縄文時代の竪櫛は、これまで北海道から東北・関東を中心に多く見られていたものであり、木製短甲の発見例も全国では一〇例ほどである。また、黒漆塗りの蓋や巻胎漆器は、ともに正倉院御物にも類例が知られるなど、ふつうの集落跡ではほとんど発見されない遺物である。古代において、松原内湖周辺地域は、単に交通の要衝というだけではなく、極めて公的なあるいは政治的に意味のある機関、場所であったことをうかがわせている。

このことは、松原内湖に隣接してつながる入江内湖にあった米原湊が、遅くとも近世初頭、慶長八年（一六〇三年）には彦根藩の命により五つもの船溜まり（後に六カ所）を備えた琵琶湖でも主要な港町となったことにもあらわれている。また、米原は北国街道の宿場町でもあったことと、新しくは国鉄時代、名古屋鉄道管理局、大阪鉄道管理局および金沢鉄道管理局の管理が交差する鉄道の町であったことなど、道路、船、鉄道の拠点であったことと無関係ではなさそうである。

注

(1)用田政晴『信長　船づくりの誤算―湖上交通史の再検討―』、サンライズ出版、一九九九年。
(2)吉田秀則ほか『松原内湖遺跡発掘調査報告書Ⅱ―木製品―』、滋賀県教育委員会・財団法人滋賀県文化財保護協会、一九九二年。
(3)小林行雄『日本考古学概説』、東京創元社、一九五一年。
(4)a細川修平「滋賀県松原内湖遺跡出土の篦状木製品」『考古学雑誌』第七二巻第四号、日本考古学会、一九八七年。
b細川修平「松原内湖遺跡出土の篦状木製品」『考古学ジャーナル』第二七九号、一九八七年。

c山口庄司「松原内湖出土の琴箏の復元　その二」『滋賀文化財だより』No.一二九、財団法人滋賀県文化財保護協会、一九八八年。
(5)a佐々木利和ほか『自然と共存したアイヌの人々』、青森市歴史民俗展示館稽古館、二〇〇二年。
b出利葉浩司ほか『海を渡ったアイヌの工芸―英国人医師マンローのコレクションから―』、財団法人アイヌ文化振興・研究推進機構、二〇〇二年。
(6)松沢　修「篦状木製品の用途について」『紀要』第九号、財団人滋賀県文化財保護協会、一九九六年。
(7)荒山千恵「篦形木製品について」『北海道考古学』第四三輯、二〇〇七年。
(8)中川正人「松原内湖遺跡出土の巻胎漆器断片の技法について」『滋賀考古学論叢』第四集、一九八八年。
(9)a浜崎悟司「五・五㎝の銅鐸形銅製品」『滋賀文化財だより』No.一〇八、一九八六年。
b浜崎悟司「松原内湖遺跡」『弥生時代の青銅器とその共伴関係』(埋蔵文化財研究会第二〇回研究集会)、一九八六年。
(10)江頭恒治「新政への息吹」『彦根市史』下冊、彦根市、一九六四年。
(11)注(10)に同じ。

(12)用田政晴「余呉湖の埋没林とその評価」『余呉町埋蔵文化財発掘調査報告書一―余呉湖底遺跡・松田遺跡―』、余呉町教育委員会・財団法人滋賀県文化財保護協会、一九八五年、および本書第一章第三節。

(13)濱　修ほか『赤野井湾遺跡』(『琵琶湖開発事業関連埋蔵文化財発掘調査報告書』二)、滋賀県教育委員会・財団法人滋賀県文化財保護協会、一九九八年。

(14)用田政晴「湖上交通史における佐和山城の史的意義」『城と湖と近江』、サンライズ出版、二〇〇二年。

(15)注(1)に同じ。

(16)「奈良から平安にかけての集落跡を検出―彦根市松原内湖遺跡―」『滋賀埋文ニュース』第三二五号、二〇〇七年。

第二章

湖上交通と治水・利水

第一節　琵琶湖の湖上交通史

一　丸子船交流デスクでの情報

滋賀県立琵琶湖博物館の「人と琵琶湖の歴史」展示室の中央には、琵琶湖独特の帆走木造船、丸子船を展示している。この船は、琵琶湖独特のフナクギ（船釘）から水漏れを防ぐマキナワ（槙縄）に至るまで、一九三〇年代の様式のものである。

この展示室内では、特に戦前・戦後すぐの琵琶湖の様子を知る人々から、こうした伝統的な船にまつわるいろいろな話を聞くことがたびたびあった。展示交流員と呼ぶ展示室のスタッフは、単なる解説員ではなく、こうした話を聞いて来館者との交流を深める中で、博物館展示のみならず琵琶湖を通じて人と自然とのかかわりに興味を持ってもらえるようつとめているが、さらに積極的に情報の記録化をはかるために「丸子船交流デスク」を展示室の丸子船横に設置した（写真1—17）。

ここでは、いつごろ、どこで、どんな様子だったかを書き入れる簡単なもので、さしつかえのない範囲で名前と連絡先、それに年齢を書き込んでもらうようにした。

こうした丸子船交流デスクでの活動を一〜二年続けてみると、琵琶湖の船をめぐる生活や生業、社会のおよその様子・傾向が見えてきた。

明治二年（一八六九年）に、蒸気船一番丸が琵琶湖に就航し、いくつかの蒸気船が明治二二年（一八八九年）の東海道線全線開通まで大量輸送の主役を担った。その後、湖上では大正年間に遊覧船八景丸やみどり丸が就航したが、対国鉄乗客比は、明治三九年（一九〇六年）に五二％であったものが、大正一一年（一九二二年）には人や荷物の量は増加しているものの、比率は二一％にまで落ち込んでいた。輸送量のピークを大正一五年（一九二六年）とし、昭和六年（一九三一年）には江若鉄道が今津まで開通したことなどから、輸送のための汽船の比重は大きく低下していた。

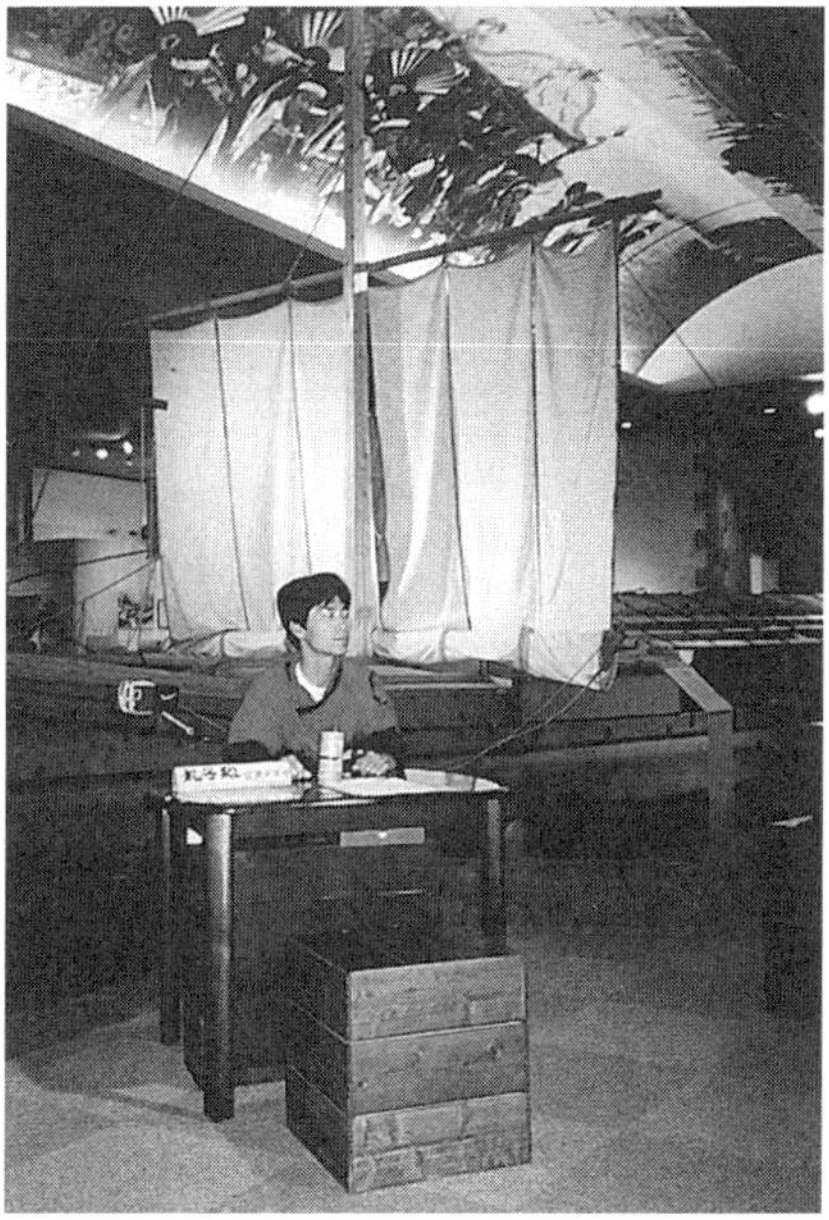

写真１−17　丸子船交流デスク

こういう時代背景のもと、人々の記憶から昭和初期からおよそ昭和四〇年ごろまでの湖上を振り返ると、滋賀県の中でも湖をとりまく地域では、船は人々の日常生活や生業と深く結びついたものであり、そこでは百石積みの丸子船から小型の田舟までが、生活の足として、また農業のみならず重量物・大型品の輸送手段として貢献していたことがわかってきた。

しかも琵琶湖においてエンジン付の船が広

く普及したのは、戦後になってからであった。逆にいえば、エンジンなしで用が足りる規模での機能が、湖上交通の普通の姿であったといえる。

こうした琵琶湖湖上交通史の生活・生業レベルでの特質をさらに探るため、従来、限られた文献史料をもとに語られてきた湖上交通史を、近年の考古資料の調査成果などを含めて「人の移動」「物の輸送」「軍事利用」「祭祀」「支配・領域」の五つに分けて概観してみる。

二　湖上交通史の概観

(1)　人の移動（表1―1）

縄文時代の日本列島では、丸木舟が一二〇例ほどしか見つかっていないが、そのうち三〇例近くは琵琶湖で見つかっている。最も古いものは縄文時代前期の米原市入江内湖遺跡出土例であるが（図1―29）、総じて縄文時代後期以前のものはあまり知られていない。このことは、縄文時代中期後葉以降、琵琶湖地域の内陸部に生活拠点を置きはじめた縄文人が、丸木舟を使って沿岸部に「通勤」しはじめたと、解釈する説もある。[1] 彦根市松原内湖遺跡では、内湖のさらに奥まった入江状の一角で一二隻の丸木舟が発見されていることから、[2] 多少の時代幅はあるものの、一つの集落にはかなりの数の丸木舟があったようである。

こうした丸木舟に技術革新が起きたのは、ちょうど弥生時代中期から古墳時代にかけての時期であ

表1－1　「人の移動」年表

[人の移動]

西暦	区分	記事	評価
BC	縄文早期		
4000		(早期末～前期初　最古の丸木舟　長崎県伊木力遺跡)	
	前期	(鳥浜貝塚ほか全国で丸木舟出土)	
3000			
	中期		
2000			
	後期	松原内湖遺跡、元水茎遺跡丸木舟	
			丸木舟による生活移動
1000		尾上浜遺跡、長命寺湖底遺跡丸木舟	湖辺・内湖中心
	晩期		時には対岸も可能
～		(井向1号銅鐸絵画)	(3.6㎞/h)
AD 1		小津浜遺跡丸木舟	
	弥生		
		褄遺跡丸木舟	
100			
200		(後期弥生土器の数郡単位での地域性」)	3C
		準構造船波切板、入江内湖遺跡	
		斗西遺跡丸木舟、下長遺跡準構造船（帆の出現，岐阜県荒尾南遺跡）	準構造船の出現
300			畿内王権に組み込まれた
	古墳	弥生後期～古墳前期　舟形木製品大量出土	古墳時代首長による湖上
			域の支配
400			
		(帆の表現　熊本県ヤンボシ古墳)	
		水辺祭祀遺構	
500		(帆の表現　高槻市今城塚古墳埴輪)	
			7C
600	飛鳥		
		668 高句麗使者、北陸路より大津宮へ	主要街道としての湖上整備
	白鳳	万葉集　湊は八十、大御舟など　(「矢橋」の登場)	律令国家成立期
700			
		762 石山津の多くの百姓舟	
	奈良	(「この公私往来の道、東西二陸の候なり」武智麻呂)	
800		732 第9次遣唐使船の建造地（近江など4国）	
900		(黒津遺跡，桟橋遺構)	
	平安	996 紫式部が大津から塩津へ	
1000			
1100		(矢橋に「海人多くありて」「今昔物語」)	
1200		鎌倉初　浦を経由する物資に「津料」、平方庄・坂田新庄の年貢米を湖上大津浦へ	
	鎌倉	仁治年間（1240～43）越後国奥山庄「大津間」	
		1262 西大寺僧叡尊、西宮馬場から山田津へ	
1300			
	南北朝		
1400			
	室町	1459 臨済僧雲泉大極、松本津から山田へ　1466 将軍湖上を草津から柏原方面へ	
		1473 一条兼良、坂本・堅田浦・八坂・朝妻から美濃へ　1479 興福寺の使者　坂本から武佐へ	
1500		1488 相国寺僧亀泉集証　矢橋から	
	戦国	1522 連歌師宗長、坂本・大津から木浜へ何度も	1576
	安土桃山	1556 山科言継、坂本から志那へ、翌年志那から坂本へ	
1600		1572－79 織田信長、常楽寺－坂本4回、坂本－常楽寺2回	権力者による自由航行
			織豊政権による湖上全域
			の支配確立
1700			
	江戸		
1800			
		1869 蒸気船一番丸、海津・大津間就航	1989
	明治	1871 太政官布告、湖上通船取締方を大津県に統一　1872－4 蒸気船14隻就航	鉄道連絡船の廃止
		1883 日本初の鋼鉄製鉄道連絡船・太湖丸	1925
1900	大正	1889 大津・長浜間鉄道連絡船廃止　1906 乗船客対国鉄比52%　1922 乗船客対国鉄比26%	衰退期の始まり
	昭和	1925 船客・船貨物量のピーク	
45			1965
			消滅
65		1965 穴村航路廃止　1967 坂本・浜大津・石山寺・南郷航路廃止 1968 大津・山田航路廃止	

る。丸木舟に若干の部材と加工を加えたいわゆる準構造船の登場である（図1－30）。このころは、地域間の交流が極端に盛んになる時期で、改良型丸木舟である準構造船も一気に普及したようである。準構造船の部材は入江内湖遺跡や先述の松原内湖遺跡、守山市下長遺跡などで出土しているが、これらの全貌はほぼ同時期から出現する舟形木製品によってうかがえる。

七世紀以降になると万葉集などの文献で多く知られるように、人の往来が活発になる。琵琶湖には「八十湊」あったとか、天皇が乗った「大御舟」など、琵琶湖上の情報も枚挙にいとまがない。

図1－29　日本列島最古の丸木舟の一つ（入江内湖遺跡出土）

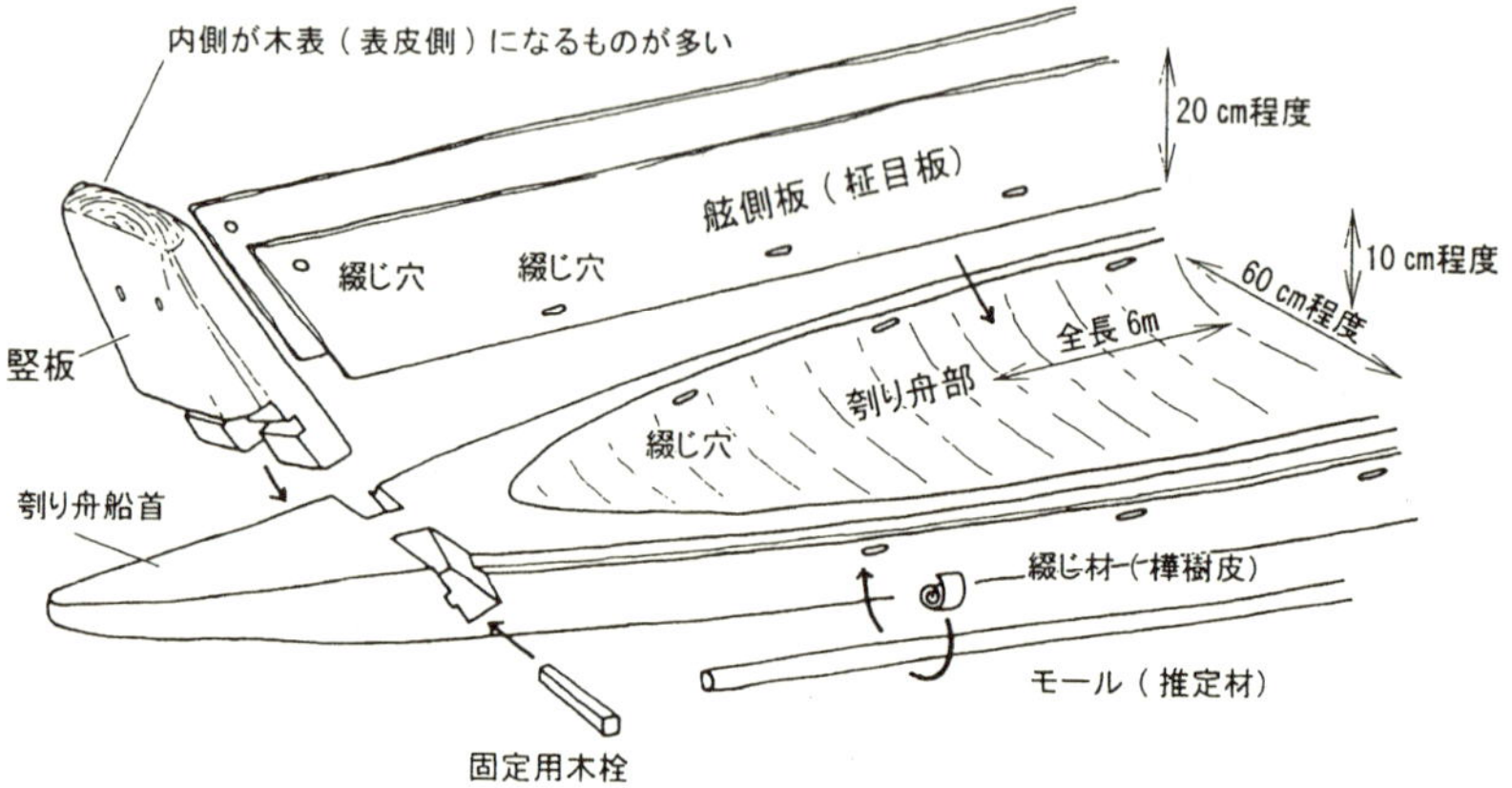

図1－30　準構造船の構成

その後、紫式部（『紫式部日記』）や足利将軍、僧侶、連歌師など、古代から中世の歴史上の著名人が湖上を行き来しているが、最も自由に往来したのは織田信長である。

元亀三年（一五七二年）から天正七年（一五七九年）までの間に、安土の常楽寺から大津・坂本へ四回、坂本から常楽寺に二回、湖上を移動していることが『信長公記』で知られている。

(2) 物の輸送（表1—2）

昭和六〇年（一九八五年）、野洲市西河原森ノ内遺跡で興味深い木簡資料が発見された（図1—31）。六七五年か六年から六八一年か二年までの間に記されたその二号木簡には、山尾幸久の解釈によると、「卜部」が「舟人」を率いて、今の彦根市の稲里町にあたる「衣知評平留五十戸」の「旦波博士」の家まで稲を取りに行くようにという指示が記されていた。[3]

この七世紀後半という時期には、いくつかのおもしろい考古資料が知られている。その一つは琵琶湖博物館の横、守山市赤野井湾遺跡で発見された瓦である。白鳳様式の平瓦八〇枚が湖底から出土し、調査者は舟の積み荷であったものが沈没等の事情により湖に沈んだと考えている。[4]また、筆者がかつて発掘調査を行った西浅井町菅浦の諸川瓦窯跡では[5]（図1—32）、そこで焼かれた白鳳期の瓦（写真1—18）が長浜市（旧びわ町）満願寺廃寺への供給瓦であるとの胎土の分析結果がでている。[6]中世にあって菅浦庄と大浦庄との帰属争論で有名な諸川は、近年までほとんど陸の孤島であったところである。前面に湖が広がるだけで、陸路はすべて山越えとなる場所であり、舟以外での瓦の輸送・供給は考えられない場所であった（写真1—19）。

表1－2 「物の輸送」年表

[物の輸送]

西暦	区分	記事		評価
BC	縄文早期			
4000				
	前期			
3000				
	中期			
2000				
	後期			
1000				
	晩期			
〜				
AD1				
	弥生			
100				
200				
300				
	古墳			
400				
500		野洲市円山古墳・阿蘇溶結凝灰岩石棺 高島町・鴨稲荷山古墳二上山白石石棺		畿内王権による ルート支配
600	飛鳥			7C
	白鳳	675－683 野洲市森ノ内遺跡2号木簡（「舟人」、公的機関による稲の湖上輸送）		律令国家による貢 納物輸送 米・瓦・材木
700		7C 後半 赤野井湾遺跡、瓦運搬船沈没、7C 勢多川底より国庁の飛雲文瓦、西浅井町諸川瓦窯	万葉集（「くれ舟」「朝妻舟」）	
		761～石山寺・藤原宮・東大寺の材木の筏運搬（「夜須潮」「石山津」）	高島市美園遺跡・栗屋田遺跡の掘立柱建物群（木津港の物資集積管理）	
	奈良	762 造石山寺所、藁を馬より勢多津から舟で運べ		
800		766 稲穀5万石を松原倉に貯納「日本霊異記」楢磐嶋，都魯鹿の帰り品物を湖上で運搬		
900				
		927「延喜式」主税寮、勝野津・大津、塩津・大津間の功賃取り決め		
	平安	950 美濃の物資、朝妻から大津へ		
1000				
		1050 愛智庄地子米の湖上輸送、堅田の通行税「堅田渡酒直米」	荘園制の体制的形成 権門勢家が浦を領有 大津・東浦－延暦寺 西浦－園城寺	11C
1100				権門勢家による個 別の港支配 通行税の徴収
		1169 材木運上の事「三津浜」		
1200		1212 琵琶湖北岸－大津：石別四升八合、大津－京：石別一斗		
	鎌倉			
		1303 越前の米、坂本・大津で関米支払		
1300		1334 菅浦の人、材木を平方浦へ運搬（「当浦は船廻をもって渡世」）		14C
		鎌倉末、堅田の山門横川領有の湖上関		
	南北朝	1383 日吉社の戸津関所、幕府公認		湖上関の確立・公認
1400		堅田の山門支配湖上関、確実史料		
	室町	1447 南禅寺仏殿材木運搬		
		1455 同上 450 艘動員		
1500				
	戦国 安土桃山			
1600				
		1638 加賀藩による西廻り航路の大坂への米の輸送		1672
		1672 河村瑞賢の西廻り航路整備完了		
1700		延宝年間（1673−81）敦賀への入津米激減		汎日本レベルでの輸送 機能衰退
	江戸			
1800				
	明治			
1900	大正			
	昭和			
45				
65				

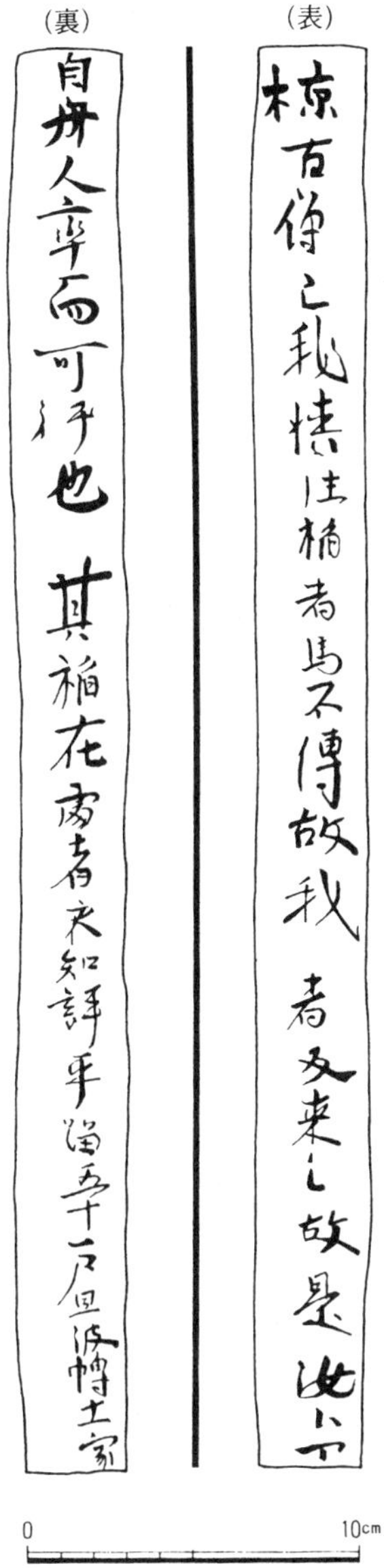

図1−31　森ノ内遺跡の２号木簡

（釈　文）
（表）「椋□□(直カ)之我□□(往カ)稲者馬□(不カ)得故我者反来之故是汝卜ア」
（裏）「自舟人率而可行也　其稲在處者衣知評平留五十戸旦波博士家」

琵琶湖ではなく瀬田川の川底からは、近江国庁で用いられた飛雲文軒丸瓦が比叡山や田上山系から運ばれてきた礫と共に発見されている。(7)こうした川での瓦運搬途上の落下物と思われる資料は、京都の木津川でも知られており、重量物である瓦の舟による運搬が、七世紀段階において一般的だったことがうかがわれる。

同じく八世紀後半の石山寺、東大寺、藤原宮の造営や増改築のための野洲川、琵琶湖、瀬田川を利用した木材運搬はよく知られているところである。

今の大津市にある堅田が史料に現れるのは古代末である。堅田は、永承五年(一〇五〇年)、愛智

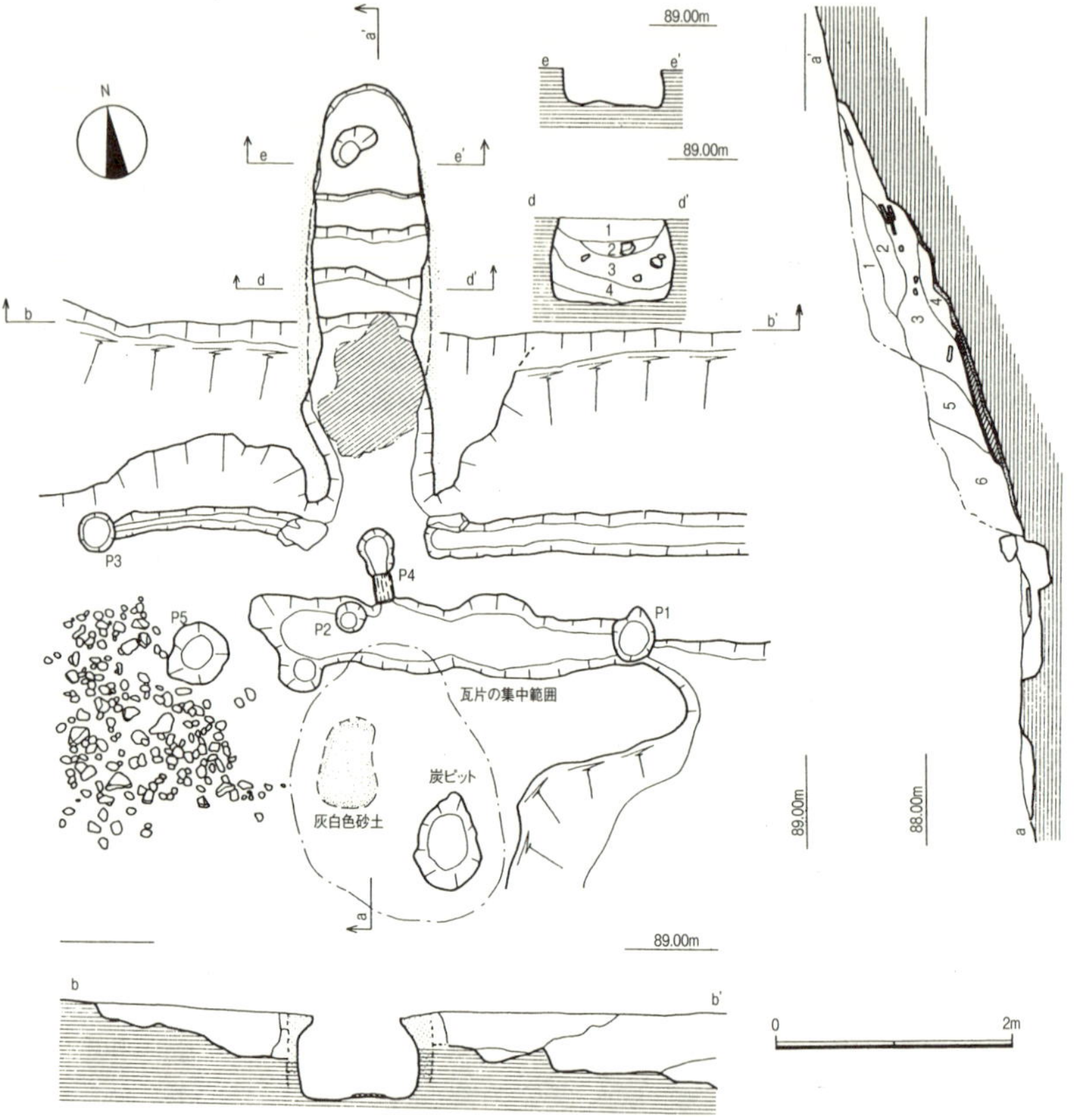

図1−32　諸川瓦窯跡

写真1−19　諸川瓦窯遠景

写真1−18　諸川瓦窯跡出土瓦

庄地子米の湖上輸送に際して「堅田渡酒直米」と呼ばれる通行税を徴収している（『東南院文書』）。そのころ以降、荘園制の体制的形成と共にいわゆる権門勢家が琵琶湖の各浦を領有するようになる。例えば、大津の東浦を延暦寺が、西浦を園城寺が支配するようになるが、湖上関の確立や公認は一四世紀ごろになる。堅田に山門横川領有の湖上関が設けられたのが鎌倉時代末（『金沢文庫文書』）、日吉社の戸津関を幕府が公認するのは、永徳三年（一三八三年）のことである。

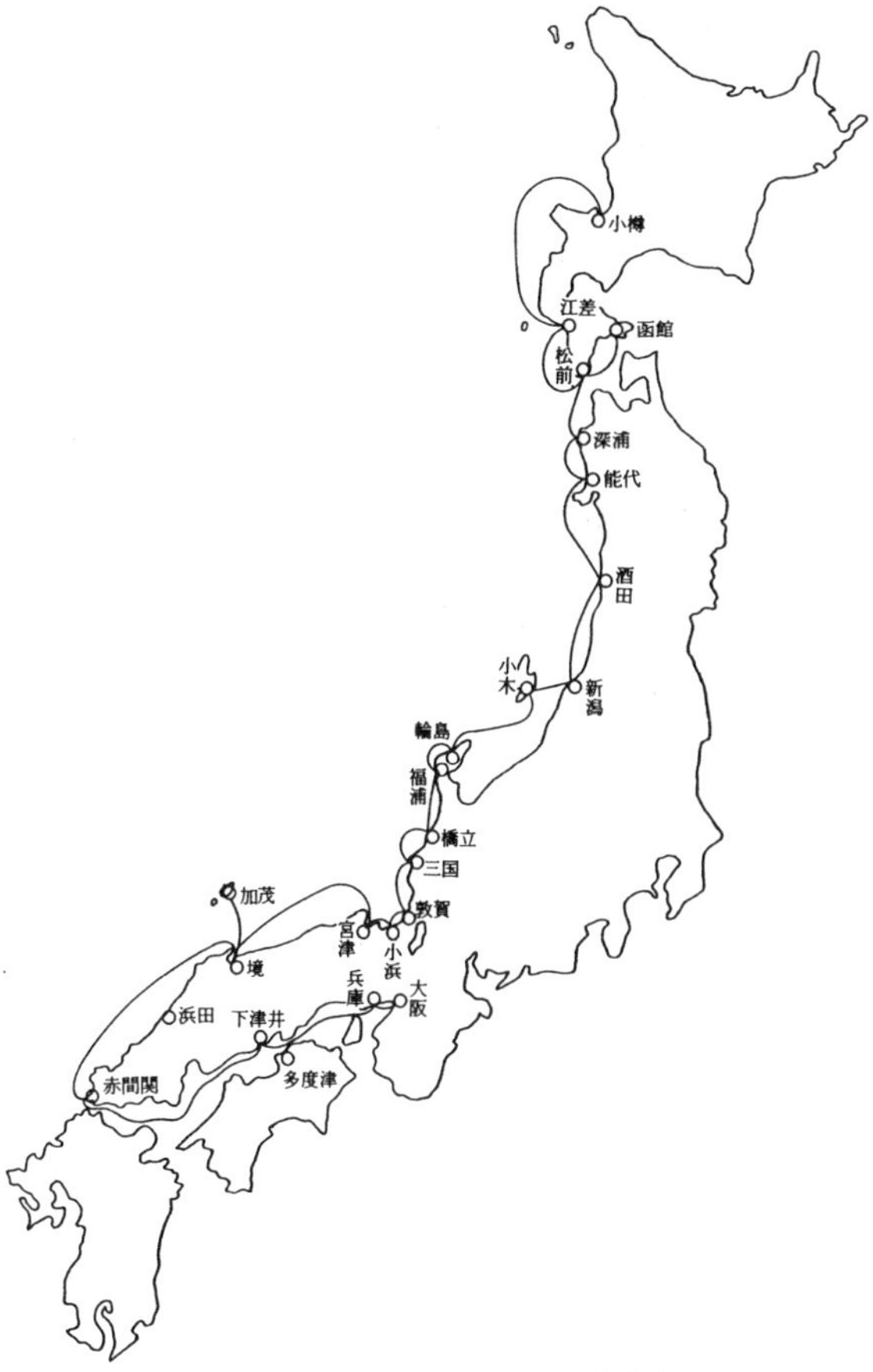

図1－33　北前船の主な航路と寄港地

　その後の織豊政権を経て、寛永一五年（一六三八年）、加賀藩による西廻り航路による大坂への米の輸送をはじめ（図1―33）、寛文一二年（一六七二年）、河村瑞賢による西廻り航路整備の完了、それに元禄期（一六八八年～一七〇四年）の安治川開削などにより、大坂が水の都として整備されると、琵琶湖の湖上輸送は衰退したというのがこれまでの常識的な理解であった。

(3) 軍事利用（表1―3）

大津宮廃絶のきっかけとなった六七二年の壬申の乱や天平宝字八年（七六四年）の藤原仲麻呂の乱は、近江を主な舞台としているが、湖上はほとんど利用されていない。唯一、仲麻呂の乱の時に、安宅の関が封鎖されていたがために、仲麻呂が海津から塩津へやむなく迂回したことと、三尾崎沖での敗走に舟を利用したぐらいである。しかも、その最後は彼の妻子三、四人しか乗っていない小規模な舟だったようである。

実際に湖上を軍勢が移動したのは、寿永二年（一一八三年）、木曽義仲が小舟で山田・矢橋から東坂本へ渡ったのと、それを追討する平維盛が志那・矢橋・山田を利用したのが、本格的利用として知られている限り最初のものである（『源平盛衰記』）。

ただ、それらも小さな舟での移動であったようで、建武三年（一三三六年）、北畠顕家ら奥州軍五〇〇〇人が志那・山田・矢橋から坂本へ渡った時も舟七〇〇余艘を動員している（『太平記』）。明応元年（一四九二年）、足利義材が下坂本から志那・守山へ移動したときも二〇〇〇人の軍勢を一四〇艘程度の舟で渡っている（『後法興院記』、『蔭凉軒日録』）。それぞれ七人あるいは一四～五人乗り程度の船ということになる。

こうした中、琵琶湖でも巨大船を建造したのが織田信長である。元亀四年（一五七三年）、大船建

表1−3 「軍事利用」年表

[軍事利用]

西暦	区分	記事	評価
BC	縄文早期		
4000			
	前期		
3000			
	中期		
2000			
	後期		
1000			
	晩期		
〜			
AD1			
	弥生		
100			
200			
300		(建借間命、霞ヶ浦に舟筏を連ね歌舞「常陸風土記」)	
	古墳		
400			
500			
600	飛鳥		
		667 大津宮遷都	(湖の防衛施設利用)
	白鳳	672 壬申の乱・大友皇子軍進軍進路、湖の回り	
700			
	奈良	764 藤原仲麻呂の乱・海津から塩津への迂回、三尾崎での湖上への敗走	
800			
900			
	平安		
1000			
1100			1183
		1183 木曽義仲、山田・矢橋から東坂本・比叡山へ　平維盛、義仲追討のため志那・山田・矢橋へ	湖上の本格的軍事利用
1200		1184 同上、東岸へ渡る	
	鎌倉		
1300			
		1331 尊澄・尊雲親王、戸津から石山へ	
	南北朝	1336 北畠顕家、奥州軍 5000 人 700 余艘で志那・山田・矢橋から坂本へ　脇屋義助軍 2000 余人志那に上陸	
1400			
	室町	1467 足利義視、舟 12 艘で坂本から山田へ	
		1487 足利義尚、坂本に陣をはり志那へ軍を渡して攻撃	
1500		1492 足利義材、下坂本から志那・守山へ 2000 人の軍 140 艘？	1576
	戦国		
	安土桃山	1573 織田信長, 大船権建造命令, すぐ解体早船 12 艘（10 艘） 1576 安土城築城（長浜城・坂本城・大溝城）	湖上の完全支配 城郭ネットワーク
1600		1595 秀吉朝鮮出兵、水夫 129 人徴用	大船解体 小型船の定着
		(彦根城、大津城、膳所城)	
1700			
	江戸		
1800		1814「彦根藩軍勢表」御舟奉行以下少ない水主等	
	明治		
1900	大正		
	昭和		
45		1945 ゼロ戦 3 機彦根から際川へ曳航	
65			

造命令を出し、わずか一カ月半で長さ三〇間、漕ぎ手二〇〇人を必要とする船を彦根の佐和山で作らせた(図1―34)。つい先ごろまでの、堅田の船大工が漁師船を作るのに約五〇日かかるといわれていたのにである。ただ、これもたった一度あるいは二度利用しただけで、一二艘(ルイス・フロイス『日本史』)あるいは一〇艘(『信長公記』)の早船に解体してしまった。ここに信長の革新性と合理性を見ることができる。琵琶湖では大船は必要ない、あるいは利用できないと見るとすぐさま方向転換してしまったのである。しかしながら信長は、その後、再び海での大船を建造し、本願寺攻めを成功させている。そしてその結果が、秀吉に大坂城築城を決意させたことは余り知られていない。いずれにしても、信長は大船が琵琶湖では不必要だと判断したことが重要なのである。

こうした解釈に対し杉江進は、いくつかの史料を詳細に読み、大船建造着手は五月二二日以前であり、将軍義昭が没落して近江支配が安定したことにより兵士の大量移動の必要性がなくなったため早船に解体したという(8)。ただ、杉江が認めるように「巾の広い異質な船」は「使い勝手が良くなかった」ことは、まさしく筆者が当初から主張している重要な論点である。つまり、その大船が丸子船であったか否かは特に問題としておらず、今も湖上に浮かぶ大型観光船ですら喫水が一m程度であることからも明らかなように、大型船は琵琶湖では本来不要であり、そのことは、淡水と遠浅の自然条件、遠まわりをして陸路を行っても湖上の何倍以上もの手間や時間がかからない琵琶湖と地域という環境を歴史的に説明したのである。

一方、天正四年(一五七六年)、信長は安土城を完成させ、長浜城、坂本城、それに天正七年(一五七九年)の大溝城築城によって、湖上の完全支配のためのいわゆる琵琶湖城郭網を完成させている。これも、

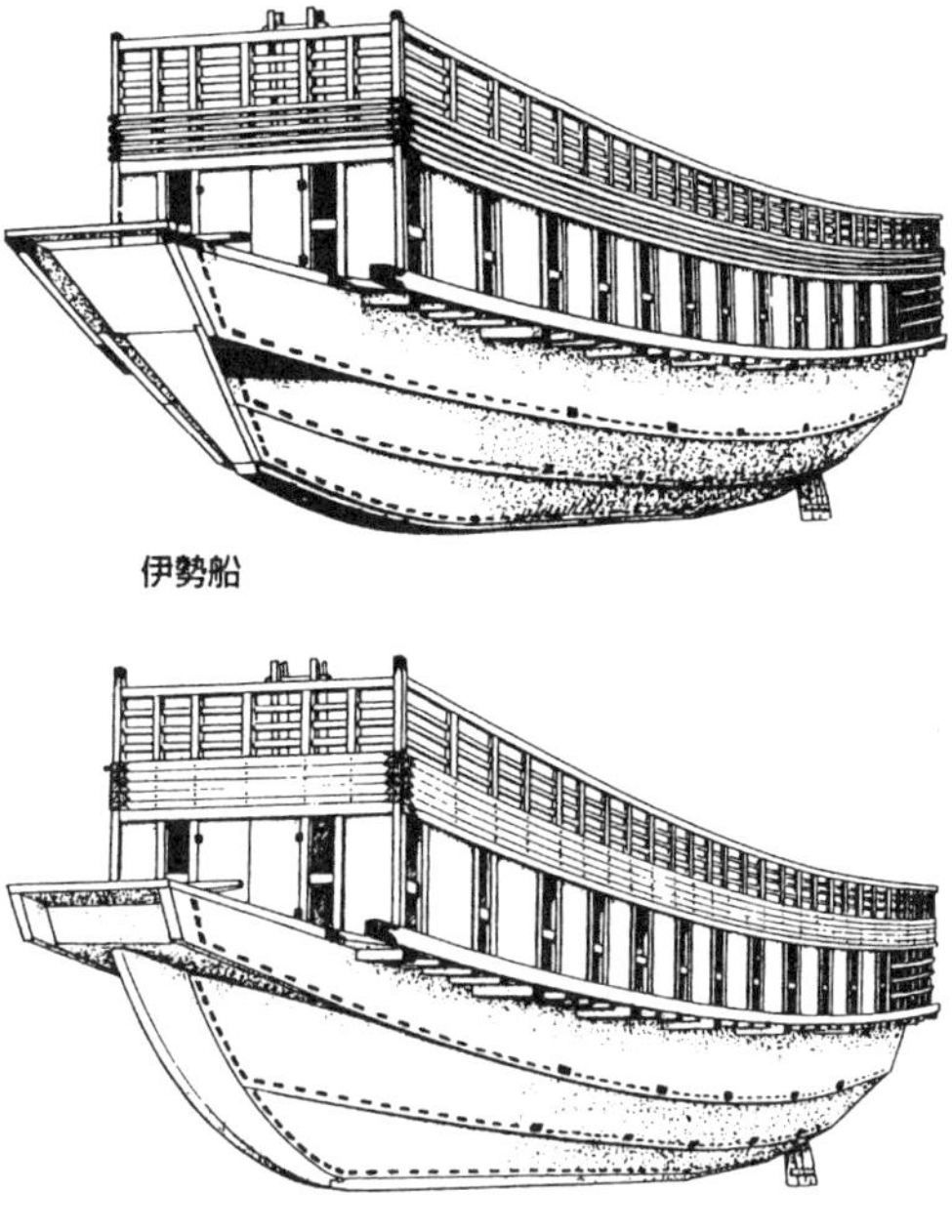

図1－34　信長の船のイメージ（安宅船の二種）

信長の琵琶湖水運に対する積極的な政策は見えてこないと杉江により批判され、単に「琵琶湖を取り込むことで後ろ堅固の城が構築できたと考えてよい」という。中井均や木戸政寿、それに筆者も先の四つの城が湖を利用した城のはじまりだとはもちろん考えておらず、そのことは本書第二部第三節でやや詳しく触れているし、かつてこの三人を含めた研究会においても議論してきた[9]。湖の城を「後ろ堅固の城」と単純化すると、例えば、湖北町山本山城の「二の丸」に設けられた「本丸」側の土塁の説明ができなくなるのである。

とにかくその後、豊臣秀吉は湖水船奉行を置き、新たに大津百艘船という御用船仲間を成立させたが、江戸時代の彦根藩は、船奉行とは独立した西国大名に対する警備の役割を担い、松原、米原、長浜の彦根三湊を開設して軍事動員に備えたのである。

(4) 祭祀（表1—4）

弥生時代後期から古墳時代前期にかけてのころには、舟形木製品を用いた祭祀が湖辺で顕著に見られるようになる。あわせて倭琴《やまとごと》を用いた祭祀も出現するが、湖辺での祭祀が一般化するのは古墳時代中期になってからである。守山市赤野井湾遺跡では、焼けた木製品や手づくね土器が見つかり（図1—35）、彦根市の多景島遺跡では勾玉や臼玉を用いた祭祀がとり行われている。

律令国家形成期になると国家的祭祀としてこれらが再編されるようになる。天智天皇の時、六月祓（夏越の祓）が今の大津市唐崎で行われている。人形代、馬形代など律令的祭祀具が出現し、後、湖北町尾上遺跡や今西遺跡、大津市東光寺遺跡、高島市鴨遺跡など平安時代の琵琶湖周辺の祓いの場へと展開していく。その代表が、「七瀬の祓所」の一つである佐久奈度神社や唐崎である。琵琶湖に浮かぶ島の一つ多景島でも、このころには国家的な儀礼祭祀が行われたようで、当時の役所でしか使われない土器が多く検出されている[10]。

(5) 支配・領域（表1—5）

古墳時代前期の安土町安土瓢箪山古墳、大津市膳所茶臼山古墳、彦根市荒神山古墳など全長一〇〇mを超える三基の前方後円墳は、湖上全域に力が及んだ首長であるといえる。さらに湖北の高月町西野山古墳、湖北町若宮山古墳、湖西の大津市和邇大塚山古墳、春日山古墳など全長七〇m級と五〇m級の二ランクで琵琶湖を取り囲んでいる四世紀の首長墓群の被葬者もその仲間かも知れない。

古墳時代とは、一般には六世紀末あるいは七世紀のある段階までをいうが、この間、湖に隣接した

表１－４　「祭祀」年表

[祭祀]

西暦	区分	記事			評価
BC	縄文早期				
4000					
	前期				
3000					
	中期				
2000					
	後期	東近江市正楽寺遺跡、水辺の祭祀（旧河道）			（水辺が領域？）
1000					
	晩期				
～		草津市志那湖底、中期外縁付紐式袈裟襷文銅鐸			（湖辺部が領域に相当）
AD1					
	弥生				
100					3C
200		倭琴祭祀の出現	弥生後期～古墳前期　舟形木製品大量出土		湖上安全祈願
300		赤野井湾遺跡、布留式ミニチュア土器群 舟形木製品			
	古墳	守山市服部遺跡・倭琴出土			
400		赤野井湾遺跡・焼けた木製品，手づくね土器	水辺祭祀遺構		
		多景島遺跡・勾玉臼玉祭祀			（祭祀確立期）
500					
		赤野井湾遺跡・土製人形、手づくね土器			
600	飛鳥	長浜市神宮寺遺跡・最古の人形等、水辺祭祀	水辺祭祀遺構明瞭 天智天皇の時、六月祓（夏越の祓） 唐崎		7C
	白鳳	人形代・馬形代、律令的祭祀具の出現			国家祭祀再編
700					
	奈良	765 聖武天皇竹生島参拝，竹生島明神に従五位下授与			9C
800		（863 神泉苑御霊会）	七瀬の祓所・唐崎 ・佐久奈度神社	多景島・国家的儀式祭祀 役所の土器・灯明皿	国家による広範囲領域管理 湖上の国家祭祀管理
		859－77 神官６人沖ノ島へ			
900		湖北町尾上遺跡 大津市東光寺遺跡 湖北町今西遺跡 高島町鴨遺跡 （祓の場，人形・斎串・串・舟形・鏡等）			
	平安				
1000		970 藤原道綱の母、唐崎へ祓い			
		1004、1012 藤原道長，唐崎祓いへ			
		1081 日吉社、「踏歌節会」			
1100					
1200					
	鎌倉				
1300		延文年中（1356－61）山王祭の船幸			

[観光]

西暦	区分	記事	評価
1400			
	室町		
		1492 相国寺の僧、芦浦安国寺に泊り志那の蓮見物	
1500			
	戦国		
	安土桃山	佐久間信盛礼状「はすの若根」有難う	
1600			
		1654－80 永井尚政ほか４名、蓮見物、後芦浦観音寺で一席	
		－1662 サントリー美術館「近江名所図屏風」蓮見物情景	
1700			
	江戸		
1800			1889
	明治	1894 湖南汽船、湖南の湖上遊覧船就航（大津－石山、大津－坂本）	湖上観光への転換
1900	大正	1907 太湖汽船、遊覧船八景丸就航	
	昭和	1922　同上　　みどり丸就航（プリンス・オブ・ウエールズ）	
45		1924 湖南汽船、八景遊覧船建造	
		1930 京阪丸・白鳥丸などスキー船	1960
65		1960 琵琶湖遊覧最盛期 83.5 万人／年　1962 スキー船廃止　1965 琵琶湖遊覧減少	
		1975 琵琶湖遊覧最盛期の 50％	観光客最盛期

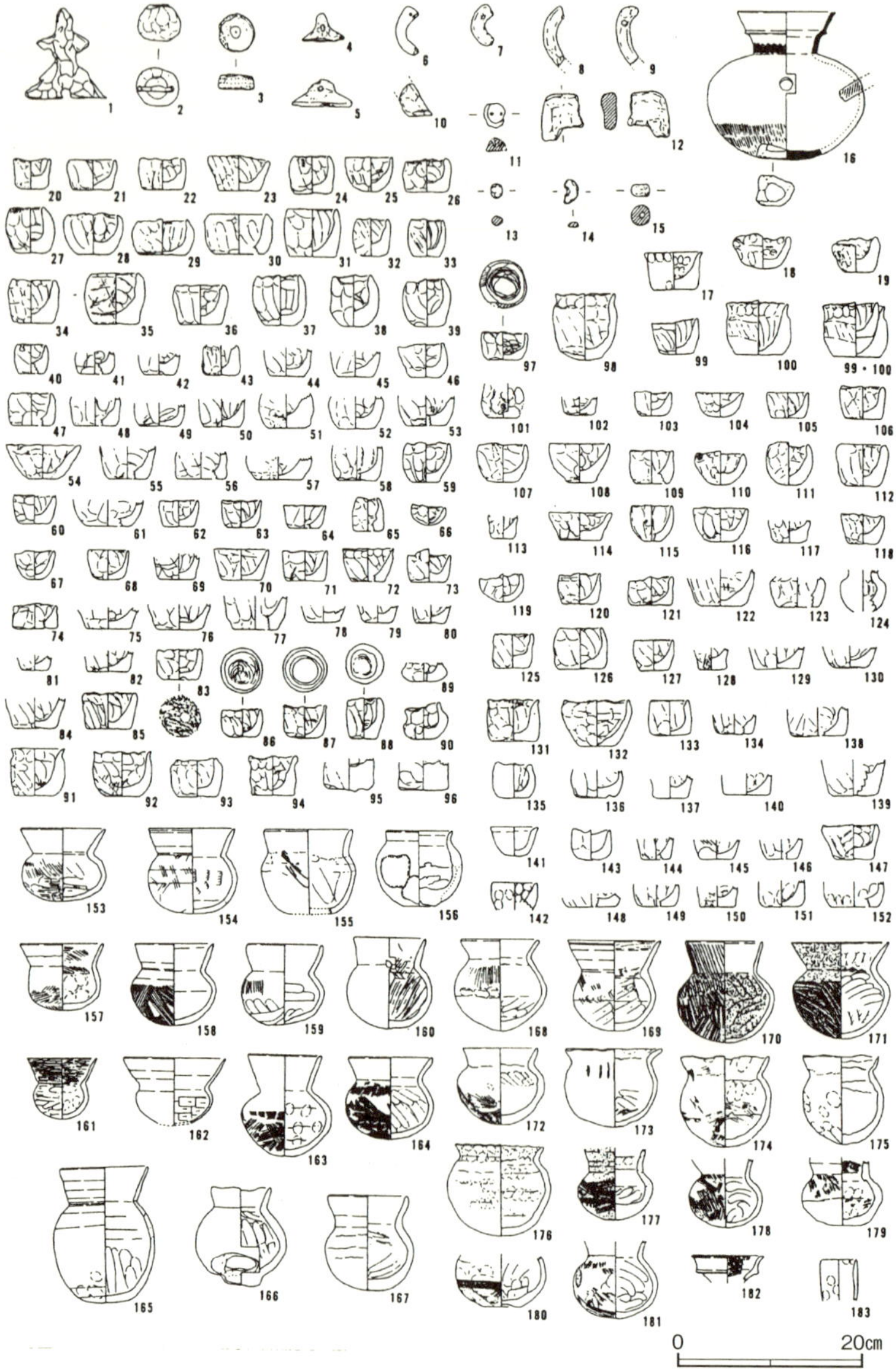

図1−35　赤野井湾遺跡の祭祀用具類

表1－5　「支配・領域」年表

[支配・領域]

西暦	区分	記事	評価
BC 4000	縄文早期		
	前期		
3000			
	中期		
2000			
	後期		
1000			
	晩期		
～		草津市志那湖底、外縁付鈕式袈裟襷文銅鐸	
AD1			
	弥生		
100			
200			3C
300		安土瓢箪山古墳、膳所茶臼山古墳、若宮山古墳、和邇大塚山古墳、春日山古墳	畿内王権による湖上支配
	古墳		
400		草津市芦浦１号墳	（重要港管理首長）
500		草津市芦浦２号墳・３号墳　南笠１号墳・２号墳	
		6C 後半、葦浦屯倉を土豪が献上（芦浦観音寺、聖徳太子の開基で秦河勝が創建）	
		草津市大宮若松神社古墳　五条古墳群　印岐志呂神社古墳群	
600	飛鳥	草津市鞭崎神社古墳	7C
		野洲市湯ノ部遺跡、円筒形浮子（大津宮外港·唐崎）	
	白鳳	瓦出土地の集中（草津湖岸、野洲、彦根南部、余呉川河口）	国家による拠点港管理
		（以上）高句麗の使者　松原館－勝野－志賀－泉－南大和	
700		草津市芦浦周辺の７ヶ寺	
	奈良	渤海の使者、34 回／ 200 年	
800			9C
		867 和邇の船瀬、国司管理提案	港・湖上の国家管理
900			
	平安	浮御堂遺跡、公的施設　墨書土器・石銙帯・緑釉・白磁・皇朝十二銭・鏡	
1000			
		1041 大浦、法印明尊の立荘	
		1070 筑摩御厨廃止　1090 堅田、賀茂御祖社御厨	
1100		芦浦観音寺、天台末寺	12C
		1180 日吉社・延暦寺領近江国に充満（諸津の山門領化）	荘園による港・湖上管理
1200		（12C 後半、菅浦供御人として自立）	
	鎌倉	1207－11 大浦、検注実施	
		1268 山田・矢橋間の渡船権利相論	
		草津市芦浦遺跡，公的倉庫　掘立柱建物・井戸・溝・杭	
1300			
	南北朝		
1400		1408 芦浦観音寺、権大僧正歓雅中興	
	室町	15C 中、芦浦観音寺湖水管船の事、命じられる	
		1468 山徒の堅田大責	
1500		1558－70 浅井長政、堅田の沙汰　1513・1559 守護六角、堅田への干渉	
	戦国	1562－68 芦浦観音寺、湖南の物資輸送に関与	16C 後半
	安土桃山	~1570 志那の市川氏、政所を継ぐ　1580 志那港の権利、市川氏から芦浦観音寺へ　1571 比叡山焼打、坂本衰退	
1600		1572－79 織田信長、常楽寺－坂本４回、坂本－常楽寺２回　大船建造、１年後解体 12 艘の早船　1573 信長船大工支配	権力集中
		1584 今堅田船大工仲間文書　1587 豊臣秀吉，大津百艘船整備、1591 諸浦船点定・焼印、運上銀	
		徳川家光在任中、彦根藩御小早舟２艘（大太郎丸、小太郎丸）整備、御用船 120 艘（彦根三湊）1652 彦根藩「湖浦改書」	
1700		1685 芦浦観音寺天領代官罷免	
	江戸		
1800			
		天保・文久年間、大津百艘船衰退（20 数艘）	1871
	明治	1869 彦根藩 10 艘の藩船　1871 太政官布告、湖上通船取締方を大津県に統一	
1900	大正		湖上権利の県への移管
	昭和		
45			
65			

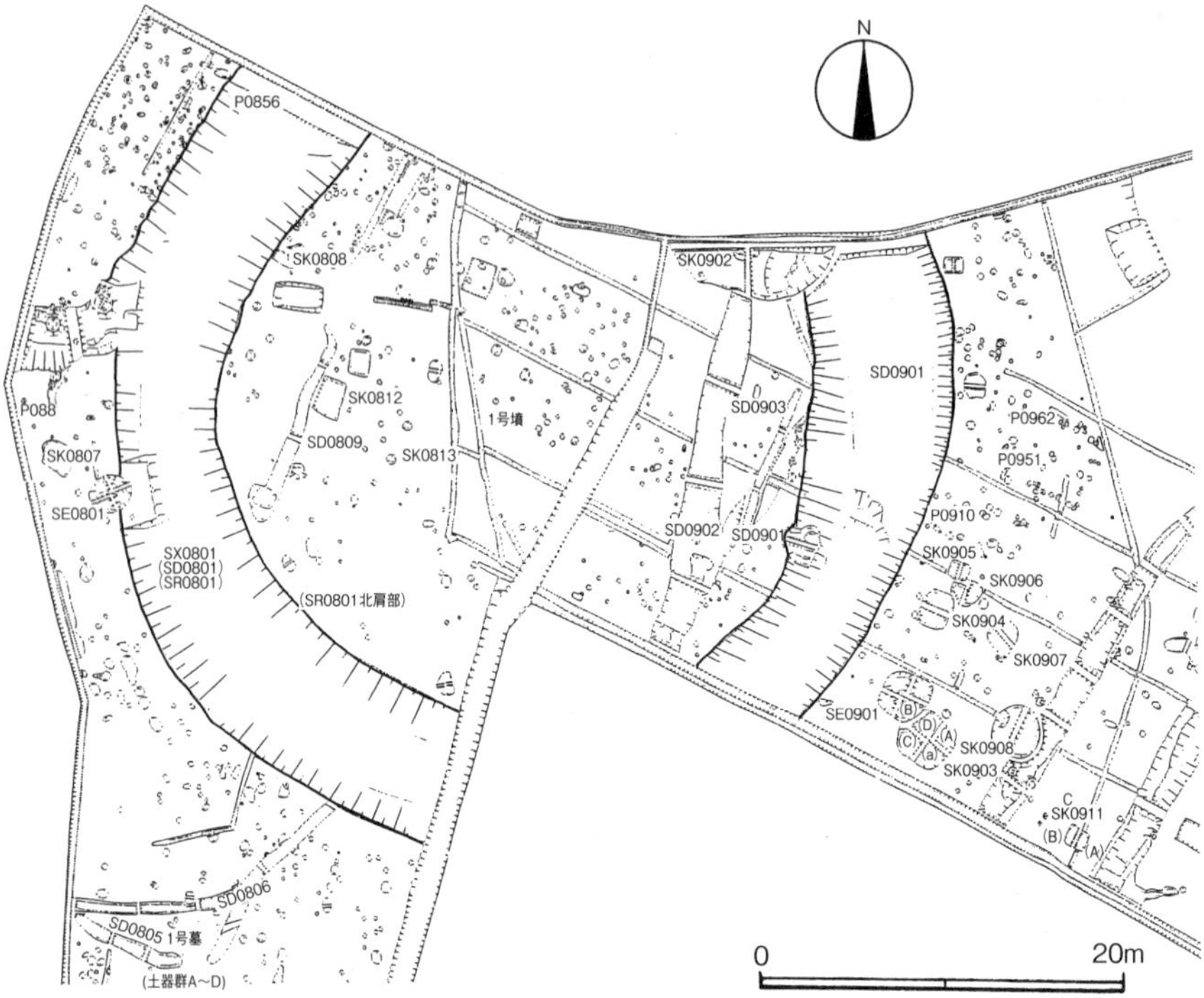

図1－36　芦浦1号墳

平野部で古墳の分布が目立つところがある。南湖東岸の、今の草津市周辺である。

芦浦一号墳はその代表で、かつての野洲川本流（境川）の河口部近くにある直径約三八ｍの円墳であるが、その墳丘を取り囲む濠の幅は七ｍもある。立派な首長墓といえるこの古墳は（図1―36）、芦浦観音寺のすぐ西隣にあり、五世紀前半の築造と考えられる。隣接して、やや時代が下る二号墳、三号墳も築かれて古墳群を形成している。その他、六世紀になるとこの地域では、草津市大宮若松神社古墳、五条古墳群、印岐志呂神社古墳群、鞭崎神社古墳群などが築かれ（図1―37）、かつて知られた湖南の港ごとに古墳群が付随して分布するかのようである。そんな中で最も重要な港は、古墳の規模等からするとやはり芦浦周辺であったということになる。

六世紀の後半には、この芦浦あるいはその周辺地域と考えられる「葦浦屯倉」(『日本書紀』)が地元の土豪から献上され、国家の経済的拠点となった。芦浦観音寺は、もとは聖徳太子の開基で秦河勝が創建したと伝えるが、境内では白鳳期の瓦が表採されている(図1−38、写真1−20)。この芦浦の周囲には、島状にも見える自然堤防上に白鳳期の寺院跡とおぼしき遺跡が七カ所知られているが、これらは芦浦を核として衛星状に分

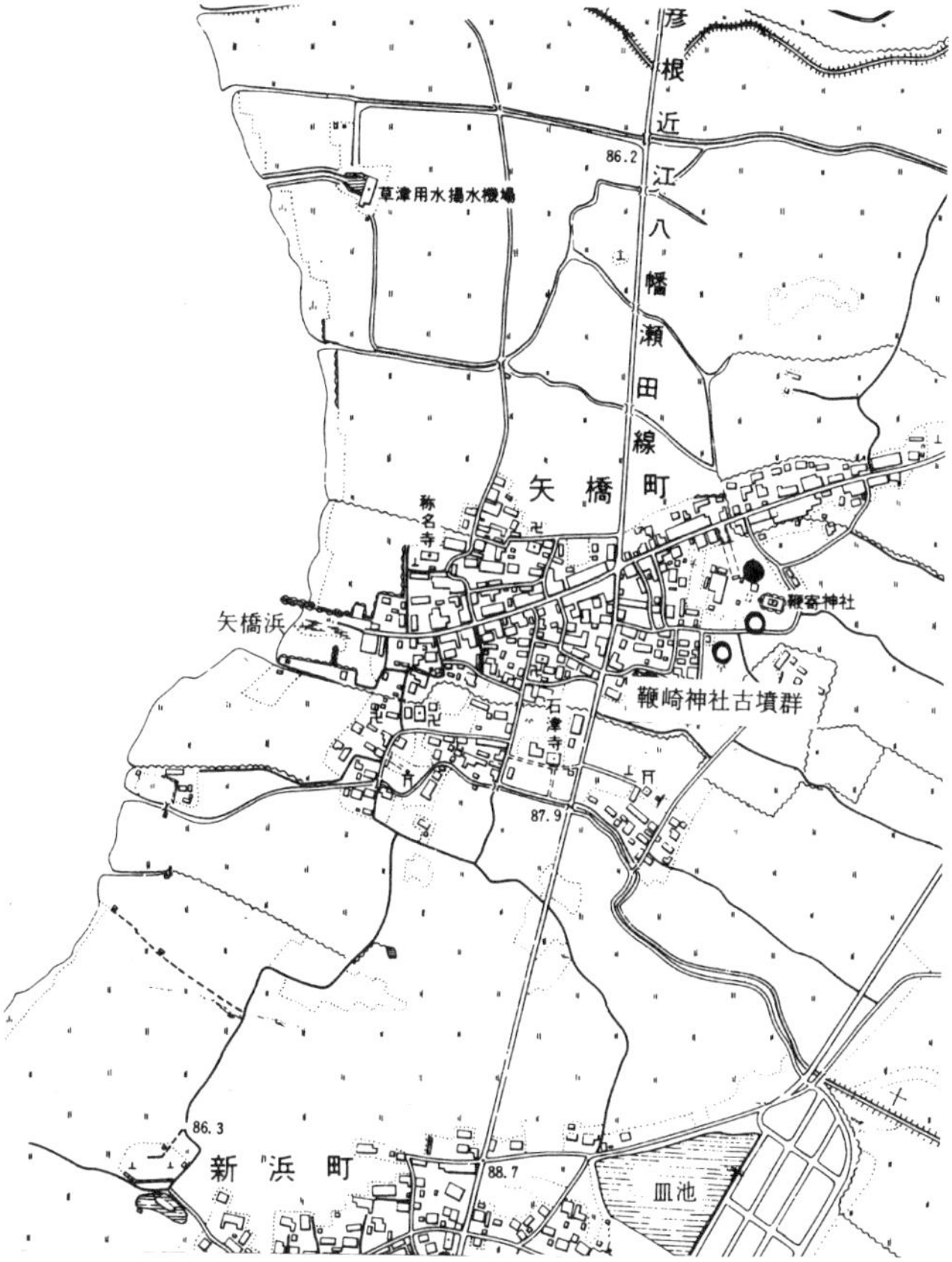

図1−37　鞭崎神社古墳群の位置

布する。

こうした瓦の集中して出土する場所は、琵琶湖のまわりで他に三カ所知られている。野洲市西河原森ノ内遺跡近辺、彦根市南部地域、湖北町余呉川河口付近である。(11)また、和邇の船瀬は、貞観九年(八六七年)、国司が管理するよう提案した文書が残されていることから、七世紀の段階では公的な機関が拠点港を管理していたと類推できる。ちなみに大津市堅田の浮御堂遺跡も平安時代前期を中心とした湖上の公的施設であることが、墨書土器、石銙帯、緑釉、白磁などの出土によって想定されている。(12)

延久二年(一〇七〇年)、筑摩御厨が廃止されるのと相反するように、寛治四年(一〇九〇年)には堅田が賀茂神社の御厨となる。このころ芦浦観音寺が天台末寺に組み込まれ、まさしく治承四年(一一八〇年)に記述されている「日吉社並びに延暦寺領等近江国に充満」(『吉記』)し、諸津が山門領化した状況に近づくのである。国家に代わって有力寺社勢力が荘園形成につとめ、琵琶湖の港も管理するようになるのが古代末から中世にかけてである。

このころの芦浦はというと、掘立柱建物からなる倉庫群が建ち並び、井戸、溝、杭などの遺構も検出されている。その経営主体は不明であるが、依然として物資の集積地であったようである。

その後、有力荘園領主らの管理下にあった重要港へ干渉をはじめるのが守護大名や戦国大名である。永正一〇年(一五一三年)、永禄二年(一五五九年)の六角氏の堅田に対するもの、一五五八年から一五七〇年にかけて(永禄年間)の「堅田の沙汰」などである。

そして元亀三年(一五七二年)にはじまる信長の湖上の自由な航行、大船建造とその解体、元亀四年(一五七三年)の船大工支配、天正一五年(一五八七年)の秀吉による大津百艘船の整備へと続くのである。

江戸時代、三代将軍徳川家光の頃、彦根藩は大太郎丸、小太郎丸という二艘の御小早船を所有していたが、非常時の船は彦根三湊である松原湊、米原湊、長浜港で一二〇艘の船を御用船として準備し

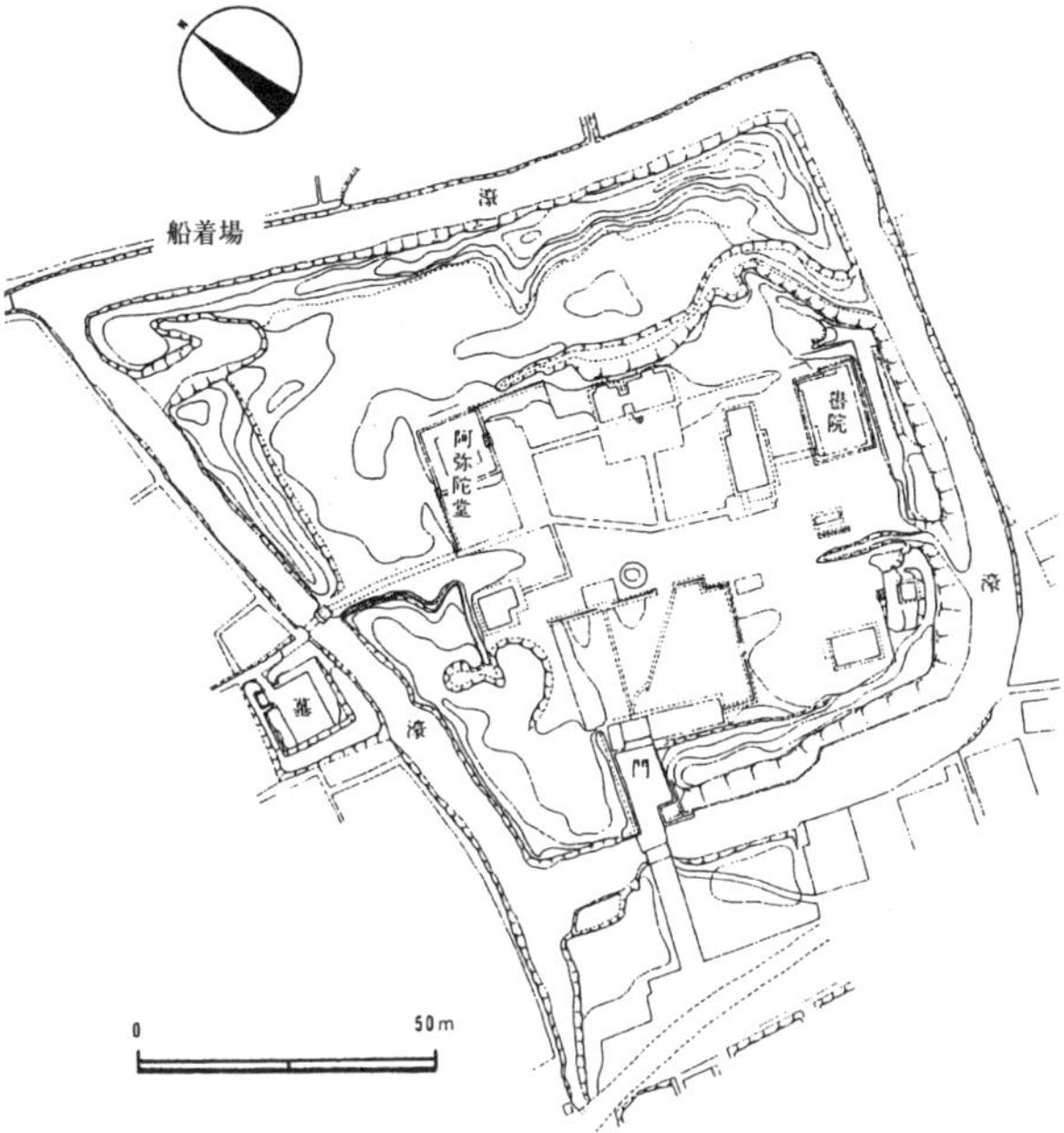

図1－38　芦浦観音寺

写真1－20　現在の芦浦観音寺

ていた。しかし幕末、明治二年(一八六九年)には、彦根藩は一〇艘の藩船を備えるのみで、翌々年、太政官布告により湖上通船取締方が大津県に統一されたのである。

三　湖上交通史の画期

湖上交通史の概観を、近年の考古学の成果をふまえながら整理してみた(表1-6)。そうした中でいくつかの画期を見いだすならば、一つは三世紀からの畿内王権による湖上領域支配が挙げられる。それまで小集団領域の延長としてあった湖上は、あくまで生活利用のみであったものに代わって、湖上の領域支配がはじまり、準構造船の登場による輸送力の増強という技術史的側面と舟形木製品を用いた湖上・湖辺祭祀も新たな側面として備わる。そして遅くとも五世紀前半には、重要港を直接管理する首長が、湖上管理地方首長のもとに加わる。

古代国家として律令体制整備がはじまる七世紀には、当然のように陸路整備がはかられるが、湖上もそれに近い形で対象となる。律令国家による貢納物輸送のためにも湖上が利用され、米、瓦、材木などの大型物資が湖上を運ばれた。同時に、水辺の祭祀が国家祭祀として再編される。七世紀中頃を律令国家による湖の政治的利用として、第二の画期と位置づけたい。

第二の画期以降、港や湖上の国家管理、国家祭祀の遂行などが進められるが、一一世紀から一二世紀になると荘園領主による港管理が行われるようになり、湖の本格的軍事利用も文献上で明らかにな

表1－6　湖上交通史概観年表

西暦	区分	[人の移動]	[物の輸送]	[軍事利用]	[祭祀／観光]	[支配・領域]	画期
BC	縄文早期						
4000	前期						
3000	中期						
2000	後期				(水辺が領域？)		
1000	晩期	丸木舟による生活移動 湖辺・内湖中心 時には対岸も可能			(湖辺部が領域に相当)		小集団領域・生活利用
AD1	弥生						
100					3C		
200		3C			湖上安全祈願	3C	3C 中～4C
300	古墳	準構造船の出現 畿内王権下の古墳時代首長による湖上域の支配				畿内王権による湖上支配	畿内王権による領域支配
400					(祭祀確立期)	(重要港管理首長)	
500			畿内王権によるルート支配				
600	飛鳥	7C	7C		7C	7C	7C 中
700	白鳳	主要街道としての湖上整備 律令国家成立期	律令国家による貢納物輸送 米・瓦・材木	(湖の防衛施設利用)	国家祭祀再編	国家による拠点港管理	律令国家による政治的利用
800	奈良				9C	9C	
900					国家による広範囲領域管理 湖上の国家祭祀管理	港・湖上の国家管理	
1000	平安		11C				
1100			権門勢家による個別の港支配 通行税の徴収	1183		12C	11～12C
1200	鎌倉			湖上の本格的軍事利用		荘園による港・湖上管理	荘園領主による経済的・軍事的利用
1300			14C				
1400	南北朝 室町		湖上関の確立・公認				
1500	戦国 安土桃山	1576		1576		16C 後半	1576
1600		権力者による自由航行 織豊政権による湖上全域の支配確立	1672	湖上の完全支配 城郭ネットワーク 大船解体 小型船の定着		権力集中	織豊政権による経済的社会的利用
1700	江戸		汎日本レベルでの輸送機能衰退				
1800						1871	
	明治	1989 鉄道連絡船の廃止			1889		1889
1900	大正 昭和	1925 衰退期の始まり			湖上観光への転換	通船取締方から大津県へ	日常的輸送利 1945
45							
65		1965 消滅			1960 観光客最盛期		1960 湖上交通の終焉

る。この時期を荘園領主による経済的・軍事的利用のはじまりと位置づける。その後、湖上関が確立し、公認もされるようになる。そうした小権力が入りまじった湖上を湖辺の城郭群により一括管理し、経済的にも社会的にも効率的に利用しようとしたのが一六世紀後半の織豊政権である。

その後、その権力は江戸幕府や明治政府へと移っていった。かつては北国、日本海側の人や物資は、湖北と湖南を結ぶ湖上航路利用が中心であったが、一七世紀後半の西廻り航路の整備により、琵琶湖を利用した汎列島的レベルでの物資輸送能力は低下した。ただ、湖上交通を実質的に変化させたのは、明治二二年（一八八九年）の東海道線全線開通に伴う鉄道連絡船の廃止であり、湖上交通機能衰退はここからはじまるのである。つまり、これをひとつの境に、湖上は観光の場へと変化を遂げていくのである。しかしながら前にも見た通り、小地域間では依然として湖上交通は機能し続け、最終的には昭和三五年（一九六〇年）ごろまで続いた。おりしもこの時期は、琵琶湖観光もそのピークを過ぎようとしていた時期であった。

四　湖上交通史の特質と丸子船の意味

湖上交通史上の四つの画期を見てきたが、わけても最大の変革期あるいは交通史上において最も象徴的な出来事は、織豊政権による近江支配の時にある。特に社会的な側面から見ると、天正四年（一五七六年）にはじまる信長による湖をめぐる城郭網の形成であり、これにより古代国家形成の過程あるいは「古代化」の中で一度は絶大な権力に握られながらも、その後細分化していった湖上の一括管理が復活を遂げ、以後、それは江戸幕府、明治政府へと引き継がれ今日に至っている。湖上一括管理こそが、日本の近代化のために社会的にも経済的にも求められていたといえる。

また、湖上交通史上最も象徴的な出来事は、信長による元亀四年（一五七三年）の大船建造後すぐの早船への解体である。全長五〇mを超えるような軍船を作りながらも、すぐさま解体し、一〇艘ほどの小早船に作り替えたことについては、信長は大船が琵琶湖においては役に立たないと悟ったからである。ここに琵琶湖の湖上交通史最大の特徴がある。

本稿の冒頭で、昭和のはじめから昭和四〇年代ごろまで、琵琶湖の湖上交通は汎日本・列島レベルでの交通体系にはもうすでに組み入れられていなかったものの、琵琶湖周辺地域、特に湖南地域においては日常の生業や生活と密接に結びついたものであり、重量物・大型物の輸送にあっては、むしろ舟運が中心的に機能していたと記した。

さらには、琵琶湖という内水面における交通史の特質は、三世紀中ごろの畿内を中心とした前方後円墳体制形成期、ないしは遅くとも七世紀の律令国家成立期以降、昭和四〇年ごろまで連綿と続いた琵琶湖の中小地域間での人と物の輸送にあり、丸子船に代表される琵琶湖の船舶史は、海に比べて浮力の少ない淡水である広い内水面での、特に南湖を中心とした浅水域での利用の歴史でもあった。

注

（1）瀬口眞司「琵琶湖周辺の縄文社会―丸木舟の果たした役割―」『丸木舟の時代―びわ湖と縄文人―』、サンライズ出版、二〇〇七年。
（2）吉田秀則ほか『琵琶湖流域下水道彦根長浜処理区東北部浄化センター建設に伴う松原内湖遺跡発掘調査報告書』Ⅱ、滋賀県教育委員会・財団法人滋賀県文化財保護協会、一九九二年。
（3）山尾幸久「西河原森ノ内遺跡出土木簡」『西河原森ノ内遺跡第一・二次発掘調査報告書』Ⅰ、中主町教育委員会、一九九〇年。
（4）濱　修ほか『琵琶湖開発事業関連埋蔵文化財発掘調査報告書二　赤野井湾遺跡』、滋賀県教育委員会・財団法人滋賀県文化財保護協会、一九九八年。
（5）用田政晴『諸川遺跡発掘調査報告書―西浅井町菅浦所在諸川瓦窯跡の調査―』、西浅井町教育委員会・財団法人滋賀県文化財保護協会、一九八四年。
（6）三辻利一・北村大輔・北村圭弘「満願寺廃寺出土瓦の産地」『紀要』第三号、財団法人滋賀県文化財保護協会、一九九〇年。
（7）濱　修ほか『瀬田川浚渫工事他関連埋蔵文化財発掘調査報告書Ⅰ　蛍谷遺跡・石山遺跡』、滋賀県教育委員会・財団法人滋賀県文化財保護協会、一九九二年。
（8）杉江　進「織田信長と琵琶湖水運―大船建造と「みずうみの城郭網」をめぐって―」『近江地方史研究』第四〇号、二〇〇八年。
（9）「琵琶湖がつくる近江の歴史」研究会（代表　林博通）編『城と湖と近江』、サンライズ出版、二〇〇二年。
（10）丸山竜平『多景島湖底遺跡』Ⅰ、滋賀県教育委員会・財団法人滋賀県文化財保護協会、一九八三年。

(11)畑中英二「古代における琵琶湖の湖上交通についての予察」『紀要』第九号、財団法人滋賀県文化財保護協会、一九九六年。

(12)尾崎好則「浮御堂遺跡発掘調査」『びわ湖と埋蔵文化財』、水資源開発公団琵琶湖開発事業建設部、一九八四年。

第二節　丸子船の復元・展示と保存

一　琵琶湖博物館の展示計画

(1)　展示の基本方針

平成元年(一九八九年)三月にまとめた『県立琵琶湖博物館(仮称)基本構想報告書』では、「テーマ展示」の「琵琶湖の歴史と民俗」において湖底遺跡や湖上交通を小テーマとしてあげ、「舟運・湖上交通」の資料の一例として「丸子舟」を紹介している。

その後、平成二年(一九九〇年)一二月に公表した『(仮称)琵琶湖博物館基本計画』において、「総合展示」の「B　琵琶湖の歴史と民俗」では、「2―2水運の発達　2―2―1輸送の主役丸子船」として、展示項目として独立したものになるに至り、その展示の骨格を明らかにしていった。

琵琶湖博物館における展示計画の具体的な内容は、平成四年三月にまとめた『(仮称)琵琶湖博物館展示基本設計』に詳しいが、歴史展示であるB展示室の現場での展示の基本方針等は下記の通りであった。

「基本方針として、おおまかに時代を追って人間と琵琶湖のかかわりの深まり、働きかけの度合いの深まりをみるということ。また、湖底遺跡、湖上交通、漁労、治水利水の四本柱に琵琶湖や水にまつわる祭りや伝統行事が彩りを添え、環境を考えていくための基礎材料を提供しようというものであった。

そうした中での具体的方針として、展示テーマを四つ程度に絞ってシンプルな理解の動線とする。考古資料、民俗資料を柱とし、補うものとして文献史料を取り上げる。豊かな量とボリューム、色彩豊かなものを目指す。大型資料・大物資料を基本配置し、これらのまわりはオーソドックスなものとする。そうすることによって展示替えも容易になるという四点を考えた。

最後の大型資料・大物資料としては、湖底から発見された縄文時代中期を中心とする世界最大の淡水貝塚・粟津貝塚の貝層はぎ取り資料、瀬田川河床で検出された旧東海道に架かる古代勢多橋の橋脚基礎遺構、琵琶湖総合開発に伴って一〇年以上かけて七〇〇〇点以上収集した漁労用具を中心にした民具、それに近世から戦前まで琵琶湖輸送の主役であった大型帆走木造船である丸子船と伝統的な漁師船を想定した。」

また、資料の展示手法についても特徴を出していきたいと考え、次の三点を方針として定めた。一つはオープンな展示を考え、そうした中でいくつかの触れる展示を用意しておこうというものであった。粟津貝塚のシジミの貝殻、保存処理の行われた弥生時代の木器、丸子船、近江の青の洞門といわれる西野水道の岩などである。二つ目は、文字による解説文を極力少なくし、近江や琵琶湖の伝説・

昔話を紹介することによってその説明にかえていこうとしたことである。三つめは、「音」を何とか展示の中に取り込んで利用していこうというもので、古代の湖畔の都である大津宮の展示では万葉音楽、琵琶湖の祭りの音響、丸子船周辺での琵琶湖のさざ波やヨシの揺れる音、明治時代の鉄道連絡船への乗換駅であった旧長浜駅舎での汽笛や当時の流行歌などがそれである。

丸子船は、おそらくはこの展示上の三つの特徴すべてを具現化できる最も適当な資料であり、かつ規模的にも全長一七mをこえるという、展示室最大の資料であることから、必然的に琵琶湖博物館の歴史展示を代表する資料となった。[1]

(2) 丸子船復元計画

このような展示計画の流れから、平成四年(一九九二年)に、下記のような丸子船復元計画の骨子をとりまとめた。

〔丸子船復元製作計画(骨子)〕

「丸子船の復元資料は、(仮称)琵琶湖博物館総合展示中の「琵琶湖の歴史と民俗」展示最大の資料であり、これを展示室の中央に配置して、琵琶湖の歴史と民俗のシンボルとなるようにする。

丸子船はさまざまな規模のものがあるが、最も典型的な百石積みの船とする。これは全長約一七m、舵の部分を入れると約一九mになり、幅は約二・五m、重さは約三tと推定する。

製作工程は、設計、原木選定、伐採、乾燥、製材、荒加工、細部加工、組立、仕上げ、付属品製作、取り付けおよび搬入を三カ年計画で行う。木材の伐採にはそれに適した季節があるため、初年度(平成四年度）は、乾燥もしくは一部製材までとする。

現在、琵琶湖に浮かぶ丸子船は一隻、陸に揚げたもの二隻、港に半分沈んだもの一隻、および湾内に沈めて保管してあるもの二〜三隻ですべてである。これらのうち、伊香郡西浅井町大浦の町役場前に保管してある百石積みの丸子船をモデルとする。この実測については別途に行って九月末に完成する。

製作における各工程の指導は、四名の有識者による丸子船復元指導委員会を設置して行う。

製作業者は、琵琶湖沿岸の船大工により行い、後の補修や管理を考えるとできるだけ博物館近くの業者が適当である。また、こうした丸子船等の伝統的木造船製作技術はすでに無形文化財的になりつつあり、その技術の保存を考えたとき、できれば親子二代で船大工を営んでおり、かつその二代目は若い人であることが望まれる。そうすれば今後、二〇年なり三〇年はその製作技術が存続していく事になる。

製作にあたっては、伝統的な技法を復元し、伝統的な工具・釘等の材料も用いていくため、それを備えた業者である必要があり、木造船建造に必要な設備を備えている必要もある。

博物館としては、この丸子船の製作工程を可能な限り資料として記録と保存に努め、特に映像資料としての記録を残すため、ビデオ製作を行って、展示や視聴覚資料、研究資料として活用を図っていく。」

以上のようなことを骨子として、丸子船復元製作仕様書の検討を丸子船復元指導委員会で行っていくことにした。

二　丸子船復元指導委員会

(1) 組織

（仮称）琵琶湖博物館では、平成三年（一九九一年）度から四カ年にわたり「現存漁具記録・収集調査研究」を内水面漁労研究会に委託して、琵琶湖水系での漁具・漁法の記録収集調査を行った。[2] 具体的には、ヤナや川エリ、内湖のエリの測量調査、従来、比較的調査が希薄であった河川漁具・漁法の記録収集調査、そして琵琶湖水系の伝統的船舶の分布調査などである。

（仮称）琵琶湖博物館建設準備委員会委員であった橋本鉄男を会長に、元神戸商船大学教授松木哲、国立民族学博物館助手近藤雅樹、日本民俗学会会員青山淳二らのメンバーからなる内水面漁労研究会の事務局を担当していたのが、財団法人滋賀県文化財保護協会主任技師の大沼芳幸であった（所属・職名等は、すべて当時のもの）。この研究会での調査研究事業の二年目に、丸子船復元展示技術指導を業務として加え、研究会の中に丸子船復元指導委員会を別途、組織した。

丸子船復元指導委員会は、橋本鉄男を委員長に、松木哲、関西学院大学出口晶子、滋賀県の民具収集事業を中心になって推進した[3]県教育委員会文化財保護課の長谷川嘉和からなり、会合には、事務局として大沼芳幸、オブザーバーとして琵琶湖の和船研究者杉立繁雄を加えて開催した。後には、復元製作を担当した船大工松井三四郎も入って協議、検討を行った。

(2) 第一回委員会

最初の丸子船復元指導委員会は、平成四年(一九九二年)九月二六日に、大津市打出浜の(仮称)琵琶湖博物館開設準備室の会議室で開催した。

協議事項は、完成した西浅井町役場前の丸子船実測図の検討、製作者に示す仕様書の検討、それに製作者選定についての三点であった。

ここでは、丸子船を平成四年度から開始し、三カ年をかけて行うこと。百石積みの船を復元し、あわせて琵琶湖の代表的な伝統的漁船と川船を復元することを確認した。特に丸子船については、エンジン取り付け以前の帆船とし、伝統的な工具・技法・材料を使いながらも、電気鋸や電気鉋までは排除しないことを決めた。

(3) 製作者選定

戦前は、琵琶湖にはたくさんの船大工がいたようで、特に湖東から湖南地方の琵琶湖東岸に多く分布していた。一方、堅田にも一時は三一軒の船大工が知られており、現在も大手造船業者がここで営業している。

こうした中、琵琶湖周辺での木造船の造船技術者のリストアップをはじめた。氏名、屋号・会社名等、住所、年齢、後継者の有無、経験、現況、伝統的船大工道具、その他単独での造船の可能性などの九項目にわたって調査を行った。

かつて木造船を建造した経験者を中心に、最後は職業別電話帳まで駆使して行った結果、最終的に一二の個人、団体をリストアップしたが、この他に二〇人ほどの田舟の建造・修理経験者が健在であった。しかしながら、道具、施設、経験等からその製作能力は、現在ではないものと判断した。

このリストをもとにして、さらに丸子船復元指導委員会および杉立繁雄による精査をはじめた。しかしながら、その時点で、最高齢は明治四三年生まれ、若い人でも昭和ひと桁生まれと高齢化が進んでおり、伝統的な木造船といっても田船であったり剣先船と呼ぶ小型船しか建造した経験がない、さらには修理したことしかないという船大工が多かった。現況も、既に廃業していたり、実際には休業中あるいは転業していた人もいた。

結局、大正二年(一九一三年)生まれで当時七九歳ながら、現役で造船業を営んで大型船建造の施設も整っており、戦前には丸子船を棟梁として建造した経験をもつ松井三四郎しか残らなかった。幸いなことにその息子も造船業を共に営んでおり、戦前から丸子船の船釘や大工道具を大事に保存していたことが判明した。

こうした結果をもとに、丸子船復元指導委員会委員長橋本鉄男より滋賀県教育委員会事務局(仮称)琵琶湖博物館開設準備室長あてに「丸子船復元製作にあたる業者について」という具申を平成四年(一九九二年)一一月五日付けで受けた。

ここでは、大津市本堅田の船大工松井三四郎が適当であると具申された。以下、その「理由」について引用する。

「現在、琵琶湖周辺においてかつて木造船を建造した経験を持つ船大工は、約一〇数人を数えるが、この中で実際に丸子船を建造あるいは修理した実績を有する技術者は、いまは四人しか生存しないと考えられる。

このうち大津市N氏は、材料・工具等はまだ少し持っているようであるが、高齢で現在は造船業務に携わっていない。近江八幡市B氏もさらに高齢で廃業している。草津市H氏は現役で、年も若く息子も後継者として育っており、博物館建設予定地に近く、後の修理・補修等も容易であると考えられる。和船建造の注文も受けて設備・工具類も揃っているが、丸子船については修理経験しかなく、これまでに携わった最大のものは長さ一二mの堅田の漁船である。

大津市松井三四郎氏は、高齢でありながらその息子と職人を抱えて元気に造船業務に携わっている。同氏は一二才の時から一六年間、堅田の杢兵衛造船所で修行を積み、その間、棟梁として実際に丸子船を何隻も手がけた経験を持ち、最近はその詳細な、模型も製作している。また、こうした大型船建造に必要な施設・設備を作業場に有し、かつての丸子船建造用の古い船釘も約二隻分保存している。博物館や事務局からも近く、その無形文化財としての技術保存・継承も可能である」。

三　復元記録調査計画

(1)　記録方針

琵琶湖博物館における丸子船の復元製作は、博物館での展示と共に、琵琶湖水運の象徴でもあった船の建造技術を保存・継承することにあった。

製作にあたっては、丸子船の建造経験を持つ船大工と若い船大工があたることによって技術の継承とその保存も、当分の間ははかることができるが、資料として長く活用するためには、現物だけではなく写真・映像や文字による記録資料が必要であった。

丸子船は、戦後ほとんど建造されなかったため、建造記録は全く残されておらず、事実上、こうした資料を得ることのできる最初の機会で、かつ今後はおそらくはないであろうと考えられた。

船大工の、コツ・儀礼・造船知識などを含め、建造工程の可能な限りの記録をとっていくこととし、下記のような方針を定めた。

調査者は、基本的に全工程に立ち会い、観察と聞き取りを行い、ビデオ・写真および文字による記録化を図る。ビデオは、調査者によるカメラ以外に、(仮称)琵琶湖博物館開設準備室による適時の撮影、および全工程を撮影するための定点カメラを設置し、さらにこれらとは別に専門業者によるビデオ撮影を図る。これは一般公開用の映像記録のためのものとし、展示室用と情報センターでの公開用の二種類を編集する。そして、これらの調査の記録は、後に記録調査報告書として刊行して一般に公開することにした。

(2) 仕様書

丸子船の復元製作は、三期三年度に分けて行うこととし、その第一期は平成四年(一九九二年)度とした。

その仕様書は、別添資料のとおりであるが(表1―7)、第一期の工程は、事前検討・設計・材料検討・

表1－7　丸子船復元仕様書

仕　　様　　書

1．名称

丸子船復元製作委託業務（第１期）

2．期間

契約締結の日～平成５年３月31日

3．製品

百石積丸子船１隻、同付属品一式、展示・保管用移動台一式なお付属品は下記の通りとする

大碇１、中碇１、小碇１、黒綱３、艪２、楫３，楫柄３、帆１、三ツ縄１、引寄せ綱１、手綱１、艪綱１，竿竹３、帆橋１、屋形木一式、菰一式、ノマ一式、棟ムシロ３枚、大ハン莚・板ハン・ワキトリ縄１組、スケタ上下２、フシ込板八ツ１組、小車１

4．製品概要

(1)　百石積丸子船一隻に付属品を取り付け、または搭載する

(2)　丸子船は博物館での展示用であるが、湖上で帆走可能な船とし、そのために必要な付属品・機能等を完備していること

(3)　丸子船は、長さ17㍍程度の1930年代の無動力船を想定する

5．設計

(1)　設計に当たっては、基本的に別添図および伊香郡西浅井町大浦西浅井町役場前所在の丸子船を規格モデルとすることにし、必要に応じて伊香郡西浅井町菅浦所在のもの、および東浅井郡湖北町尾上港を拠点に使用されている丸子船を参考とする

(2)　別添図面を変更する場合および図面に記載のない部分の決定にあたっては、丸子船復元指導委員会（以下、「委員会」という）および滋賀県教育委員会事務局（仮称）琵琶湖博物館開設準備室（以下、「準備室」という）と協議の上、その指導のもとに行うものとする

6．使用材料

(1)　木材は良質のものを選択し、十分乾燥させて使用すること

(2)　木材は原則として国産材を使用し、船板およびヘイタは槙、船側オモギは杉、帆柱は檜とする

ただし、適当な木材が入手できない場合は、委員会および準備室と協議の上、外観の類似した同種の材を使用することも可能とする

(3)　隙間等は槙皮で充填すること

(4)　帆布は木綿とし、綱類にも合成繊維製品は使用しないことを原則とする

(5)　接着剤等の合成樹脂類・化学薬品等は原則としてこれを使用しない

(6)　船底は槙材、船側は杉材を使用し、帆柱は檜材、帆布は木綿とする。また、隙間等は槙皮で充填すること

7．施工

(1)　施工にあたって近代工具の使用は差し支えないが、仕上がり状況は伝統的工具による仕上げと同じとし、近代的工具の加工痕を残さないこと

(2)　新材料を使用する場合は、外部から見えないように配慮する

(3)　固着釘などの金属製品は伝統的形状のものを使用し、材質もできるだけ想定年代にあわせるよう留意する

8．工程

(1)事前検討　製品についての協議・検討

(2)設　　計　丸子船および付属品の設計図書・設計図面の作成

(3)材料検討　使用材料の選定・検討

(4)材料入手　必要資材・材料の購入等

(5)乾　　燥　材料の乾燥

(6)製　　材　材料の製材加工

9．その他

(1)　製作にあたっては、委員会と密接な連絡をとり、その指導と協力のもとに施工すること

(2)　この製作業務は、丸子船建造技術の保存と継承をも意図しているため、製作にあたっては丸子船建造経験者を中心に、琵琶湖周辺で木造船建造にあたってきた壮年の船大工および技術を継承させるための若年技術者など各年齢層を集めて行うこと

(3)　製作に当たっての必要な伝統的行事・慣習等は、慣例に従い行うものとする

(4)　各作業工程は、必要に応じて映像記録撮影を行うため、便宜を図ること

(5)　作業工程に基づく記録写真を添付した実績報告書を作成するものとする

(6)　本仕様書に記載のない事項または疑義が生じた場合、その都度、滋賀県教育委員会事務所（仮称）琵琶湖博物館開設準備室と協議の上、その指示に従うこと

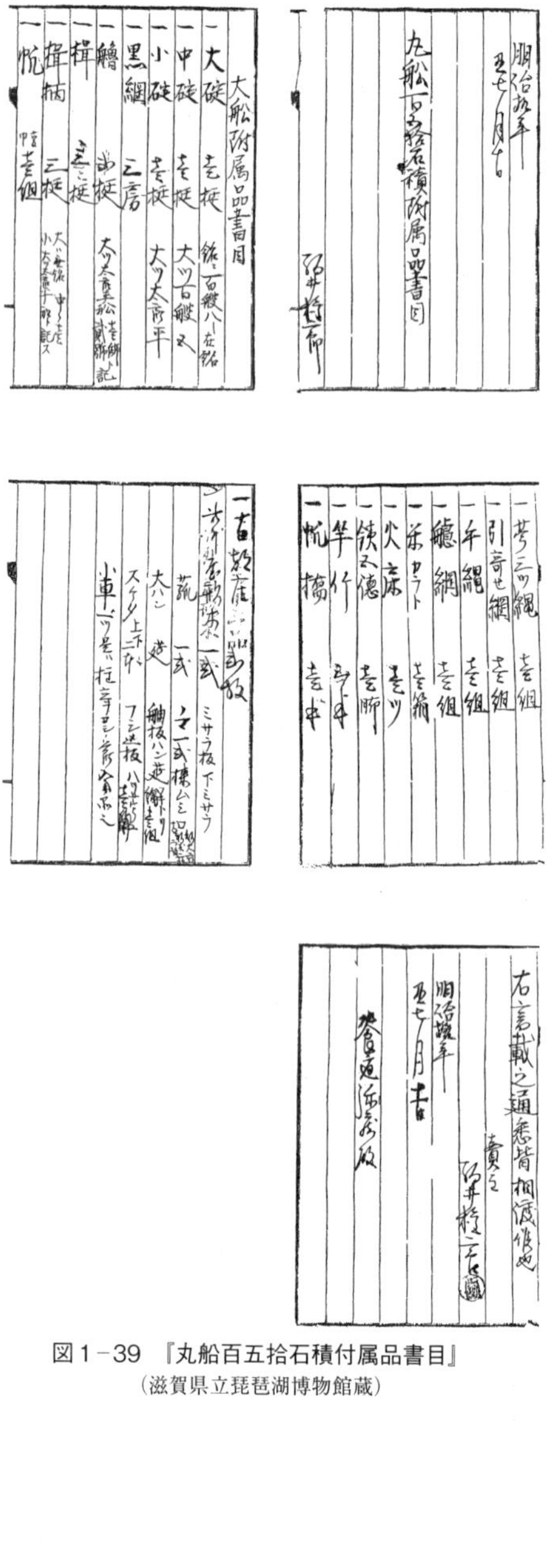

図1−39　『丸船百五拾石積付属品書目』
（滋賀県立琵琶湖博物館蔵）

工具加工・材料購入一・付属品製作一までとした。材料購入一とは、伐採等の時期を選ばない材料・原料の購入で、付属品製作一とは組立・加工の可能な付属品の製作を指す。つまり本体の加工・組立に入らない段階である。仕様書は、第三期の完成までほぼ共通するものであり、工程だけが異なるものであった。

仕様書中、「製品」は、百石船丸子船一隻、同付属品一式、展示・保管用移動台一式とした。付属品については、具体的には滋賀県教育委員会所蔵の『丸船百五拾石積付属品書目』（明治一〇年）（図1−39）をもとに品名と数量をあげた。

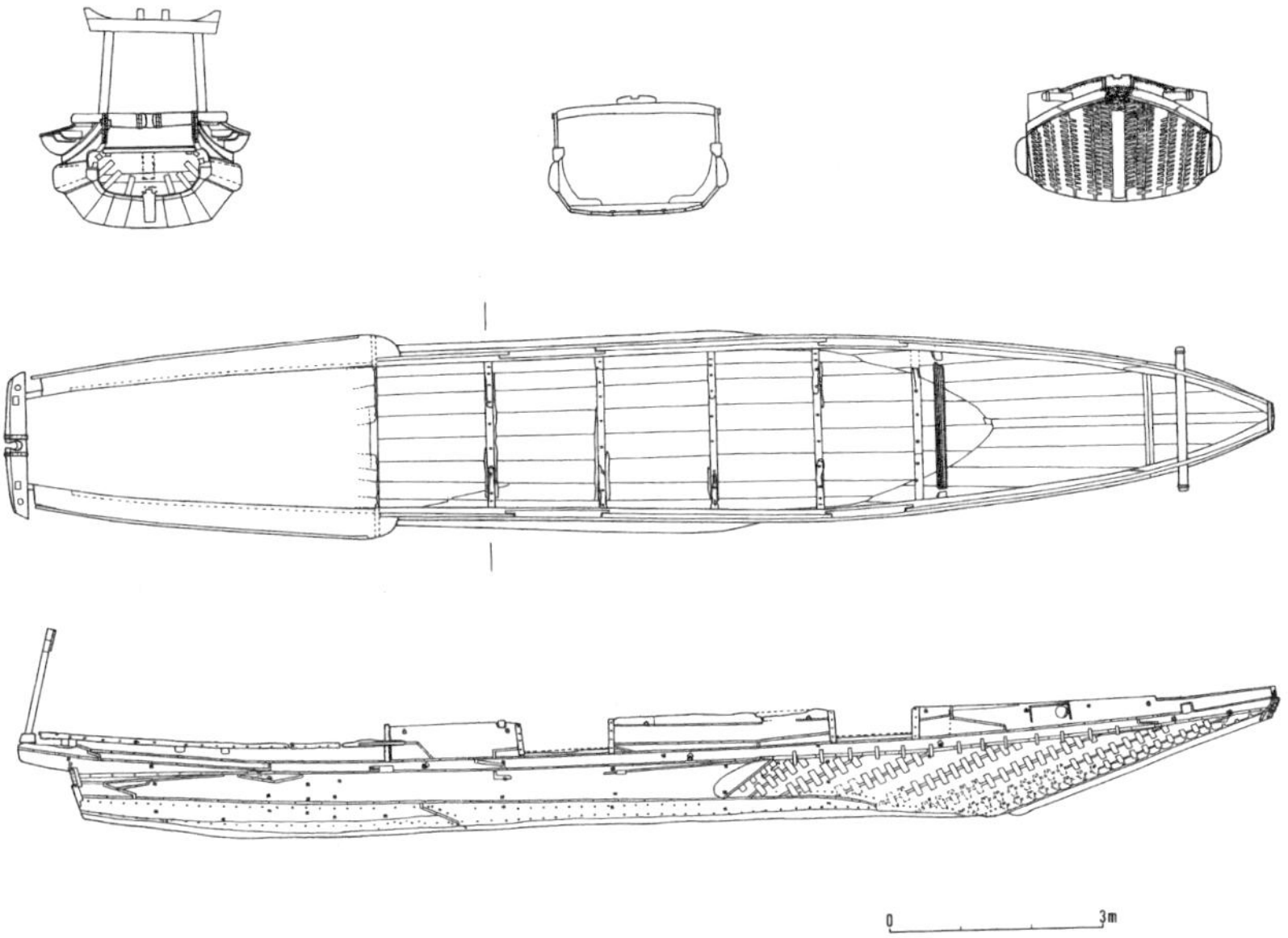

図1−40　モデルにした大浦所在の丸子船

「設計」は、伊香郡西浅井町大浦の西浅井町役場前所在の丸子船を企画モデルとし（図1−40、写真1−21）、必要に応じて西浅井町菅浦（写真1−22）および東浅井郡湖北町尾上

写真1−21　大浦の丸子船

写真1−22　菅浦の丸子船

写真1−23　尾上の丸子船

所在の丸子船（写真1−23）を参考とすることにした。

その他、特に木材は国産品を使用し、隙間は槙縄充填を行う。合成繊維製品、合成樹脂類、化学薬品等は、原則として使用しないことにした。

施工にあたっての近代工具使用は認めるが、仕上がり状況については伝統的工具による仕上げと同じものとすることなど、限りなく一九三〇年代の無動力船に近づけるようなものを想定した。

四　その後の丸子船復元

(1) 計画の見直し

第二回の委員会は、平成五年(一九九三年)二月三日に大津市打出浜の(仮称)琵琶湖博物館開設準備室会議室で開催した。

ここでは、丸子船復元製作の着手にあたっての全体工程の打ち合わせと平成四年度内の作業の進め方についての協議を行った。特に平成五年(一九九三年)度は、丸子船復元製作の第一期として、事前検討・設計・材料検討・材料入手・乾燥までの工程について実施することとした。

また、第三回の委員会は、丸子船復元製作(第二期)の作業が佳境に入った平成五年(一九九三年)九月二一日に大津市堅田の松井造船所で開いた。

この時は、次の三つの点について協議を行った。一つは、作業途中で目立ってきた使用木材の乾燥によるひび割れについてであった。これらについては、外から見えない場所で補強ないしは充填等を行っているため、それ以上の進行はある程度防げるのではないかという結論を得た。二つ目は帆の形状についてであった。これについては、明治三八年(一九〇五年)に彦根市の松原内湖で撮影された、帆を張った丸子船の写真が残されており、これを松井三四郎に確認したところ、昭和初期も同様なものであったという意見を得たため、これを参考に復元を進めることとした。三つ目は丸子船資料集刊行のための予算処置についてであった。

その他、ボルト類の見えがかりについての検討・協議を行った。これについては、通常の船としての使用のみならず、レッカーにより港で吊り上げて博物館の二階部分に搬入することから、構造的にも若干の補強が必要なことが判明した。

その後、帆の基本モデルとして、西浅井町大浦の丸子船資料館に展示中の帆が、典型的な木綿製六反帆で松右衛門織であることから、これを忠実に復元していくこととした。

(2) 製作経費の変更

当初、丸子船製作の経費について、かつては、「間口三間半、奥行き六間の四面庇の母屋普請」程度の金がかかるといわれていた。

今回の復元にあっても、原木選定作業等を行う中で丸子船に適した良材がなかなか見つからず、当初経費の見直しを行うこととなった。

その具体的理由は下記の通りであった。

①丸子船に必要な木材種は、スギ、ヒノキ、コウヤマキ、ケヤキ、カシであり、特に大型品が必要なのは、スギ、ヒノキ、コウヤマキである。

スギは、メド(木の下に人が立っての目の高さでの幹まわり)二六〇cm程度、根元の直径一m以上、樹齢一五〇年前後のもので、長さも十数m以上の材がとれるものが二本以上必要で、ヒノキもメドリ一六〇cm程度、根元の直径六〇~八〇cm、樹齢一五〇年以上でまっすぐ延びた良質のものとメド八〇cm、樹齢八〇年ものが各一本ずつ必要となる。さらにコウヤマキは、スエクチ(木材の最も細いとこ

写真1－24　スギの「出し」

ろの直径）四四～四六cmで、長さ五～五・二mの材が六～七本必要であるが、これらの木は樹齢二〇〇年といわれる。

②これらマキを除いて一本単位で立木のまま購入する大型木材は、通常の木材市場には出回っておらず、また山からの「出し」が問題となり、運搬に多大な手間と暇、経費がかかる。俗に、「木を買うなら出しを買え」といわれる。従って、切り出しやすい良材を探す必要があった（写真1―24）。

③スギ、ヒノキは、京都市大原の奥、百井峠近くで適当なものが見つかったが、山主は金に不自由しておらず、木を売る気はまったくないため言い値で買うしかないような状況であった。

こうした樹齢一五〇年から二〇〇年ものの良材がある山主は、先祖代々の山主であり、「人の地面を通らずに京都市内へ行ける」といわれている人である。

④これほどの大型品で良質のもの、さらには山出ししやすいものは、完全に売り手市場で、値段が気に入らなければ他にあたってくれといわれる。しかしながら他では適当なものが望めないため、結果的にそこで調達しなければならなくなる。このため当初予定よりも木材価格が高くつくことになった。

⑤コウヤマキは、もともと高野山が大きな産地であったが、観光開発等で良材が少なくなり、結局、岐阜の国有林で適当なものが見つかった。これは営林署が特定業者に対して入札を行い、その業者を通じてでしか入手できないこととなり、結果的にこれも当初予定より高くつくこととなった。この結果、総額で三〇〇〇万円程度になる見込みが生じた。

(3)丸子船の完成

丸子船の復元は、平成五年(一九九三年)度および平成六年(一九九四年)度までひき続いて行った。

平成五年(一九九三年)度は、材料入手二・乾燥・製材・荒加工・加工・組立一の各工程について行った。この段階で船の形はある程度でき上がり、平成六年(一九九四年)度にはその上廻り部分の製作だけとなり、細部加工・仕上げ・保管の各工程とし、平成七年(一九九五年)三月二四日をもって事務的には本館への引き渡しが完了した(図1―41、写真1―25)。

琵琶湖博物館の「人と琵琶湖の歴史展示室」では、丸子船と共に琵琶湖での漁船の代表資料として堅田のハリブネおよび姉川のカワブネを展示する計画であった。

ハリブネは、堅田の漁師がハリコ漁(延縄漁)を行う船であり、

写真1−25　丸子船の博物館への搬入(手前は松井三四郎)

姉川のカワブネは、長浜市の南浜や中浜の漁師が、姉川下流でヤナ漁や四ツ手網漁を行う特徴的な船である。

これらについても、松井三四郎に復元製作を依頼することとし、平成六年（一九九四年）度に製作を行った。

以上、丸子船復元製作の計画の立案から完成まで、特に事務的な流れに沿って報告してきた。これらの完成後は、進水式・湖上航行・一般公開とそれに伴う簡単な紹介[4]、そして搬入を経て展示公開へと至った。

五　丸子船復元のその後

(1) 開館後

琵琶湖博物館は、開館一年で約一二〇万人の来館者を迎え、丸子船の展示コーナーには、伝統的

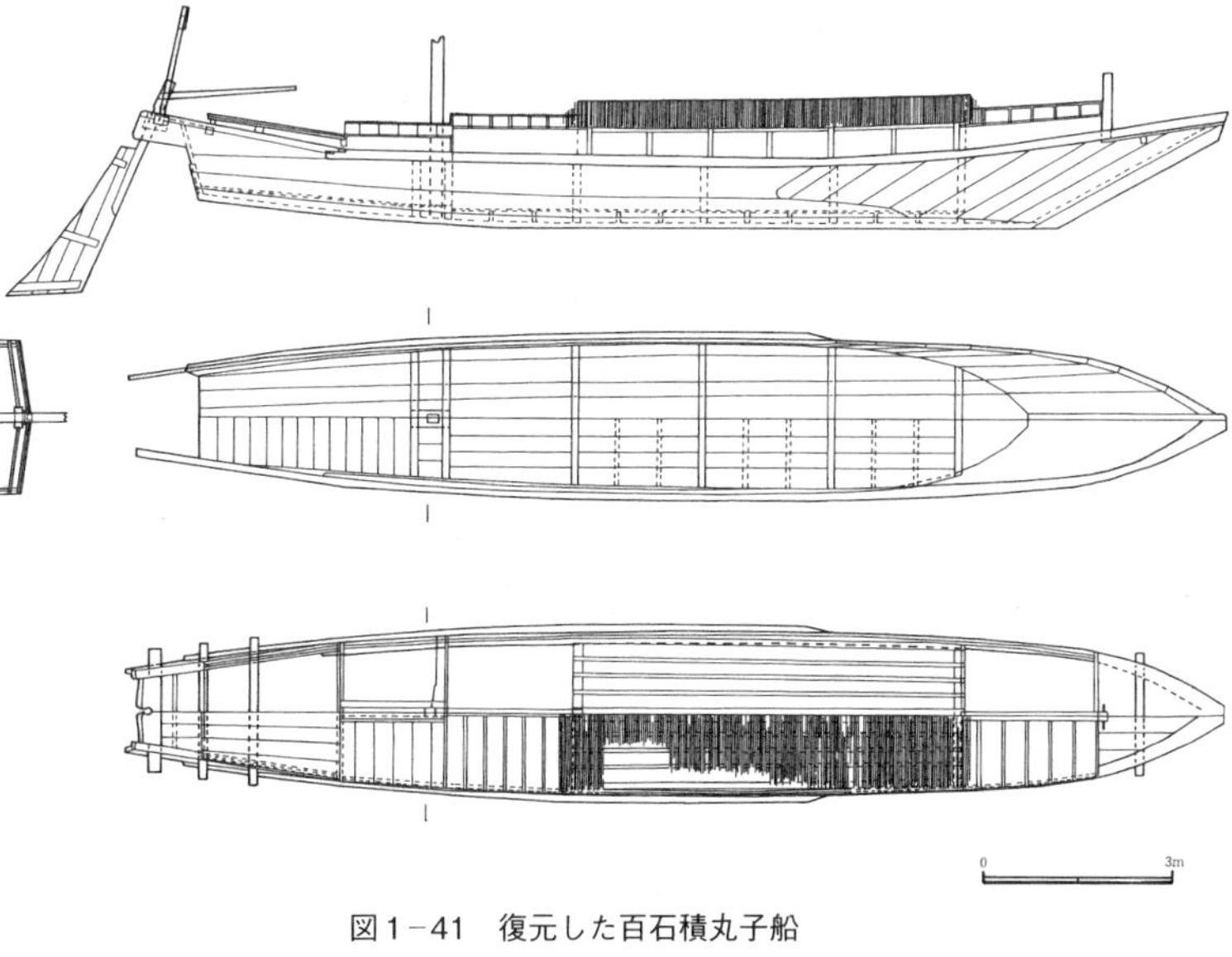

図1－41　復元した百石積丸子船

木造船に関する「交流デスク」を設けた[5]。

これは、展示室中央にある丸子船を見た来館者が、さまざまな感想や思い出を展示交流員と呼ぶスタッフに話されていかれることが多く、この情報の記録化を図るために設けたコーナーである。かつての琵琶湖の船や港はどんな様子だったかを書き込んでいただく用紙と魚を入れるトロ箱をイメージした机、椅子を用意したもので、二年で七〇〇件近くの情報が得られた。この来館者から得られた多くの情報は、平成一〇年（一九九八年）六月の琵琶湖博物館研究発表会において「湖上交通史の特質と丸子船の意味—琵琶湖博物館・丸子船交流デスクでの活動をきっかけに—」と題してとりまとめ[6]、後の企画展開催にあわせて刊行した『信長　船づくりの誤算—湖上交通史の再検討—』という単行本にその内容を盛り込んだ[7]。

一方で、船大工のライフヒストリーをまとめた成果は、牧野久実によって国際会議で発表され、その英文の論文集は、後にベルギーの出版社から刊行された[8]。

(2)　企画展示の開催

平成一一年（一九九九年）度の企画展示『湖の船』では、使う場所や目的にあわせた伝統的な木造船を紹介し、そこに見られる人びとの知恵と工夫に焦点を合わせるため、たくさんの船の道具や世界の湖での船の資料と比較しながら、琵琶湖独特の伝統的な木造船の数々を見ていくことにした（写真1―26）。

このため丸木舟の革命ともいうべき準構造船を木組みや材料も含めて正確に復元することにし、ほぼ同じ時代、西アジアにおける古代船も、イスラエルで製作し、日本に輸送した。また、ロシアのバイカル湖、五大湖の一つエリー湖、ヨーロッパのレマン湖、アフリカのタンガニーカ湖、南米のチチカカ湖などの伝統的な船の模型も収集して紹介した。

博物館の玄関にいたる歩道沿いでは、伝統的な船の帆をイメージしたのぼりで企画展示の紹介をし、企画展示室からとび出た展示もいくつか用意した。博物館のエントランスホールでの長さ一三mを超える漕艇用の船もその一つである。

「われはウミの子、さすらいの……」とはじまる歌で有名な琵琶湖周航に使われた固定席艇（フィックス）で、これをホールの真ん中に置いて、二階の廊下部分からも、かつて若者が燃えた琵琶湖周航に思いをめぐらしていただこうと意図した。

写真1−26　企画展『湖の船』

琵琶湖博物館の『人と琵琶湖の歴史』展示室では、製作した丸子船を見ていただいているが、そこではその帆があまりに大きすぎていつも少し丸めている。今回は、この帆が風をいっぱいに受けた状態を再現してホールで紹介することにした。また丸子船という名前は、その断面が丸いためともいわれているが、丸子船の実物大の断面模型を本物の材料で松井三四郎に作ってもらい、その帆や帆柱とともにホールに展示した。

当初から、船大工記念講演会は身近な形でやろうと考え、その時のステージにもなる物見台を企画展示室の奥に設けた。多くの船を一望し、また大きさの違いを感じとるためのものである。壁付きの展示ケースガラス面には、デジタル写真を焼き付けたフィルムを一面に貼り、内部の照明でコルトン風にした。また、企画展限りの消耗品を可能な限り排除し、リースや再利用可能な材料を極力用いた。その結果、展示工事経費のおよそ半分は、後の博物館資料や素材として再利用可能な形のものとして博物館に残すことができた。

図録には、企画展終了後も資料として残るよう、展示資料の詳細な実測図を掲載した[9]。実物の船のほか、模型の船、舵、櫓、碇、その他の船道具など計一二三点を収録したが、写真の保存のため紙質にもこだわったため、結果的に販売価格は高くついた。

この図録と先に紹介した副読本『信長　船づくりの誤算―湖上交通史の再検討―』を企画展初日に同時に刊行し、丸子船と木造船所在調査の二冊の報告書ともども、展示コーナーを設けた。

また、企画展開催中の一〇月二三日、『琵琶湖最後の船大工　松井三四郎大いに語る』と題した講演と特別展示解説を企画展示室特別ステージで行った。この講演は、質疑応答方式で実施したが、話術巧みな職人さんに聴衆は驚き、好評であった。この講演の詳細な内容は、企画展示の報告書として、平成一五年（二〇〇三年）三月にとりまとめて公刊した[10]。

(3) 丸子船展示の体系

前史を含めると約一〇年にも及ぶ丸子船の常設展示や企画展示のための活動を紹介してきた。結果的に、丸子船の製作・復元およびその記録調査、伝統的木造船所在調査と船・船具の収集という二つの調査・研究を柱に展開してきた。そして三回にわたる一般向けの企画展のプレイベント、五冊の研究調査報告書と企画展図録を含めた三冊の本を刊行してきた。調査の結果を可能な限り印刷物で、その都度、公表してきた。

また、企画展示をきっかけに準構造船や西アジア古代船・丸子船断面など、後に残る資料も得られたし、図録も学術資料として意味あるものができた（表1−8）。

表1−8　企画展開催の体系

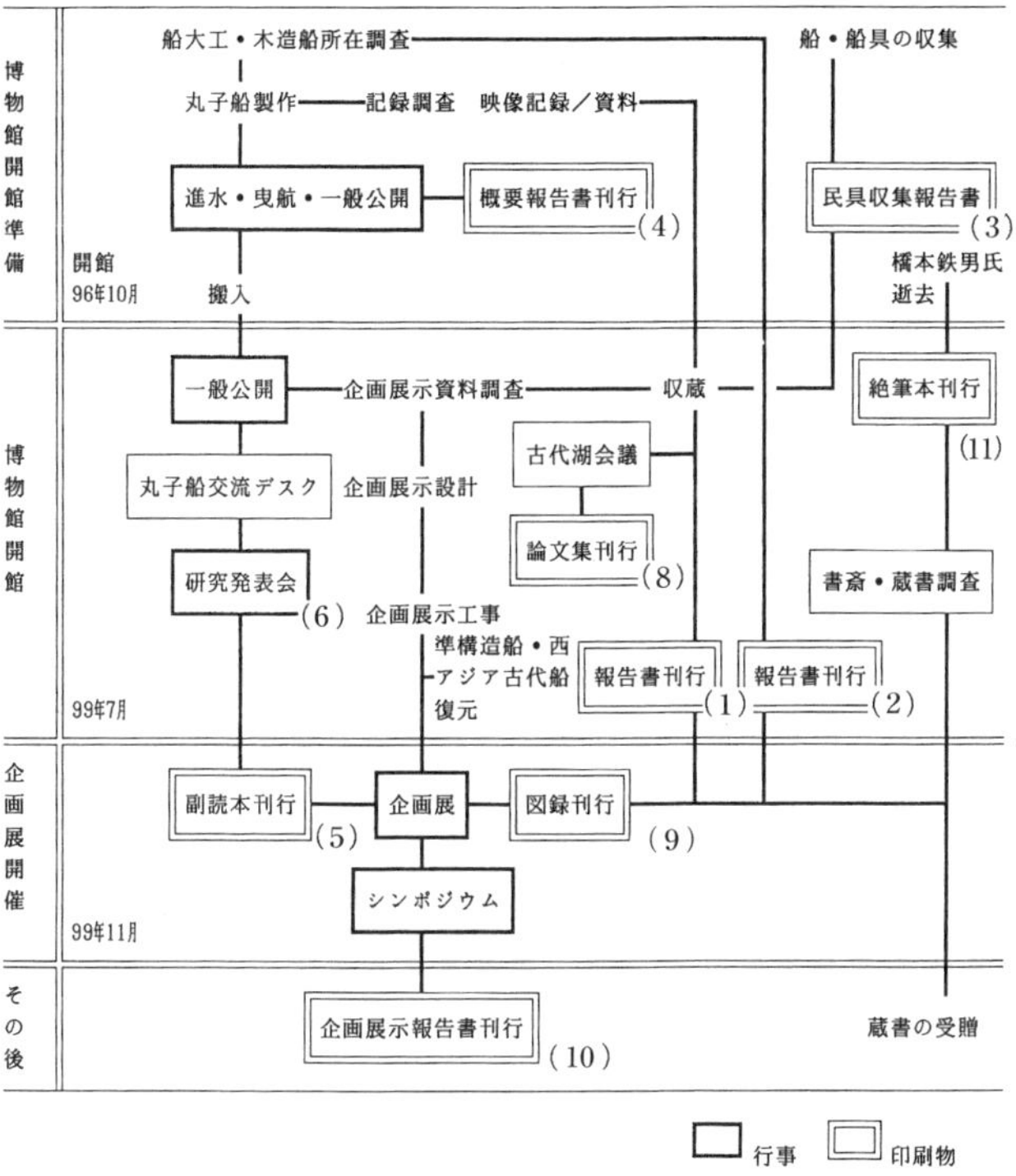

六　丸子船保存への情熱

(1)　民俗学者の急逝

平成八年（一九九六年）一〇月一一日、橋本鉄男先生が亡くなられた。「マルコブネ物語」[11]は、先生の絶筆原稿である。サンライズ出版からの単行本のために書きはじめられたもので、丸子船の前史だけではからずも終わってしまっていたものである。

丸子船は琵琶湖最後の伝統的木造船で、近世から戦前にかけては湖上交通の主役であったが、先生は昭和三〇年代から琵琶湖の船にずいぶんと興味を持っておられ、何度かにわたって丸子船に関する論文や随筆を書いておられた。

「丸子船なんかはすぐ書ける」と、言っておられたということを、後に妙夫人にお聞きした。そのすぐ書けるはずの原稿が未完のままであったほど、先生の幽界入りは突然であった。

滋賀県立琵琶湖博物館は、先生が亡くなられた一週間後の平成八年（一九九六年）一〇月一八日に開館記念式典を行い、二〇日から一般公開をはじめた。先生は、昭和六三年（一九八八年）から滋賀県立琵琶湖博物館（仮称）基本構想検討委員会委員、翌平成元年（一九八九年）から滋賀県立琵琶湖博物館（仮称）建設準備委員会委員として、開館直前まで都合、八年間にわたってその構想、計画・設計・施工等について幅広くご指導をしていただいた。そして開館記念式典へのご案内をさしあげたところ、自筆で出席の旨の返事を頂いていたところであった。

数カ月が過ぎた頃、橋本先生の一周年忌に間に合うように絶筆となった原稿を活字にしたいと出版社から話があった。先生自身の手になるもので補いながら構成して、先生の一周年忌にこれを上程し、私たち自身の心にくぎりをつけることにした。

(2)『丸子船物語』

第一部「マルコブネ物語」は、先生のその最終原稿であり、平成八年(一九九六年)春ごろに書かれたものである。

第二部「丸木舟と丸子船」は、昭和五七年(一九八二年)二月に『文化財教室シリーズ』にまとめられた丸子船の紹介文である。[12] これは、先生が書かれた丸子船に関する文章の中で最もわかりやすく、また完結したものであるため第二部とした。おそらく先生は、この文の趣旨に添って第一部の「マルコブネ物語」の続きを詳細に書こうとされたものと思われる。

この文化財教室シリーズの「マルコブネ物語」は、昭和四三年(一九六八年)、「近江海人考ノート」として『民俗文化』に書かれた「土中の刳船」および「マルコと船霊」をもとにしており、[13] 後に「丸木舟と丸子船」と改題して『近江の海人—ひとつの琵琶湖民俗論—』の一節を成している。[14] よって、第一部との名称の重複を避けるため「丸木舟と丸子船」を採用した。

第三部「港と船をめぐるなりわい」は、昭和五九年(一九八四年)に『琵琶湖の民俗誌』としてまとめられた一節であるが、[15] これは昭和五三年(一九七八年)から五カ年計画で行われた、琵琶湖総合開発地域民俗文化財特別調査の五冊にもわたる報告書のうち、先生が執筆された分をとりまとめた。

具体的には、「堅田浦の港と船大工」は、『琵琶湖総合開発地域民俗文化財特別調査報告書二　びわ湖の専業漁撈』[16]、「南浜の貸船屋」は『琵琶湖総合開発地域民俗文化財特別調査報告書一　びわ湖の漁撈生活』[17]、「湖西・湖北の船仲間と船方」は、先の『びわ湖の漁撈』および『琵琶湖総合開発地域民俗文化財特別調査報告書四　湖西の漁撈生活』に所収[18]のものを一部書き改めて構成している。

第四部「琵琶湖に寄せる情念」は、先にサンライズ印刷出版部から刊行された『私のトルヌス―民俗学からの遙かなる視線―』の第Ⅳ章の章名であり[19]、この中の「マルコブネの嘆き」と「甦った丸子船の意味」を収録した。

この「琵琶湖に寄せる情念」には、「民俗文化財保護の立場から」という副題がついていた。先生は民俗学研究を押し進める一方、民俗文化財の保護と継承をことあるごとに訴えられてきた。近年まとめられた『柳田國男と近江―滋賀県民俗調査研究のあゆみ―』[20]と『私のトルヌス―民俗学からの遙かなる視線―』[21]には、そうした在野からの厳しい警鐘が綴られている。そうした中の丸子船に関するものを二編収録した。

「マルコブネの嘆き」は、当初、昭和五九年（一九八四年）六月一七日付け京都新聞滋賀版コラム『よし笛』に寄稿されたもので、同年八月滋賀県で開かれた、世界湖沼環境会議・第三分科会「湖沼環境の創造と住民の役割」において『琵琶湖と住民の生活―その歴史の連続回復への願い―』と題して報告されたものと内容を同じくする。また、「甦った丸子船の意味」は、滋賀県立琵琶湖博物館が「人と琵琶湖の歴史」展示室の中央に展示するため、実物を半世紀ぶりに復元した丸子船の進水式に際し、丸子船復元指導委員会委員長として、挨拶をされた内容である。平成七年（一九九五年）三月二五日の、肌寒い小雨の中でのことであった。

(3) 丸子船の復元

先生が開館一週間前にして亡くなられたため、結局見ていただくことができなかった琵琶湖博物館は、開館一〇カ月で百万人の来館者を迎えた。当時の入場券には、平成七年(一九九五年)三月二五日に、先生などに送られて進水した丸子船が、博物館のある烏丸半島に向かって航行するシーンが印刷されていた。博物館の湖側に面した巨大な木製のひさしは、丸子船の船底をイメージしたものである。

こうして丸子船は、琵琶湖博物館のシンボルともなっているが、この復元の過程にあっては先生の多大なご尽力があった。伝統的な手法と材料の吟味のもと、堅田の船小屋で建造される丸子船を、先生は何度も訪ねられた。

また丸子船のみならず、伝統的木造漁船の復元も試みることにし、先生は「堅田のハリブネにしたらどうや」とおっしゃった。今、博物館では丸子船と並んで、かつての堅田の漁師さんがハリコ漁(延縄漁)に使ったハリブネと、湖北の姉川でコアユ漁に使われているカワブネを見ることができる。

(4) 橋本鉄男民俗世界

本稿の元の原稿は、高島市安曇川町北船木の、先生のご自宅の書斎ソファーで書かせていただいた。先生は生前、ことあるごとに妙夫人といろいろなことを話し合っておられた。その中で、もしもの時、

写真1−27　橋本鉄男先生の書斎

書籍類は散逸しないよう一括して公的な機関に保管され、将来的に利用可能な状態におかれることを望んでおられたようで、琵琶湖博物館をその第一の候補に考えておられたことを妙夫人からお聞きした。万をこえる数の書籍・資料類は、民俗学のみならず、文化人類学、考古学、文献史学、歴史地理学、宗教学、家政学、思想史など多岐にわたり、書斎はまさに橋本民俗世界そのものである（写真1−27）。琵琶湖博物館では、ありがたくこのお話をお受けすることにしたが、この橋本民俗世界、あるいは民俗小宇宙を忠実に記録・復元した上で受け入れたいと考え、平成九年（一九九七年）の五月から月に一度ずつこの書斎にお伺いし、書籍名、資料名はもとより、その位置関係を忠実に記録する作業を行った。この書斎のほとんどは、先生が入院するため家を離れられたときのままである。将来的には琵琶湖博物館で、この橋本民俗世界を復元し、資料は公開していきたいと考えている。

書斎での作業中は、妙夫人から折に触れ、先生の調査研究活動のみならず、さまざまな生前のお話をお伺いした。

先生が、幼少の頃のことである。窓から琵琶湖が見える部屋で机に向かっていると、帆をあげた丸子船は、じっと眺めていると少しも進んでいないが、少し目を離すともう見えなくなってしまっていた。それと全く同じことを妙夫人もしばしば経験されていたようで、二人して琵琶湖の沖合をゆく同じ丸子船を見ていたのかもしれないと話をしておられた。

機会があれば、橋本民俗世界の復元にこうした話を役立てていきたい。

注

(1)用田政晴・牧野久実編『よみがえる丸子船　琵琶湖最後の伝統的木造船復元展示記録』(『琵琶湖博物館研究調査報告』一三号)、滋賀県立琵琶湖博物館、一九九九年。

(2)大沼芳幸・杉立繁雄編『現存漁具記録調査報告』(『琵琶湖博物館研究調査報告』七号)、滋賀県立琵琶湖博物館、一九九九年。

(3)長谷川嘉和編『滋賀県の民具』(『滋賀県有形民俗文化財収集事業報告書』一〜一六号)、滋賀県教育委員会、一九八〇〜一九九六年。

(4)用田政晴・牧野久実編『丸子船の復元　琵琶湖最後の帆走木造船』(『琵琶湖博物館開設準備室研究調査報告』四号)、滋賀県立琵琶湖博物館、一九九五年。

(5)用田政晴『信長　船づくりの誤算―湖上交通史の再検討―』、サンライズ出版、一九九九年。

(6)用田政晴「湖上交通史の特質と丸子船の意味―琵琶湖博物館・丸子船交流デスクの活動をきっかけに―」『第一回滋賀県立琵琶湖博物館研究発表会発表要旨』、滋賀県立琵琶湖博物館、一九九八年。

(7)注(5)に同じ。

(8)Kumi MAKINO, (1999) Why Has the 'Maruko-bune' Boat Disappeared?, Ancient Lakes, their Cultural and Biological Diversity, Kenobi Production.

(9)用田政晴・牧野久実編『第7回企画展　木造船にみる知恵と工夫―』、滋賀県立琵琶湖博物館、一九九九年。

(10)用田政晴編『企画展示『湖の船』開催記録　琵琶湖最後の船大工・松井三四郎大いに語る』(『琵琶湖博物館研究調査報告』一九号)、滋賀県立琵琶湖博物館、二〇〇三年。
(11)橋本鉄男「マルコブネ物語」『丸子船物語—橋本鉄男最終琵琶湖民俗論—』、サンライズ印刷出版部、一九九七年。
(12)橋本鉄男「マルコブネ物語」『文化財教室シリーズ』、第五三号、財団法人滋賀県文化財保護協会、一九八二年。
(13)橋本鉄男「近江海人考ノート」『民俗文化』第一号~第一二三号、一九六三~一九七〇年。
(14)橋本鉄男「丸木舟と丸子船」『近江の海人—ひとつの琵琶湖民俗論—』、第一法規出版、一九八二年。
(15)橋本鉄男「港と船をめぐるなりわい」『琵琶湖の民俗誌』、文化出版局、一九八四年。
(16)橋本鉄男「堅田浦の港と船大工」『琵琶湖総合開発地域民俗文化財特別調査報告書二　びわ湖の専業漁撈』、滋賀県教育委員会、一九八〇年。
(17)橋本鉄男「南浜の貸船屋」『琵琶湖総合開発地域民俗文化財特別調査報告書一　びわ湖の漁撈生活』、滋賀県教育委員会、一九七九年。
(18)橋本鉄男「湖西・湖北の船仲間と船方」『琵琶湖総合開発地域民俗文化財特別調査報告書一　びわ湖の漁撈』、滋賀県教育委員会、一九七九年。同「マルコブネ」ほか『琵琶湖総合開発地域民俗文化財特別調査報告書四　湖西の漁撈生活』、滋賀県教育委員会、一九八二年。
(19)橋本鉄男「琵琶湖に寄せる情念」『私のトルヌス—民俗学からの遙かなる視線—』、サンライズ印刷出版部、一九九六年。
(20)橋本鉄男『柳田國男と近江—滋賀県民俗調査研究のあゆみ—』、サンライズ印刷出版部、一九九四年。
(21)橋本鉄男『私のトルヌス—民俗学からの遙かなる視線—』、サンライズ印刷出版部、一九九六年。

第三節　琵琶湖の浦・湊・津

一　はじめに

かつて、佐和山城および彦根城の正面方向、つまり大手の向きに着目し、中山道、石田三成屋敷、松原内湖の港、松原湊の位置および関係から、特に佐和山城の大手が陸路から水路へとその指向を変えていったという試論を提出したことがある(1)。

もともとの佐和山城は、その東にあたる中山道へ面する側を大手とし、城の西側にあたる松原内湖方向を搦手として選地・築城されたことは疑いなく、城の遺構である土塁、家臣団屋敷、曲輪、堀切などの配置も、中山道を防御正面としていることがわかる。しかし後には、「石田屋敷」「侍屋敷」「城米蔵」、「石ケ崎町」とよぶ町屋、「大カイトウ」(大街道・大海道)「百間橋」「松原湊」などの伝承や絵図の記述、遺構の存在から、城を中心にしながらも物資の集積場や琵琶湖への積出港としての機能を重視したようで、遅くとも石田三成が在城した「佐和山惣構」のころには、実質的な佐和山城の大手は西の松原内湖・琵琶湖方面であったと考えた。つまり、一つの中世の山城が、中世的な陸路支配主義から近世的な水上交通重視の時代を経験したことによって、城の大手と搦手が逆転したという状況が生まれたのである。

また、彦根城築城にあたり彦根山が選地された理由には、堀と湖水が連続する水城とも呼べる平山城とすることに加えて、近世城下町の形成を図るための平野部、湖と直接結びついた松原湊の存在があったと考えた。江戸幕府は、湖水船奉行とは別に独立した領内の船の管理権を彦根藩に認め、大津にあった石田三成の蔵屋敷をも与えたのである。さらには、彦根三湊として、松原湊・米原湊・長浜湊を整備して、年貢米等をはじめとする物資や人の輸送に利用しながら、非常時の軍事利用にも備えていたようである。

松原湊には水主町があり、非常時に備えて三〇人の水主と約一五〇軒の船持屋敷と呼ぶ藩の御用を担う船持ちたちを抱えていた。そして、彦根藩主とその部隊は、松原から坂本まで湖上を三時間で行き、山越えして京の都に入る手はずであった。

中世末期の琵琶湖周辺地域における城郭の変遷を振り返ると、小谷城から長浜城、観音寺城から安土城、新庄城から大溝城、宇佐山城から坂本城など、佐和山城から彦根城への転換と同様の、陸路主義から水路主義への変化を裏付ける事例が多いことも知られる。その年代は、長浜城の場合は天正元年(一五七三年)、安土城が天正四年(一五七六年)、大溝城が天正六年(一五七八年)、坂本城が元亀二年(一五七一年)と、一五七〇年代に集中している。

ただ、新たな選地後の水路との位置関係をみると、浦、湊および津に分類できることも一方ではわかってきたのである。

二　「浦」「湊」「津」

古代の史料によると、「浦」と「湊」と「津」は区別されている。山尾幸久は、「あまり厳密ではないが古代の史料では」と断り、山尾による表記はそれぞれカタカナではあるが、「浦」は屈曲した深い湾入地で大船の停泊に適したところ、「湊」は河川の河口付近の湾入地、「津」とは人工的な施設を持つ特定された地点をそれぞれ指すという[2]。そして琵琶湖には多数の「湊」があり、琵琶湖の南には大津を中心とする浦があり、「志賀津の浦」などはその代表であると説く。これは、志賀の人工的な施設を備えた湾入地で深く大船の停泊に適したところという意味になり、三つの用語は、本当に区別されていたとは言いがたくなる。また、語源をたどると「浦」は入り江[3]、「津」は渡し場・船着き場・湊[4]、そしてその「湊」は水が集まるところという意味はあるが、河口付近を指すのかどうかは明らかではないという[5]。

ある程度これらを加味して中世末の湖畔の城郭をみていくと、安土城、大溝城は「浦」、長浜城は「湊」、坂本城は「津」に相当する場所に位置する。ちなみに『信長公記』による織田信長が使った湖上航路の発着点は、安土の常楽寺をはじめ、志那、矢橋、勢多（瀬田）、石山、松本、大津、坂本、堅田、打下、高島、塩津浦、海津浦、竹生島、長浜、松原であり、この時代における主要な湊の立地あるいは自然地形・条件は多様である。

なお、古代史の立場から松原弘宣は、記紀にみる「津」・「水門」・「浦」はすべて軍事的要素の強い

「津」であるといい、陸上交通における渡し場の「渡津」と水上交通の「船津」に分けられるという[6]。そしてその津は、自然地形上の良港か河川河口部にあるのを原則とするという[7]。

三　「浦」「湊」の中心的な事例

現在の琵琶湖の南湖東岸に目を向けると、古代以来、その政治的中心地は、現在の草津市芦浦、下物周辺地域であると考えられる[8]。

かつての野洲川の主流路河川であったこの堺川河口付近には、五世紀前半から芦浦一号墳に代表される、円墳でありながらも堂々たる首長墓が築かれはじめ、六世紀前半には「葦浦屯倉」が設置される。七世紀後半の八つの白鳳寺院群は数百m間隔で知られており、こうした密度は飛鳥地域に匹敵するともいわれている。中でも最大規模を誇る寺院は、芦浦観音寺の前身寺院であり、これは野洲川主流域の形成した最大規模の自然堤防上にあった。また、八世紀中ごろを中心とする野洲川流域の物資集散地「夜須潮」伝承地も知られている。これも山尾幸久によると、「潮」は「湖」の当て字であり、境川河口部の「潟」あるいは「内湖」のような大きく湾入した地形を指すという。これを港湾施設とし、「葦浦屯倉」そのものであると考え、つまりは古代野洲川河口の港湾管理施設と規定する[9]。

さらに、一二世紀末から一四世紀にかけての掘立柱建物群、そして一五世紀から一七世紀後半まで、最初は市川氏が務めた船奉行を、芦浦観音寺住職が務めるようになり、貞享二年（一六八五年）に天

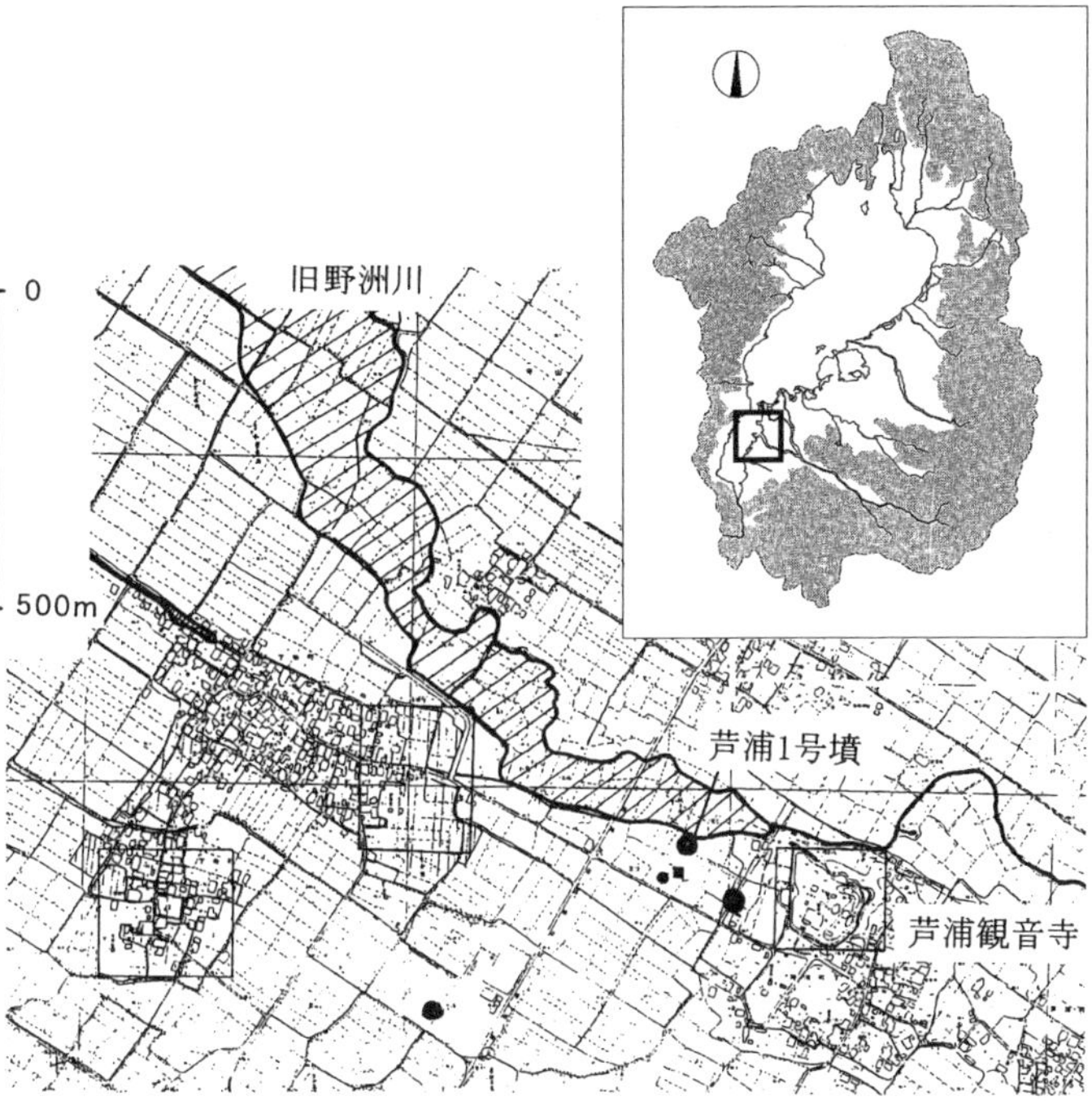

図1－42　草津市芦浦・下物町周辺の古代寺院跡と古墳

領の代官を罷免されるまで、一貫して南湖を視野に入れた湖上管理の中心地であった。

かつての野洲川主流路である境川(堺川)は、大阪の堺が旧摂津国と和泉国の境にあるのと同様、旧栗太郡と野洲郡の境界を流れ、これを境に条里区画もずれている。この流路を復原すると、現在の琵琶湖の赤野井湾から草津市芦浦までは、その川幅は一〇〇m以上で、場合によっては二〇〇mもの規模を持っているのに対し、芦浦観音寺の北西隅に付随する船着き場付近からはその川幅が狭まる。ちょうどこの芦浦付近までが、古代野洲川の湾入地に相当することになる。従って、この場所はやはり「浦」に相当すると考えられる(図1―42)。

振り返ると、この赤野井湾周辺から芦浦にかけてのかつての野洲川河口部付近では、弥生時代中期になると爆発的なほどに遺跡が知られるようになる。玉作工房や方形周溝墓群、祭祀土器や多量の木製品などの遺構や遺物などにより、弥生時代から古墳時代前期にはすでに湖南地域の拠点であったとみることができる。

四 「津」の時代

一七世紀後半以降、芦浦地域は琵琶湖における支配と管理の中心的役割を終える。以降、その役割を担うのは大津の対岸として機能する矢橋である。これらは先の分類によると「津」に相当し、より直接的な湖との関係が求められる時代、言い換えれば、河口や内湖、川に面した「浦」では、機能しなくなった、役立たずの時代を迎えたということになる。

その背景として一つには、湖上の直

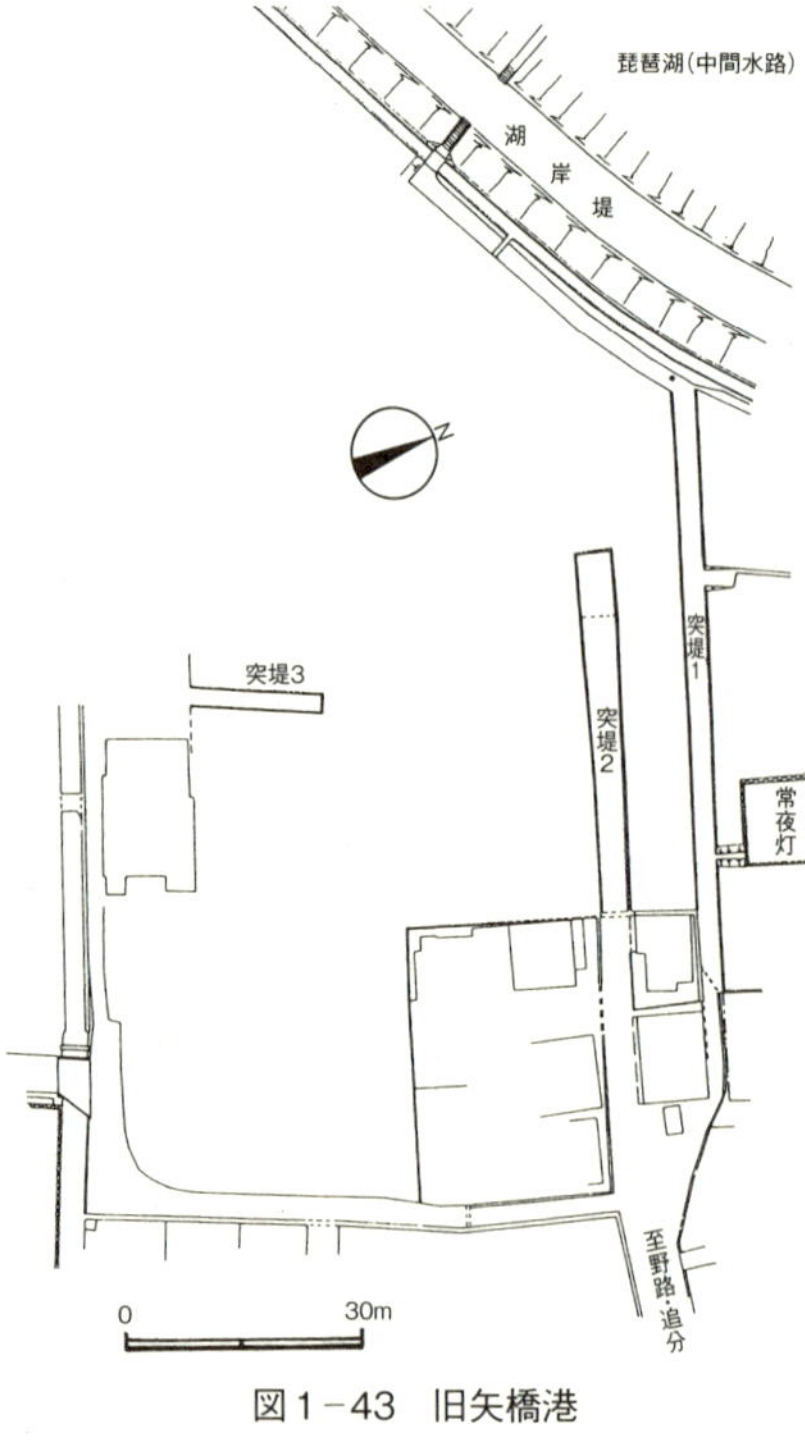

図1−43 旧矢橋港

接的な支配や管理が必要とされた時代になったこと、二つには「津」にしか寄りつけない大船を必要とした社会と経済の変化、三つ目にはそれに関係するが、陸路との直接的な取りつきが求められたことがある。

草津市の矢橋港は、発掘調査の結果、その全容が明らかになっている。[10] 港の北側には最も長い石積突堤（突堤1）が築かれて防波堤の役割を果たし（写真1―28・29）、さらには港の入り口を一部閉鎖するかのように突堤1と直行方向に突堤3が設けられている（図1―43）。その外側は、いわば琵琶湖の本体に相当する。大規模な土木技術をこうした社会基盤の整備にも振り向けられるようになったためで、矢橋の対岸の大津・石場なども現在の地形からすると同様の施設が築かれていたものと考えられる（図1―44）。その結果、船ですぐに琵琶湖に乗り出せるようになったのである。

また、こうした港の施設整備のおかげで大規模な船の接

写真1－28　矢橋港突堤の現状

写真1－29　矢橋港の常夜灯

図1－44　江戸時代の石場の港

岸が可能となった。本来、琵琶湖の南端、南湖部分は遠浅の湖底で、最深部でも五mほどである。したがって渇水時には現在の琵琶湖大橋より南では、湖というより川のような状態であったと考えられる。戦前の堅田港でさえも、百石積み以上の丸子船がつけられるところは二カ所しかなかったという。

一七世紀というと、寛永一五年（一六三八年）に加賀藩が大坂への米の輸送のための西廻り航路を開発し、寛文一二年（一六七二年）に河村瑞賢が日本海・瀬戸内海を迂回する西廻り航路を整備したことにより、列島規模での効率的な物流機構が再編成された時期である。こうした北前型弁才船に代表されるような、造船技術の成熟による大規模な船での直接的な外洋への乗り出しが、その時の時代の要請でもあった。

輸送の効率化は、水上交通と陸上交通との取り付きにも求められた。先の西廻り航路開設は、敦

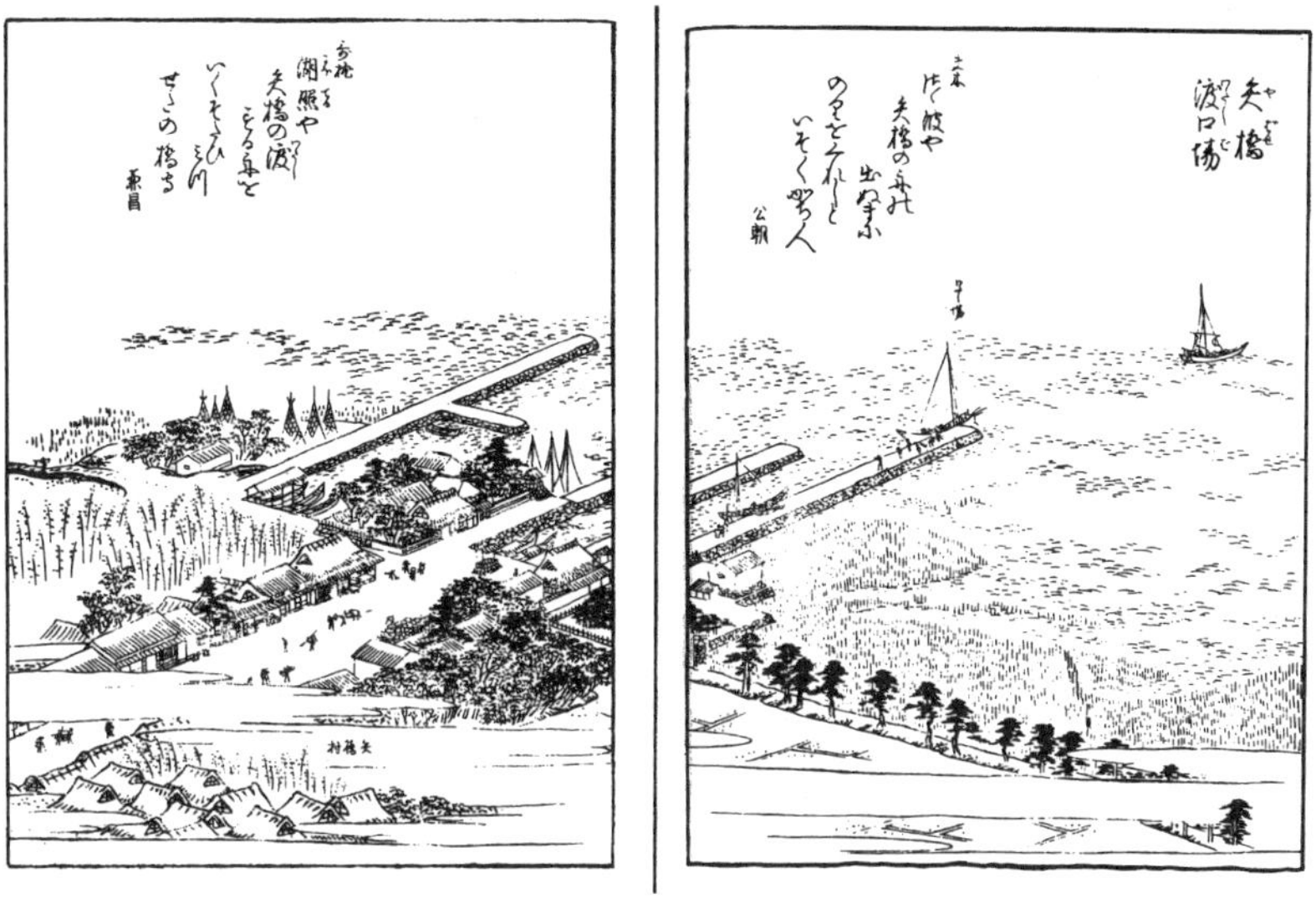

図1－45　江戸時代の矢橋の港

賀や琵琶湖の塩津・大浦と大津などでの積み替え手間賃および積み荷の傷みなども考慮されたものであった。寛文年間に越後から米百石を大坂に運んだ場合、西廻り航路だと一九石であったが、琵琶湖を経由すると二二石以上使っても大津までしか運べなかったという[11]。つまり、積み替えや陸上輸送をいかに円滑に行うかが重要で、自然地形上、あるいは天然の良港であった大河川の河口部や湿地状になった内湖の沿岸では港に取り付く陸路の整備が困難な場合が多かった。逆にいうと、地盤がしっかりした岩礁帯にある港には、陸路が取り付きやすかったともいえる。矢橋港の場合でいうと、近世東海道の草津宿と大津宿の間の近道として、矢橋から大津・石場へいたる湖上路が使われたが、この矢橋への道は、東海道の矢倉の分岐からまっすぐ直線でたどるものであり、そのつきあたりが港の突堤であった(図1―45)。

繰り返しになるが、小地域間の人と物の移動よりも、列島単位での経済機構と効率化の要請、造船技術の飛躍的な進歩、突堤等の大規模土木技術の発達、さらには地域基盤整備への応用などが具体的な矢橋港整備の要因として挙げられる。

しかしこれら、「浦」、「湊」から「津」への変遷も本質的には古代中国の陸路主義およびその延長の前には、単なる現象でしかなかった。つまり、湖上の道は陸路との取り付きあるいは代替えでしかなかった。これらは近世までの湖辺の歴史を簡単に振り返った結論である。

五　再び「浦」へ

一七世紀以降、南湖東岸の主要な港は、今の草津市にある矢橋をはじめ、山田と志那である。これら三つの「津」に位置する港が、まさに主要な港として機能したことは間違いないが、近代に入り蒸気船による航路開設がはじまると、再び「浦」の港が活用される。

その代表例が山田である。江戸時代の山田の港は、現在の北山田に位置し、琵琶湖に突き出た「津」と呼ぶにふさわしい場所であった。ところが明治時代になって蒸気船が大津との間を結ぶようになると、内陸部に入り込んだ山田の集落に山寺川を利用して直接取り付いた場所に港が設けられる。ここはバス路線が開設されるまで港として賑わい、一方の北山田にあったかつての山田の港は省みられなくなり、また矢橋の港としての機能もこの新しい山田港にとって代わられた（図1―46）。

同様の例が、志那である。これも琵琶湖に突き出た「津」として評価できる港として機能していた

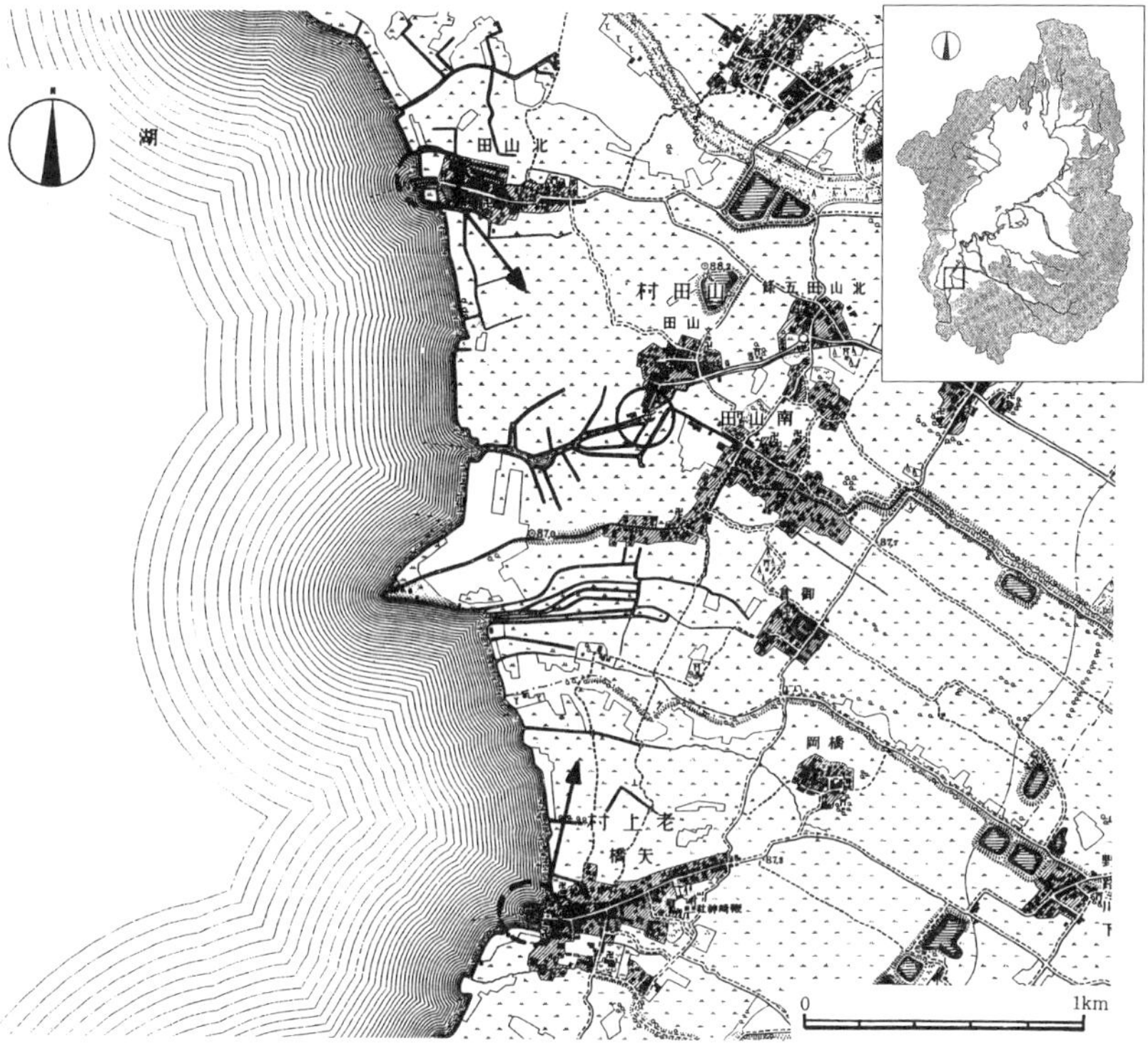

図1−46　明治時代の北山田・山田・矢橋周辺
（大日本帝国陸地測量部明治25年測図を一部改変）

が、山田と同様に蒸気船の港は、内陸部に入り込んだ志那中に設けられ、「浦」の港として穴村へのお灸の客などでたいそう賑わったという（写真1—30）。

明治二〇年代に作成された地図によると（図1—47）、山田、志那中、そして守山市の赤野井浜に蒸気船の印が打たれており（図1—48）、これらの港が機能していたことが伺われるが、これらはすべて「浦」である。

より効率的な蒸気船航路が開設されたことにより、港の立地には、より距離の短い陸路との取り付きが求められた

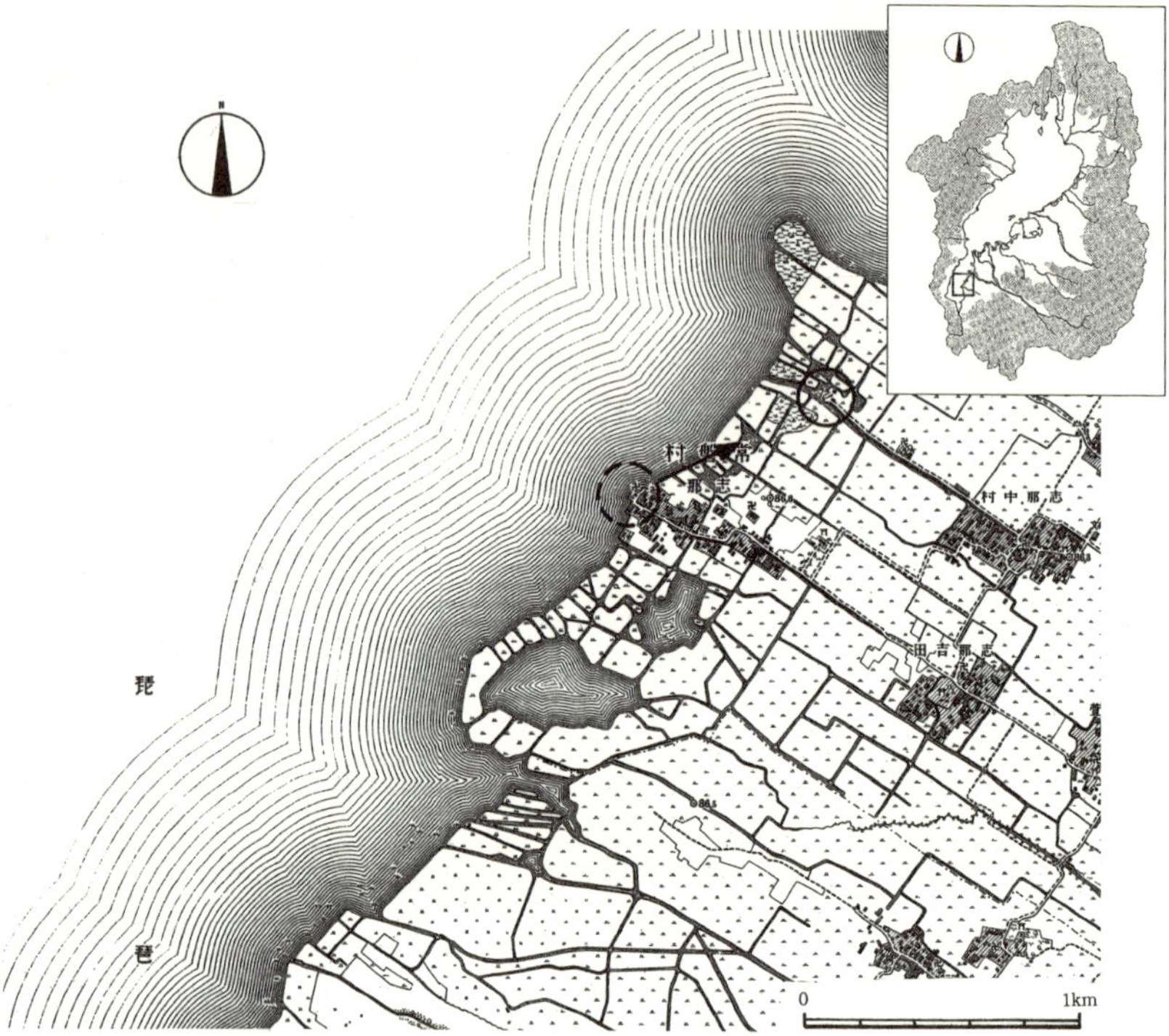

図1－47　明治時代の志那周辺
（大日本帝国陸地測量部明治25年測図を一部改変）

写真1－30　志那港の現在

結果かも知れないことは、その後、バス路線が開設されるまでこれらの港が機能したことからもうなずけるのである。

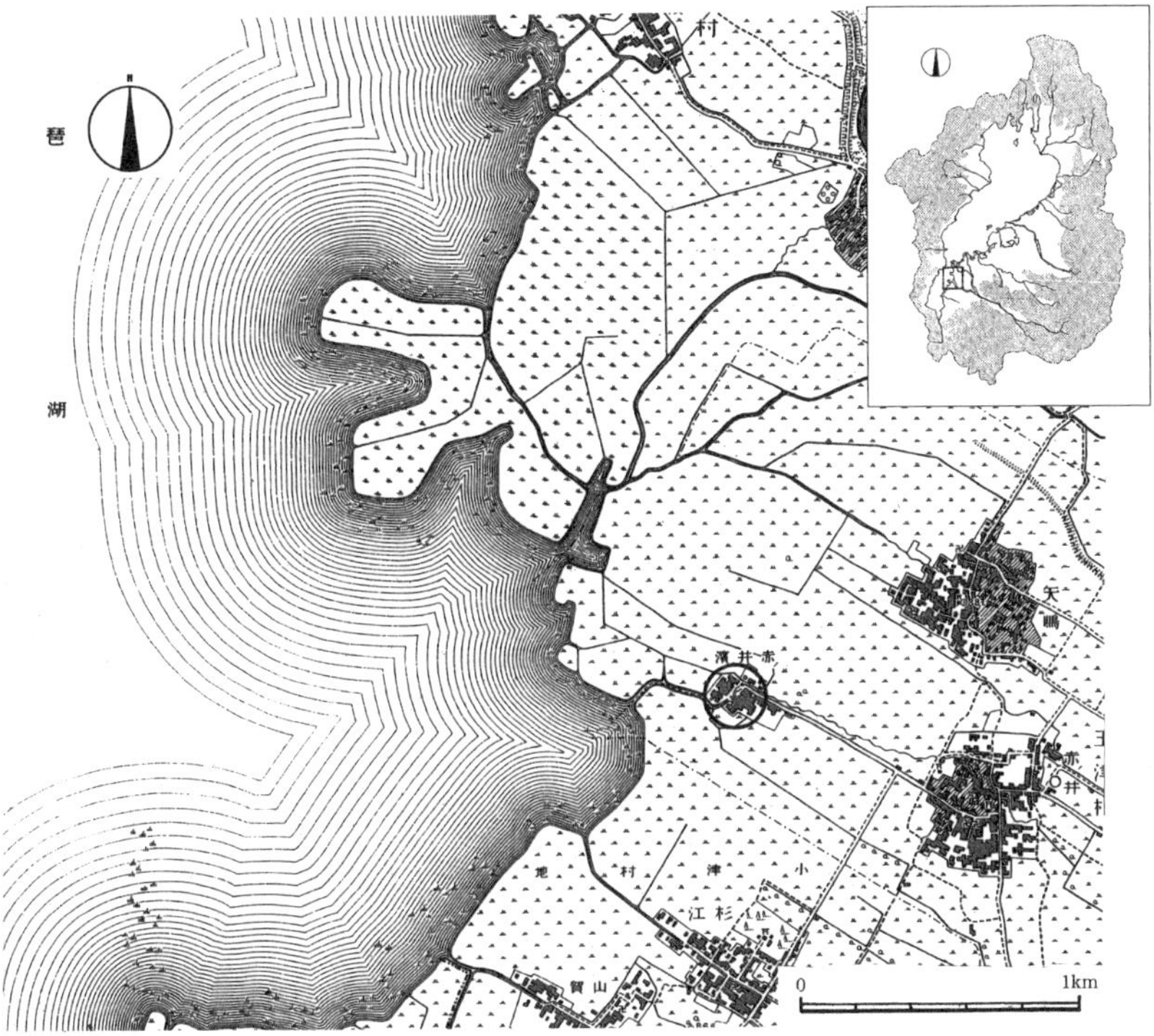

図1－48　明治時代の赤野井浜周辺
（大日本帝国陸地測量部明治26年測図を一部改変）

注

(1)用田政晴「湖上交通史における佐和山城の史的意義」『城と湖と近江』、「琵琶湖がつくる近江の歴史」研究会編、サンライズ出版、二〇〇二年、および本書第二部第一章。
(2)山尾幸久「野洲郡成立の前史」『野洲町史』第一巻、野洲町、一九八七年。
(3)諸橋轍次「浦」『大漢和辞典』第六、大修館書店、一九五七年。
(4)諸橋轍次「津」(注(3)に同じ)。
(5)諸橋轍次「湊」『大漢和辞典』第七、大修館書店、一九五八年。
(6)松原弘宣「大化前代の津支配と国造」『日本古代水上交通史の研究』、吉川弘文館、一九八五年。
(7)松原弘宣「古代瀬戸内海における津・泊・船瀬について」『愛媛大学教養部紀要』第二五号、一九九二年(『古代国家と瀬戸内海交通』、吉川弘文館、二〇〇四年に補訂所収)。
(8)用田政晴「古墳時代首長と湖上交通」『琵琶湖をめぐる古墳と古墳群』、サンライズ出版、二〇〇七年。
(9)注(2)に同じ。
(10)丸山竜平「矢橋港遺跡発掘調査報告書」『びわ湖と埋蔵文化財』、水資源開発公団琵琶湖開発事業建設部、一九八四年。
(11)竹内　誠「近世前期の商業」『体系日本史叢書』一三、流通史一、山川出版社、一九六九年。

第四節　琵琶湖洪水対策と運河構想の歴史

一　いくつかの洪水対策

(1)　明治二九年の大洪水

琵琶湖の洪水の記録は、大宝元年（七〇一年）のものをはじめ多くが知られているが、明治二九年（一八九六年）九月、琵琶湖沿岸地域は、明治七年（一八七四年）に瀬田川に唐橋付近で注ぎ込む鳥居川の量水標が設置されて以来、はじめてで最大の洪水に見舞われた。(1) 台風などの影響で九月三日からの一〇日間に一〇〇八㎜もの雨があり、琵琶湖の水位は九月一二日、現在の琵琶湖の基準水位より三・七六ｍも上昇して、琵琶湖の沿岸地域のほとんど、一万四八〇〇haが浸水した。琵琶湖の周辺では、浸水日数は二三七日、最も遅いところは八カ月も水が引かなかったことになる。琵琶湖博物館Ｂ展示室床面の地図では、当時の二万分の一の地図に浸水域を赤で表示している。また、展示コーナーの壁上部の襖は複製品であるが、今も高島市新旭町藁園の民家の襖に残る当時の洪水の跡を示した。湖から一・五㎞も離れた民家のもので、ご縁のある有名な方の書であるため、補修を繰り返しながら今も

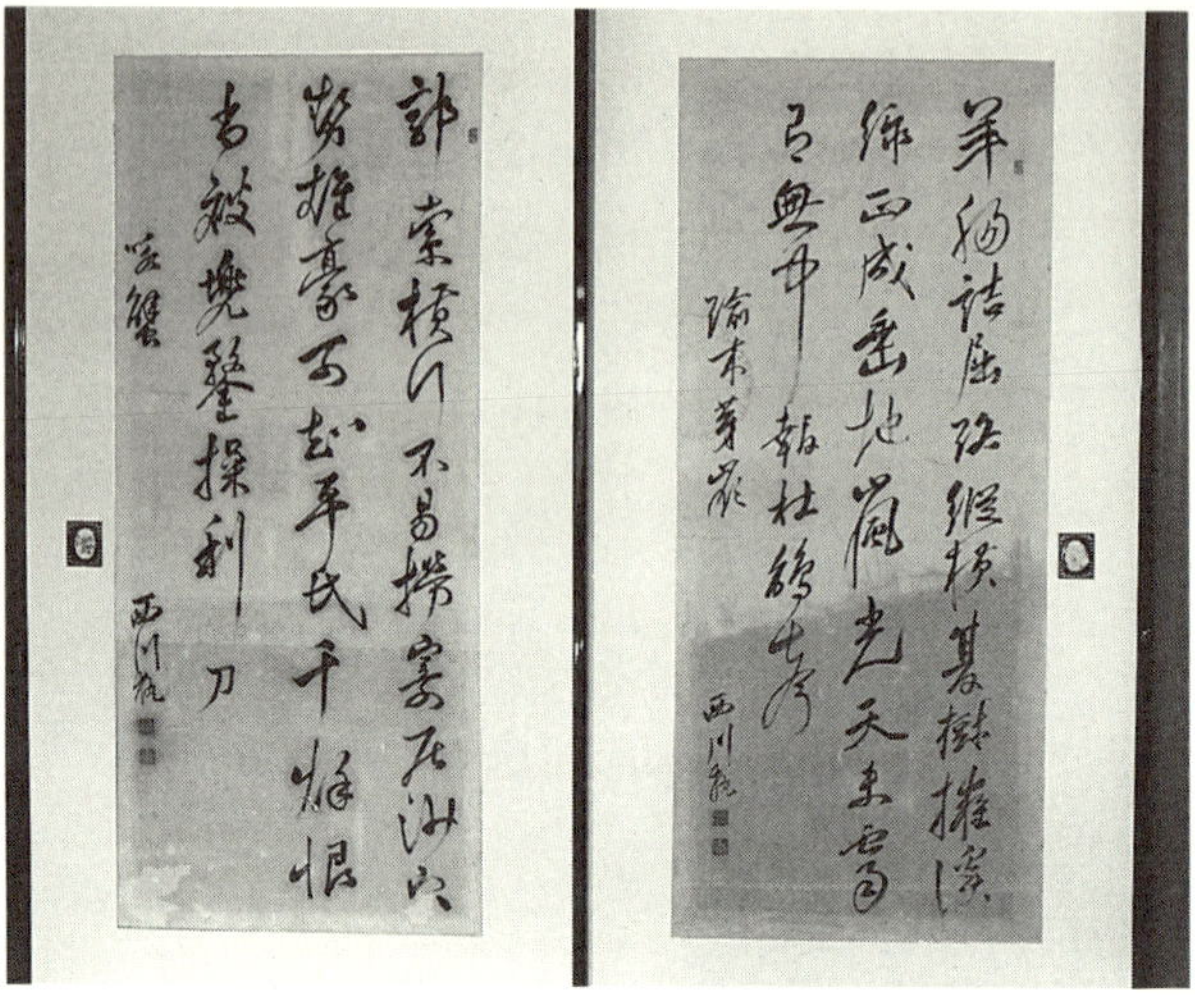

写真1－31　藁園の民家の襖

大切にしているとのことであった（写真1―31）。ちなみに観測をはじめて以来、過去の最低水位は、平成六年（一九九四年）九月一五日のマイナス一・二三mで、比較的最近のことである。

⑵「オランダ堰堤」と洗堰

琵琶湖の洪水の原因の一つは、湖から流れ出る川が瀬田川一本であることや、もろい田上山系からの土砂が瀬田川に溜まりやすいことであった。江戸時代以降、何度も瀬田川の川ざらえが行われ、瀬田川や琵琶湖に流れ込む川の上流では、川への砂の流出を防ぐ砂防ダムの工事やもろい山肌への植林も行われてきた。

明治になって、内務省土木局のお雇いオランダ人技師デ・レーケの指導によりはじまった水源砂防工事は、明治一一年（一八七八年）に完成した通称「オランダ堰堤」に代表され、今も草津川の上流で山地の花崗岩の崩れた砂をせき止めている（写真1―32）。琵琶湖博物館で展示しているオランダ堰堤の模型の中では、ステッキをもったデ・レーケの姿を見ることができる。

また、瀬田川に作られた洗堰は有名である。「南郷洗堰」は、明治三八年（一九〇五年）に完成し、

写真1−32　オランダ堰堤

写真1−33　南郷洗堰

瀬田川の水量を調節することによって琵琶湖の水位を管理するダムであり、今の「瀬田川洗堰」の上流一二〇mの地点にその堰柱の一部が今も残っている（写真1−33）。なお、琵琶湖疏水は、明治二三年（一八九〇年）と明治四五年（一九一二年）につくられた二本の水路トンネルを中心にしたものであり、都が東京に移ってさびれかけた京都の町を復興するための動力源として、琵琶湖の水を利用するために作られたのが発端であり[2]、単なる用水路ではなかったのである。

(3)　田川カルバート

川の下を立体交差して川を通すトンネルである長浜市（旧びわ町）の田川カルバートが、明治時代に、

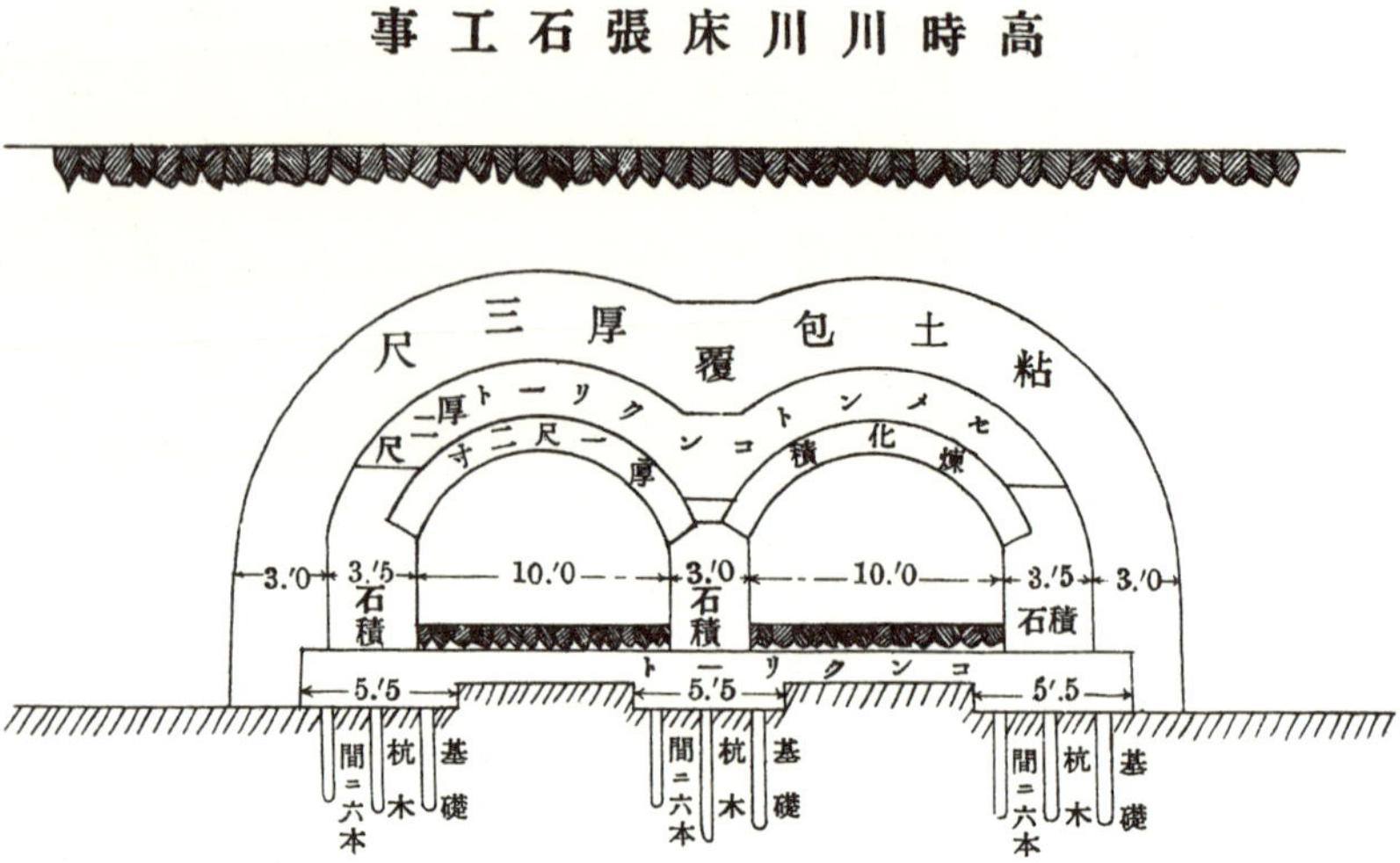

図1－49　田川カルバート断面図

オランダ堰堤と同様にデ・レーケの指導によって作られたものであることはあまり知られていない(3)。

湖北の主要な河川、姉川と高時川の間には、その低い土地に小河川である田川が流れている。このため、二つの大きな川が氾濫するたびに田川の水が逆流したため、明治時代の県令《けんれい》、籠手《こて》田安定《だやすさだ》は、高時川の川底に田川の水路トンネルを作った（図1―49）。

レンガと石積みにコンクリートを併用し、粘土で被覆したこのトンネルは、明治一六年（一八八三年）一一月に着工し、一年七カ月をかけて建設された。地元では、これを顕彰するため籠手田神社をつくり、今でも毎年四月に祭りを行っている。

なお、現在のものは、昭和四一年（一九六六年）に作られたものである。

(4)　西野水道

洪水から家や田畑を守るため、琵琶湖地域の人々は大変な苦労をしてきた。たとえば、今の高月町西

図1−50　西野水道位置図

野の村は地盤が低く、昔から余呉川の氾濫に悩まされてきた。江戸時代後期、西野の充満寺住職恵荘は、野《や》洌村《すむら》右衛門《えもん》とともに村人を指導し、また彦根藩に訴えて排水用の岩穴を掘った。余呉川のあふれた水を直接琵琶湖に流すもので、岩山は固く工事は難航したが、五年後の弘化二年（一八四五年）、ようやく完成した（図1―50）。これを西野水道と呼んでいる。[4]

二 「近江の青の洞門」

(1) 西野の村

西野水道は、「近江の青の洞門」とも呼ばれる高さ約二m、幅約一・二m、長さ約二二〇mの、古生層の岩盤からなる山塊をくり貫いてつくられた排水用の岩穴である（図1―51）。

江戸時代後期には、百戸余りの村であったという西野の集落は、伊香郡高月町西部の西山の麓、余呉川の流域の中ほどにある。北と西には賤ヶ岳山系が細長く琵琶湖に沿って伸び、余呉川の氾濫水や近くの村の雨水はことごとく西野の低地に流れ込み溜まっていた。そして大雨ごとに七〇〇余段であったという西野の田畑は水につかり、隣村との往来も危険な状態であったという。現在の集落の周り

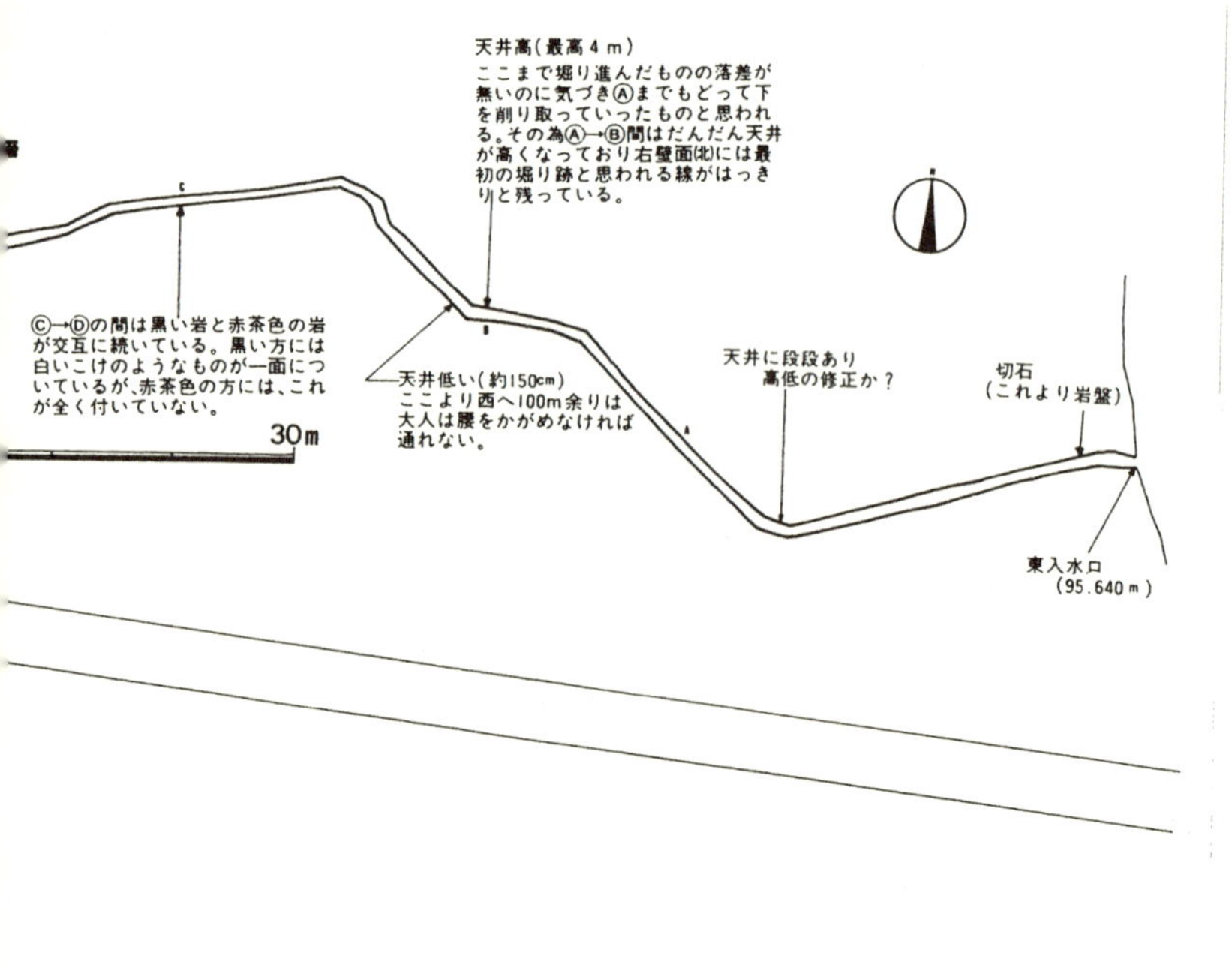

天井高（最高4m）
ここまで掘り進んだものの落差が無いのに気づきⒶまでもどって下を削り取っていったものと思われる。その為Ⓐ→Ⓑ間はだんだん天井が高くなっており右壁面(北)には最初の掘り跡と思われる線がはっきりと残っている。
Ⓒ→Ⓓの間は黒い岩と赤茶色の岩が交互に続いている。黒い方には白いこけのようなものが一面についているが、赤茶色の方には、これが全く付いていない。
天井低い（約150cm）
ここより西へ100m余りは大人は腰をかがめなければ通れない。
30m
天井に段段あり
高低の修正か？
切石
（これより岩盤）
東入水口
（95.640m）

の田の字名には「流れ」「川原」等が見うけられ、そうした立地にあったことが地名からもうかがわれる。

(2) 水道の掘り貫き

文化四年(一八〇七年)、天保三年(一八三二年)、同七年(一八三六年)の大洪水と大飢饉により、西野は壊滅的な状況になり、充満寺住職であった恵荘は、こうした惨状を救うには西山を掘り貫く水道をつくり、余呉川の水を琵琶湖に流すよりほかないと考えた。

そして恵荘は、庄屋村右衛門と相談後、恵荘の親戚にあたる彦根藩司税吏青木津右衛門の便宜も得られたので、これを決断した。また、近郷の村にも協力を求めることにし、理解を得るよう努力した。

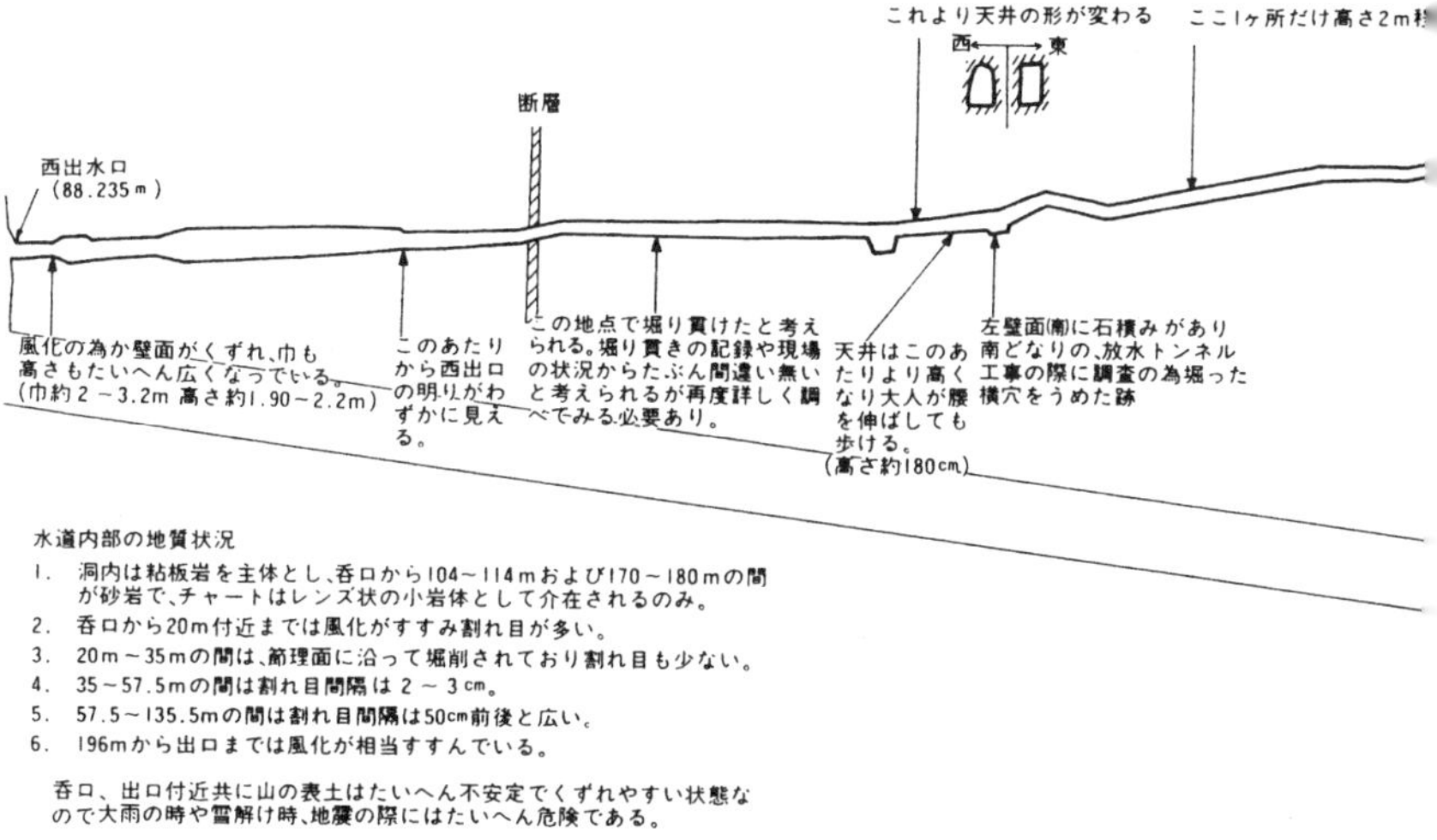
これより天井の形が変わる
西
東
ここ1ヶ所だけ高さ2m
断層
西出水口
(88.235m)
風化の為か壁面がくずれ、巾も高さもたいへん広くなっでいる。(巾約2－3.2m 高さ約1.90～2.2m)
このあたりから西出口の明りがわずかに見える。
この地点で堀り貫けたと考えられる。堀り貫きの記録や現場の状況からたぶん間違い無いと考えられるが再度詳しく調べてみる必要あり。
天井はこのあたりより高くなり大人が腰を伸ばしても歩ける。(高さ約180cm)
左壁面(南)に石積みがあり南どなりの、放水トンネル工事の際に調査の為堀った横穴をうめた跡
水道内部の地質状況
1. 洞内は粘板岩を主体とし、呑口から104～114mおよび170～180mの間が砂岩で、チャートはレンズ状の小岩体として介在されるのみ。
2. 呑口から20m付近までは風化がすすみ割れ目が多い。
3. 20m～35mの間は、節理面に沿って堀削されており割れ目も少ない。
4. 35～57.5mの間は割れ目間隔は2～3cm。
5. 57.5～135.5mの間は割れ目間隔は50cm前後と広い。
6. 196mから出口までは風化が相当すすんでいる。
呑口、出口付近共に山の表土はたいへん不安定でくずれやすい状態なので大雨の時や雪解け時、地震の際にはたいへん危険である。

図1－51　西野水道平面図(高月町教育委員会提供を一部改変)

乍恐以書付御願申上候

一、当村領之義ハ、北西之事一円山にて打囲み、東ハ御田地重則村、松尾村領、南ハ熊野村領、外道余呉川有之候へ共、当村郷へ懸り水無之候故、雨湿洪水之節者、水あふれ、当山際御田地二百段余之分、地底ニ御座候へ共不残流込、尚又谷々口より水落重り、溜池同断御座候。尤も熊野村郷中へ引水川御座候へ共、大川出水之時者、却て逆流ニ相成、雨止後迄ハ数日間手を支へ耕作難相成、別而植付之時節ニ至り候而者、候ニ後れ、秋ニ至り出水御座候へハ、稲穂共水附ニ相成、誠ニ難渋至極ニ色々心配仕罷在候。然ル所西之方山裏際迄、水海常水之時三丈許高低御座候間、右御田地山際に、五尺四方水道堀貫水抜仕候へハ、水損患無之様ニ相成可候哉。依而御上様之御憐愍之御慈悲を以て、願之趣御聞届被成下置候ハ、難有仕合ニ奉存候。仍而乍恐以書附御願申上候以上。

天保十一年子六月

伊香郡西野村
庄屋
横目
百姓惣代

御代官所様

(3) 水道の完成

こうして恵荘の指導のもとに村人が中心になり、彦根藩と時の大老井伊直弼をはじめとする江戸表の理解と援助を受け、天保一一年（一八四〇年）七月二九日に着工し、六年の時をかけ弘化二年（一八四五年）九月一日に水道は完成した。この間、石工の挫折、村民の意気の衰えと生活の貧窮化、落盤事故など困難な事柄が続出したが、恵荘を中心とする仏教信仰とその力による結束で初心を貫いたのであった。恵荘はその功により、井伊大老より「上人」の称号を送られた。

記録によると、石工の延べ人数五二八九人、西野の村方人足三五〇〇人、他村からの弁当持参の手伝い人足一二六人を要し、石工の賃金、切石、木材、祝酒、石代、石積の手間賃などその他の経費を合わせると一二七五両二分三朱三匁二分五厘といわれ、今の価値に換算すると五億円ほどになるという。

このほとんどの金や賦役は百戸ほどの農家が負担し、このため熊野の郷境から北は木之本町山梨子までの山の西斜面はことごとく伐採され、田畑も売り渡されて荒廃した村だけが残ったようである。

第二期工事の精算は左の通りであった。

天保一三年寅七月八日ゟ、仝年十二月晦日迄百七拾三日、拾四年卯年満壹ヶ年、弘化元年辰満一ヶ年、
弘化貳年巳九月朔日迄
〆千百四拾三日
右三人〆三千四百廿九日と相成、掘貫間數九拾參間
〆金六百九拾七兩貳分、此銀四拾六貫〇參拾五匁
掘貫人足手間
合計五千貳百八拾九人

賃金計九百八拾五兩弐分
外ニ金貳百九拾兩三朱ト三匁弐分五厘
切石、木材、祝之酒肴代、石代、石積手間
大〆壹千貳百七拾五兩貳分参朱参匁貳分五厘也
又
當村人足日數凡三千五百人、一人ニ付一匁貳分宛自分飯
又
隣村ゟ手傳人夫御出被下　但兩穴口土砂石及掘割
一　人夫　四拾六人　熊野村
一　同　参拾貳人　西阿閉村彦根御領分
一　同　廿参人　重則村
一　同　廿五人　松尾村
四ヶ村〆百貳拾参人　辨當持参

これ以後、西野水道掘貫きとは関係ないが、西野村の状況を知る文書も知られている。

乍恐以書付御願奉申上候

伊香郡西野村

一、当村之儀者山寄水場難郷ニ御座候処、水難除ヶ水抜穴御願奉申上、五ヶ年以前御憐愍ヲ以、大望成就仕候へとも、凡六ヶ年余右一条ニ打懸り、職人手間雑費等ニ千弐百余両茂相費、右借財方容易ニ済寄不申、必至と難渋罷在候折柄、五ヶ年以前当村に於て茂番人召抱候様被仰渡奉畏候。然ル所何分ニも前文之通夥敷借銭ニ而、万端節倹第一ニ相守仕方立仕候ニ付、右年限中召抱候儀御赦免被下置候様御願奉申上候処、仕方中と申候而は御聞届も難被下置、依之、先つ五ヶ年之間ハ召抱候儀御赦免被下置、仕法方茂相弛ミ不申候ハヽ、猶亦御憐考も可被下置旨、厚奉蒙御憐愍、冥加至極難有仕合、御厚恩之以御蔭、百姓細々相続罷在候儀ニ御座候。然ル処、当年ニ而はや五ヶ年ニ及候へとも、素ヨリ大金之儀ニて済方半途ニも及不申、其上近年凶作廻り打続、困窮彌増、見透相付不申、役人頭分之者ハ不及申ニ、一同当惑難渋仕候儀ニ候間、何卒此上御憐愍之御賢察ヲ以、今五ヶ年之間番人召抱候儀御宥免被下置候様、幾重ニも奉願上候。尤当村之儀ハ山寄一方江同様之村方にて、火盗之儀ハ用心堅固之村柄ニ茂有之、昼夜村方ニテ厳敷立番等仕居候儀ニ御座候間、御慈悲を以願之通、御赦免被成下置候上、先年之通御用懸り中エ御達書頂戴被仰旨被下置候ハヽ、冥加至極難有仕合可奉存候。此段乍恐以書付御願奉申上候以上。

嘉永四辛亥年

七月廿五日

西野むら

庄屋　村右衛門

〃　孫重郎

横目　勘兵衛

御奉行様

(3) その後の西野水道

このように西野の住民の力が主体となって土木大事業が行なわれ、あわせてまわりの村の農民が手弁当でこれを支えたことは、単に水利事業としてのみならず江戸時代後期の民衆史上特筆すべきことがらである。

写真1－34　西野水道東取水口

現在、東側の入水口は、山腹をコの字形に削平してつくられ、両側に河原石が積まれた水路が入口より東へ約三〇mほど伸びて遺存している（写真1－34）。東の入水口（取水口）と西の出水口の標高差は七・四mもあり、水道内の壁にはノミ痕が残存して途中で水路は折れ曲り、川床もところどころ深く掘られるなど、工事中に何度か方向と高低差を修正した痕跡が認められる[5]。

特に真ん中より東側部分では、高さを調整したため、天井高が四mもあるところから腰をかがめなくてはならない一・五mほどのところまである。また、西側部分では、昭和の放水路掘削のための調査用の横穴の痕跡も残されている。

これは西野水道のすぐ横にあり、昭和二五年（一九五〇年）に竣工した水路である（写真1－35）。このトンネル

写真1－35　昭和25年の水路

写真1－36　昭和55年の水路

壁に残された銘板によると、全長二四五m、幅四・二m、高さ四mの水路は、昭和二二年（一九四七年）二月一日に起工し、昭和二三年三月一八日に貫通している。この時代でも、完成まで三年以上かかっている。またさらにその南には、昭和五五年（一九八〇年）、大規模な余呉川放水路が設けられるなど（写真1―36）、今日まで余呉川の洪水対策事業は続いている。

三　琵琶湖運河構想の歴史

琵琶湖は本州のほぼ中央で、若狭湾と伊勢湾に挟まれたところに位置していることから、古くより琵琶湖と日本海を結ぶ、あるいは琵琶湖と太平洋をつなぐ運河構想が何度となく計画された（図1―52）。

平安時代の終わりごろ、平清盛は嫡男で越前の守護であった平重盛に、琵琶湖の塩津と敦賀間、約二五kmを結ぶ運河掘削を命じて、塩津の港から一二kmばかり掘り進んだが深坂山の巨大な岩に行く手を阻まれた。そこでこの場所に「掘止の地蔵尊」を置いたという伝承が残っている。また、豊臣秀吉は敦賀城主大谷吉継（吉隆）に命じて琵琶湖の大浦から掘り進んだが、これも岩山にあたり断念した。そこで、それまで掘り進んだものを「太閤のけつわり堀」という。

江戸時代には、京・大坂への北国物資が西廻り航路で運ばれはじめて以降、衰退しつつあった琵琶湖水運を立て直すため、角倉了以や河村瑞賢をはじめ主に商人の発案による琵琶湖と日本海を結ぶ運河計画が何度となく浮上した。後には洪水調整や琵琶湖沿岸の新田開発などの理由も付け加わったが、そのたびに地元や湖岸の村、それに幕府の意向もありすべて頓挫した。幕末には、彦根藩が琵琶湖と伊勢湾を結ぶ運河計画を立案したが、これも実現しなかった。

大正一二年（一九二三年）、陸軍大尉吉田幸三郎は、その父吉田源之助が企てた太平洋と日本海をつなぐ運河計画を引き継ぎ、三千トン級の汽船や四千トン級の軍艦を通すという壮大な「阪敦大運河」

計画を発表した。そして昭和一〇年（一九三五年）には、琵琶湖疏水工事を指導した土木技師田邊朔郎が「大琵琶湖運河」計画を立案し、一万トン級の船を通そうとした。いずれも日本海と琵琶湖、そして瀬田川・宇治川・淀川を使って大阪とつなぐというものであった。

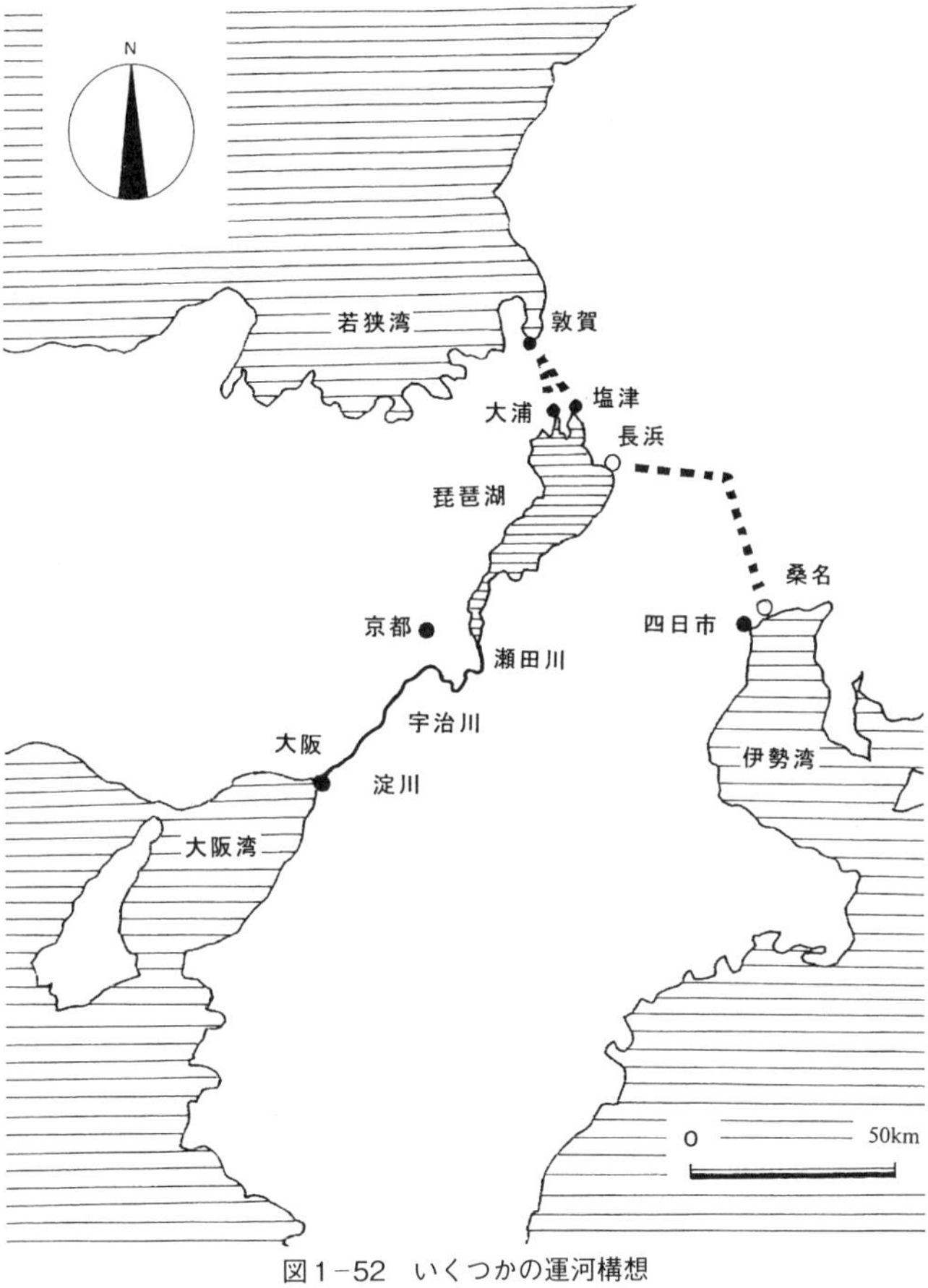

図1−52　いくつかの運河構想

特に、吉田の計画は、琵琶湖の水位を現状より四三m下げて標高四一mほどにしようとしたもので、それにより琵琶湖の面積を半分にして、残りは干拓化するというものであった。この理由は、水位の高低差を解消する閘門の数を減らすためともいわれているが、農地などを増やすという目的もあったと考えられる。

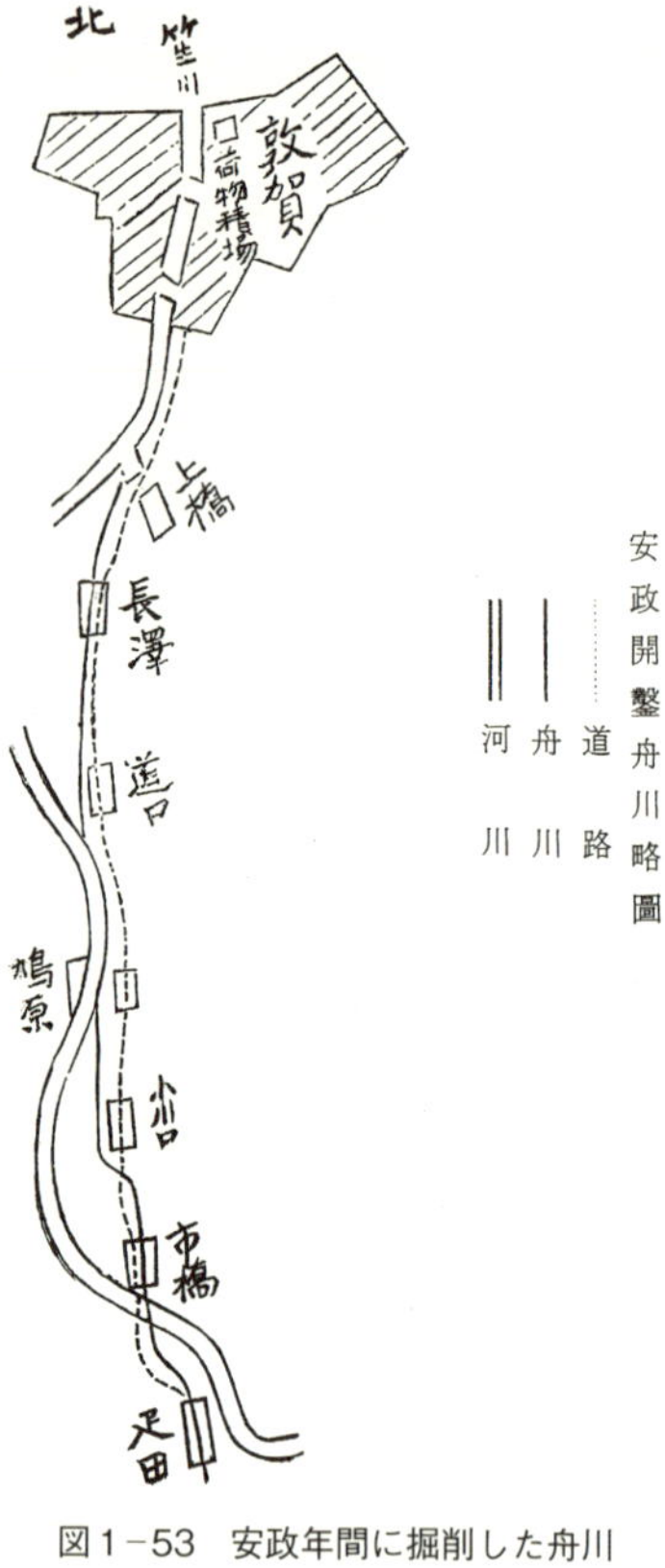

図1－53　安政年間に掘削した舟川

最後の計画は、昭和三六年（一九六一年）のもので、当時、岐阜県出身で政界の実力者であった大野伴睦《ともちか》や四日市市長らによる伊勢湾・琵琶湖・敦賀湾を結ぶ日本横断運河計画であった。三万トン級の船を通し、琵琶湖の洪水調節、四日市の工業地帯の用水源としての目的で、建設省の調査費まで予算化され具体的に進みつつあったが、名神高速道路建設などに巨額の国費を要していたこともあり実現されなかった[6]。

このように、運河計画の多くは琵琶湖と日本海とを結ぼうとするものが中心であり、後に、琵琶湖と大阪、琵琶湖と伊勢湾をつなごうとする計画が加わったが、その多くは経済面からの要請で、治水や洪水対策などの目的は、結局はつけたしなのであった。

享保七年（一七二二年）の京都の商人による幕府への願出によると、琵琶湖と敦賀を堀で結ぶことによって琵琶湖の水位を二尺下げ、それによって生じる新田の権利と堀を使って北国物資を運ぶ権利を得ようとしている。このことにそもそも琵琶湖運河構想というものの歴史的本質がよく表れているといえる（図1—53）。

注

(1)清水保吉・中村五十一郎『琵琶湖治水沿革誌』第一巻、琵琶湖治水会、一九二五年。以下、洪水対策の概要はこれに依る。
(2)田辺朔郎『琵琶湖疏水誌』(『京都都市計画』第一編)、丸善株式会社、一九二〇年。
(3)滋賀県東浅井郡教育会『東浅井郡志』巻三、一九二七年。
(4)富田八右衛門編『近江伊香郡志』中巻、一九五三年。
(5)用田政晴「県指定史跡　西野水道」『昭和五八年度滋賀県文化財調査年報』、滋賀県教育委員会、一九八五年。
(6)竹林征三『湖国の「水のみち」—近江—水の散歩道』、サンライズ出版、一九九九年。

第五節　川と池の竪樋

一　はじめに

農業用水を確保するため、川や池から水をひくことは、日本列島において体系的な技術をもった水稲耕作を行うようになった縄文時代晩期、あるいは村が沖積地に進出した縄文時代の後期にはすでに行われてきたようであり、[1]川から水田に木樋で引水する例は、大阪府山賀遺跡などで弥生時代中期の例が知られている。[2]また福岡県三苫永浦遺跡群では、谷筋を堰き止めて池とし、飲み水や田畑への用水としている。[3]そして水稲耕作に伴う長い水争いの歴史の中で、より引水量を管理しやすい竪樋[4]のような施設も様々な形で発達してきた。最近では、奈良県薩摩遺跡において、八世紀に渡来人の関与によって造られた農耕用のため池に、九世紀段階にはその取水口で水量を調節できる木樋が設けられていたことが判ってきている。

ここでは、近年、琵琶湖の周辺で発見された近代あるいは現代にも機能していた川と池の竪樋、およびその関連施設を取り上げて比較してみたい。なお、川の竪樋例については、かつてその現況を小笠原俊明と共に調査・紹介したことがあるが[5]、その後、さらにその下部構造を調査することができたため、あらためて取り上げようとするものである。

二　川の竪樋

(1) 竪樋と底樋

善光寺川は、蒲生郡竜王町と野洲市の境の鏡山山系に源を発する日野川の支流であり、「平生水なく白砂渺々ほとんど砂漠の如し」[6]といわれる天井川である(図1−54)。

川の竪樋、通称「タツロウ」は、この川の中流域、蒲生郡竜王町七里の河川敷にある。これまで確認できているものは、善光寺川河川敷のコンクリート製竪樋(図1−55)とそこから水を引いたヒューム管の底樋[7]の一部、および右岸堤防下を抜けた底樋出水口、そしてそれに続く幅一m足らずの水路である。

平面形が長方形を呈する竪樋は、穴(樋口)のあいた正面を西南西、つまりやや斜め上流側に向けている。これは引水のための穴から砂が入ることを防ぐためである。縦八〇cm、横六〇cm、高さはかつて一四〇cmまで確認できていたが、その後、下部まで確認することができ、基礎の上部から本体の上部までの高さ二六三cmを計ることが判明した。西南西側の側面に、一一個の直径一一cmの正円形の穴、樋口を縦一列に設ける。コンクリート壁の厚みは一四cmで、樋口の枠は、厚さ三mmの鉄製である。

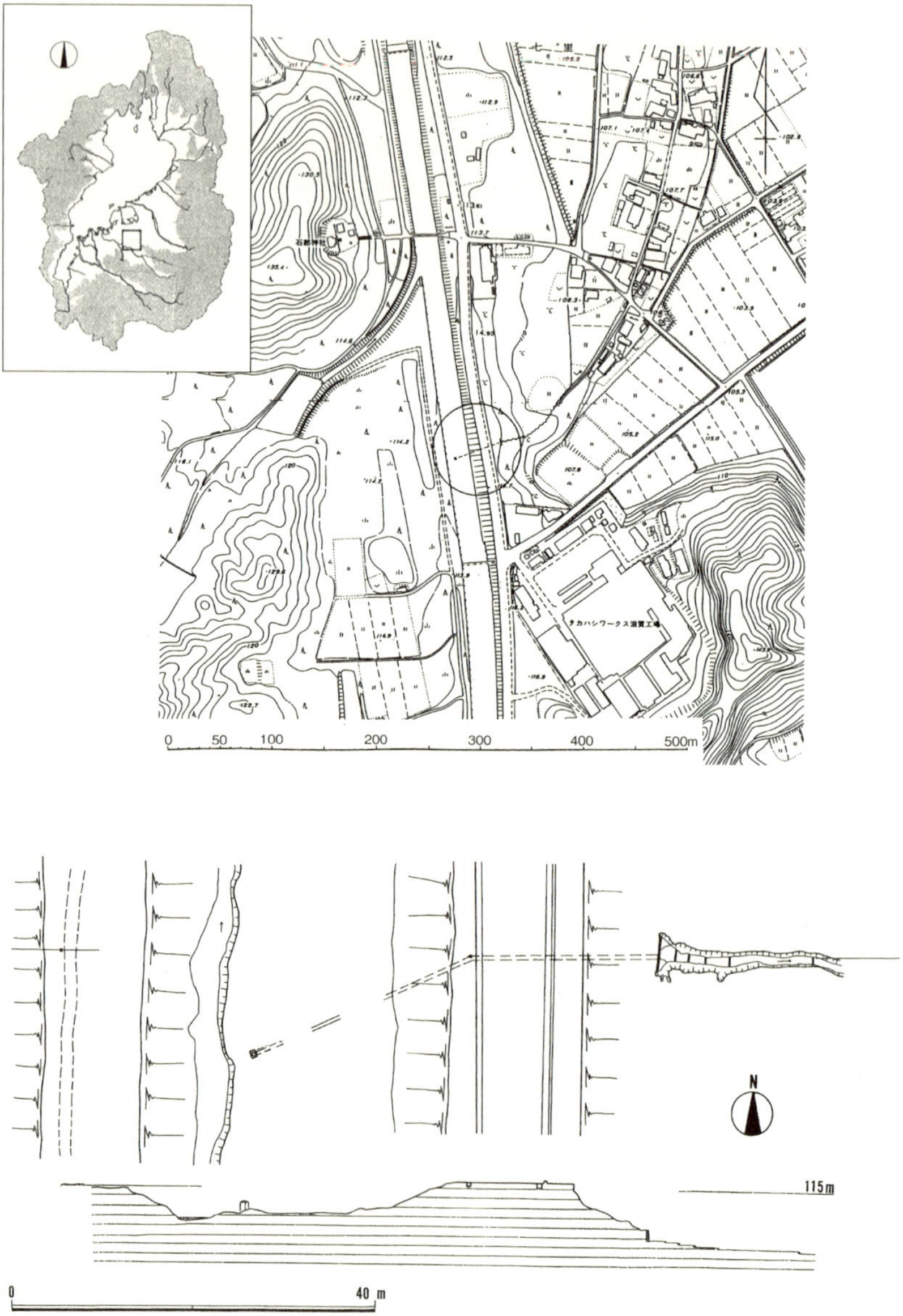

図1−54　タツロウ位置図

この竪樋上部には、コンクリート製の蓋がついており、樋口は、通常、栗の木で栓をしておく(8)。竪樋の正面は、明瞭な型枠の継ぎ目が観察でき、高さにしておよそ二七cmから三二cmの範囲で一段ずつコンクリートを流し込んだようである。

竪樋の下部はコンクリート土台に据え付けられており、ここに底樋が組み込まれている。竪樋の周囲は、一辺約二mの井桁状に丸太が組まれ、その内側には一〇～二〇cm大の捨て石が、下から四つ目の穴付近まで充填されている。横方向に渡された井桁の丸太材と井桁内側の四角を支える丸太材は、

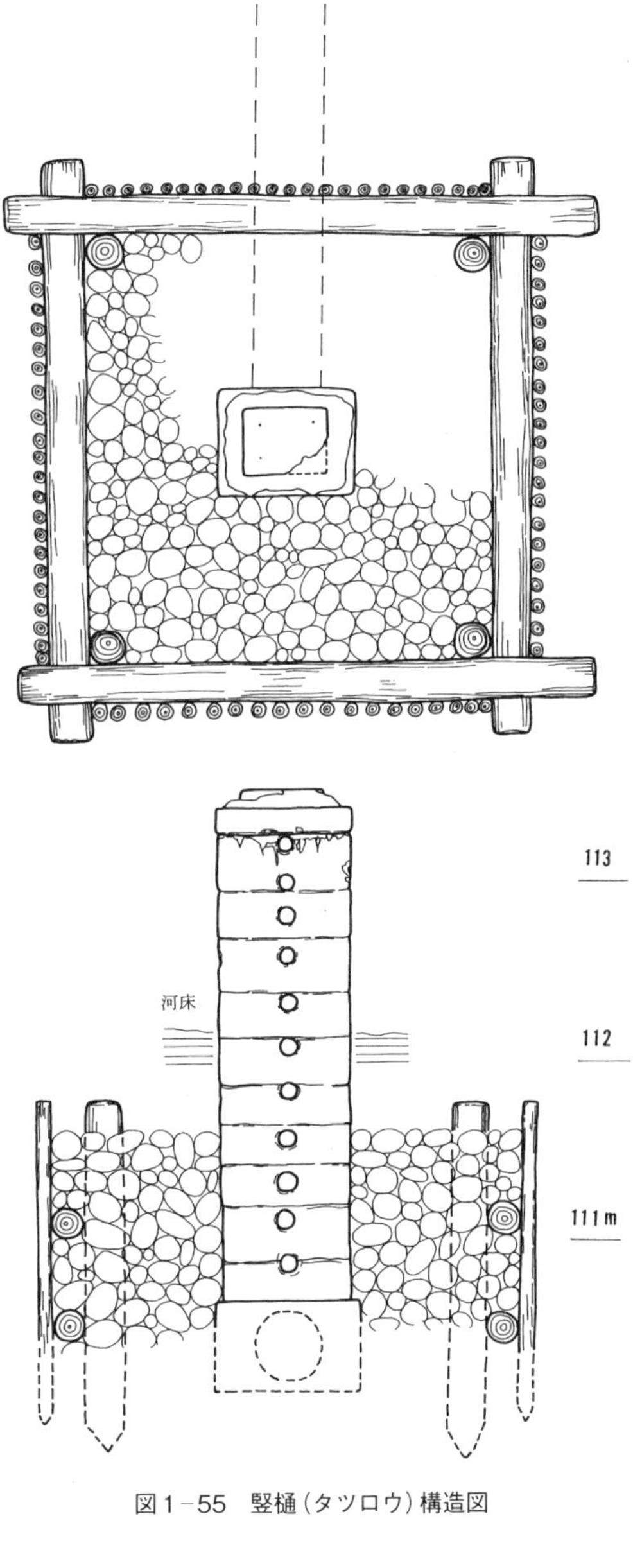

図1−55　竪樋（タツロウ）構造図

直径一五～二〇㎝ほどあり、それらを井桁の外側で支える多くの丸太材は、直径八～一〇㎝ほどの小ぶりのものである（写真1－37）。

この竪樋は、底樋の出水口に通じているようであり、途中の一カ所でそのヒューム管を確認した（写真1－38）。竪樋と右岸堤防のちょうど中間付近で、北東方向に伸びるその管は、外側の直径四〇㎝、上部の標高一一〇・四七mであった。

写真1－37　発見時のタツロウ

写真1－38　埋められたヒューム管

(2) 出水口

竪樋から約一〇m下流の東側にあたる右岸堤防裏付近に底樋出水口がある（図1―56）。現在の善光寺川の右岸堤防、つまり東側堤防は河川敷側からの比高約三m、堤防外側からの比高約六mを計る。竪樋の基部と出水口の比高差は約六〇cmあり、その間の直線距離は約四六mである。

内側直径三〇cmの陶製の底樋を中心部に据えたコンクリート製止壁と、それにつながる水路部分をここでは出水口と総称する。

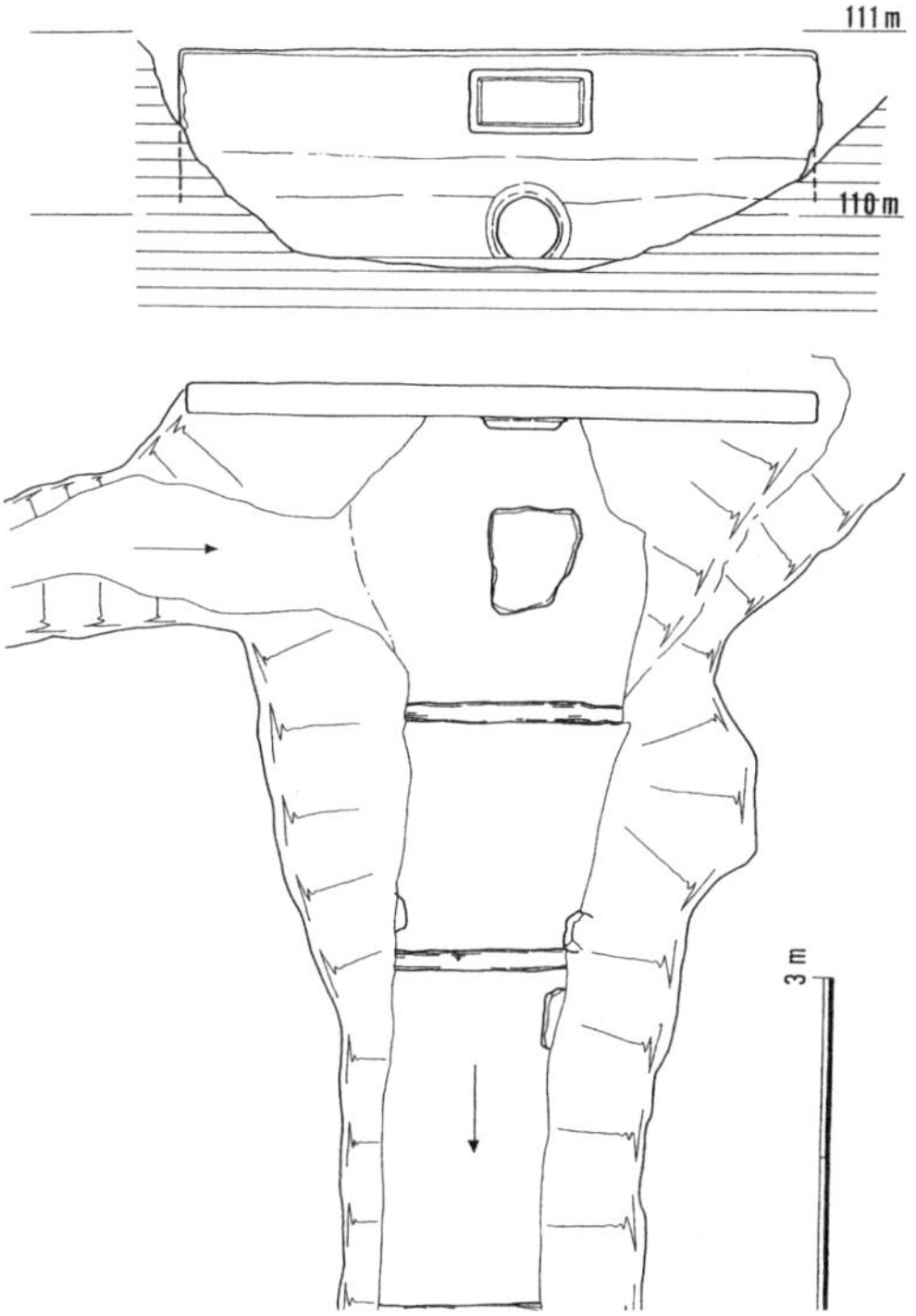

図1−56　埋樋出水口

幅三六四cm、厚さ一八cm、現状高一二〇cmのコンクリート製止壁の中ほど下部のやや北寄りに管が設置され、善光寺川から引かれた水が今も流れ出る。止壁の上部には記念銘が陰刻され、「御大典記念　昭和四年三月初旬竣功」と見える（写真1―39）。

管から水が流れ落ちる部分の底には、上部の平坦な石が据えられ、水の落下による水路底の掘込みを防いでおり、それ以外の水路底には掘り

写真1－39　タツロウの出水口

拳大の川原石が敷き詰められていたようで、そのいくつかを今も見ることができる。また、この水路両岸には人頭大の川原石による護岸が残っている。

出水口の延長上の水路には、水面高、水の流出量と速度を調節するような堰状の丸太が水路に直交して設置されている。いわゆる底木であり、置河床としている。直径一〇㎝程度のもので、出水口から一・六m、三・〇m、四・九mの三本は図示したとおりであるが、それ以外に二六・一m付近まで四本設けられている。出水口付近では、すぐ南から伸びてきた水路が一本合流し、それ以外に北側から二本、南側から一本の細い水路の合流を経て、七里集落南端の水田水路に流れ込む。

この間、水路幅一m程度、延長約九五mを計り、竹林と雑木林の中をやや蛇行しながら北東方向に流れていく。タツロウから流れ込んだマサ土を水路の底にため込んだ水路は、七里の水田付近のコンクリート製の分流堰から二つの水路に分かれていき、田用水の最上流端にある桝に至っている。

(3)　文献史料

『農業水利及土地調書』第一号は、大正九年（一九二〇年）に刊行された滋賀県の農業用水の取水施設を調査したものである。これによれば、この「本井」は、蒲生郡鏡山村薬師の善光寺川を水源として、蒲生郡鏡山村七里、鵜川の三四〇反を灌漑していたという。

さらに個別の調書によると、取入口構造及び大きさは、「善光寺川川床ニ埋樋ヲ装置シテ底水ヲ引用ス。放出口ハ石材内法一尺三寸、六寸」。取入水量は、「渇水　二・二五八秒立法尺（大正九年五月三一日）」とある。

『水利使用届出書』は、昭和三九年（一九六四年）に現在の河川法が制定された時、従前から利用されていた水利を届け出ることによって、慣行水利権として位置づけたものである。昭和四三年（一九六八年）三月二三日付けの文書によると、昭和四一年（一九六六年）三月に「立樋」および「底樋」を改修して現在に至ると記されている。

また、通常は自然取水であるが、渇水期には上流五〇〇m、幅八mにわたって掘割（素掘）を行うものとされ、取水立樋は、鉄筋コンクリート〇・六×〇・八×三・五m、取水樋は三〇〇㎜、コンクリート管L五〇mとある。まさしく、今回とり上げたタツロウの状況である。

(4) 聞き取り

地元、鵜川、七里での聞き取りによると、昔の善光寺川の河床は堤防近くまであり、タツロウは川底のさらに下に埋まっていたという。「川上り」と呼んでいた河床の浚渫は、上流約五〇〇m付近まで行ったようで、タツロウ付近は、水が浸透しないように河床には粘土を敷いていた。

実際にタツロウから下流の河床は、マサ土のほぼ均一な粗砂で構成されており、河床を流れる水は認められなかったが、タツロウ付近は粘土質の基盤の上に円礫が水洗された状態になっており、今では流水も認められた。

(5) 野洲川の樋

琵琶湖のまわりで最大の平野部を形成した野洲川は、その下流域では最近まで南流と北流に分流していたが、後に平地河川として一本化された。その際、堤防下より多くの樋が発見され、その一部が紹介されている(9)。

これによると、これらの竪樋は善光寺川のそれよりも複雑で、流水用の制水板と伏流水用の制水板を共に備えたもの、流水のみ利用するもの、伏流水のみ利用するものに分けられるという。制水板は、石柱の溝にはめ込む形式で、最上部の「天笠」と呼ぶ石の板に穴を開け、「とうろの棒」という角柱を通して制水板を管理していた。

また、底樋も多くは木樋で周囲は礫で覆われていたし、吐水口には石垣で囲まれた池に一旦水がためられた後、水路へと流れていったようである。

三　池の竪樋

(1)　構造

平成二年（一九九〇年）から三年間にわたって、立命館大学びわこ・くさつキャンパス造成工事に先だって、草津市野路町地先の木瓜原遺跡で、古代の製鉄遺構などが発掘調査された。この時、干上がった木瓜池（『近江栗太郡志』によると木瓜原池[10]）の底から木製の竪樋が見つかり、その調査記録が残されている[11]。

木瓜池は、丘陵地の浸食谷頭を堰き止めたもので、草津市野路町や追分町に多い形式の池の一つである。大正一五年（一九二六年）の資料によると、東西一町二五間、南北一町二三間、周囲は一一町二間三尺と、このあたりのため池の中では大きい方であった。

この池の水を抜いた際に検出されたのは、竪樋と底樋の一部である（図1—57）。針葉樹の丸太材を利用した竪樋は、直径四〇cm、長さ三・五mを計り、その下部、延長およそ二・三m分を半裁して内側が刳り抜かれている。半裁した材同士は銀杏接ぎで組み合わされ、その下端は短ホゾで埋樋につながっている。水を取り入れる樋口は二カ所あり、下端から一・八mのところに直径一八cmのもの、同じく八〇cmのところにもう一カ所ある。上の穴には、長さ一〇m、元径二〇cmの自然木の栓、栓木が備えられており、末端は堰堤にまで達している。下の穴には短い栓が差し込まれていた。竪樋の四周には台形に組まれた鳥居柱と笠木が仕込まれ、さらにその外側には井桁状に組まれた木組みと板杭が残さ

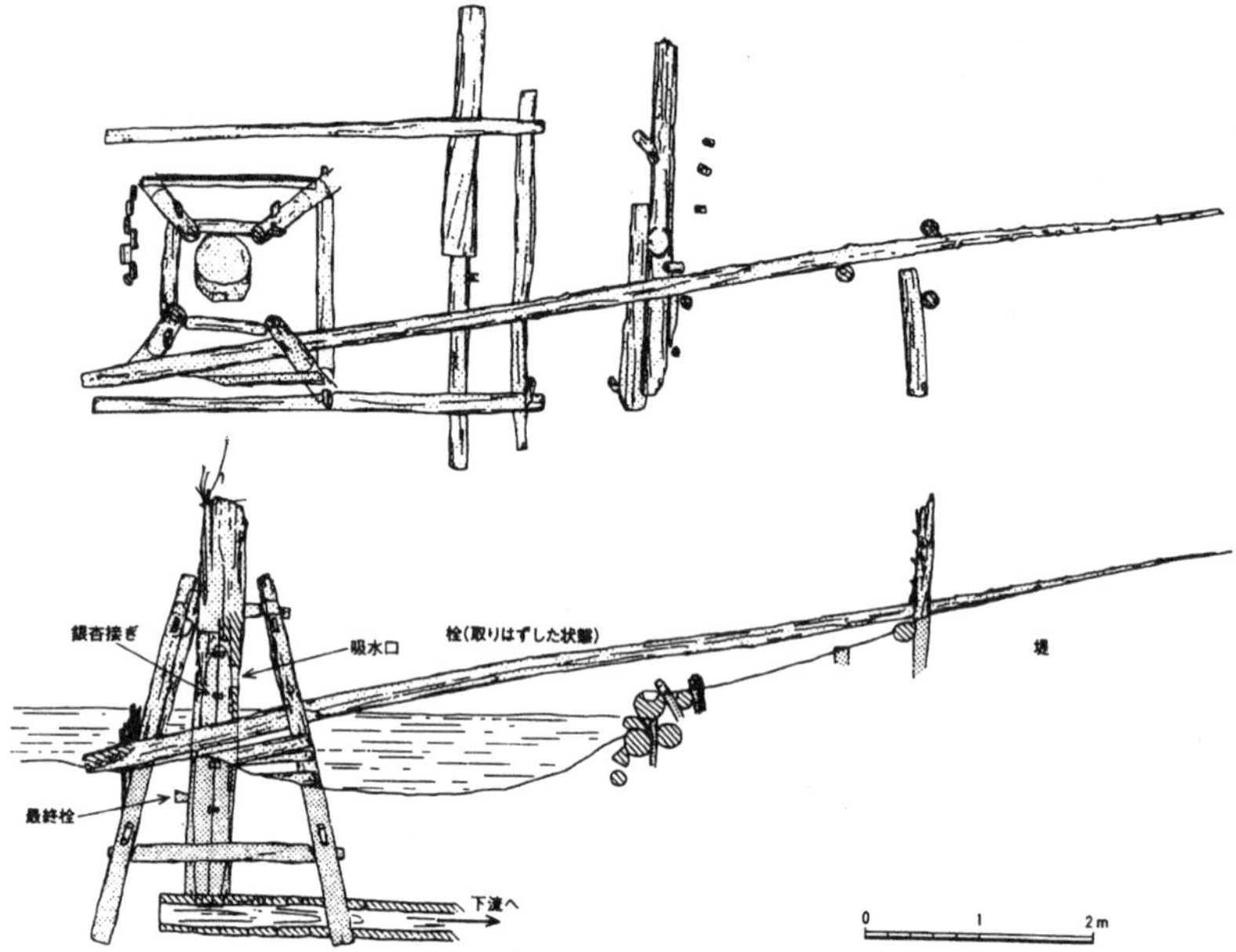

図1−57　木瓜池の樋

れていた。

この樋には油性ペンによる墨付けが残っていたことなどから、戦後の製作になるものだと調査者は考えている。

(2) 文献史料

この木瓜池については、先の『農業水利及土地調書』には記載がない。それどころか現在の草津南部の丘陵地帯にあるため池については、記述が全く見あたらない。また、河川法が制定された昭和三九年(一九六四年)以降の『水利使用届出書』を滋賀県河港課で検索したが、木瓜池については提出されていなかった。

念のために、昭和六〇年(一九八五年)の溜池台帳も調べたがこれにも見つからなかった。つまりこの池は、農業用水池として築かれたのは明らかであるにも関わらず、公的には何ら認知されたものではなかったようである。つまり、村が村のためだけに築いた池の可能性が高い。明治九年（一八七六年）一二月の「野路共有土地（村・官・神社・寺・講）一覧表」によると、[12]字「ボケ原」の二三五四番地は村持で、地目は池、面積一九〇二四歩となっている。なお、木瓜池周辺は、昭和三六年（一九六一年）に西武鉄道に売却されている。

野路の村では、明治三〇年（一八九七年）ごろから溜池を使った養魚が行われるようになったが、奥山の「木瓜原池」、新池、八左衛門池、黒鍬池では行われなかった。これら山手にある大きな池の水は、最後の「移し水」として大切にされ、天候や各溜池の貯水量を巡視した上でないとその水を落とすことはしなかったようである。[13]

四 「埋樋・竪樋」

江戸時代中期の農業施設の技術指導書である『地方凡例録』によると、「埋樋・竪樋」は、内法八～九寸四方で、ため池の堤に敷設するものである。竪樋の内法は九寸四方で埋樋に仕込むものであり、埋樋は土中に横にする。この竪樋には、三～四寸ほどの穴を四～五カ所あけ、栗木の栓を打っておき、ため池に水が多い時は、上方の栓を抜き、水が引いて渇水に及ぶほど下の穴の栓を抜く。また、水が多くある時は一斉に穴の栓を抜く。そして、これらを支える鳥居柱には笠木を仕込み、周りには留杭も打つという。

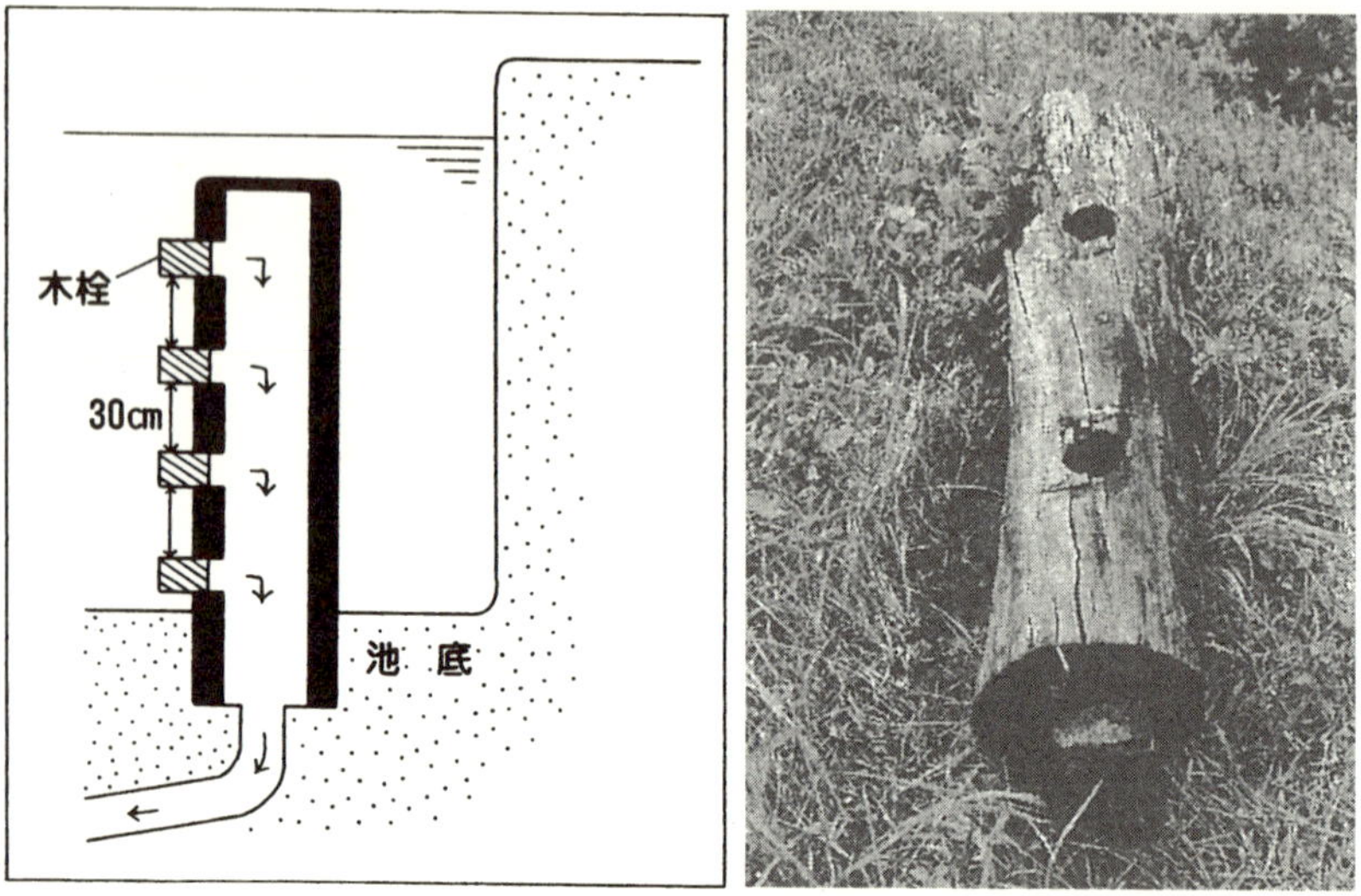

図1−58　灰塚池の竪樋

溜池の竪樋の調査例が、木瓜池と同じ旧栗太郡にあたる栗東市川辺にあった灰塚池で知られている[14]（図1—58）。灰塚池は、木瓜池とほぼ同じ大きさ、周囲一二町の溜池であった[15]。池の水は竪樋を通じて農業に利用されたが、ここには四本の竪樋があり、三本が大字下鈎、一本が川辺のものであった。竪樋を取り替える作業をタテヒタテと呼び、三月に大工が中心になって村総出で行った。個々の竪樋にはそれぞれ、オオタケヒ、アナグチ、カミノエ、ハシリと呼び名がついており、一般には中を刳り抜いた松材に、一尺間隔でツンバリと呼ぶ穴をあけ、池の底に立てておくものである。これを取り替えたり清掃したりすることをタテヒイレといい、冬の間、きちんと栓をしておくと春には水がたまり、竪樋は水中に没する。ここには目印に竹竿を立てておき、水が必要になると所有者らは、竪樋のところに潜って、必要なところまで下から栓を抜いていったという。

吸水口であるツンバリは、川辺では二～四個が普通であり、木瓜池では二個、野路の溜池での模式図[16]でも三個描かれている。

五　小結

タツロウと称する竪樋と樋管からなる底樋が善光寺川に設置されたのは、堤防裏に設けられた出水口の止壁銘文にあるように、昭和四年（一九二九年）のこととみて間違いない。その後、昭和四一年（一九六六年）三月に現在のコンクリート製の「立樋」（竪樋）に改修された。

かつてのタツロウの形態はよくわからないが、遅くとも大正九年（一九二〇年）には石材で作られた底樋ができていたようである。昭和四年（一九二九年）には、これがコンクリート製の底樋になり、昭和四三年（一九六八年）に、現在のタツロウと呼ばれる竪樋と底樋に改修されたことがわかった。

その出水口の規模は、大正九年（一九二〇年）の石材が一尺三寸×六寸、コンクリート製が直径三〇㎝であることから、材料が変わってもほぼ同じ断面、つまり引水量は変わらないことになる。

また、琵琶湖水系中の大河川である野洲川の場合は、かなり構造の異なるものが知られている。天井川の中流域と大河川下流域という違いに起因するのかもしれないが、基本的な原理は同じであることがわかる。

一方、溜池での例である木瓜池や灰塚池の竪樋は、戦後の製作になるが、いつまで機能していたものかは定かではない。木瓜池は、昭和三六年（一九六一年）に開発業者に売却されていることから、それ以前であることは間違いない。また、灰塚池も昭和四八年（一九七三年）には、一部、埋め立てられたことから、それ以前のものである。

川と池の竪樋を見てきたが、基本的な機能面での構造は共通している。しかし、江戸時代中期の農業施設の技術指導書である『地方凡例録』には、竪樋は池の施設であると明記されている。また、樋口である穴は四～五カ所のものが通例であると記され、戦後の近江の池の例でも二～四カ所である。したがって、樋口を一一も備えた昭和四三年（一九六八年）製の川の竪樋であるタツロウは、コンクリートで堅固なことも考え合わせると、池の竪樋の発展形であり、川での類例が見あたらないことからしても、池の技術を川に応用したものと考えられる。そこには、砂の堆積が著しい天井川での特殊性もあったのかもしれない。

驚くべきことは、遅くとも江戸時代には始まっていた竪樋の系譜を引く引水技術が、平成九年（一九九七年）の一二月の河川改修の時まで機能していたことにある。

注

（1）近年の稲作の開始をめぐる状況と評価については、用田政晴「近江の稲作のはじまり」『近江の飯・餅・団子』、サンライズ出版、二〇〇〇年で概観している。

（2）森井貞雄ほか『山賀（その二）』（『近畿自動車道天理～吹田線建設に伴う埋蔵文化財発掘調査概要報告書』）、財団法人大阪文化財センター、一九八三年。

(3)吉留秀敏ほか『三苫永浦遺跡群』、福岡市教育委員会、一九九六年。
(4)「立樋」とも書き、これらはタテドイまたはタテヒと呼ぶ。
(5)用田政晴・小笠原俊明「農業用取水施設「タツロウ」について」『滋賀文化財だより』No.二三九、財団法人滋賀県文化財保護協会、一九九七年。
(6)『近江栗太郡志』巻参、滋賀県栗太郡役所、一九二六年。
(7)「床樋」あるいは「伏樋」ともいう。
(8)「揺木」または「筆木」ともいう。
(9)河野俊夫「堤防下に埋設された樋」『守山市誌』地理編、守山市、二〇〇一年。
(10)注(6)に同じ。
(11)横田洋三「木瓜池樋」『立命館大学びわこ・くさつキャンパス造成工事関連埋蔵文化財発掘調査報告書　木瓜原遺跡』、滋賀県教育委員会・財団法人滋賀県文化財保護協会、一九九六年。
(12)野路町編『野路町史』、野路町、一九七八年。
(13)野路のくらしと歩み編さん委員会編『野路のくらしと歩み』、草津市野路町、一九八六年。
(14)若林良和「農業・生活用水の調達と利用」『栗東の歴史』第四巻資料編Ⅰ、一九九四年。
(15)注(6)に同じ。
(16)注(12)に同じ。

第二部　山の考古学

第一章

城郭

第一節　小谷城とその支城の体系的構造

一　小谷城の規模

(1)　大広間

東浅井郡湖北町と長浜市（旧浅井町）にまたがって所在する小谷城跡は、昭和一二年（一九三七年）四月一七日に国史跡指定された。当時、地元の喜びは大変なものであったようで、小谷城跡の調査にあたった滋賀県嘱託で、京都大学講師柴田實のほか、東浅井郡長、虎姫中学校長、虎姫警察署長などの来賓約六〇〇人が、山上の大広間（千畳敷）跡に集まった。おそらく、小谷城廃城後では一番の人出であっただろう。喜びにわく地元の様子を伝える当時の新聞記事が手元にあったので、冒頭にかかげておく（図2—1）。

(2)　曲輪の数

織田信長に、「大谷（小谷）は高山節所の地に候間、一旦に攻上り候事なり難く」（『信長公記』[1]巻三）

思わせた戦国大名浅井氏の居城・小谷城は、その元亀元年（一五七〇年）の最初の攻撃から落城まで三年を要した。この間、信長は姉川合戦をはじめ、小谷城下の「町」の焼き払いなど、何度となく浅井久政・長政を苦しめた。

小谷山の＝史蹟指定の喜び
山頂千疊敷で
關係官民の集ひ

約十町

松の翠

図2－1　小谷城史跡指定祝賀の新聞記事
（昭和12年５月22日付け『江州日日新聞』）

かつて筆者は、昭和五六年（一九八一年）から二年にわたって、小谷城跡の詳細な分布調査を行ったことがある。延べ六カ月、一〇〇回以上、登り降りした結果、標高四九四・四mの独立山塊・小谷山とそこから派生した主尾根である伊部山には、我々の想像を絶する規模と数で曲輪、あるいは竪堀、堀切などの遺構が分布していることが明らかになった。小谷山南半を中心に、ほぼ全山にわたって曲輪等の遺構が密集していたのである。それまでは、山の尾根上の中枢部遺構と周辺の「大嶽」「福寿丸」「山崎丸」(2)といった、昭和初期の柴田實による記述の域をあまり出ていなかったのである（図2―2）。

集中的に曲輪などの遺構が見られるのは、小谷山正面に南面して武家屋敷群を備えた清水谷

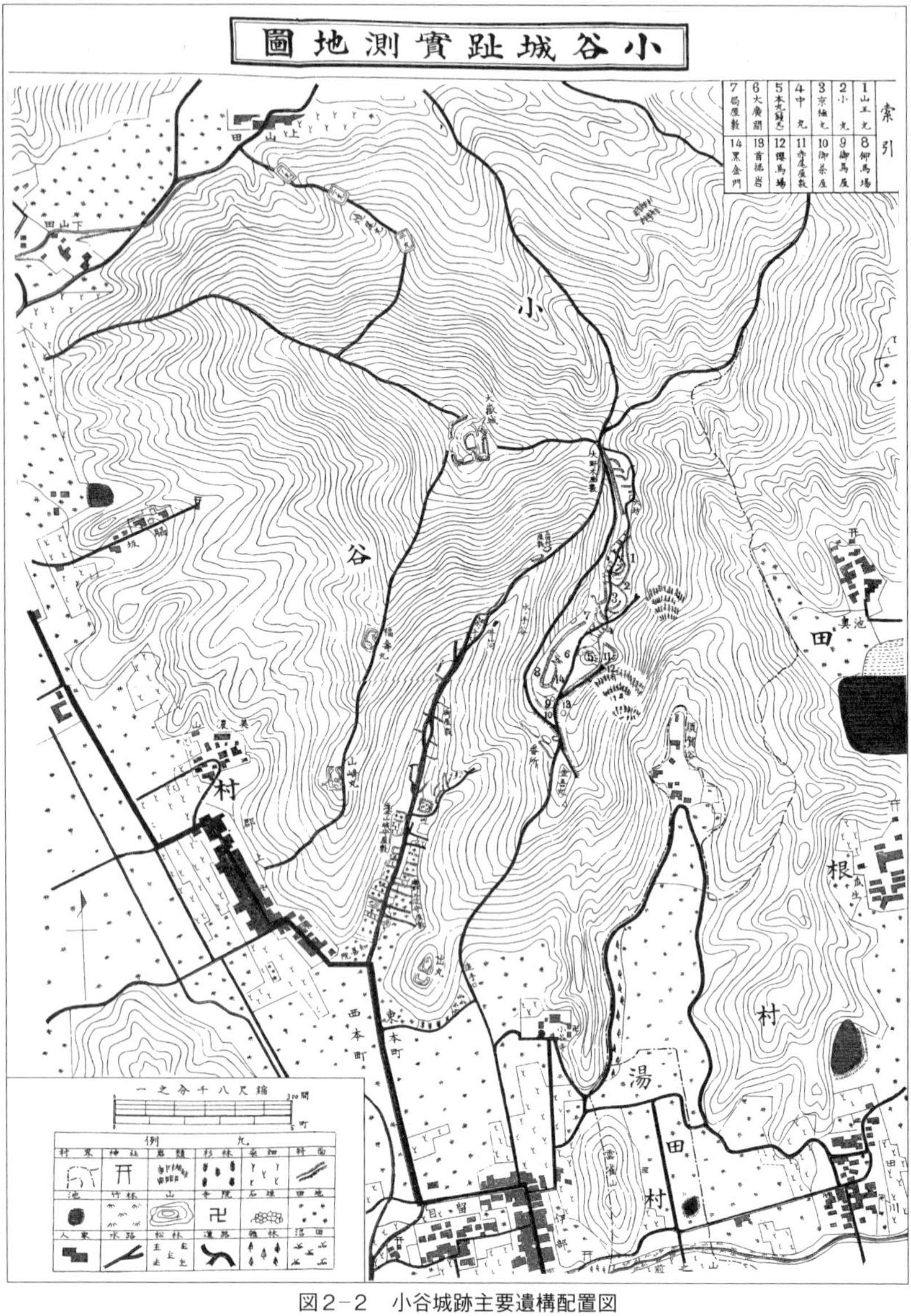

図2−2　小谷城跡主要遺構配置図

とその奥、北谷周辺、小谷山最頂部の「大嶽」付近の斜面で、それらでは累々と曲輪が見られる。踏査した範囲でそれぞれの遺構に番号を付け、札を木に下げていったが、清水谷周辺だけで約四〇〇カ所、合計で約六九〇カ所になった。また、番号は付さず、点々と存在する曲輪等を確認しただけというものもあるため、おそらく全山で二〇〇〇、あるいは三〇〇〇という数の曲輪遺構等があることになる。(3)

これらは三~四m四方のものから、三〇~五〇m四方の規模を持つものまですべて同一に扱っているが、かなり整備された土塁・石垣等を備えた曲輪は限られており、「大嶽」「福寿丸」「山崎丸」「土佐屋敷」、それに後に「月所丸」と呼ばれたところなどごくわずかである。(4)

(3) 曲輪の立地

特に曲輪の立地について見ると、谷を中心にしてそれを埋めるような形で造成されていることが多い。つまり敵から見えにくい然るべき場所にある(図2-3)。

中でも清水谷の最奥部には、浅井氏の根小屋跡と推定される「御屋鋪」跡があり、そこから谷あいを登っていくと、「六坊」と「大嶽」や「月所丸」とをつなぐ間の峠に出る。途中、「大野木屋敷」や「土佐屋敷」(写真2-1・2)と呼ばれる、比較的整備された石垣と広めの平坦地を備えた曲輪群を抜けていく。この経路沿いが、小谷山全山の中で、急ごしらえによる小規模な曲輪が最も集中する。その幅五~一〇m、奥行き二~五m程度のものがほとんどで、その数は二〇〇を越える。これらは「Ⅲ類曲輪群」と呼ばれる臨戦体制下で急造されたものであるが、(5) それらにも後述するように二種あり、

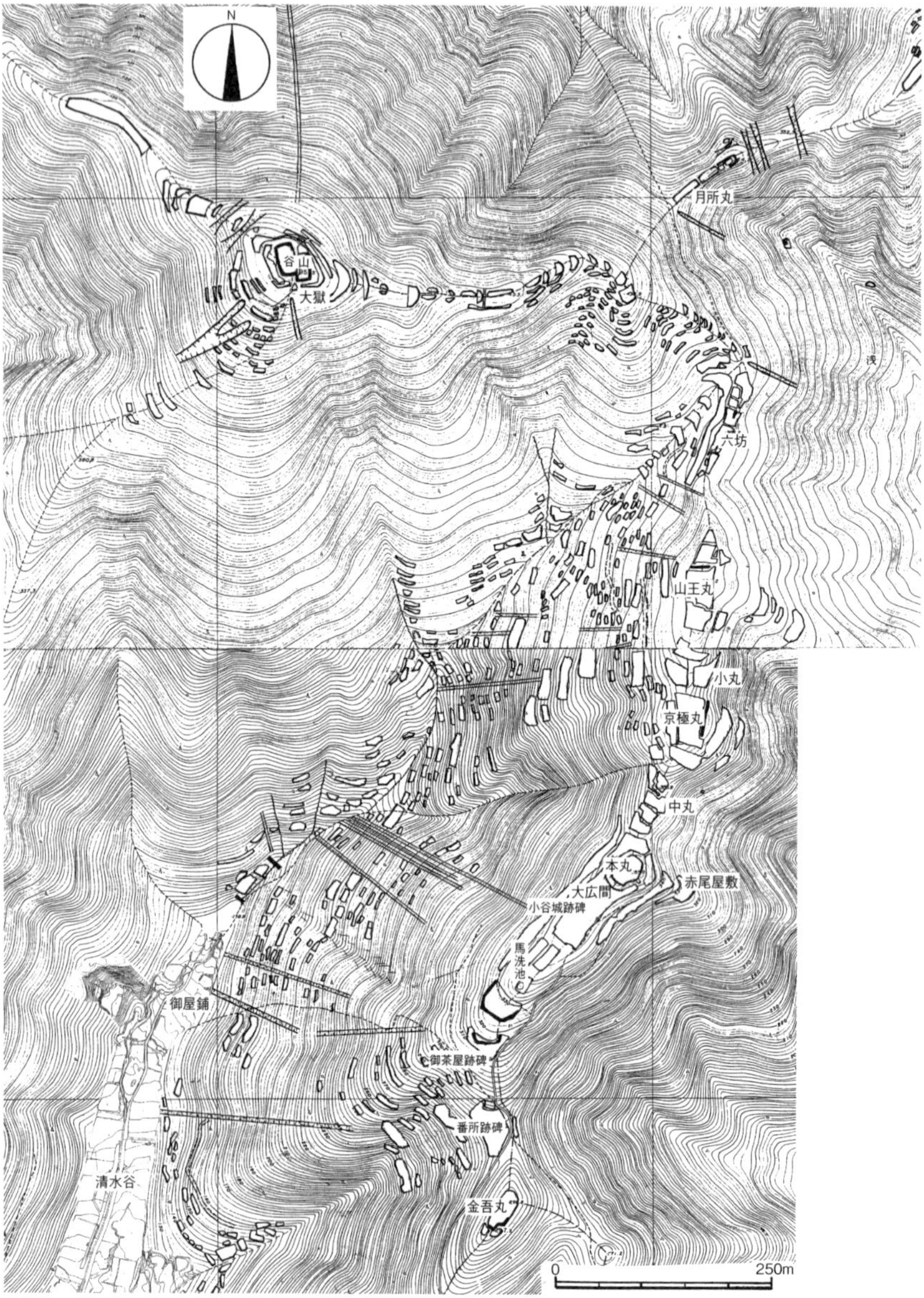

図2-3　小谷城中枢部遺構

この清水谷奥の幅一〇mまでのものA種と、「出丸」や大字郡上周辺の幅二〇~五〇mの帯曲輪状のB種に分けられる。

谷筋を両側からはさみこむように築かれた小規模曲輪群は、登り来る敵をねらい打ちするように配置され、時には土塁もその前面に残す。それらの間には、確認しただけで一六本の竪堀を入れているが、それらは東側の小谷城主要部にあたる「御馬屋」「桜馬場」「大広間」「本丸」「京極丸」「山王丸」あたりから下に向かって伸びており、敵の最も主要な城への攻撃侵入路は、清水谷からその奥、「六坊」の背後に至る経路を築城者は想定していたことが容易に判る。

写真2−1　小谷城土佐屋敷（1）

写真2−2　小谷城土佐屋敷（2）

さらには、こうした急ごしらえの小規模曲輪群（A種）は、小谷山最頂部の「大嶽」へ至る道を守るように分布する。その尾根筋線上と南斜面には曲輪が並び、次第に「大嶽」へと引き下がっていく浅井勢をかばうようにも見える。本丸をはじめとする山上の主要部や山麓の清水谷からの退路の果てが「大嶽」となる。「大嶽」は、標高四九四・四mの山頂を中心に築かれた出丸状の施設で、土塁に囲まれたいくつかの曲輪は未整備にも見えるが、周囲の三方の尾根筋には堀切と竪堀を巧みに配置し、最頂部を中心とする曲輪等の施設分布は完成度が高い。

尾根筋を切断する堀切を多用しないという特徴を持った小谷城にあって、「大嶽」から北西方向へ下りる尾根に二条、そして「六坊」から「大嶽」へ至る尾根の途中より北東方向に伸びる尾根にある「月所丸」の、さらに先には三条の堀切が残る。それらより先にもいくつかの曲輪は残るがもはや集中はせず、これらの堀切をもって小谷城の北の端と見てよい。

小谷城の残された遺構中、最も驚くべきところは、「大嶽」から北の急斜面をまっすぐに一㎞以上伸びる竪堀である（図2―4）。幅三～五mほどの断面U字形の溝は、一直線に麓の上山田の村はずれまで続いている。これは、敵の横方向の移動を妨げるものではなく、小谷城の最後の退路である。その傾斜角は四〇度以上となる部分も多く、山から下りる時は、滑り台のようになる。少なくともこの斜面を登る敵がいることは通常は想定できず、「月所丸」の先へ抜ける経路を「越前道」あるいは「越前忍道」と呼ぶのと同様、北の朝倉氏のもとへの重要で最も特徴的な抜け道であったと考えられる。

それらとは逆に、大字郡上の集落東側部分や「出丸」など尾根先端部分の小谷城防衛最前線には、かなり集中的に細長い郭、幅一～二mで長さ二〇～五〇mのものが相当数見られる。断面で見ると階段状になっており、一mごとの等高線をそのまま表しているような帯曲輪の集中である。これらをⅢ類曲輪群と呼びながらも、形態的にも機能的にも清水谷奥のそれと区別し、B種としているものである。

これらの最前線と、後に信長が陣を敷いたという虎御前山との間は、わずか三八〇mほどしかないほど近接している。従って、このあたりの多くの帯曲輪も小谷城の末期になってからの急ごしらえの

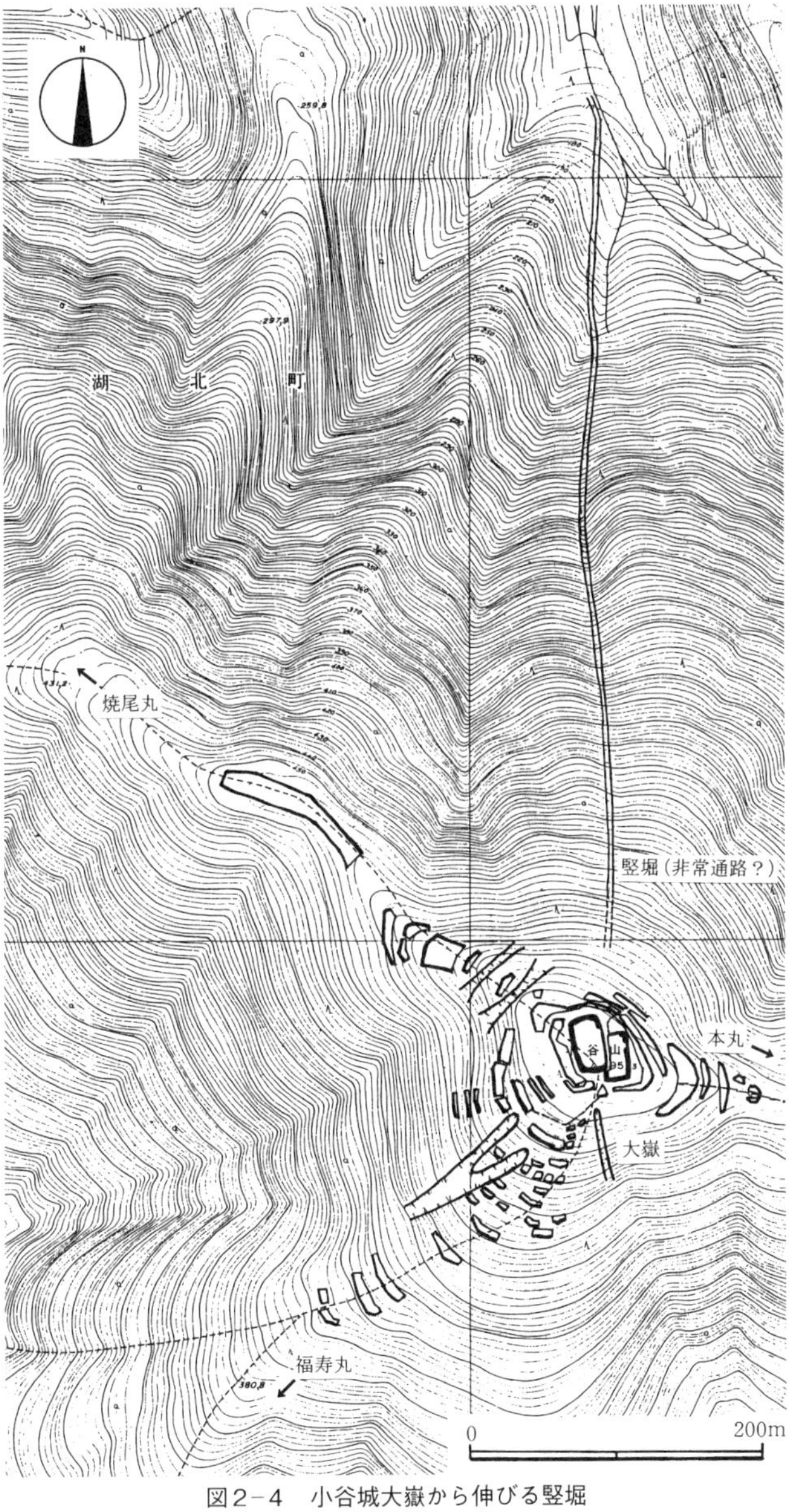

図2−4　小谷城大嶽から伸びる竪堀

曲輪と見ることができる。この小谷山には、こうした二つの形式の急ごしらえ曲輪群が存在し、小谷城の遺構を特徴づけるのである。

二　小谷城下の領域

(1)　根小屋・清水谷の構造

明治一〇年(一八七七年)に作成された『近江国浅井郡郡上村地引全図』を見ると、北国脇往還の地割と、清水谷部分の地割が表現されている(図2—5)。北国脇往還沿いは、この街道に直交するように地割がなされているが、清水谷は、中ほどを走る道に対し直交する地割が見える。また、この地引全図には土質が詳しく書かれており、ちょうどこれらの地割の境目に、帯状に湧水するところ、あるいは水が湧き出ているところと表現されている。このあたりは現在でも非常な泥田であるという。今は水路がつくりかえられているが、当時は谷の入り口を閉鎖する、つまり武家屋敷群のあった清水谷と外部とを区別する土塁と堀状の施設があった。

これより奥が厳密な意味での城下であるといえるし、この点が朝倉氏一乗谷と根本的に異なる点の一つである。

清水谷は、地形的に見ると広い意味での小谷城のほぼ中心に位置し、南南西に開口した奥行約一〇〇〇m、開口部約一八〇mの細長い谷である。ここでは谷の中央をほぼ南北に走る道に沿って平

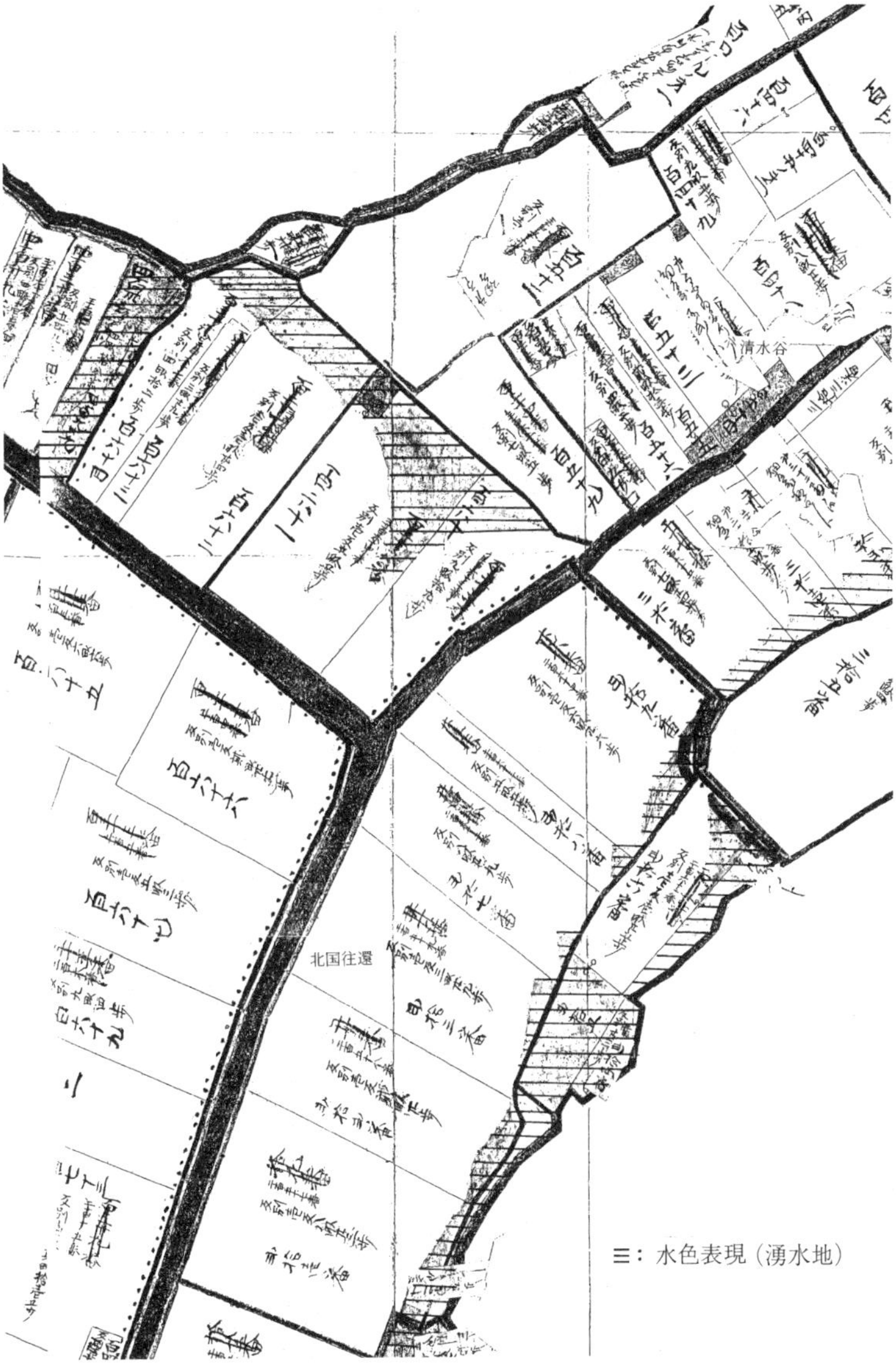

図2−5　清水谷入口付近
（『近江国浅井郡郡上村地引全図』（部分）を一部改変）

坦地や土壇が見られ、特に虎ヶ谷道との分岐点に顕著であるが、部分的に屋敷地を方形に取り囲むような土塁も観察できる。(6)

いくつか知られる『小谷城跡古絵図』等によると、「御屋鋪」のほか、「浅井山城守屋敷」「遠藤喜右衛門屋敷」「磯野丹波屋敷」「知善院」等の地名から、浅井氏一族の居館のみならず、家臣団の屋敷や寺院も存在したようである。

また、清水谷周辺の地割を見ると、北国脇往還沿いの「東本町」「西本町」「大谷市場」付近は、道に面して細長い短冊状の地割が広がるが、清水谷の内側はそれとは異なり、中ほどの道に沿って短冊状の地割が広がる。脇往還沿いと清水谷の地割の境がちょうど「知善院」という地名付近にあたり、先述の明治初期の地質を示す図によると、清水谷の入口をふさぐように帯状に泥田が見えるし、そのすぐ内側は土塁状の畑がある。これが清水谷の屋敷群と城下町を区別する堀と土塁の痕跡である。

こうした谷の入口を閉鎖する施設は、福井県の一乗谷朝倉氏遺跡やいくつかの山城に伴うものにも見受けられ、これらの例からも堀と土塁を併用していたと考えられる。この土塁と堀は、まさに家臣団の武家屋敷群と町人・農民等の村を分けるものであり、極めて典型的な大規模中世山城の様相を示す。

一乗谷の場合、「分限あらん者」という重臣のみが集住させられており、多くても二〇名ほどだったと考えられている。(7) 清水谷の中において、屋敷地二五〇〇㎡を平均的なものと想定すると、およそ三〇ほどになり、計算上は理想的な規模の谷ということになる。

さて、これまでの一乗谷朝倉氏遺跡での発掘調査によると、麓の城下町の地割は道路や屋敷などはすべて一〇丈＝一〇〇尺（三〇・三m）という単位が用いられていた。清水谷の場合も昭和五三年（一九七八年）に実施した詳細な測量図[8]を検討すると、一乗谷と同じくほぼ三あるいは三〇mの倍数を基本として土地の区画が認められる。ちなみに北国脇往還から入口の堀までは四五m、堀の幅は一五mと想定できる。

また、清水谷での出土資料として、越前焼を中心として瀬戸焼、信楽焼など中世陶器類、中国産青磁類の他、金銅製の鋺や中国の唐銭・宋銭・明銭等の古銭が知られている。

(2) 小谷城下の範囲

『浅井三代記』によると、「山先東に池の奥と申てまわり二里許なる大池あり」とあり、これは現在の西池である。さらに、「南に大沼あり、西は堀にして水深し」とある。南の大沼はその所在が不明ではあるが、小谷城の南の伊部地先で圃場整備に伴う埋蔵文化財の調査を行った際、地表面は非常にドロドロしており、耕土を取ってみても沼沢池のような土壌であったという。現在でもこのあたりはガマの穂が繁茂するような湿田地帯であり、「水がいっぱいにみなぎっている所」という意味の「込《こみ》田《だ》」の地名も残る。今回は、この沼沢池について、元は池として扱っていく。この付近は、かつての小谷城下西側の堀として機能した旧山田川が、三条川や裏川と合流する場所であり[9]、旧山田川はしばしば氾濫し、そのことが明和七年（一七七〇年）山田川付け替えの目的の一つでもあった[10]。ただ、天和元年（一六八一年）の『浅井郡十ヶ村伊香郡馬上村水利絵図写』によると、山田川は真っすぐ高時川本流に向かって西へ伸び、「餅ノ井」と底樋で交差している[11]。

さらには、「舟渡り」、その横が「深田」といった字名が残っており、文献にいう「南の大沼」というのはこのあたりと考えられる。また、「西は堀にして水深し」とあるが、先ほどの『郡上村地引全図』で地質を見ると、そのあたりも帯状に水の多い表現が見える。これもかつての堀あるいはその機能を持った川と沼にあたると思われる。

ところで、高時川と小谷山の北西方向で合流する山田川は、当時、別の所に一部が流れていたと考えられる。[12] 堀、つまり幅一〇m程度の地割が小谷城の西側近辺で多く見られることから、小谷城下の西側平野部に二本の堀が想定されると、一九八一年当時、筆者らは考えていた。後にそのことは詳しく説明されるようになった。[13]

また、岡山(丁野山)のまわりには、「深田」「北深」「中深」という字名が残っており、岡山の麓の谷状部分には、かつて大沼があったようである。『東浅井郡志』の絵図には「沼池」「蓮池」が描かれている。[14] この付近の水田は、今でも相当な湿田のようである。[15]

周辺の現在の水路を見ていくと、「深田」から虎御前山周辺を結ぶ水路がある。この水路に沿って帯状の畑が延びており、土塁の痕跡と思われる。また、岡山から北の山田川へ取りついてもう一つ、堀あるいは水路と土塁の痕跡が、畑として両側に点々と存在する。

この付近には「北木戸」という字名があり、「西堀ノ内」「東堀ノ内」そして「境」という字名が残る。つまりこのあたりで城下の内外を遮断していたのである。

もう一つ、南の北国脇往還の先の伊部のあたり、つまり田川が東西に流れているあたりでは、城下の南限は田川がちょうど境目にあたる。ここには「鍛冶屋口」といった字名もあって、北側の山田川、西側の高時川、一部水路あるいは堀と土塁による遮断、そして南側の田川までが、小谷城の城下領域と考えられる。そして、その間に岡山城（丁野山城）、それから北の山田山城、南西の虎御前山城がある。これは信長が陣を置いたところといわれ、実際に歩いてみるとまさしく中世山城の形態をなしている。信長がこの地に来る前は、浅井氏の支城が築かれていたのである。

このように、小谷城を中心に支城を点々と配置し、その間を自然河川と人工的な堀と土塁でつないだ、南北三・三㎞余、幅六〇〇〜八〇〇ｍほどの範囲に小谷城下が想定される（図２−６）。

こうして復元した小谷城の惣構（総構、惣曲輪、総曲輪）は、後に批判的に継承され[16]、城下町域の南北には北国脇往還を塞ぐ土塁の構築、東は広い沼、西は山田川と裏川と呼ばれる堀が明らかになり、これらが小谷城下町の惣構として機能したという。さらには、田川の舟運と川湊、北陸と東海を結ぶ北国脇往還、北国と畿内を結ぶ山西街道（古北国街道）が互いに交わる結節点が小谷山の南麓であり、浅井氏はこの小谷山の清水谷に居を構え、北国往還沿いに大谷市場を経営し、清水谷入口の知善院門前町としての性格を付与しながら物流の拠点としたとみる壮大な復元案が提出されている[17]（図２−７）。摂津の有岡城（伊丹城）では、東西八〇〇ｍ、南北一七〇〇ｍの惣構でも広大であったとされ、三カ所の砦があったという[18]。小谷の場合、これらの想定が正しければいかに巨大なものであったかがわかる。

なお、これには浅井氏がもともと土豪・地侍としての活動の基盤、本貫地であった小谷山の西平野部の浅井郡丁野郷も取りこまれ、もちろんかつての浅井氏の居館「養老屋敷」もここに含まれる。

さらに田川の舟運と川湊に関連して、田川は二㎞下流で高時川と合流して南浜付近で琵琶湖に注ぐ。

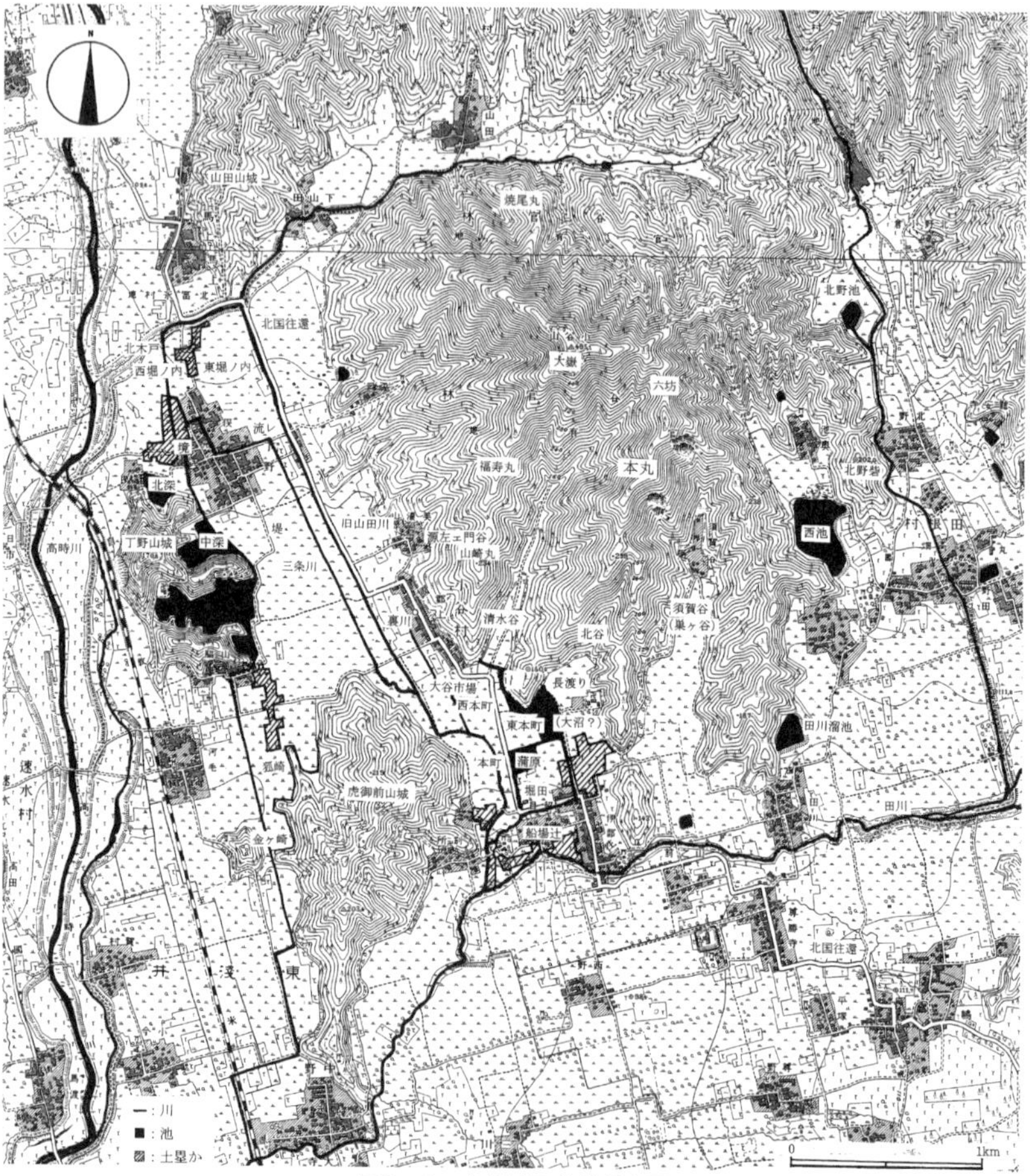

図2−6　小谷城下惣構想定図

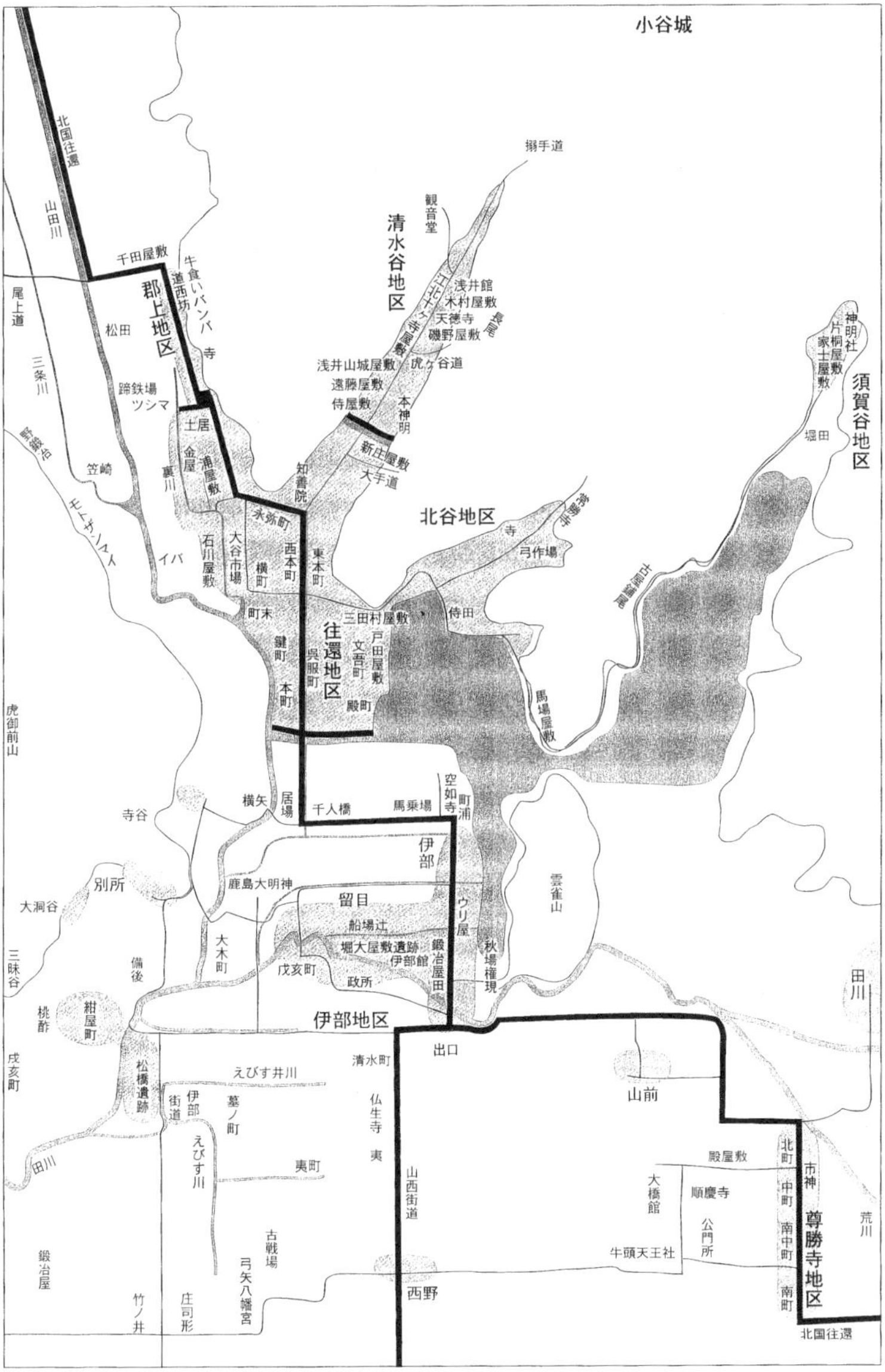

図2−7　小谷城城下町復元模式

元亀元年（一五七〇年）、姉川の合戦で傷を負った中島秀親は小谷から南浜を経由して船で佐和山へ戻ったといわれるが、けが人であったことから、南浜までも田川・高時川を使った舟運に依った可能性がある。

(3) 支城・虎御前山城

織田信長が、浅井氏の小谷城を攻めるにあたって、その最前線の本陣を小谷城の南西にある虎御前山に置き、自らも陣した。いわゆる「付城《つけじろ》」あるいは「陣城」である。また、すぐ東の雲雀山には森可成を置いた。

『信長公記』元亀元年六月二一日の項によって、当初、虎御前山に一夜陣を構えたことが知られるが、砦として体裁が整えられたのは元亀三年（一五七二年）のことと考えられ、この年七月二七日に砦を厳重に築くよう信長は命じている。そしてその築城がほどなく終わり、信長が入城したという記述があるが、八月二八日の大暴風雨によって崩壊したという。文献を信じると、ひと月足らずの短期間に砦としての整備が行われたことになる。

しかし、浅井氏による小谷城下の経営は、かなり大規模かつ計画的に行われていたようで、城下の形成にあたっては周囲を独立丘陵と堀・土塁および自然河川によって区画し、南北両端に木戸を設けた地域を対象としていたことが想定される。従って、この虎御前山にも、信長以前に浅井氏による何らかの防衛施設が築かれていたことは想像に難くない。

「虎後前山御取出御普請程なく出来訖。御巧を以て、当山の景気興ある仕立、生便敷御要害見聞に及ばざるの由候て、各耳目驚かされ候。御座敷より北を御覧ぜられ候へば、浅井・朝倉高山大づくへ取上り入城し、難堪に及ぶの躰」(『信長公記』巻五)。

こうした記述から、虎御前山はもはや砦というより一つの城に近いものであり、信長の座敷もある建造物を備えていたことがうかがえる。

元亀三年の崩壊後、信長は新たに南へ峰続きの八相山に陣を築いたが、天正元年(一五七三年)には秀吉が虎御前山の守将として居たことなどから、虎御前山もまたその後に整備されたようである。

(4) 虎御前山城の主要部構造

虎御前山は小谷城のすぐ南西にあり、標高二二四m、周辺平地からの比高約一三〇mを計る独立丘陵で、「虎姫山」とか「長尾山」とも呼称する。虎御前山と小谷山の支尾根・尾崎山との間は、最も近いところで約三八〇mしかない。まさに指呼の間に望む位置にある(図2−8)。

図2−8　虎御前山周辺図

『近江輿地志略』には「此地に一

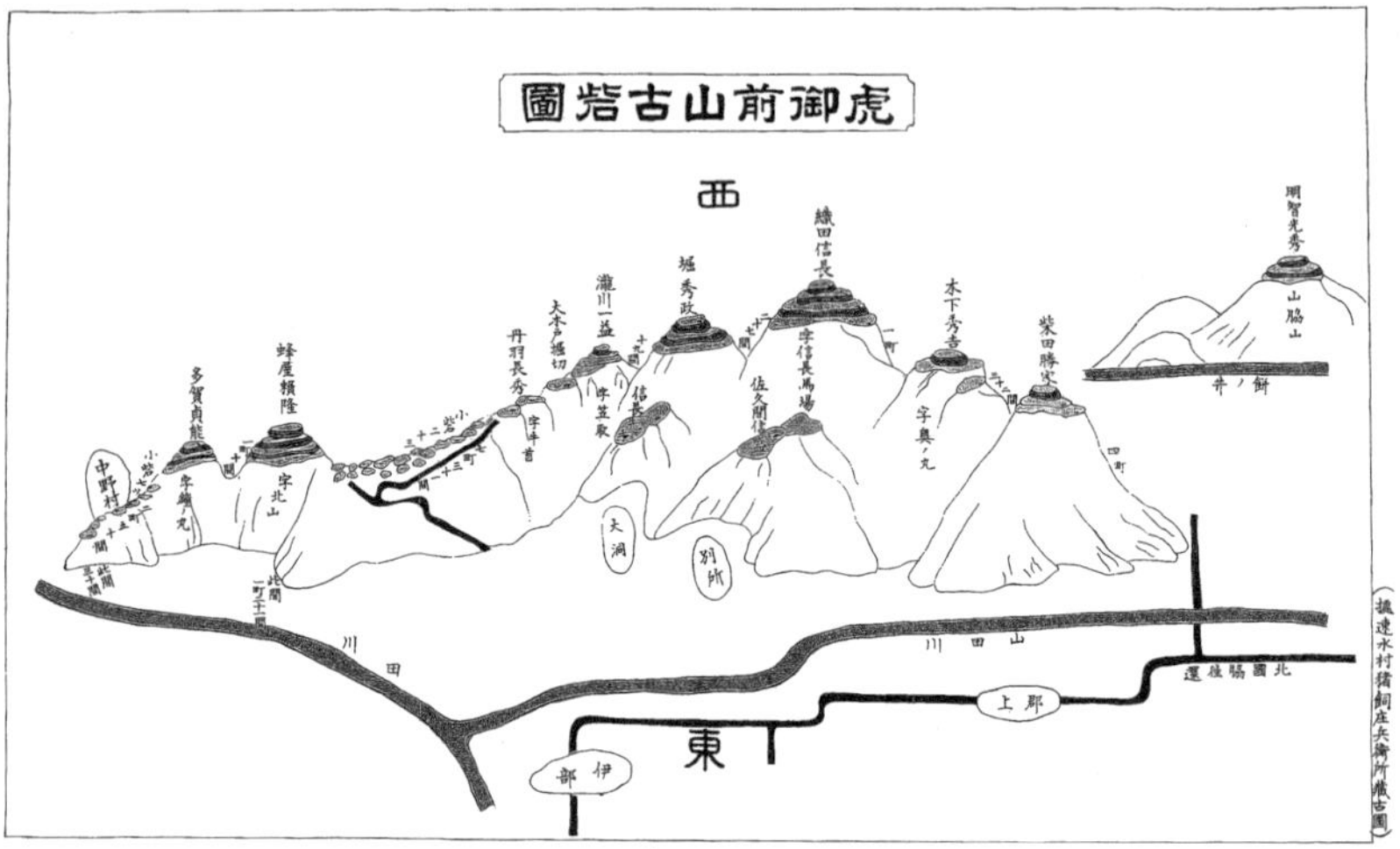

図2−9　『虎御前山古砦図』

人の美女忽焉として顕れたり、容色類なし。せせらぎ長者娶りて妻とす。其名を虎御前という」とある。

虎御前山の尾根は南北に長いが、南端部の標高一四〇mを計るあたりは「八相山」といい、別称「中野山」ともいう。『信長公記』でも八相山として区別して呼称しており、先述のように、信長は元亀三年（一五七二年）に虎御前山と横山城をつなぐ押さえのため、宮部と共にこの八相山に要害を築くよう命じている（図2−9）。

さて現在、虎御前山の南北に伸びる尾根上の中ほどにはアンテナ施設があるが、そこより北の尾根上に、遺存度が良好な遺構がいくつか見られる。

アンテナのすぐ北には、二基の円墳を利用したと思われる陣跡と称する場所があり、「滝川一益陣」の石碑が立っている。このようにこの南北に長い尾根上には古墳群があり、これを巧みに生かした城郭が構築されている。その先、約一三〇mにある堀秀政陣の碑がある部分も円墳と思われる。その次に二条の堀切があり、これが虎御前山の中心部を画す南端の施設である。また二条の堀切の間の道沿いより下にも一条の幅五ｍばかりの竪堀が見られる。

虎御前山の中心部は四カ所の主要な曲輪を中心とし、それをつなぐように幅は一〇〜二〇ｍ足らず

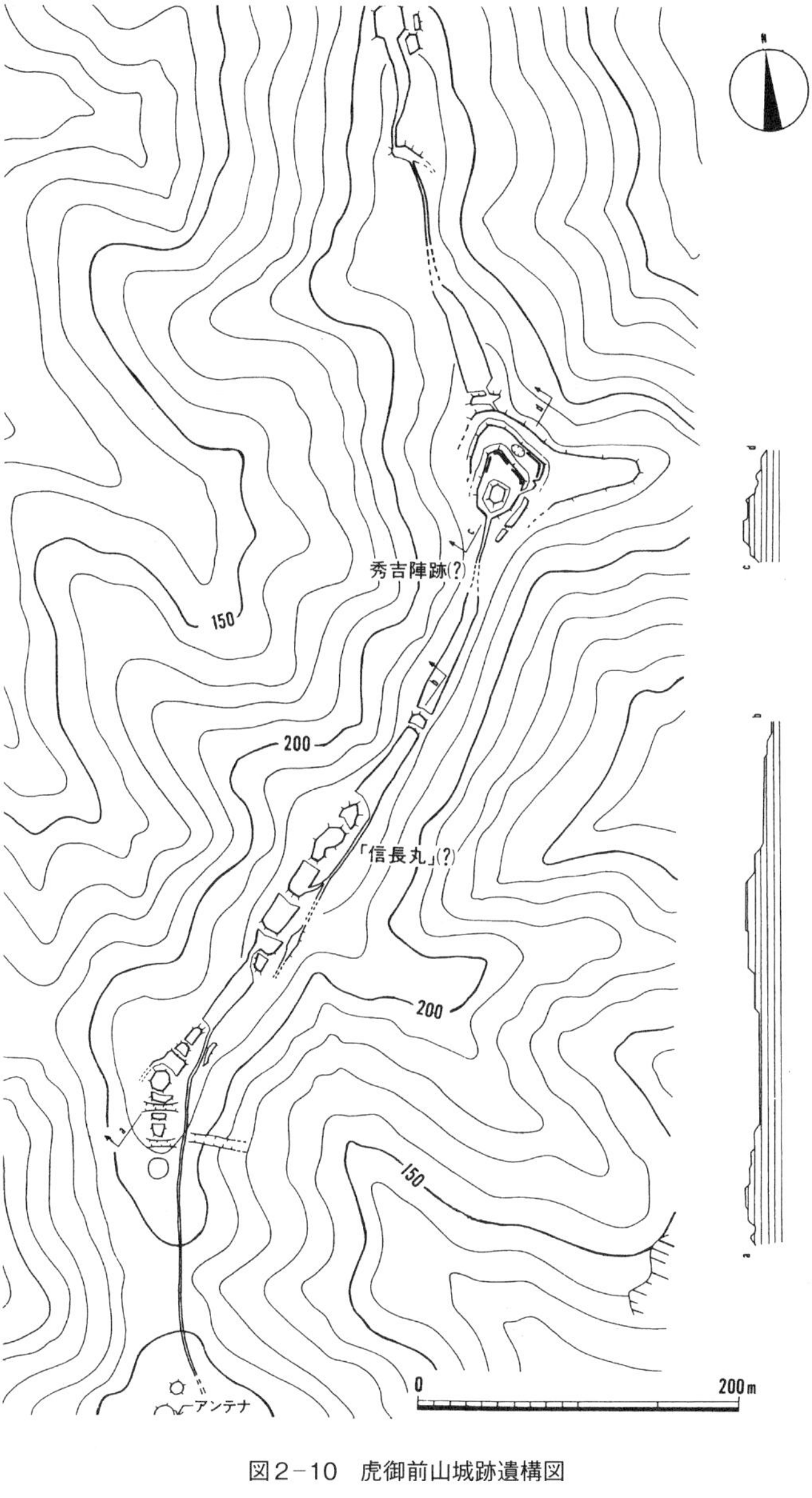

図2−10　虎御前山城跡遺構図

の曲輪が並ぶ連郭式の様相を呈する(図2—10)。中ほどやや南の標高二二五mほどを計るあたりの、幅一〇m、長さ二五mばかりの平面がく字形をした曲輪が、俗に信長丸といわれる。それより北約二三〇mの八×一二m規模の曲輪を中心にして周囲に帯曲輪を設け、北および東方向に土塁を築いた四層からなる曲輪群がある。ここは秀吉が陣を置いたところといわれる。遺存度は極めて良好で、その構造等からすると、この部分が虎御前山の中枢であったと考えられる。ここより東と北の二方向に支尾根が伸び、さらに平坦地が続き、北は柴田勝家陣という曲輪までたどりつくというのが基本的な構造である。

主要な曲輪をつなぐ道状の平坦地は、一見、長い曲輪状であるが、実際にはあまり手を加えておらず、斜面の遺構についても不明な点が多い。しかし、これまで知られた規模や細部での構造等から、これは陣跡や砦あるいは付城や陣城などというより山城と呼ぶにふさわしいものである。

三　小谷城城下の構造と清水谷の評価

小谷城を巨視的に見ると、当初は従来から知られている主要部、そしてその周囲に拠点的曲輪群である「大嶽」「月所丸」「福寿丸」「山崎丸」「金吾丸」「出丸」といった大規模な曲輪のまとまりを配置する。そして、その下位に小さな曲輪を配置して武家屋敷群もその中にとりこんでしまう。さらにその外側に支城や又支城を配置し、自然河川や池、堀、それに土塁で囲むという城下の姿が浮かんで

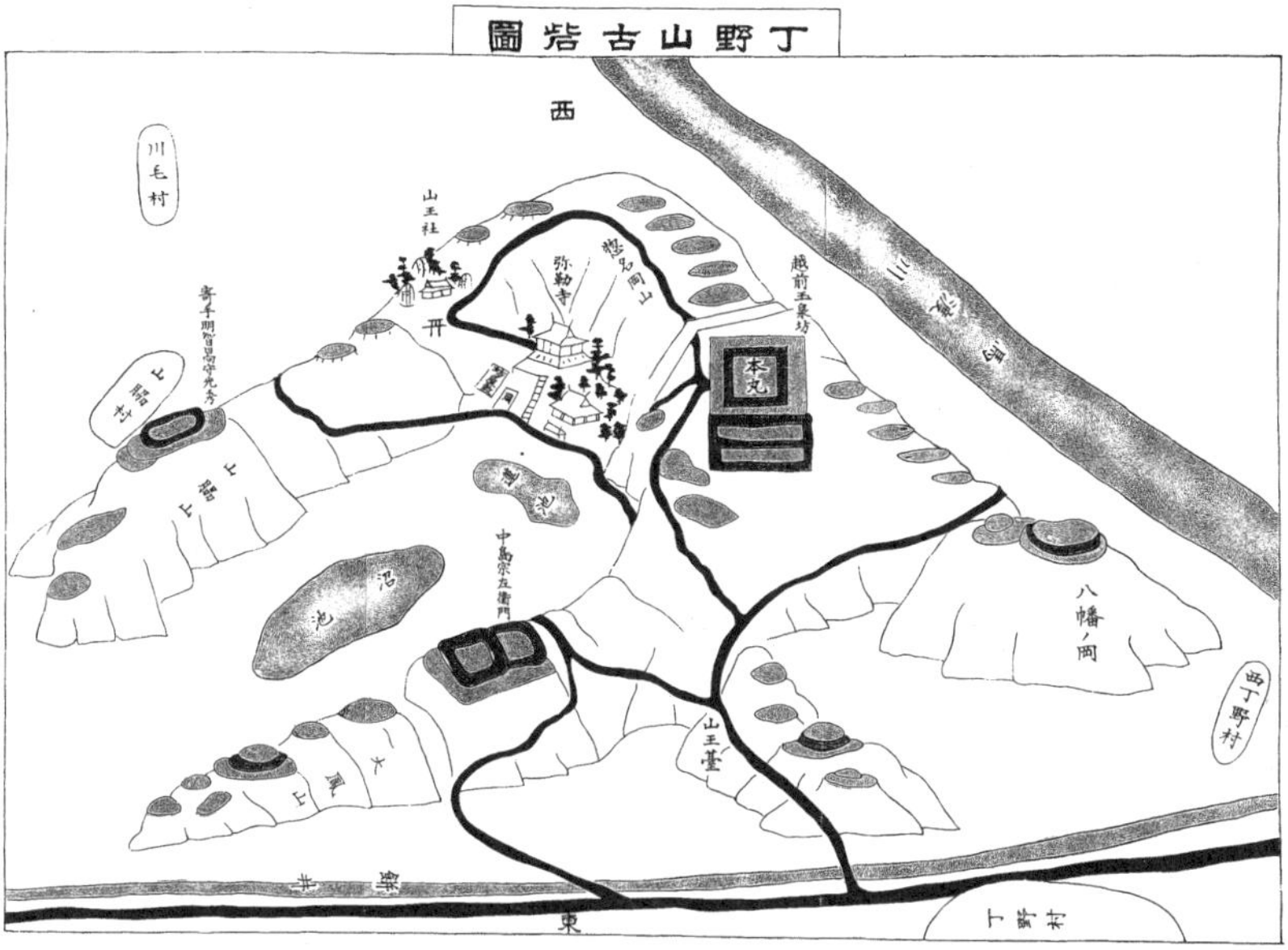

図2−11　『丁野山古砦図』

くる。

清水谷を中心とした小谷城の構造は図2―6の通りである。この模式図を見てもわかるように、小谷城の中心はあくまで浅井氏ほか家臣団屋敷の集中する清水谷である。高時川・山田川とその間の丘にある山田山城、丁野山城（図2―11）、虎御前山城などの支城を巧みに利用して第一次防衛線としているようで、その中に当時、町と呼ばれていた北国脇往還沿いの商人町が含まれる。

これらの商人町は、小谷廃城後、長浜にそのまま移され、字名が長浜と一致するものがかなり見られる。また、この小谷城は、「本丸」「京極丸」等の本丸群を最終的な守りの場としているが、一方で、それらと共に「大嶽」「福寿丸」「山崎丸」、そして「金吾丸」「出丸」が、清水谷を防衛するように配置されている。

室町時代後半から各地で有力名主層である

国人たちはそれぞれ、自分の城を築いて領地を守ろうとしていくが、こうした国人の典型的な城は山の上に城を築き、自らは麓に屋敷を構える。それが、浅井氏のように徐々に勢力を増し戦国大名化していくと、自分のみならず家臣団を城下の谷状部分等に住まわせ、さらに町民らと住居を区分してしまうようになる。そうした戦国大名の城の典型が、形式こそ異なるものの越前朝倉氏の一乗谷であり、近江浅井氏による清水谷なのである。

注

(1)『信長公記』は本来『信長記』というが、後に小瀬甫庵による『信長記』が書かれたため、これと区別するため『信長公記』と称するようになった。ここでは、奥野高広・岩沢愿彦校注『信長公記』、角川書店、一九六九年を参照した。

(2)柴田　實「小谷城阯」『滋賀県史蹟調査報告』第七冊、滋賀県史蹟名勝天然記念物調査会、一九三八年。

(3)用田政晴「小谷城分布調査の中間報告」『滋賀県中世城郭分布調査』一、滋賀県教育委員会・財団法人滋賀総合研究所、一九八三年。

(4)「月所丸」は、その発見者である中村一郎による造語であり、後に適当な名前がつくまでの仮名だと、生前、中村から直接聞くことができた(中村一郎「小谷城月所丸の発見」『小谷城址保勝会報』第一〇号、一九七一年)。

(5)北村圭弘「浅井氏の権力と小谷城の構造」『紀要』第一一号、滋賀県立安土城考古博物館、二〇〇三年。

(6)葛野泰樹『小谷城清水谷遺跡発掘調査報告書』、湖北町教育委員会・小谷城清水谷発掘調査団、一九七八年。

(7)小和田哲男『戦国の城』、学習研究社、二〇〇七年。

(8)注(6)に同じ。

(9)北村圭弘「彦根藩が実施した明和七年の山田川の付け替え工事—小谷城下町の復元的研究一—」『紀要』第八号、

滋賀県立安土城考古博物館、二〇〇〇年。

(10)注(9)に同じ。

(11)『高月町史　景観・文化財編』分冊一、高月町、二〇〇六年。

(12)黒田惟信『東浅井郡志』巻貳、滋賀県東浅井郡教育会、一九二七年。

(13)注(9)に同じ。

(14)注(12)に同じ。

(15)香水敏夫「丁野の地名」『丁野誌　瑑』、丁野区誌編纂委員会、二〇〇五年。

(16)北村圭弘「小谷城下町の形成過程—小谷城下町の復元的研究三—」『紀要』第一〇号、滋賀県立安土城考古博物館、二〇〇二年。

(17)注(16)に同じ。

(18)注(7)に同じ。

第二節　佐和山城にみる交通史的意義

一　松原内湖の船着き場

一〇年前に刊行した拙著『信長　船づくりの誤算—湖上交通史の再検討—』(1)の表紙に用いた写真は、明治三八年(一九〇五年)に彦根市の松原内湖において撮影された写真である(写真2—3)。場所は、現在、大洞弁財天(別名、長寿院)の正面石段にとりつく部分で、帆を上げた百石積み、長さ一七mほどの丸子船二隻と田舟一隻が写っている。石積みおよび石段は、船着き場らしい様相を呈しており、これらは今も住宅街の中に取り残されながら現地で見ることができる(写真2—4)。

このあたりの五〇年ばかり前の状況からすると、この情景は非常に不思議である。一九六〇年ごろは、市街地から一㎞ほど離れたこの付近に民家はほとんどなかった。それが、この写真には物資を運ぶことが多かった丸子船、それも六反帆と七反帆を揚げた百石積みという大型船が二隻も着き、舵まで下ろしている。

ここは大洞弁財天をはじめ、龍潭寺、清凉寺、井伊神社があるが、いわば船の需要あるいは利用は参拝者だけである。代々の彦根城主は、下屋敷玄宮楽々園から船でここに渡り、参詣したという。つまりこの船着き場は、彦根藩四代目城主井伊直興が元禄九年（一六九六年）正月に弁財天を祀って以降のものということになる。例えば佐和山城の外港は、松原にあったといわれているが、(2) 佐和山の麓には舟入がなかったのだろうか。

天理大学参考館が所蔵する江戸時代の道中日記のうち、宝暦一三年（一七六三年）の『西国道中記』がある。(3) これによると琵琶湖の北の村を出た旅人は、旅の二日目に米原から舟に乗って「彦根・大洞」に着いた後、龍潭寺、清涼寺を経て彦根の町を見物している。このことから、江戸時代にはこの松原内湖中の港「大洞」の利用は、こうした観光客が乗り降りしたことにみるように一般的であったことがわかる。

写真２−３　『彦根大洞秋之夕景色』（1905年）（部分）
（彦根市立図書館蔵）

写真２−４　松原内湖船着き場の現況

また写真では、この大型の丸子船が舵をわずかながら下ろしている。百石積み程度の丸子船は、荷を満載すると喫水が三尺ほど下がり、舵を目一杯下げると下端はさらに三尺程度下に位置する。つまり二m近くの水深がないと、舵を十分に下ろしての帆走は不可能ということになる。松原内湖での大型船航行の可能性を示唆するものである。

　こうしたことから、かつての松原内湖付近の地形復原と佐和山城下の再検討を行うことによって舟入の位置を想定し、その結果を新たな佐和山城の史的評価にもつなげたい。

二　佐和山城下の復元

『佐和山古図』等（図2―12）をもとにした佐和山城およびその周辺の復原はこれまで行われているが、[4]今回、さらに地形観察とかつての道や水路の聞き取り調査を行い、それを明治二六年測図、大日本帝国陸地測量部作成地図に復原した（図2―13）。なお、城の遺構の概略は中世城郭分布調査等の成果に依った。[5]

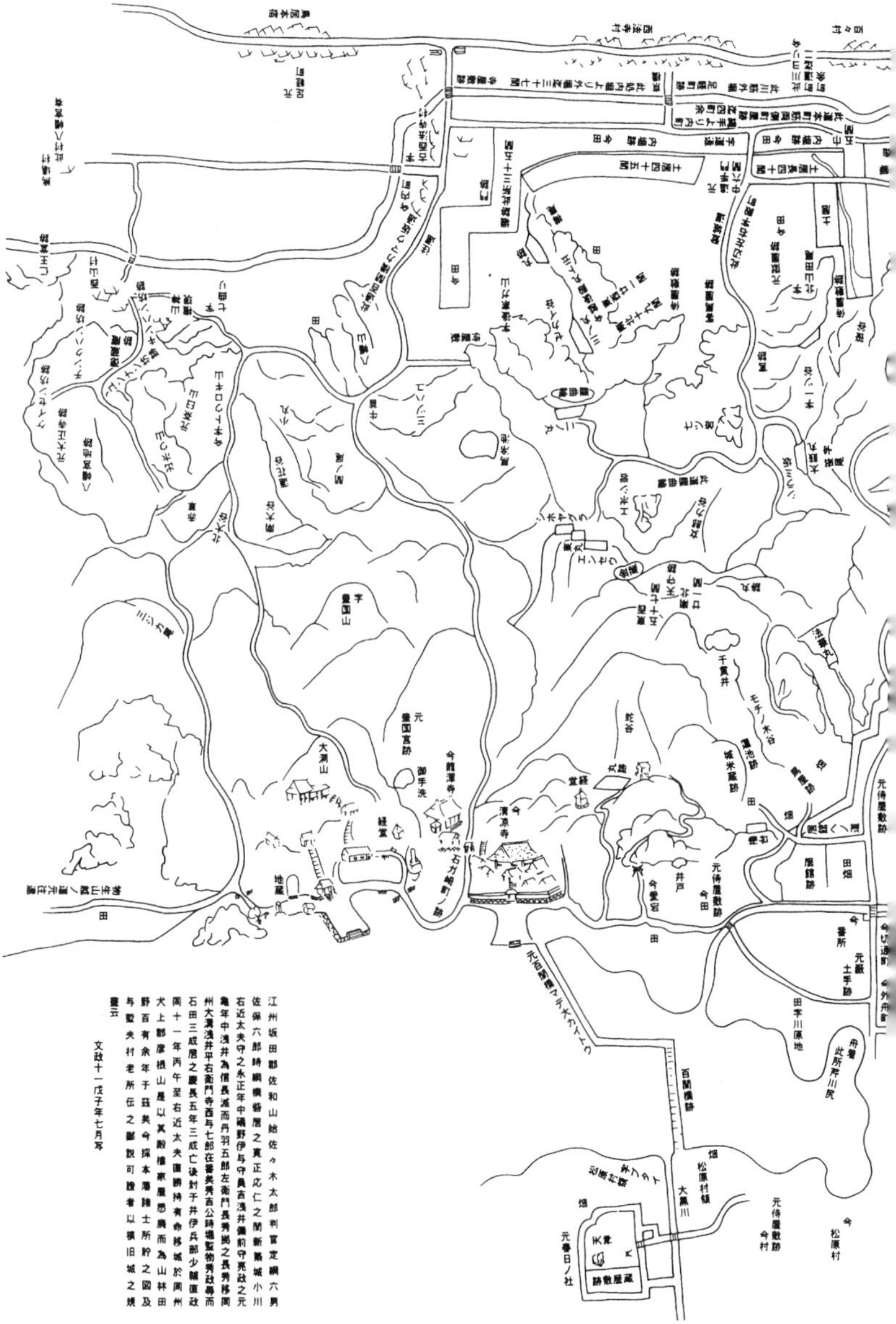

図2-12 『佐和山城絵図』の一例

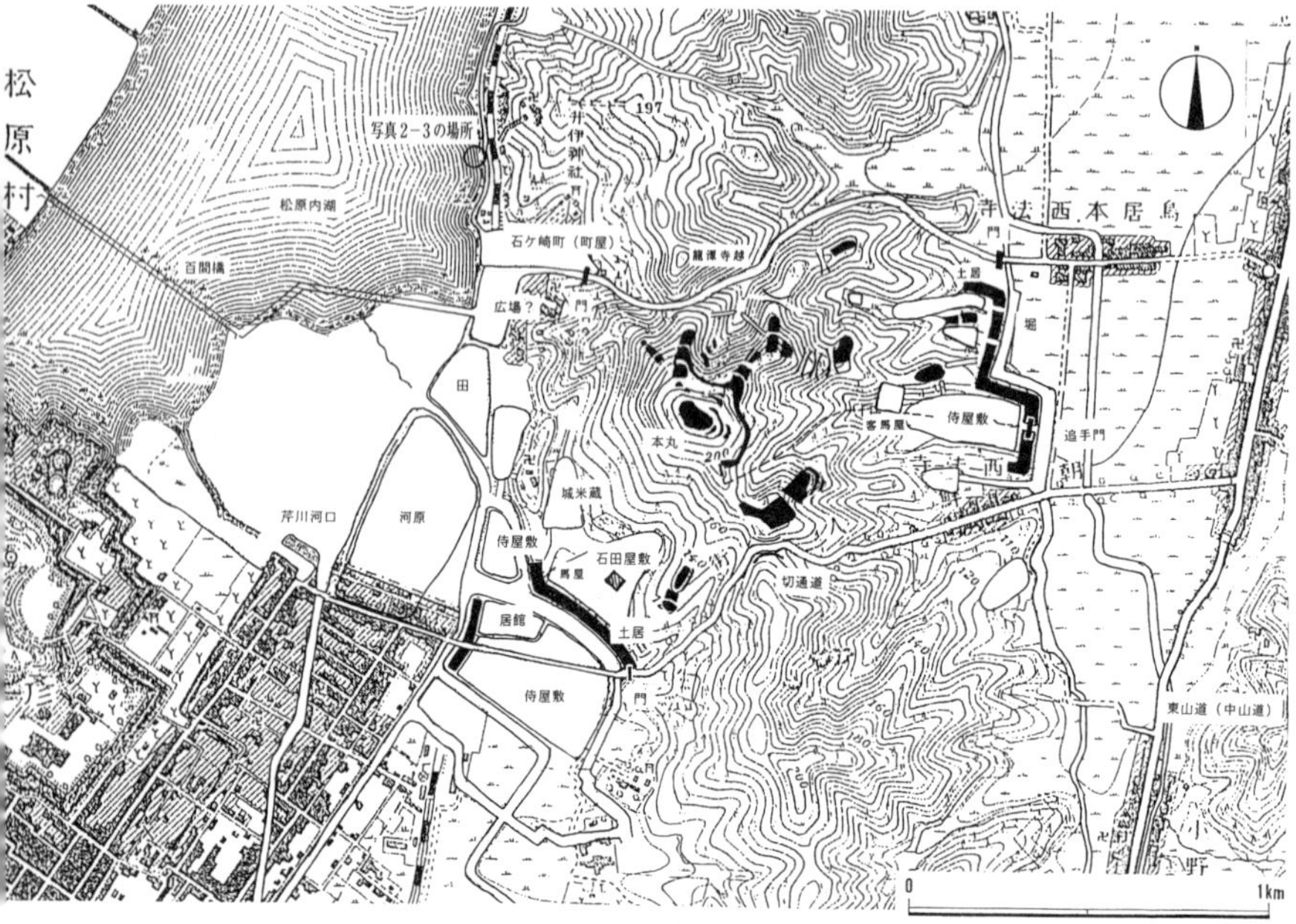

図2−13　佐和山城主要遺構およびその周辺地形図

城は、東の中山道に面した側を大手とし、西の松原内湖側が搦手として築城されていることは疑いなく、曲輪や堀切の配置からも東の中山道側を防御正面としている。追手門（大手門）の取りつく大きな土居と二重の堀もそれを裏付けるが、一六世紀末の石田三成による「佐和山惣構」の普請の形態をとどめると考えられる『佐和山古図』の情報によると、佐和山城の最終段階において実質的に城下の中枢として機能したのは、城の西側、松原内湖側の麓である。

大手側では、「侍屋敷」が土居を出て広がることはなく、侍屋敷群の最奥部に「客馬屋」があった。それに対し搦手側は、まず「石田屋敷」があり「馬屋」がある。「侍屋敷」は土居をはみ出て、松原内湖縁辺部あるいはさらに外側の土居状遺構と堀推定地まで広がる。侍屋敷の外側には、さらに石ケ崎町、新町、魚屋町、馬喰町と呼ばれる町屋が広がる。

大手側と搦手側の連絡は、「龍潭寺越」と「切通」道（後の「朝鮮人街道」）の二本の峠越えの道によって行われ、その二本の道に挟まれた山塊に山城の遺構が展開する。ただ、城の曲輪などの遺構とこれらの道は直接つながることはなく、城の遺構にとりつくのは、大手と搦手からの道である。

さてこの二本の道のうち、実質的に機能したのは「龍潭寺越」と考えられる。『佐和山古図』では、「切通」が侍屋敷の中を通って旧芹川河口に至るのに対し、「龍潭寺越」は繋がり「元往還」とある。今でも、特に大手側においては時として幅三尺を超える道が残存しており、単なる山道ではない街道のような様相が残る。一方、松原内湖に面したところでは、今の清涼寺の前で「大カイトウ」（大海道・大街道）を経て「百間橋」に取りつき、容易に外港である「松原湊」に達することができる。また、この「百間橋」取りつき部分に古図では空白地がある。これは、「石ケ崎町」という町屋に面した物資の集積地で、内湖での船積みと城下侍屋敷、そして「百間橋」を通って「松原湊」へ送る物資の選別を行った場所であると考えられる。そうだとすればこの付近に、佐和山の内港を想定しても良い。その候補の一つが、先に述べた現在の大洞弁財天下の船着き場である。

蛇足ではあるが、「大カイトウ」は従来、「百間橋」の一部のように考えられていたが、詳細に『佐和山古図』等を観察した成果では、木橋の部分とそれ以外は区別して表現されており(6)、この「大カイトウ」は湿地あるいは浅い内湖にしつらえられた堤防状の道である。そして、そうした類例は安土町大中ノ湖南遺跡の石堤状の遺構にみることができる（写真2−5）。

この佐和山城は、旧犬上郡と坂田郡の郡境にまたがり、湖と陸路の接点、北陸と東海の分岐地域にある。よって、物資流通の拠点ともなり、その拠点「都市」はしばしば「港湾都市」として繁栄を遂げる。これらは双方の利害関係と物資管理、租税徴収等の利便性から郡境に発達することが明らかになっている。[7] 井伊氏の彦根城下建設以降、一カ所に集中して建立された龍潭寺、清凉寺、井伊神社、長寿院は、これら石田氏の利益の中枢を一括して移設した後、その痕跡を全く異質なものへと転換させた結果なのである。

三　松原内湖の水深

先に松原内湖での大型船利用について触れたが、かつての松原内湖の地形復原をする資料は多くない。

慶安五年（一六五二年）の「湖浦改書」（『彦根藩井伊家文書』）によると、「松原村舟入之口、（中略）常水之深サ四尺五寸（一三五㎝）」とあり、大船が荷を積んだまま舵は下げないで何とか出入りができたようである。また、熊沢蕃山が、琵琶湖の水を日本海に流すことの検討を行った時、琵琶湖の減水は「七尺なるをもって彦根城の濠は乾上り松原村にある御用早舟十二艘は用をなさず」と答申している。[8]

写真2－5　大中ノ湖南遺跡石堤

一方、松原内湖の干拓後の水田は、標高八三・二～八三・五ｍを計り、琵琶湖の標準水位を八四・四

mとするとかつての内湖は水深一m程度となる。そうだとすれば、百石積み以上の丸子船などの大型船による帆走は難しくなり、冒頭にかかげた写真の船が、この内湖に入ることのできた最大規模のものとなる。おそらくは、佐和山城の麓、先述の広場あたりから「松原湊」までの小型船による輸送と積み替えの不便解消のため設けられたのが、「百間橋」なのだろう。

参考までに、寛文一二年（一六七二年）の河村瑞賢による西廻り航路の整備により、北国物資が琵琶湖輸送を利用しなくなって湖上輸送量が三分の一に衰退したのは、物資の船への積み替えによる手間賃がかさみ、荷が傷んだためといわれている。(9)

四　佐和山城の史的再評価の見通し

おそらくは、当初、中山道を意識して大手を東に築かれた佐和山城も、天正年間の早い段階には、信長上洛の際の琵琶湖と通じた中継基地として機能し、舟入等が整備されたものと思われる。ただ、『信長公記』による天正三年（一五七五年）四月や六月の記述を見る限り、佐和山城を利用した琵琶湖での小早等の利用に終わっている。本格的に松原内湖側を実質的な城の大手として城下を整備し、流通物資の集積、中継、管理を行おうとしたのは、佐和山城の最終段階、文禄四年（一五九五年）以降の三成による「佐和山惣構」によるものだろう。それを補うために建設されたのが「大カイトウ」と呼ばれる堤防状陸路および「百間橋」である。

こうした見方に対して、佐和山西麓には、湖やその周辺の低湿地水田が広がっているなど城下町を作る環境になく、「古絵図」や「聞書」による西麓の施設や町割は、井伊氏が佐和山に入った後の臨時的なものだとする意見がある(10)。

これについては、大きく三点にわたって整理してみたい。『佐和山古図』等が伝える三成の「石田屋敷」や「居館」「侍屋敷」は、基本的には佐和山の「西南麓」の山麓や平地部にあたり、東麓の「追手門」を備えたかつての大手の規模をこえて展開する。特に、「侍屋敷」などは、家臣団屋敷を画して今も大規模に残る「土居」を大きくはみ出て広がっている。これが一点目。

そして、二つ目はそもそも三成の屋敷が佐和山の西南側にあったモチノ木谷にあったといわれることをどのように説明するのかという点。三つ目は、湖側への大手の付け替え時期の証拠が何もない中、井伊氏によるもので、しかもわずか三、四年という極めて短期間のできごとと決めるのはかなり厳しく、やはり一六世紀末の歴史的な流れというものを強調しておきたい。これほどの土木工事は「惣構」と呼び伝えられる都市づくり中で行われたと考えるのが自然であり、さらには、信長は天正四年(一五七六年)、東山道(中山道)に大手を向けた観音寺城を見捨て、内湖へ半島状に突き出た安土山に城を築く。ヨシの広がる低湿地の中、砂州上にのる上豊浦・下豊浦・常楽寺へ城下町をもってきた。そして、天正七年(一五七九年)には大溝城の完成で、琵琶湖を四方から押さえる湖城群ができあがる。

このことは、『信長公記』には永禄一一年(一五六八年)から天正一〇年(一五八二年)までの一四年間に、琵琶湖に関する記述が二二カ所に出てくるなど、信長はこれを利用し尽くしていることの必然でもあった。

その後、秀吉は、芦浦観音寺の住職を船奉行に任じ、本格的な湖上の行政的支配を行う。その流れの中での佐和山城大手の湖側への付け替えであったと考える。

一つの中世の山城が、安土城築城などを一つの契機として、中世的な陸路支配主義から近世的な水上交通重視の時代を経験したことによって、城の大手（写真2−6）と搦手（写真2−7）が逆転するという状況を一六世紀末に生みだした。

写真2−6　佐和山城大手屋敷跡

写真2−7　佐和山城搦手全景

関ヶ原合戦以降の井伊氏の佐和山撤退、彦根城築城の裏には、三成政治の一新、平山城への転換の必要性もあったかも知れないが、信長以後の琵琶湖湖上交通重視に伴う直接的な「松原湊」の管理とその利用というものが大きな理由であったと考えられる。

注

(1)用田政晴『信長　船づくりの誤算─湖上交通史の再検討─』、サンライズ出版、一九九九年。
(2)「松原湊」『滋賀県の地名』日本歴史地名大系二五、平凡社、一九九一年など。
(3)上野利夫「(翻刻)宝暦一三年の道中日記『西国道中記』─琵琶湖北方地域から塩津、鳳来寺、伊勢、大峯山、西国への旅─」『天理参考館報』第一九号、二〇〇六年。
(4)母利美和「佐和山城とその遺構」『彦根城博物館─歴史展示ガイドブック─』、彦根城博物館、一九八七年。
(5)長谷川銀蔵・長谷川博美・中井均「佐和山城」『滋賀県中世城郭分布調査』五、滋賀県教育委員会、一九八七年。
(6)谷口　徹「佐和山城の絵図」『彦根城博物館研究紀要』第六号、一九九五年。
(7)例えば、舘野克己『日本古代の交通と社会』、塙書房、一九九八年など。
(8)『琵琶湖治水沿革誌』一、琵琶湖治水會、一九二五年。
(9)脇田　修「琵琶湖文化とその移り変わり─近世─」『湖人　琵琶湖とくらしの物語』、同朋舎出版、一九九六年。
(10)太田浩司『近江が生んだ知将　石田三成』、サンライズ出版、二〇〇九年。

第三節　湊をめぐる城館と山城

一　港の支配と管理の歴史

かつて、近江を代表する古墳時代前期の全長一〇〇ｍを超える大形前方後円墳三基と、湖の内湖等を利用した船津あるいは船溜まりとを結びつけて考察したことがあった[1]。さらには、それに次ぐ規模を持つ七〇ｍ級の前期前方後円墳も、湖北と湖南に一基ずつ知られ、琵琶湖を南北に結ぶ航路と無関係ではないことを説いた。また、琵琶湖の南湖東岸を取り上げて、古墳時代中期の大形円墳に代表される首長と湊あるいは船津を関連づけ、後には白鳳寺院である芦浦観音寺に代表される南湖東岸寺院群や葦浦屯倉の存在も湖上交通史の中で位置づけた[2]。

湖上の支配ないし管理といったものがおぼろげながら明らかになるのは、おそらくは弥生時代中期から古墳時代前期にかけてで、列島単位での大きな人や物の移動、準構造船という船の技術革新による積載量の増加と船の安定性に伴ったものと考えた[3]。

本稿では、それ以降の主要な湊と密接に結びついた施設あるいは権力の一部をみていくため、湊に隣接する城館と山城をとりあげ、港の支配と管理が、近江の湖畔における近世城郭の完成を促したことを明らかにしようとしている。

二　湖南の港と城館

(1)　城主矢橋氏

矢橋城は、草津市矢橋町に所在する平地の城館跡で（図2－14）、代々矢橋氏の居城であった。

矢橋氏は、矢橋庄の地頭職を勤め、その菩提寺である大善寺が建暦年中に建立されていることから、その歴史は鎌倉時代までさかのぼる。その矢橋氏が、この地において南北朝の頃から矢橋港の警護を担当していたのである。

戦国時代末に、矢橋安忠は織田信長に所領を没収されて浪人となったが、慶長八年（一六〇三年）、安忠の子忠重は、松永久秀、小早川秀秋らに仕えた後、徳川家康により五百石の領地と共に矢橋の旧邸に戻されている。そして、その子重頼が徳川秀忠に仕えるなど代々徳川幕府に従い、幕末まで矢橋氏はこの地にとどまって明治維新をむかえた。(4)

現在では、明瞭な城の遺構は認められず、わずかに字名と関連する地形からその位置が推定されるだけである。

図2−14　矢橋城跡位置図

(2)　矢橋港

矢橋は、源平合戦のころにあたる寿永二年（一一八三年）、木曽義仲が小舟でここから東坂本へ渡ったり、それを追討する平維盛がこの港を利用したことも『源平盛衰記』などで知られている。これらには矢橋のみならず志那や山田の港も利用されていたが、信長による比叡山焼き討ち後は、対岸の港が坂本から大津に代わったのにあわせて、もっぱら矢橋が琵琶湖東岸の渡船場として利用された。従って、近世には旧東海道の草津宿と大津宿の間の近道として、「急がば回れ」のことわざを生むなど、矢橋から大津・石場などへ至る湖上路が盛んに使われた。そして幕府直属の矢橋氏の管理のもと、矢橋港はたいそう賑わったようである。

写真2−8　矢橋港の常夜灯現況

近江八景の一つ「矢橋の帰帆」で知られる港の跡には、弘化三年（一八四六年）に建てられた身の丈の高い常夜灯が、松の木の間に残っている（写真2−8）。享保一九年（一七三四年）の記録には、二〇〇隻近い船がこの港にあったという。

かつて、この港跡の発掘調査が実施されたことがある。調査によると長さ九〇m、幅三m、高さ一・七mの規模を持つ石積み突堤などが三本検出され、現在も常夜灯と共にそれを見学することができる[5]。

(3)　矢橋城跡

矢橋城跡は、その港の背後の田畑中にある。付近には「城の前町」とそれを挟んで「東出町」「西出」等の字名が残るが、「東出町」には矢橋氏菩提寺である大善寺があり、「城の前町」と「東出町」を取り囲むように二本の川に挟まれた場所が城跡と推定されている[6]（図2−15）。

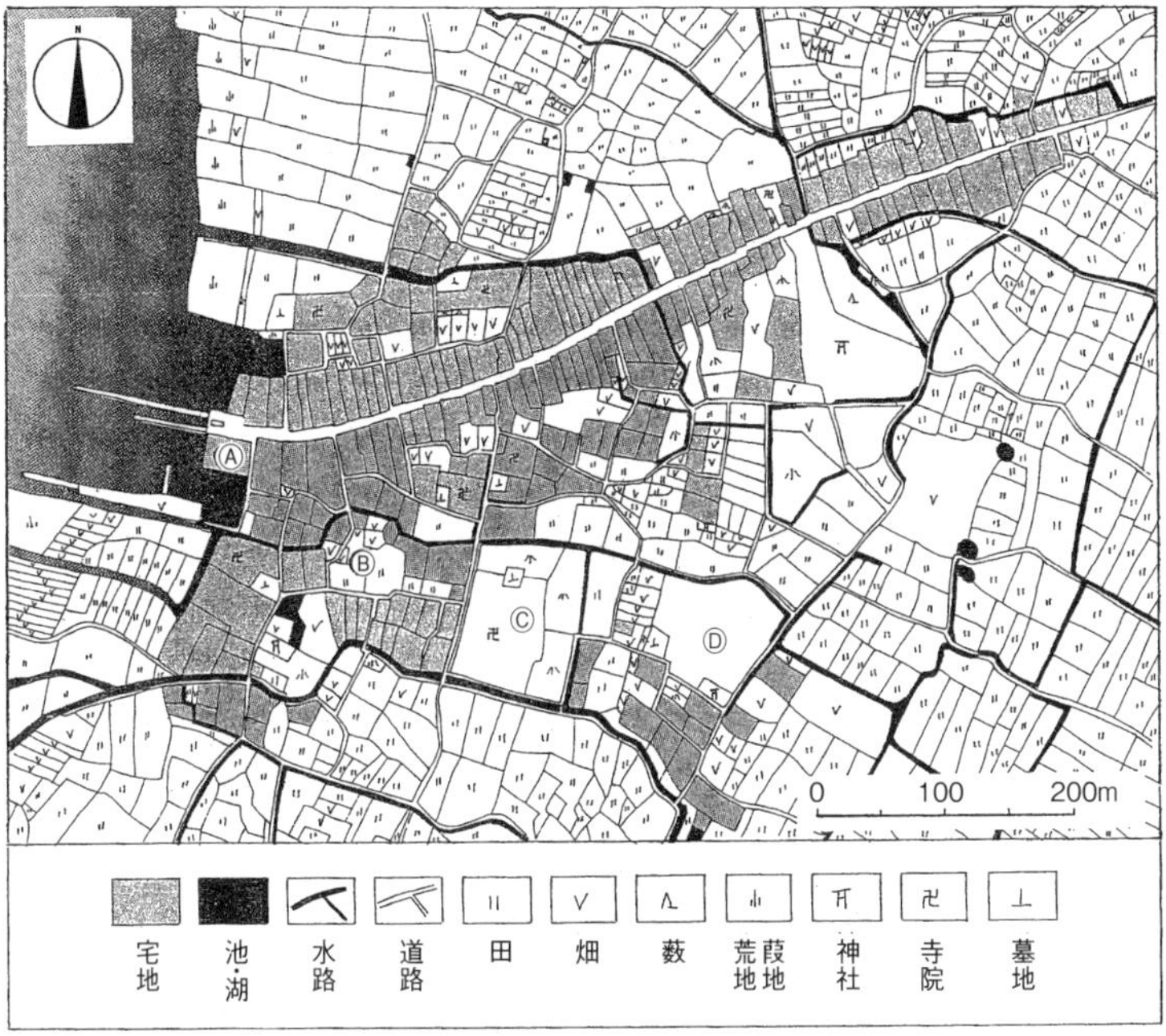

明治初期における地割と土地利用
A—船代官屋敷、B—矢橋城想定地、C—石津寺、D—大善寺跡地
「村全図」の地割を現在の国土基本図に投影して作成。

図2−15　明治初期の地割と土地利用

旧東海道から矢橋港に至るまっすぐな東西方向の道路が矢橋街道であり、その南に矢橋街道とほぼ平行して走る川がある。この幅一間余りの川は、良覚寺付近で北に円形に湾曲し、その南を流れる十禅寺川も稲荷神社付近で南に湾曲する（写真2−9）。これら二本の不自然な形に湾曲した水路に挟まれた地が、城跡に相当する[7]。

現在はほとんど宅地化されているが、良覚寺の東にわずかに残る田面は、その西の地と比べて約五〇cm高く、段差が生じている（写真2−10）。これらのことから良覚寺を含む東西四〇m、南北六〇mほどが城館跡と考えられるが、必ずしも平面が方形ではない。明治初期の『矢橋村絵図』によると[8]、二本の水路が「城の前町」中ほどで南北につながっているこ

写真2－9　矢橋城を画する川

写真2－10　矢橋城跡中心部

とから、石津寺推定地より西にあたる、琵琶湖岸までの東西二〇〇m、南北一〇〇mほどの地区全体が城跡と考えることも可能である（図2－16）。そうすれば、矢橋城の東の守りのため、大善寺と良覚寺の二つの寺院を配置し、西は琵琶湖を巨大な堀としながら、北に隣接する矢橋の港と港町を管理していたとみることができる。

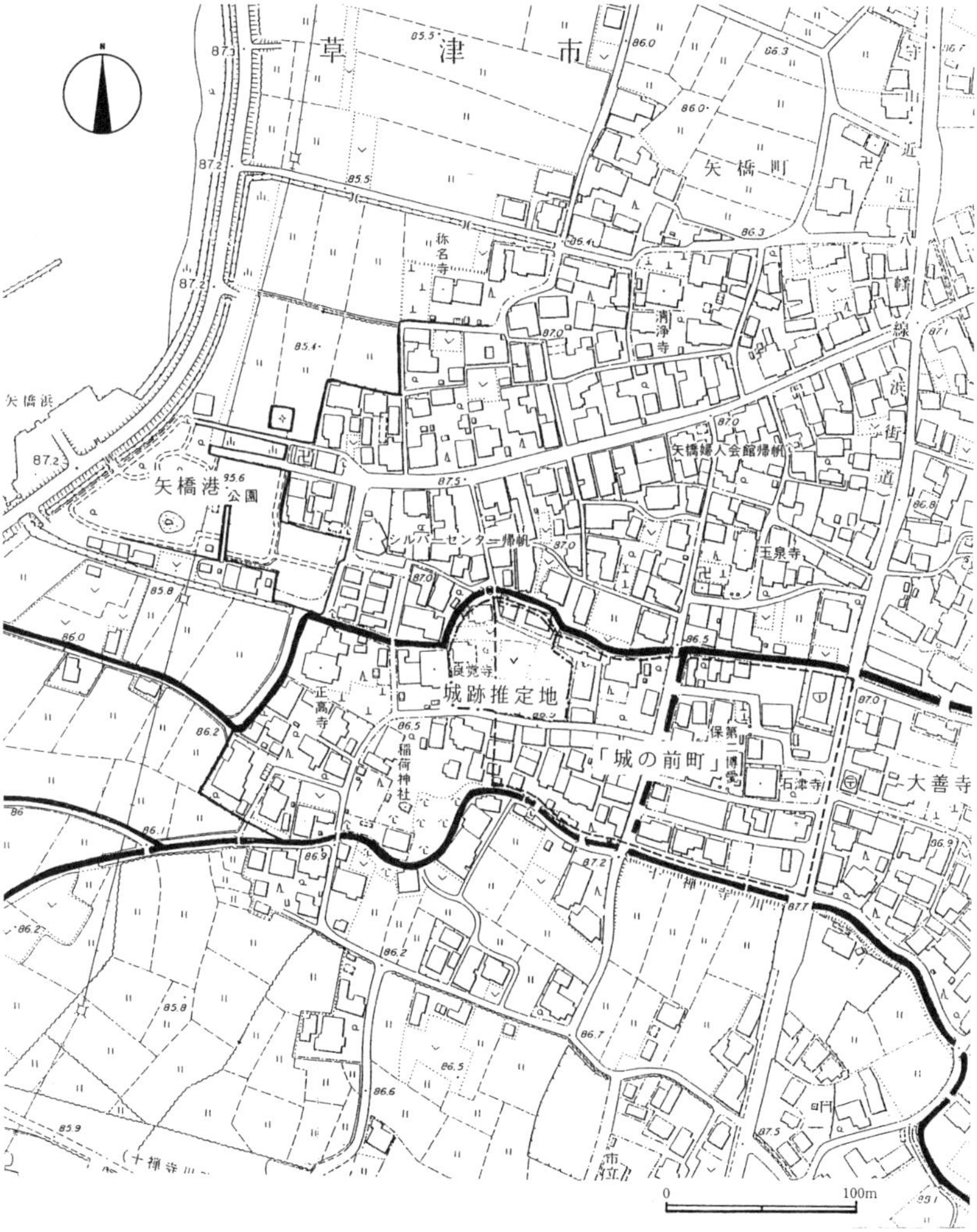

図2−16　矢橋城跡推定地

三　湖北の港と城館

(1)　朝妻湊

朝妻湊は、古代から湖北・天野川河口に設けられた湊として有名で、東海をはじめ東国とをつなぐ陸路と、都に通じる琵琶湖上の水路との結節点として機能した。湊の南には、筑摩御厨が置かれ、古代におけるその食物供献の姿は、地元筑摩神社の春祭り・鍋冠祭の中心行事として今日まで伝えられている。

室町時代には、この朝妻と湖南の坂本とを結ぶ船便がしばしば利用され、天文二年（一五三三年）には、山科言継が一五時間をかけて航行している（『言継卿記』）。

また、南禅寺再建のための飛騨、美濃からの用材が、ここから都へ向けて運ばれるなど室町幕府の料所でもあり、元亀三年（一五七二年）には、信長が北国から大坂本願寺へ向かう諸商人の通行を姉川から朝妻まで禁止している(9)。

(2)　朝妻城

朝妻湊と密接に結びついた朝妻城は、米原市朝妻筑摩に所在する平地の城館で（図2―17）、現在の中島神社付近と考えられており、別名を中島城ともいう。この中島神社は、かつて湖底に沈んだという「尚江千軒」の土産神ともいわれているが、とにかく今は「尚江」村はない。

さて、城主であった新庄氏は藤原秀郷流を称し、俊名の時に近江国坂田郡新庄にて新庄氏を名乗ったという（『寛政重修諸家譜』）。その後、天文年間（一五三二～一五五五年）に八代後裔新庄蔵人直昌が朝妻城を築いて移ったが、応仁文明の乱の時には既に城が築かれていたという説もある。[10] いずれにせよ直昌の子直頼は、六角定頼の攻撃を受けて、ここはその属城になったが、浅井長政が六角氏を破ったことにより、再び直頼が城主となった。[11]

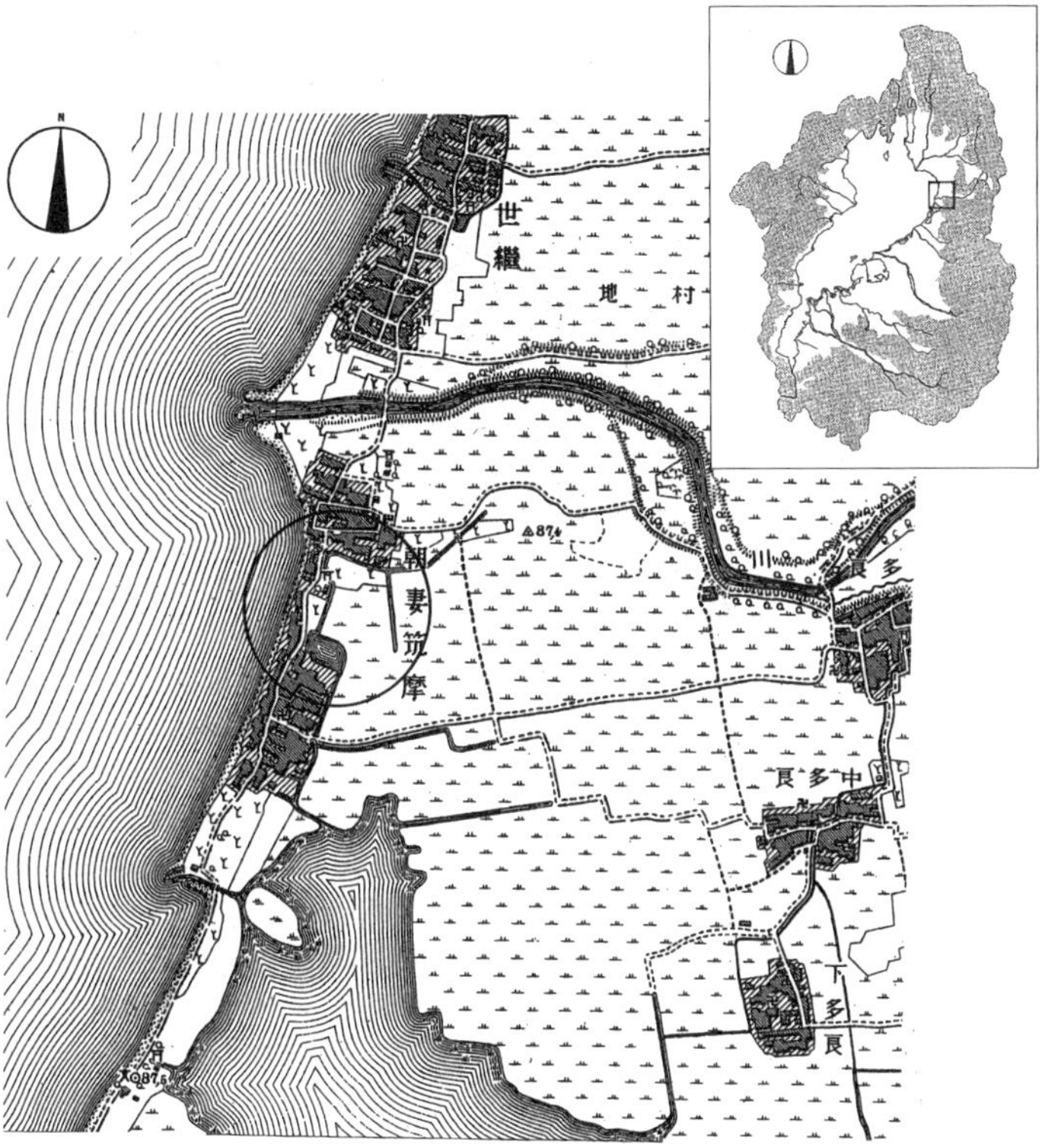

図2−17　朝妻城跡周辺地形図
（大日本帝国陸地測量部明治26年測図を一部改変）

後に、直頼は秀吉に仕えて天正一一年（一五八三年）、摂津国山崎城三万石に移封となり、この城はほどなく廃城となったようである。[12]

天野川河口付近南側の浜堤の上にのる城跡は、通称「殿

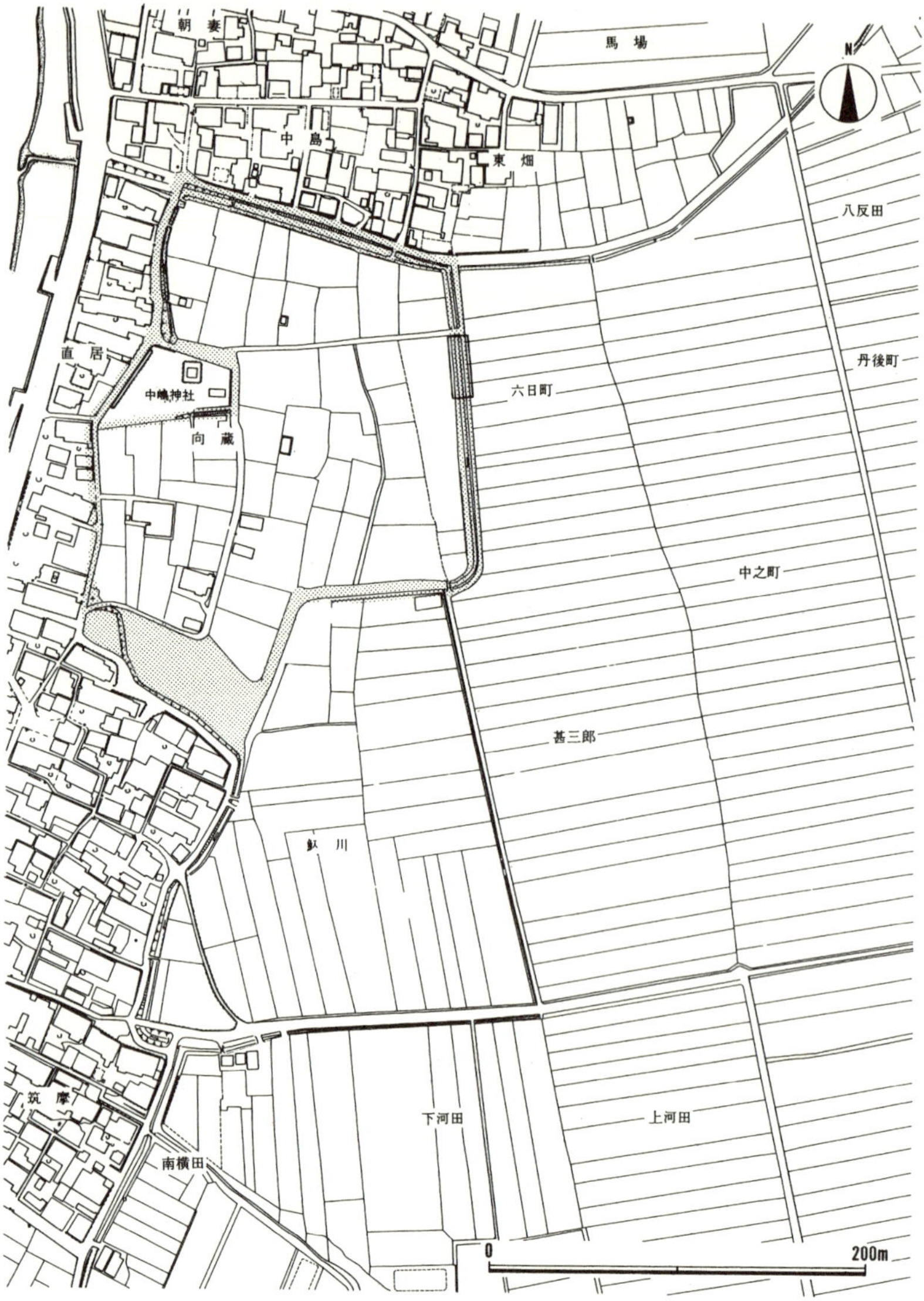

図2−18　朝妻城跡地形図

屋敷」と呼ばれる小字「向蔵」付近と考えられ、南北二〇〇m、東西二〇〇mの方形に堀がめぐっていたというが、今ではその東と南側に水路としてその姿をとどめている(図2―18、写真2―11)。また、この内側の中島神社にはさらに五〇m四方の堀が取り囲んでおり、これが朝妻城の主要な郭に相当し、複郭の方形館構造を呈したものと考えられている[13]。

写真2−11　朝妻城堀跡

ただ、方形城館といいながらも、その平面形は正方形ではなく方形基調という程度であり、また主要な郭部分である字「向蔵」付近も、方形城館の西側辺に偏在し、平面は台形を呈している。そうしたところは、伊賀や甲賀によく見られる単郭方形館城や全国の複郭の城館とは様相を異にしており、必ずしも方形にこだわらないという意味では、矢橋城と相通じるところである。より機能的なところに重点が置かれたと考えられる。

城館の東側は、かつての内湖か天野川の後背湿地で、西は琵琶湖、北に天野川と朝妻湊を控えるなど、その立地は矢橋城に酷似する。

一方で、城館南側の堀の痕跡と思われる水路は、幅広いものとなっており、琵琶湖から入り込んだ船溜まり状を呈している（写真2―12）。後の城郭の舟入につながる前段階の姿を残している好例である。

四　山城と平地城館

(1)　山本山城跡

山本山城は、東浅井郡湖北町所在、標高三二五mの山本山（別名、朝日山）の山頂部を中心に築かれた中世の山城である（図2―19）。

この山本山は、湖北の琵琶湖周辺で最も目立つ山で、かつては漁師の湖上での位置を探る「目当て」であり、今でもその流麗な姿は近江北半のランドマークともなっている。山本山城は、かつて琵琶湖と野田沼、それに山裾をめぐるように流れている余呉川によって三方を囲まれた要衝の地に位置し、晴れた日には先述のことは逆に、琵琶湖の大半を見渡すことができる。今から約四〇〇年前の戦国時代には、この東約五kmの所にある戦国大名浅井氏小谷城の支城であった。

写真2－12　朝妻城船溜まり

元亀三年（一五七二年）七月、織田信長による浅井長政の小谷城攻撃の時、木下藤吉郎は阿閉淡路

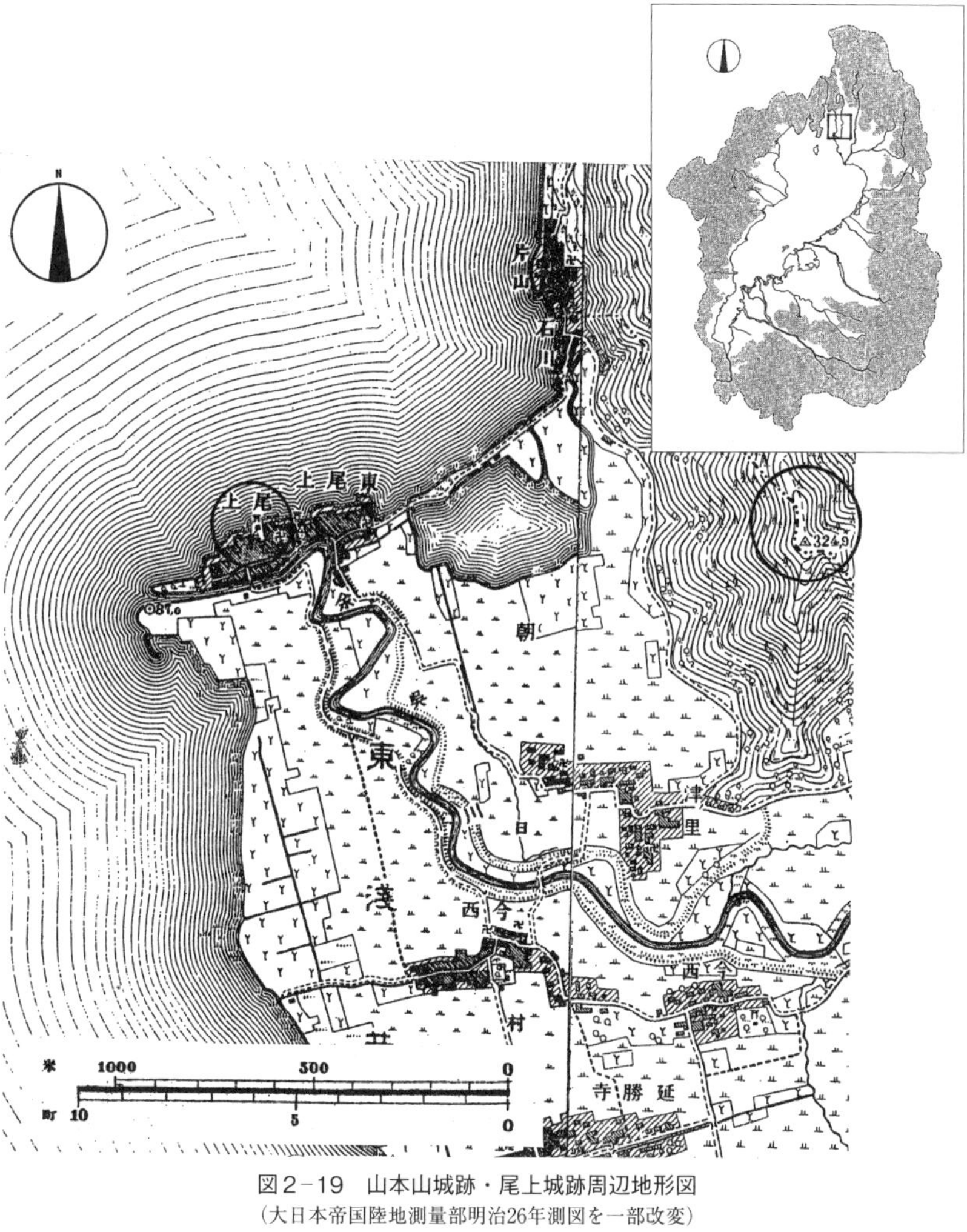

図2−19　山本山城跡・尾上城跡周辺地形図
(大日本帝国陸地測量部明治26年測図を一部改変)

守貞征がつめていたこの城の裾に火を放って攻めたという。翌年の八月に、阿閉氏は信長方につき、これが一つの契機となり小谷城は落城し、浅井氏は滅んだ。後に、この城は山崎合戦のあと明智光秀方となってほどなく廃城となった。

　山本山城は、長方形を呈して高い土塁をめぐらせた本丸を中心に（写真2―13）、尾根上にいくつかの曲輪が北と東に連なり、多くの土塁、九条以上の堀切と土橋、竪堀などがよく残っている。特に竪堀は、本丸の西側の琵琶湖に向かって数条掘りこまれ、その方面からの攻撃に備えた城であることがわかるし、本丸の土塁の高さや東側に広がる三の丸には、その背後である本丸側に相当する西側に土塁が築かれている。これは極めて珍しい例で、このことからも、西側の琵琶湖あるいはその港方面を防護正面としたことがうかがえる（図2―20）。

写真2−13　山本山城本丸

　つまり、本城である小谷城を東に控え、西の守りの要として琵琶湖に面した山本山に支城を築いたのである。余談ではあるが、西側の山麓に広がっていたかつての内湖、野田沼には、近代においては百石船が入り込んでいたともいう。[14]

(2) 尾上港と尾上城

その野田沼に隣接する尾上は、余呉川の河口に位置し古くは「小野江」とも記される湖北の主要な港を備えていた(写真2−14)。ただ、この尾上を山本山城が直接管理したという証拠は、考古学的にも文献上からも知る手だてはない。むしろ尾上には、かつての余呉川河口にあったという舟入が、明

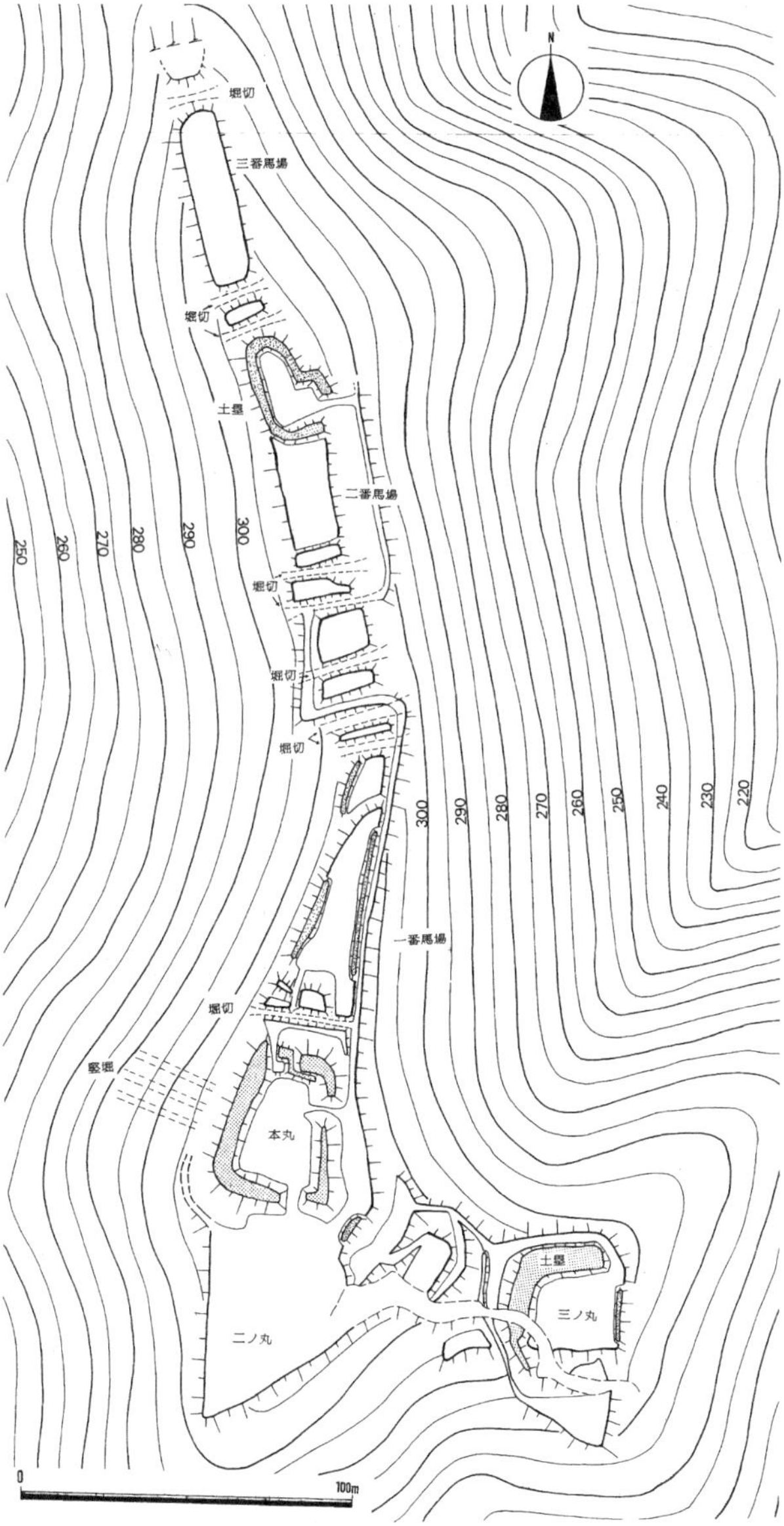

図2−20　山本山城跡遺構図

写真２−14　山本山城から尾上港と尾上城を望む

治初年の絵図から知ることができ、すぐそばに尾上城という平地の城館があった（図2−21）。

尾上城は、京極氏の被官浅見氏の居城であり、大永三年（一五二三年）三月には、京極高延を浅見貞則の「小野江城」に擁したという（『江北記』）。

現在の小江神社付近が城館として知られ、神社西側の滝本藤太夫屋敷跡も含めて有力な候補地である。この付近では、「城ケ石」と呼ばれる礎石らしい石が一二個並んでいたという。余呉川の河口部北側の城跡は、約五〇m四方の方形を呈し、その北側は琵琶湖に隣接する位置にある(15)。

五　港と城館・山城

このように、遅くとも中世後期においては、港の直接的な管理は、地理的にも港に隣接する平地の城館において行われたようであり、山城がそれにとっ

図2−21　尾上城跡地形図

て代わって機能していたという証拠は見あたらない。

しかし一方で、信長による浅井の小谷城攻めにあっては、山本山城の開城が小谷城の落城の直接的契機となったことから、湖上からの物資補給や兵員輸送、通信中継地としての機能は、山本山城が果たしていたとみることができる。

こうした港をめぐる城館と山城の矛盾を解決するため、中世後期のある段階から、長浜城、大溝城、坂本城など、平地城館と山城の機能を併せ持つ城が、琵琶湖畔に築かれはじめるのである。

後に、大手を琵琶湖の内湖に面した側に変更した佐和山城、山裾に舟入を設けて直接琵琶湖に乗り出し、信長が容易に上洛できた安土城、さらには大津城、近世城郭の膳所城や彦根城へと、城と港の機能の直接的結びつきを極めた姿が次第に完成して、幕末まで連綿と続くのである。

注

(1)用田政晴『琵琶湖をめぐる古墳と古墳群』、サンライズ出版、二〇〇七年。
(2)用田政晴「琵琶湖南部東岸の古墳と船津」『考古学論究』(『小笠原好彦先生退任記念論集』)、小笠原好彦先生退任記念論集刊行会、二〇〇七年。
(3)用田政晴『信長　船づくりの誤算―湖上交通史の再検討―』サンライズ出版、一九九九年。
(4)『近江栗太郡志』巻弐、一九二六年。
(5)丸山竜平「矢橋港跡遺跡発掘調査報告書」『びわ湖と埋蔵文化財』、水資源開発公団琵琶湖開発事業建設部、一九八四年。
(6)『滋賀県中世城郭分布調査』三、滋賀県教育委員会、一九八五年。

（7）岩間一水「渡津集落—琵琶湖湖岸矢橋の場合」『歴史景観の復元—地籍図利用の歴史地理—』、古今書院、一九九二年。
（8）草津市立街道文化情報センター『古地図に描かれた草津』、草津市、一九九三年。
（9）中井　均「朝妻城」『城と湖と近江』、「琵琶湖がつくる近江の歴史」研究会編、サンライズ出版、二〇〇二年。
（10）古野四郎「新庄氏と朝妻城」『ふれ愛』、米原町、一九八四年。
（11）滋賀県坂田郡教育会編『改訂近江國坂田郡誌』第三巻、一九四一年。
（12）注（9）に同じ。
（13）中井　均「朝妻城跡について」『ほ場整備関係遺跡発掘調査報告書』XⅡ—七、滋賀県教育委員会・財団法人滋賀県文化財保護協会、一九八五年。
（14）中井　均「山本山城」注（9）文献。
（15）中井　均「尾上城」注（9）文献。

第四節　近江城郭研究の現状

一　はじめに

たくさんあることのたとえに「ごまんとある」と言うが、近江には中世城館が千三百カ所、全国では「五万」ともいわれている。そんな城を中心に扱ったのが、中井均著『近江の城―城が語る湖国の戦国史―』である。これは、地方の出版社から出された地域史であり、滋賀県ではすでにおなじみとなった『淡海文庫』の一冊ではあるが、この地域だけで読まれるにはあまりにも惜しい。著者（中井）の弁によると、滋賀県の高校生以上の人に読んでもらい、理解してもらえるよう意図したとのことであるが、本文は、全国の城郭研究者のみならず広く歴史ファンにも紹介して読んでいただきたいという動機と、この書物の紹介によって近江における城郭研究の現状をふりかえろうとしている。

評者（用田）自身は、地面を掘らなくてもその内容がしばしばわかる古墳と城がただ好きな考古学徒である。従って、城の一ファンとして感想を交えながら述べていきたい。

この著者は、かつて米原市教育委員会で孤軍奮闘していた埋蔵文化財担当の技師であった。これまで湖辺の縄文時代の遺跡から近世の町並み保存にかかる調査まで多くの報告書をものにし、業績をあげていたが、一方で、織豊期を中心とする城郭研究者の一人でもある。「城」という字は「土」で「成」ると書くというのは、今や著者の講演などでの口ぐせのようになりつつある。石垣や瓦を多用しない中世の山城こそが、日本の城の大半を占めることを説明するためのたとえではあるが、小和田哲男に言わせると、「成」は「盛」に通じることから、「土を盛ったものが城である」といい、「城」は甲骨文字で城壁と望楼を意味する説もあるという。[2] 一方、本義は「民を盛り容れるもの」の意味で、「土」「成」とを合わせて「都邑」の周囲に設けた「障壁」を表すという。[3] つまり「都市を囲繞するくるわ」ということになり、[4] 字源的には、中国の都城制が第一に浮かび、「城」は、日本では中世の城の「惣構」のことを指すことになる。

本書著者の興味は、織田、豊臣系の城郭分布地域にとどまらず、北海道のチャシ、沖縄のグスク、朝鮮半島の倭城、ヨーロッパや西アジアの十字軍の城にまで広がっている。その著者の「はじめに」によると、「多様な近江の中世城館跡の分布や構造そのものから、従来、文書で明らかにされることのなかった湖国の戦国史の再検討を試みるものである」という。そうした試みがこの書物では成功している。

二　あらまし

本書の目次を順にたどっていくことにする。

「第一章　甲賀の城・湖北の城」では、近江の中でも特に特徴的な分布と構造を示す城館群として、湖南にあたる今の甲賀市地域と湖北地域を取り上げている。

甲賀市内では、近江の国の実に四分の一にあたる三〇〇もの城館跡が知られている。この地域では一つの村に複数の城館があり、しかもおよそ一辺五〇m内外の方形プランで、周囲に土塁と空堀がめぐるという単純な構造のものが大半である（図2―22）。これらは、中世甲賀にいた多くの在地武士で、擬制的血縁組織を形成していた「同名中惣」、あるいはその後の「甲賀郡中惣」という地域連合と結びつけて説明する。このような在地小領主の連合体による合議制の村落支配の結果が、単郭方形館タイプという同規模、同形態の城館群を生んだのである。

いわゆる方形居館は鎌倉武士の館にはじまり、さらには古墳時代の豪族居館の系譜を引くかも知れないが、これらは完全な平野部のそれであり、条里地割に依る「方一町」の規制を受けたものである。そうした意味では、甲賀の方形城館とは立地的にも規模的にも区別して考えておかねばならない。

一方、湖北、特に長浜平野では、ほぼ大字単位で集落の中心に城館が位置し、山城はほとんど見られない。農業生産力の高いこの地域では農民が力を持っており、領主が村落内に居館を築き、居座ることによってのみ水利慣行を中心とした領主権力を維持できたあらわれであるという。そしてその居

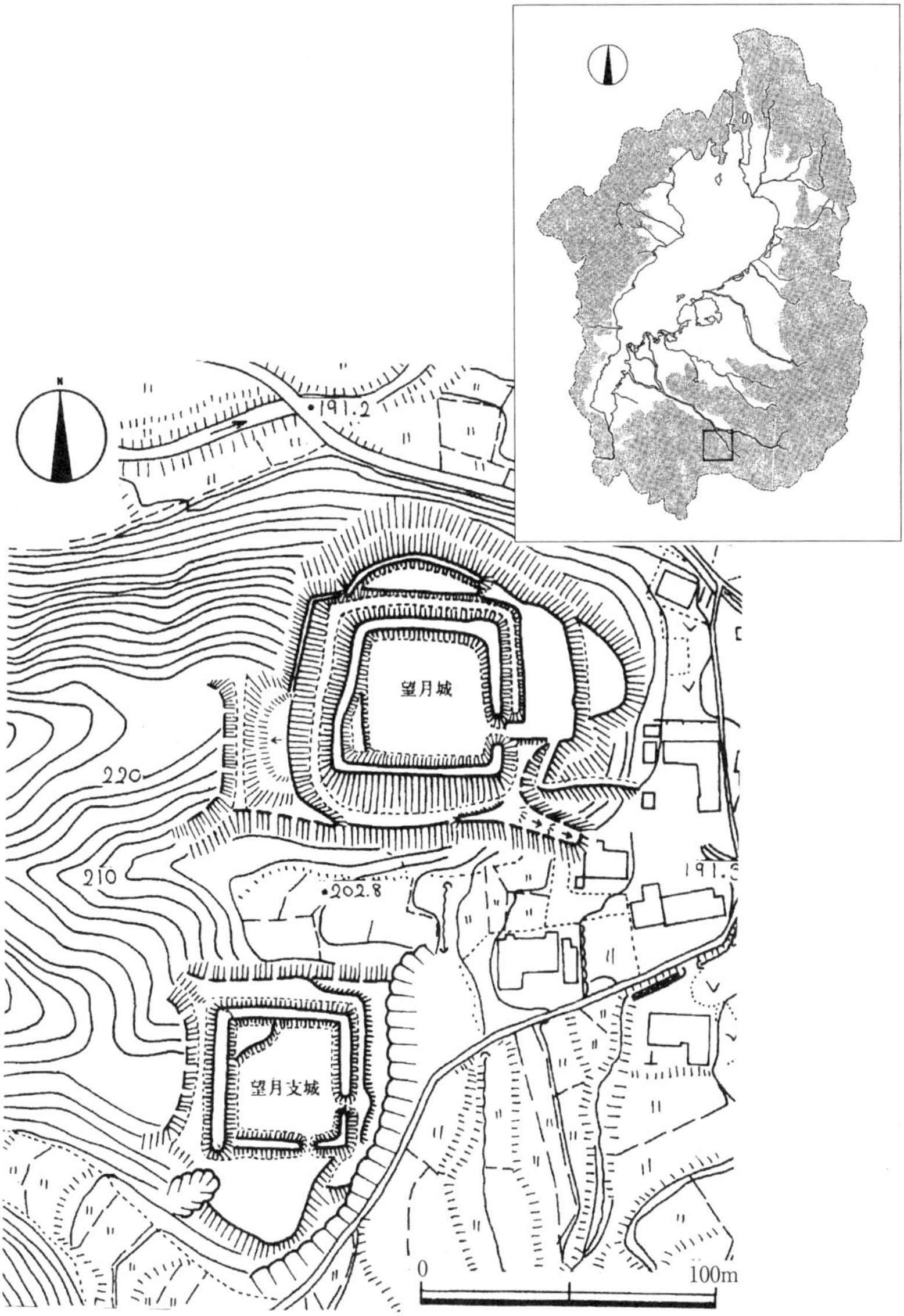

図2−22　甲賀の方形城館跡・望月城跡

館が、村落のどの位置にあるかをみることによって、その村落に対する権力の度合いがはかれるという。

ところが湖北の中でも坂田郡の山頂部には、多くの山城が残っている。これらは近江と美濃との国境に近く、また近江南半の守護佐々木六角氏と北半の京極氏（後には浅井氏）とを分ける地域に位置する国境守備の城跡群と位置づける。

これら北と南の城館群の在り方は、前方後円墳のそうした分布と規模などの理解の一助になる。ただ、特に湖北の場合は地理的条件に左右されたものであり、単に山があれば山城があり、なければ平地に城館があるということではないかとも思われる。

「第二章　戦国大名の城郭」では、近江守護佐々木六角氏の観音寺城、京極氏の上平寺城、浅井氏の居城小谷城を取り上げている。

千にも及ぶ曲輪がすべて石垣によって築かれた観音寺城は、城域を高石垣で構築した山城の鏑矢として位置づけ、防御より居住性に重点を置いた日本国内最大級の中世城郭という。そしてその背後には、近江の生産力の高さがあったという。

伊吹山の支尾根上にある上平寺城は、京極氏の本城であるが、地元に伝わる絵図と現地に良好に残る遺構から一六世紀の早い段階で山城、居館、城下町が伊吹山麓に形成されていたことを示す好例である。

また小谷城の構造と周辺の城の分布、特に越前との国境付近にかけて、山城は全く築かれていないことなどから、信長との関係を断ち切り、朝倉氏にくみしたことが読み取れ、しかも同盟というより上下関係にあったと見ることができるという。

筆者も二〇年以上前に、小谷山に一〇〇回以上登った。その時に、最頂部にある大嶽と呼ぶ曲輪群の裏から北側急斜面を一直線に麓まで下る一条の竪堀を見たことがある（本章第一節）。当時、いわゆる「越前忍道」につながる非常脱出用の滑り下り通路と判断したが、この存在も北の朝倉氏との関係を物語るものである。

「第三章　石垣・寺院・城郭」では、穴太積み石垣、城として利用された敏満寺・弥高寺、湖東三山の寺院、寺内町を城郭史の観点から再検討している。

現在の石垣研究では、天正以前から元和年間までのおよそ五〇年間を五段階にまで分けて見ることが可能であるという。そういう中で、安土城の石垣は穴太衆が積んだものでなければ、穴太積みでもないらしい。現在、伝承される穴太積みはあくまで現代の穴太積みであるという。当時、巨大な中世寺院が独自に石工集団を抱えており、それらが動員されて安土城の石垣ができあがったと見るのが妥当なようだ。

このように、寺院が戦国の世に巻き込まれた例を敏満寺と山岳寺院の弥高寺に見る。寺院の一部を改修ないしその一角に新たに城郭を築くことは、領域支配に有効であるとする。あわせて天台密教寺院であるいわゆる湖東三山の城塞化などについても触れている。著者は、「聖なる場所に城郭を構えることによって初めて村人に対する支配が有効になり得た」と解釈しており、金森や三宅は、真宗道場を中心に発達した近江の寺内町であるが、これらを山門を中心とした攻撃に備えた環濠城塞都市であると位置づけ、戦国時代を民衆史から評価する好材料であると説いている。

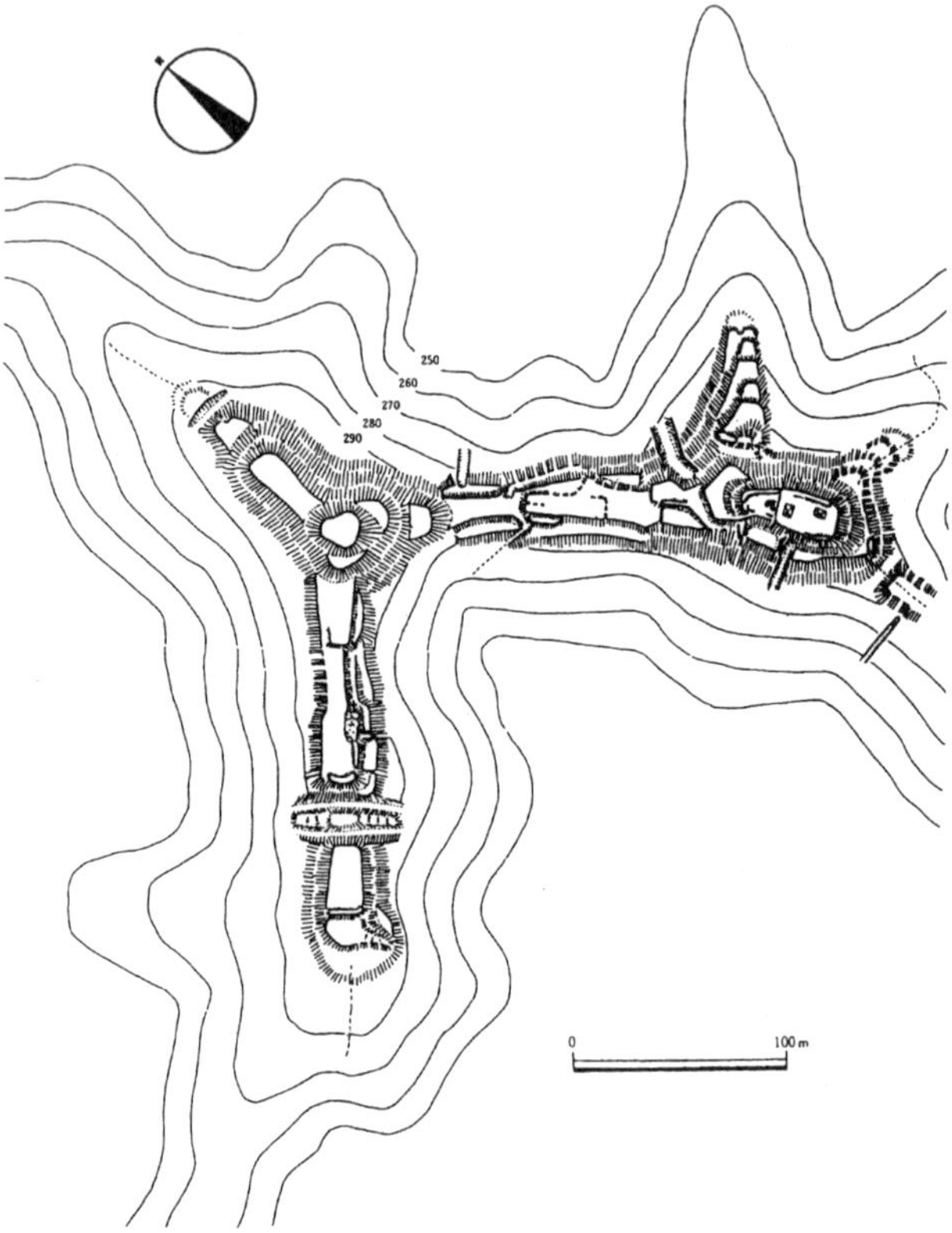

図2−23　横山城跡概要図

「第四章　信長・秀吉と近江の城」では、信長・秀吉に関係するいくつかの城郭の再評価を行っている。江北と江南を分ける佐和山城は、実質的に信長の居城であった。ここは安土城と同様に琵琶湖の内湖に面した山城であり、港を備え、街道を取り込んでいた。信長自身は、その生涯の最後まで山城にこだわり、山をおりなかったのである。

浅井氏の小谷城攻めに使った横山城は（図2−23）、北城と南城に分かれるいわゆる別城一郭プランであるが、その構造から、秀吉は南城を新たに築城して本営を置いたとする。

近世城郭の始祖と評価される安土城の選地にあたっては、陸上交通の要衝であることに加え、湖上交通の拠点・常楽寺港があったこと、商業活動が活発な地域であることを重視したようである。著者は、石垣の構築と礎石建物、天主(守)の出現、城内での寺院の建立など信長の権力誇示のための「見せる城」として安土城を評価している。安土の城下町にあっても、その繁栄を図るための新道の開設などに力を注いだようである。

信長は、琵琶湖の回りにいわゆる「後ろ堅固の城」を配置している。安土城以外に、長浜城、坂本城、大溝城がそれで、防御より近世的な城下町の形成を意図し、かつ湖上交通の要衝を押さえたものであった。制海権の掌握である。これを「湖の城」の城郭網と呼んでいる。

著者はまた、羽柴秀吉と柴田勝家の賤ヶ岳合戦をわが国合戦史上、他に例を見ない城郭戦であるといい、それらに関わった城はまさに賤ヶ岳城塞群と呼びうるものだという。勝家軍の城郭が、本営以外は単郭の単純な構造であるのに対し、秀吉軍のそれは複雑で巧妙な構造である。ただ勝家軍は城を結ぶ軍道を整備している。攻撃用の勝家軍の諸城に対し、防衛用の秀吉軍の諸城と評価する。

近江では、秀吉の政権後の天正一三年(一五八五年)、時代に逆行するように山城が築かれたり、山城の城主交代がある。これらは、後北条氏に対する備えとして、近江が大坂の東側防衛拠点として位置づけられていたためで、信長の「湖の城」城郭網に対し、「山の城」城郭網の完成と呼んでいる(図2—24)。

ただ、これらの城、特に山の三つの城を線で結んで三角形の「網」と呼ぶことにはさほど意味がなく、また後北条氏など東国の勢力に対応したものなら、主要街道を抑える関所のように理解するだけで十分と考えられる。今後の課題でもある。

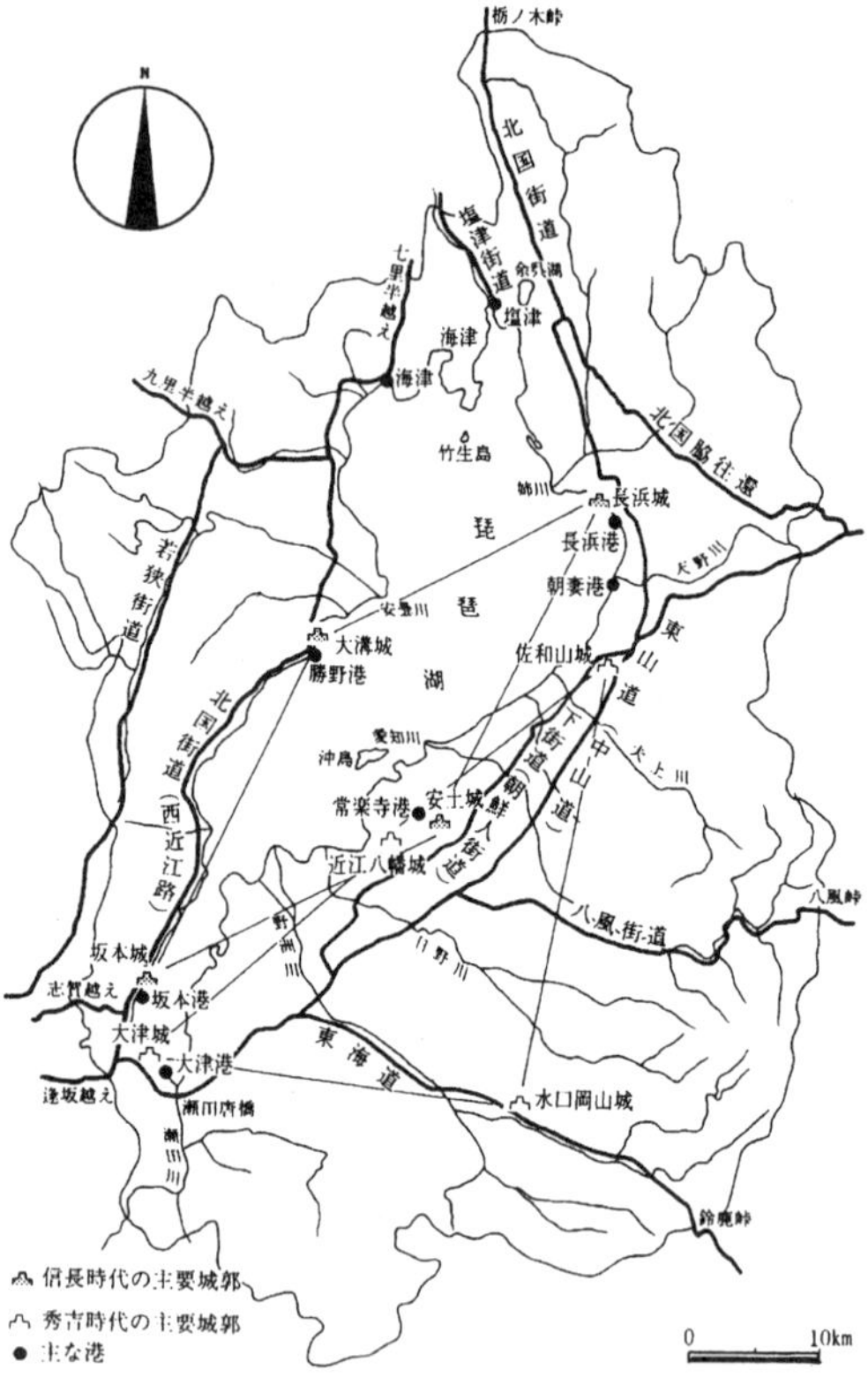

図2−24　信長・秀吉の主要城郭配置

「第五章　よみがえる近江の城」では、文献資料も伝承も残されていない城跡で、その構造から歴史が明らかにできた例や発掘調査によって城の機能が判明した例を取り上げている。

前者では、その構造の中でも「角馬出し」「重ね馬出し」「枡形虎口」に注意を払い、後者では発掘によって石造りの城であることが判明した例をあげ、その石垣の特徴から築城を天正初年と推定している。そして、下街道（後の朝鮮人街道）を守備するため信長が築城を命じたと考えている。また、発掘によって出土した瓦の同笵・同紋関係から、織豊期の城郭政策、いくつかの城郭の年代、移築等を明らかにしている。

最後に、佐和山城と彦根城という近接した中世と近世城郭の代表を取り上げ、特に彦根城が、その縄張りや構造から近世城郭の教科書的構成となっていながらも中世城郭の到達点にあると説く。

三　総括

本書の個々の説明は、織豊期を中心にした著者のこれまでの縄張り研究の成果を踏まえて、城郭の縄張りおよび石垣、虎口等、部分構造の詳細な観察と検討が基礎となっている。これらをもとに各部分の編年観から年代を推定し、考察している。従来、我々が知りうる城郭の遺構は、廃城直前の最終段階のものと考えるが、今日の城郭研究はこれらを超えるものであることを知ることができる。

そして各地域の城郭群を評価し、近江という地域史のみならず日本城郭史、戦国史とでも言うべきで単純化したわかりやすい歴史叙述を行っている。

著者は、この本と相前後して『滋賀県の歴史』(5)の中世を担当執筆している。考古学を学ぶものが中世史の部分を担当するということは、当然のことながら文献史学の豊富な知識や能力を必要としているが、そういう意味では最もふさわしい担当であるし、本書でもそうした史料をふんだんに駆使して構成されている。逆に言えば、中世ともなると、文献史の成果を踏まえた上で考古学的に城郭を評価していくことが、我々にも必要だと教えてくれている。

この本に描かれた戦国時代は近江の地域史であるが、近江という地域が戦国時代の政治史上、重要な地域であったため、本書に登場する守護大名、戦国大名をはじめ多くの武将たちの名前は、教科書等でもよく知られている。また、幅広い著者の見識から近江以外の城郭も類例として多く紹介されており、他地域の読者にも理解しやすいものとなっている。

しかし、そうした時はよけいに、在地領主、土豪、地侍、国人等の用語について、少なくとも混在は避けたいところであるし、枡形虎口、畝状竪堀、横矢、馬出し、折れ、食い違い虎口、蔀土塁、切岸等の城郭用語の説明も、図をまじえて最初に説明が欲しかったところである。

また、都市、隷属、制海権、テクノクラート等、比較的わかりやすいながらも慎重な使用法が求められる用語が気になるものの、一般向けの本や雑誌、市町村史あるいは博物館図録など、とにかくどんな印刷メディアであろうと難解な論文を載せている考古学や歴史研究者が多い中にあって、地方の教育委員会にあったものが、地元の一般の人々向けにわかりやすく書き下ろしたという点がこの本の最大の特徴でもある。

注

(1)中井　均『近江の城―城が語る湖国の戦国史―』、淡海文庫九、サンライズ印刷出版部、一九九七年。
(2)小和田哲男『戦国の城』、学習研究社、二〇〇七年。
(3)諸橋轍次「城」『大漢和辞典』巻三、大修館書店、一九五六年。
(4)注(3)に同じ。
(5)中井　均「近江守護職佐々木氏」「戦国回廊近江」『滋賀県の歴史』、山川出版社、一九九七年。

第二章　山寺と信仰

第一節　伊吹山・霊山の山岳寺院研究

一　はじめに

近江は、天台密教発祥の地・比叡山を擁しながら真言、観音信仰や真宗寺院の繁栄など、およそ古代から近世に至る仏教信仰やその産物の理解なくしてその歴史は語れない。特に、古代末から国家にかわって有力な寺社勢力が荘園経営につとめるようになると、いくつかの天台寺院は琵琶湖の主な港を管理し、湖上の交通路を掌握するなど、近江では国家にもかかわる権力ともなる。

こうした密教は、原始的な山岳信仰が仏教と結びついてはじまり、近江一の高峰・伊吹山とその南向かいの霊山は、そうした修行の場となって、多くの山岳寺院が知られている（図2―25）。

ここでは、それぞれの山を代表する弥高寺と松尾寺を取り上げ、坊跡群の立地や構造などを整理して、その山岳寺院遺構の特質を明らかにする。そして、伊吹山・霊山を中心とする湖北、湖東における山岳寺院の歴史的展開モデルを提示する。(1)

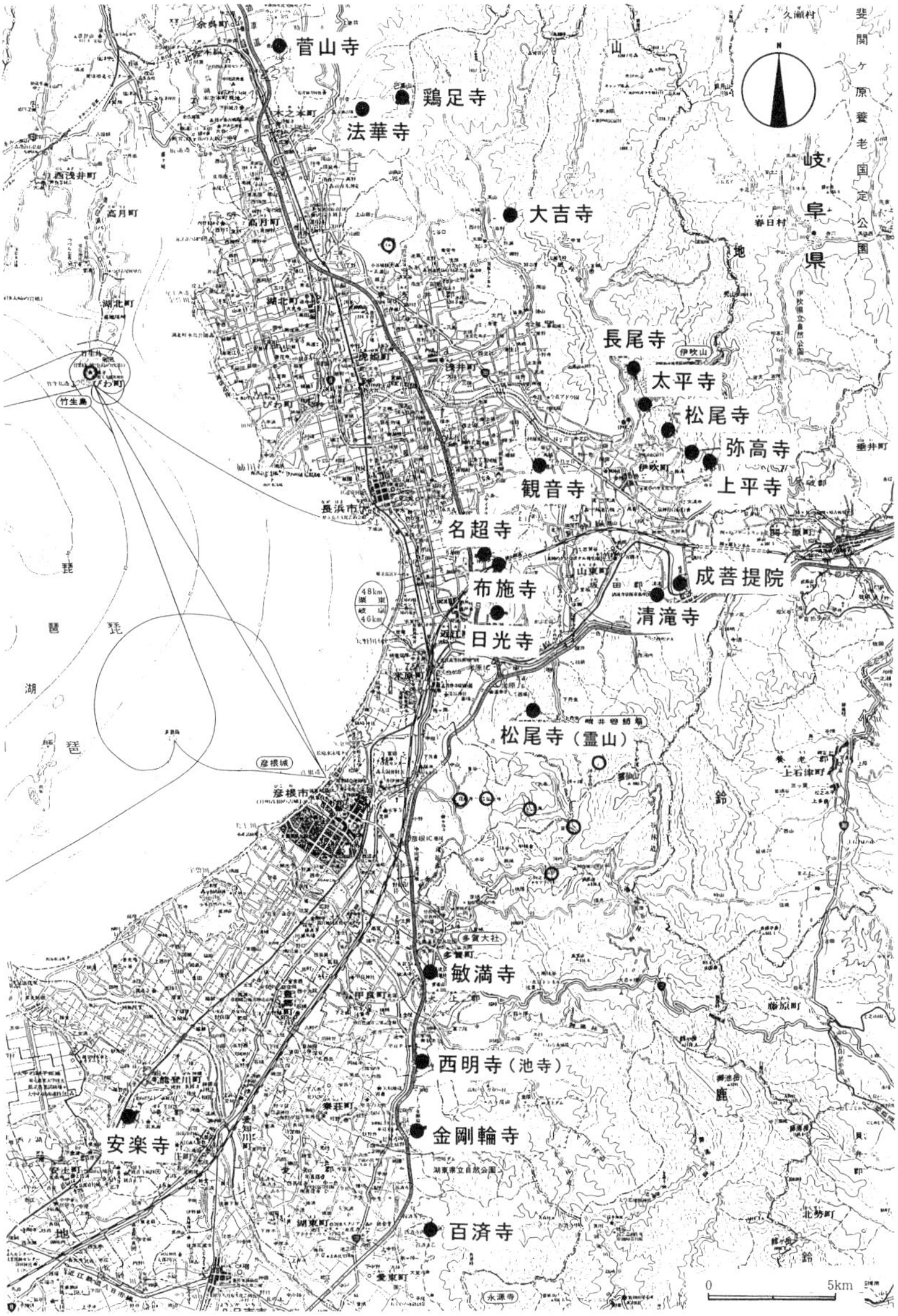

図2−25　伊吹・霊山を中心にした山岳寺院

二　弥高寺と松尾寺の構造

(1) 弥高寺跡

伊吹山は、古くから山岳仏教の聖地として知られ、平安時代初期には比叡山、神峯山、金峯山などと共に七高山の一つに数えられていた。その伊吹山から南に張り出す尾根の中ほど、標高約七〇〇m付近に築かれた山岳寺院が、「弥高百坊」と地元の伊吹町(現、米原市)では伝える弥高寺跡である。

弥高寺は、仁寿年間(八五一～八五四年)、三修によって建てられた「堂舎」にはじまり、後に定額寺となった伊吹山寺の系譜を引く。太平寺、長尾寺、観音寺と共に伊吹四大寺と称して伊吹山寺の中心寺院になるが、永正九年(一五一二年)六月、兵火のために消失した。しかし、天文九年(一五四〇年)の文書には弥高寺の坊名が残っており、天正八年(一五八〇年)になって山の西麓へ降りたともいわれている。[2]

一〇七を数える坊跡、あるいは後に築かれた曲輪群のうち、東西約二五〇m、南北約三〇〇mの範囲に六六の坊跡が集中し、「本坊」跡を頂点として(写真2－15)、山の斜面下方へ扇形に広がる[3](図2－26)。「本坊」跡は、標高七一四m地点にあり、およそ東西約六八m、南北約五九mを計る。ここは二段からなり、基壇状部分には、最大で一辺一八m四方の南面する建物を想定することができる。その他の坊跡は、平均して二〇×一五m程度で、中央の「本坊」へ続く道をはさんで東西に規則的に展開する。坊跡群への入り口には、「門」「大門」という二つの門跡が石積みと共に残り、「本坊」跡

写真2−15　弥高寺「本坊」

の東側には、池を持つ坊跡、その先には「入定窟」（別名、「石室」）を備えた「行者谷」がある。

「本坊」跡の北西背面には墓地が広がり、石仏や五輪塔が四群に分かれて七〇基以上残されていた。この付近の一部を試掘したところ、一三世紀後半から一五世紀末・一六世紀初頭にかけての瀬戸・美濃あるいは常滑の蔵骨器、それに土師皿や青磁碗が出土し、特に一四世紀後半の常滑焼大甕には再葬されたと思われる人骨、炭、灰が詰まっていた。

(2)　松尾寺跡

伊吹山の南、旧東山道をはさんでそびえる霊山は、近江四高山の一つとして知られ（『近江温故録』）、米原市の松尾寺はその霊山七カ寺の一つであって、奈良時代の僧泰澄（六八二〜七六七年）による開基伝承も残る。また、

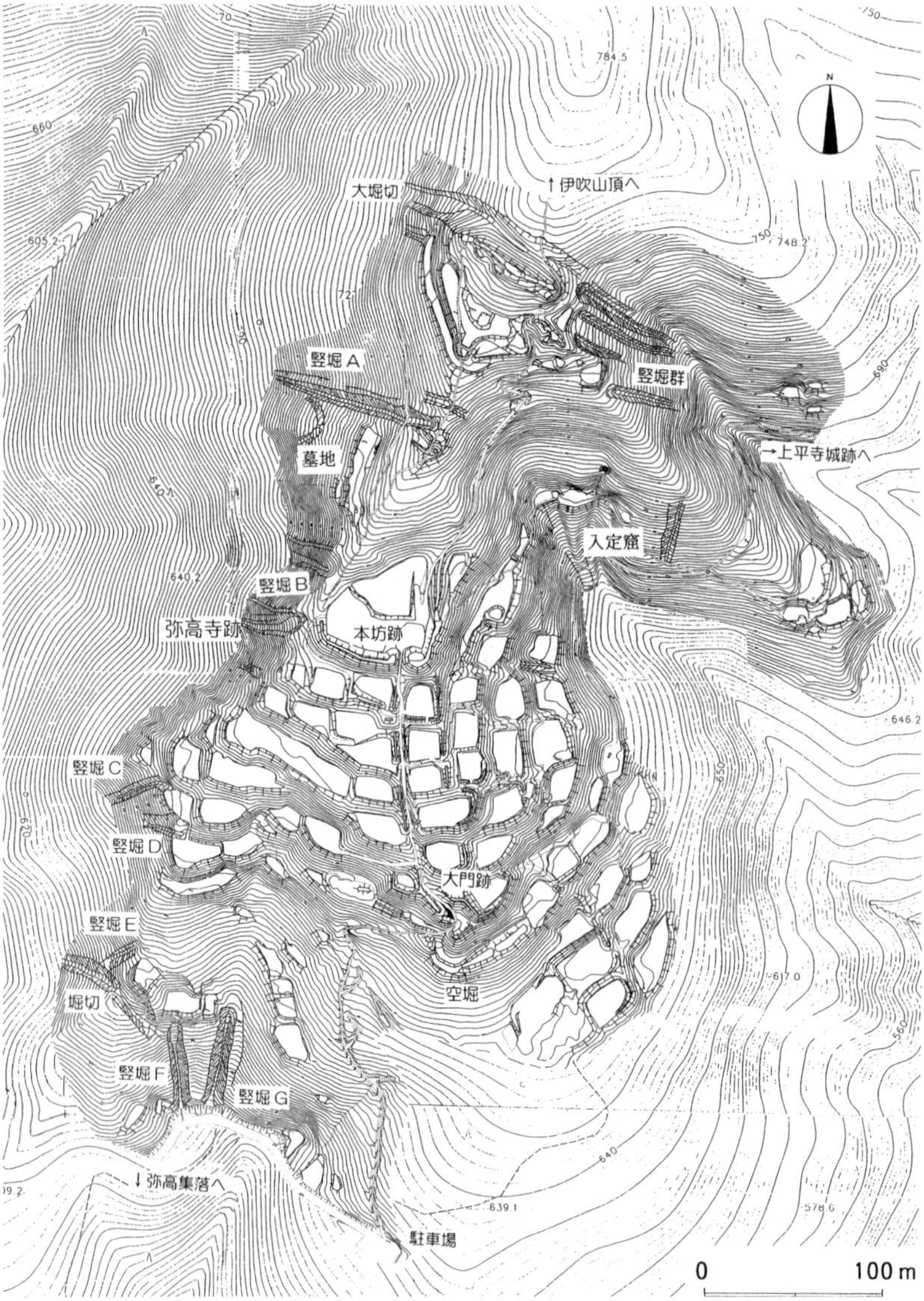

図2-26　弥高寺跡遺構図

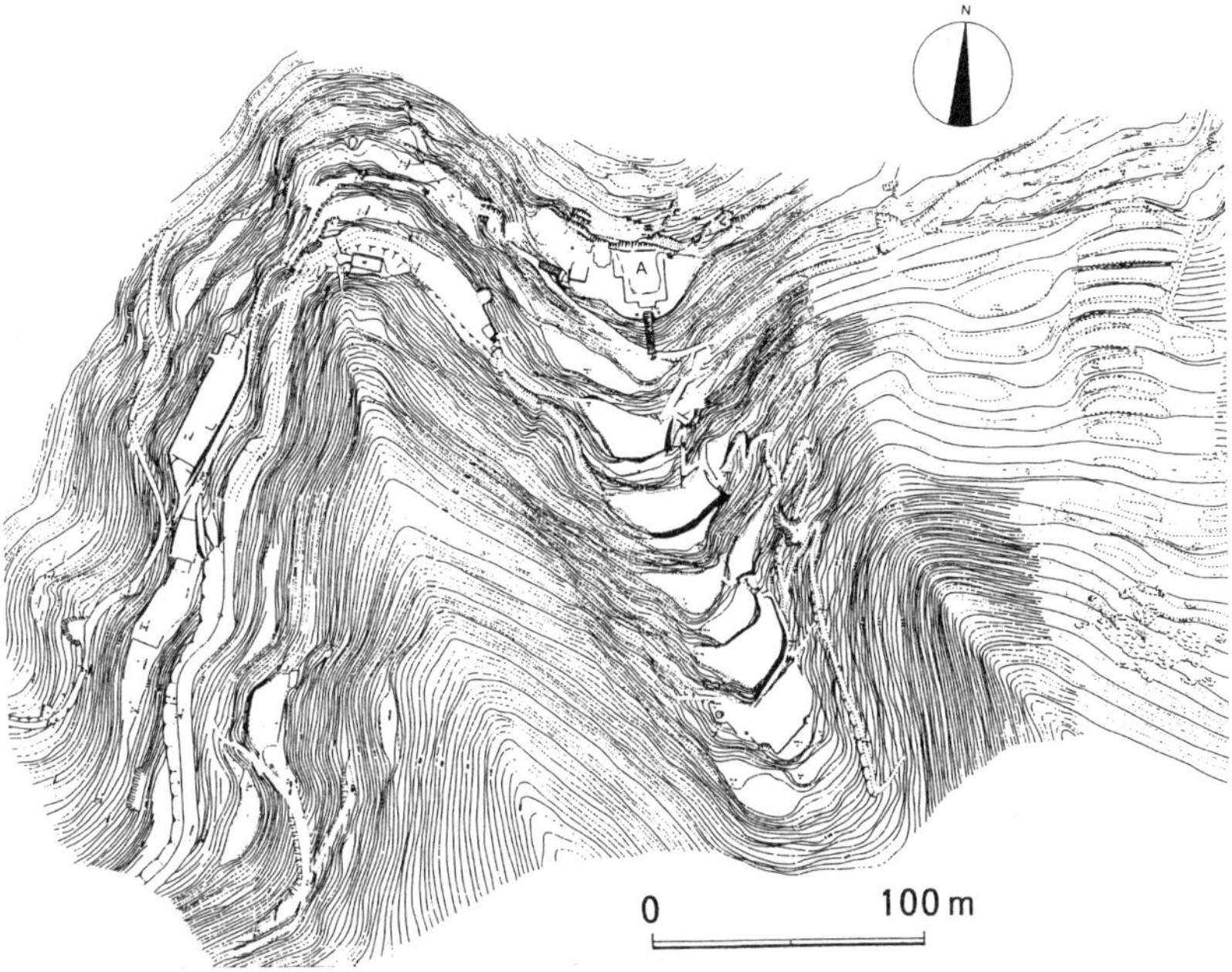

図2−27　松尾寺跡遺構図

神護景雲三年（七六九年）、宣教大師が精舎を開いたといわれ、元慶年間（八七七～八八四年）に三修上人の弟子・松尾童子が再建したとも伝える。

霊山山系の一つ、松尾山の山頂から八〇mほど下った標高四二一m付近に本堂跡があり、明治以降は六坊のみとなっていたし、山上には、昭和五六年（一九八一年）の豪雪で倒壊するまで本堂も残っていた。

東西二〇〇m、南北三〇〇mの尾根上に、五〇以上の坊跡が尾根線に沿って、平面形は星状に展開する（図2―27）。本堂付近では、発掘調査によって九世紀後半から一〇世紀中頃にかけての遺物が多く出土する。[4] 明治以降に残った六坊では、山畑、林業、製茶、製炭による自給自足的な生活を送っていたが、鐘楼が昭和二二年（一九四七年）に消失し、住職も昭和二七年（一九五二年）に麓へ降りている。

三　山岳寺院の特徴

伊吹山・霊山を中心とする湖北・湖東の山岳寺院の多くは、通例にならって山頂から少し下りたところに本堂を設け、それを中心として展開する。弥高寺や松尾寺は先述の通りであるが、長浜市大吉寺も標高七五〇mの天吉山から少し降りた六五〇m付近にある[5]。

寺は広い本堂跡を中心に、小さな坊跡が下方に展開し、その規模においても本堂跡は他と隔絶している。ただ、下方への展開には二つの類型があり、その平面形が扇形に広がる弥高寺や米原市長尾寺[6]（図2―28）、米原市観音寺[7]（図2―29）などと、いくつかの尾根上に星形に広がる松尾寺をはじめ、長浜市大吉寺（図2―30）、木之本町鶏足寺[8]（図2―31）などの例があり、平面形は星形が扇形配置より年代的には古い段階のものである。

坊跡群の平面配置が星形に広がるのをここでは「古代的展開」と呼ぶ。そして扇形は仮に「中世的展開」としておくが、その「中世的展開」の場合、坊跡群の真ん中を直線的に南北方向へ走る道があり、南端が門跡になる。そして道の正面、中心部分には本堂跡があり、二段構成となり奥が一段高い。それが建物基壇として利用されたようであることが、弥高寺、長尾寺、東近江市百済寺旧本堂[9]（図2―32）などの例からわかる。

図2-28　長尾寺跡遺構図

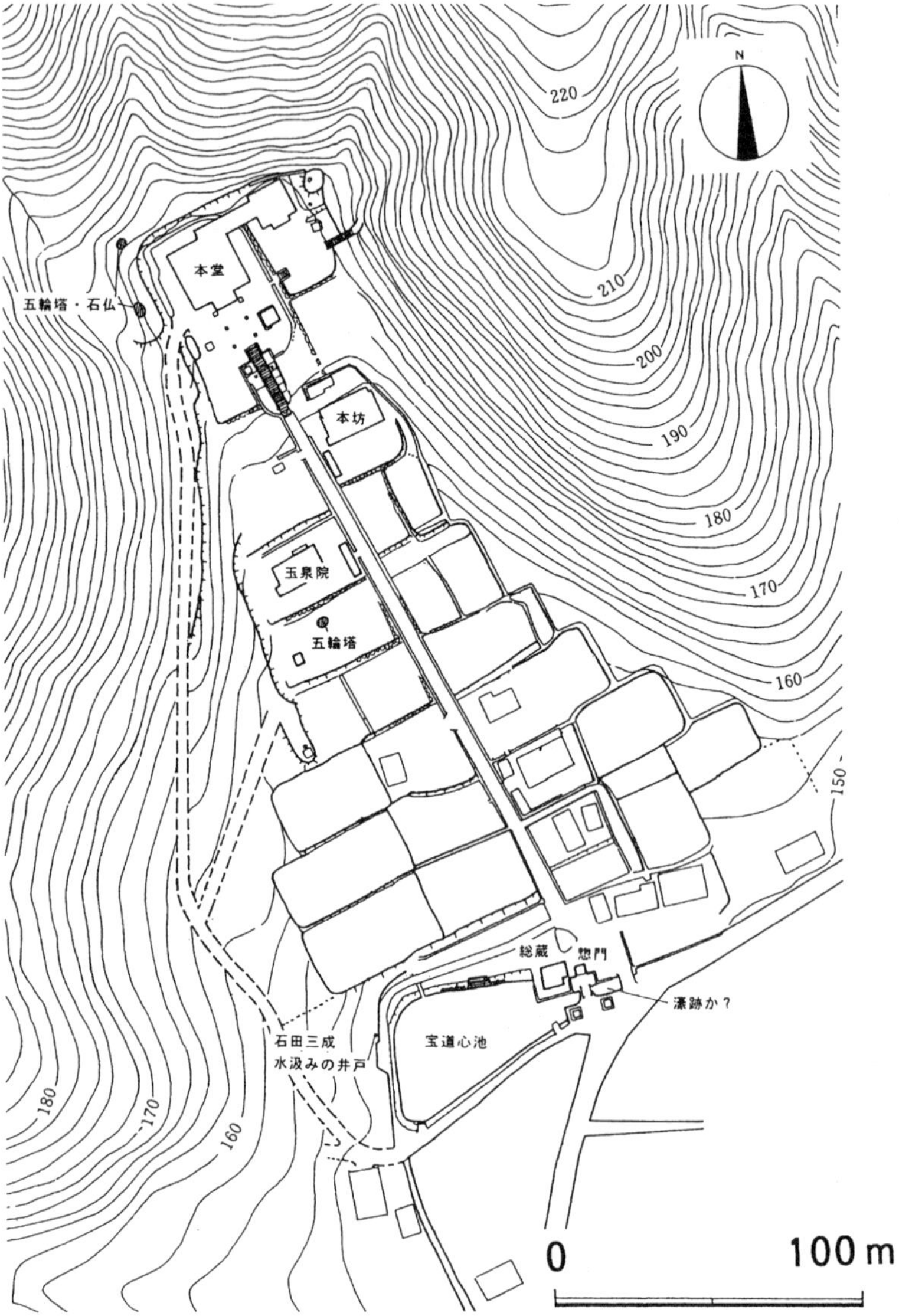

図2-29　観音寺跡遺構図

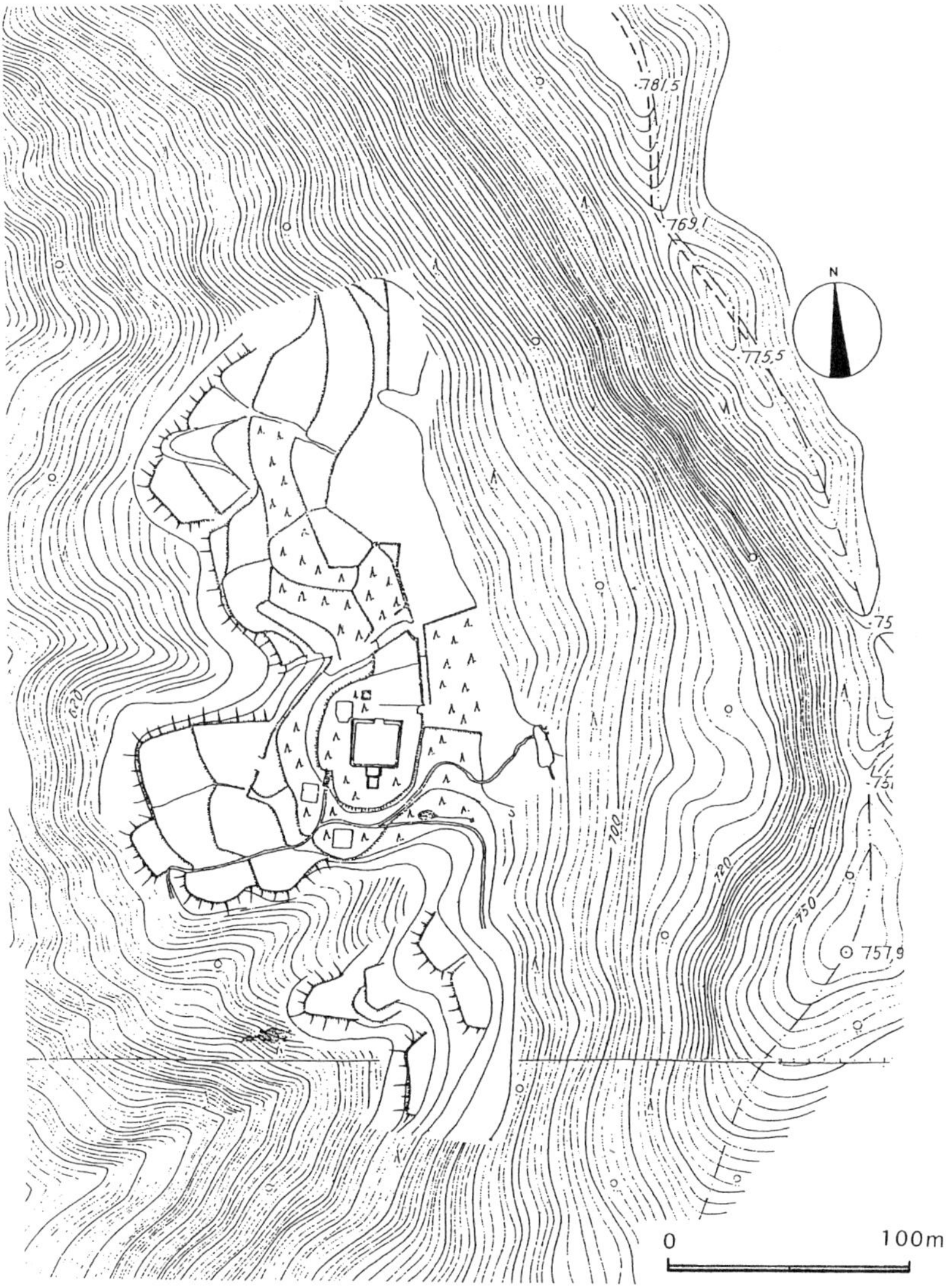

図２−30　大吉寺跡遺構図

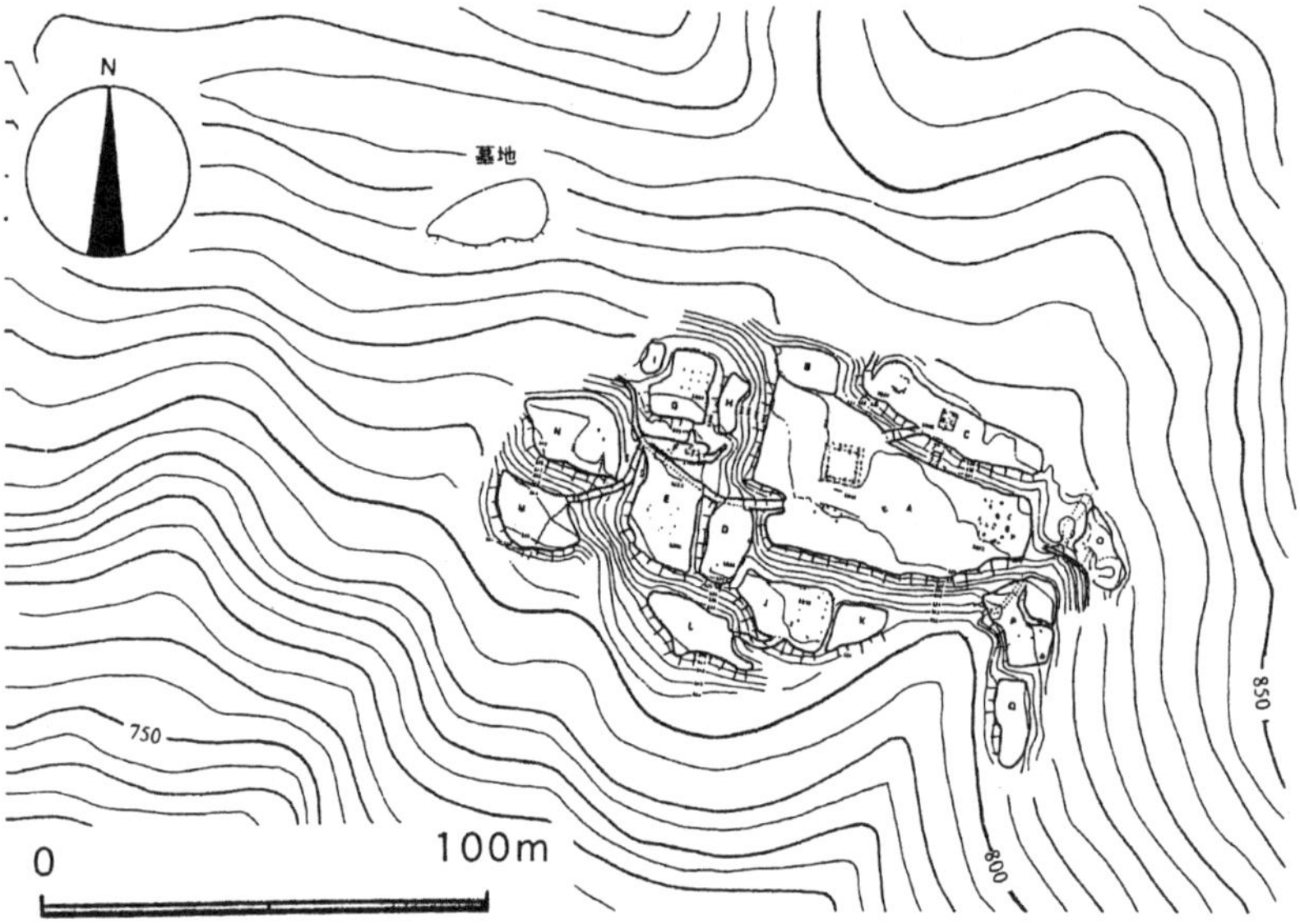

図2−31　鶏足寺跡遺構図

坊跡群や本堂の方位は南優先であり、中世には南北に走る道を中心に広がる。寺院坊跡群全体が西を向いて展開する場合も、本堂だけは南を向き、本堂への道も南から取り付く。こうした例は、長尾寺、百済寺、長浜市名超寺、東近江市安楽寺（図2−33）、安土町桑実寺などにも見られる。

墓地は本堂右後方に位置し、多くの場合、本堂からは北西方向になる。また、大原観音寺、甲良町西明寺、米原市日光寺（図2−34）のように、本堂のそばに本坊跡が残るので、弥高寺の「本坊」は、実際は「本堂」ということになる。

これらの山岳寺院は、時代と共に山を降りる傾向にあり、松尾寺や米原市太平寺[10]（図2−35）のように、ごく一部の寺院だけ山上で存続していた。

ここで「近世的展開」と呼ぶ、山麓へ降

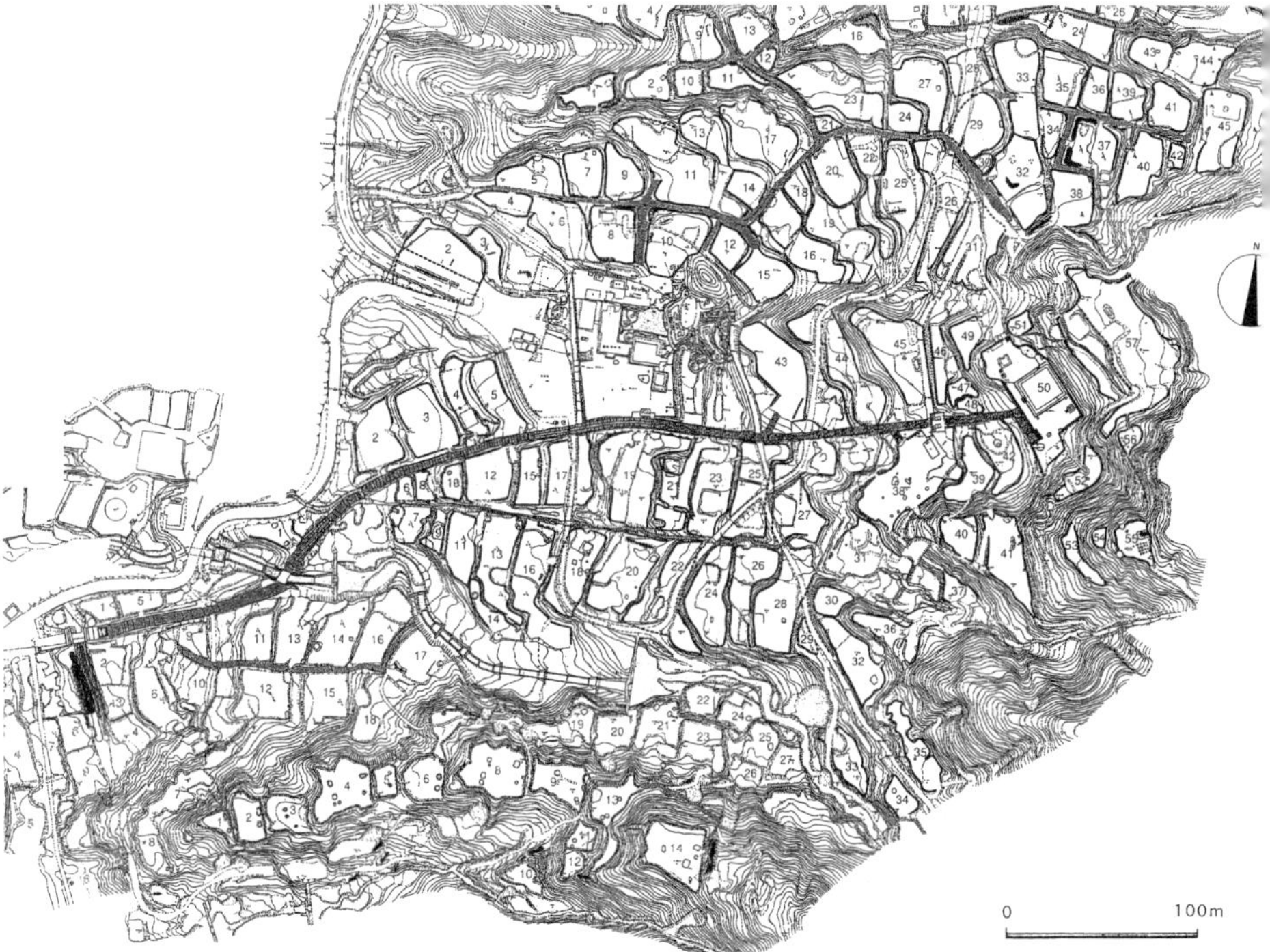

図2−32　百済寺跡遺構図

りて傾斜が緩やかな場所に展開する寺院は、本堂が中軸線上から左方向にずれることが多く、坊跡の方形化も強まる。

なお、米原市上平寺などのように、山を降りてそのまま相似形で麓に寺院を築く例がある[11]。京極氏は後にこれを居館群とし、山上の寺院跡は詰めの城として利用したのであり[12]、古代の平地にはじまる寺院の城塞化、あるいは城砦としての利用が、中世になると山上において顕著になる。

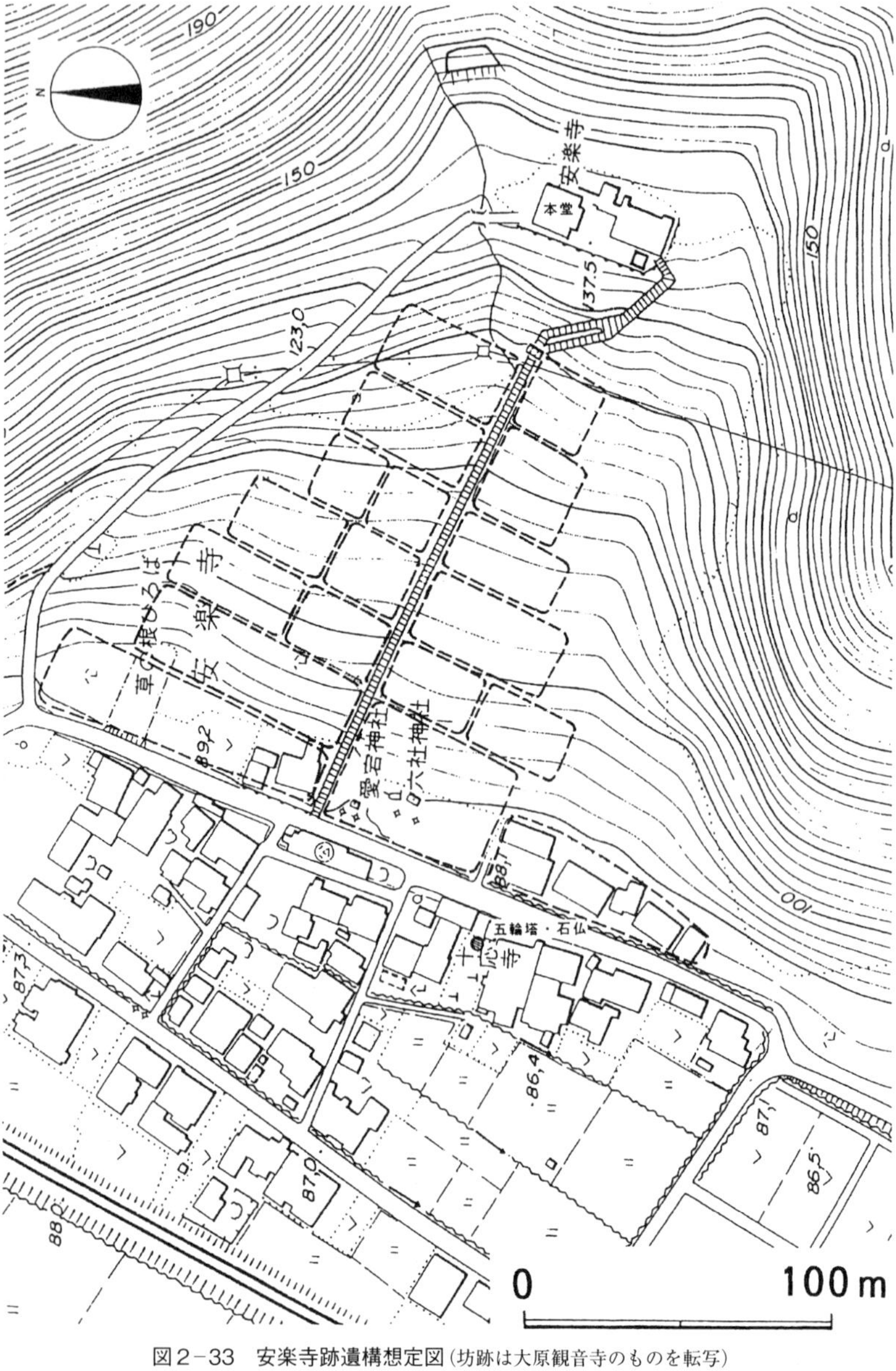

図2−33　安楽寺跡遺構想定図（坊跡は大原観音寺のものを転写）

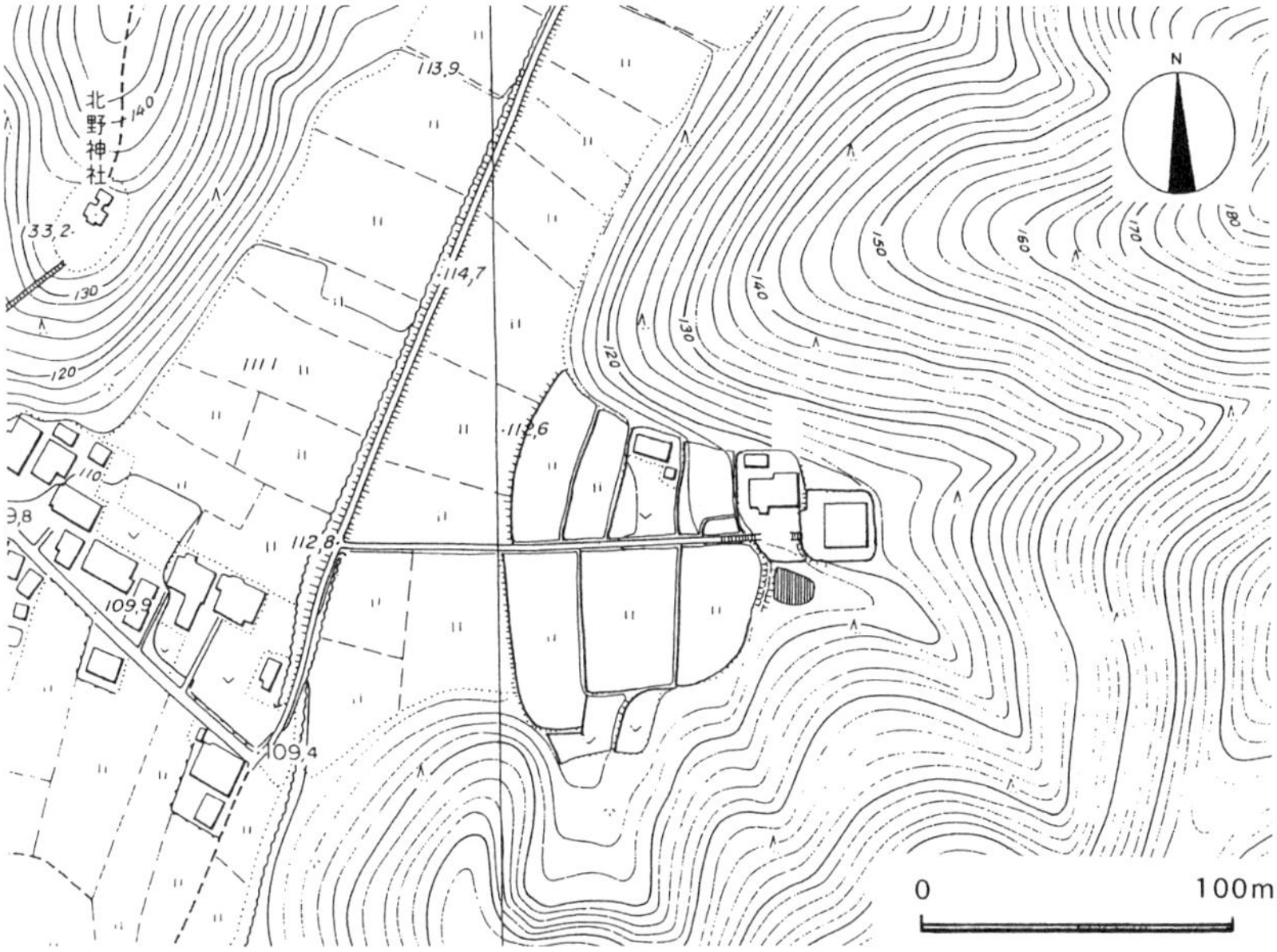

図2−34　日光寺跡遺構図

四　山岳寺院の歴史的展開

平安時代前期に、伊吹山寺は山上の「一精舎」、比叡山寺は「三精舎」ではじまるといわれるが、当初から山麓にある最澄開祖の米原市成菩提院などは天台教義所でもあり、特殊な例である。このうち山上の寺院は、二つの方向に拡張する。一つは、尾根上の二、三方向に坊跡が広がる大吉寺や鶏足寺、他方は一つの尾根上で広がる上平寺、太平寺などの例である。

　これらが中世前期には二つの立地に変わる。およそ一三世紀から一四世紀にかけてで、山上で扇形に広がる弥高寺と山の麓の谷部に降りる上平寺、観音寺などである。観音寺が伊吹山を降りて朝日に移転し、大原観音寺と俗に言われるようになったのは、正元年間

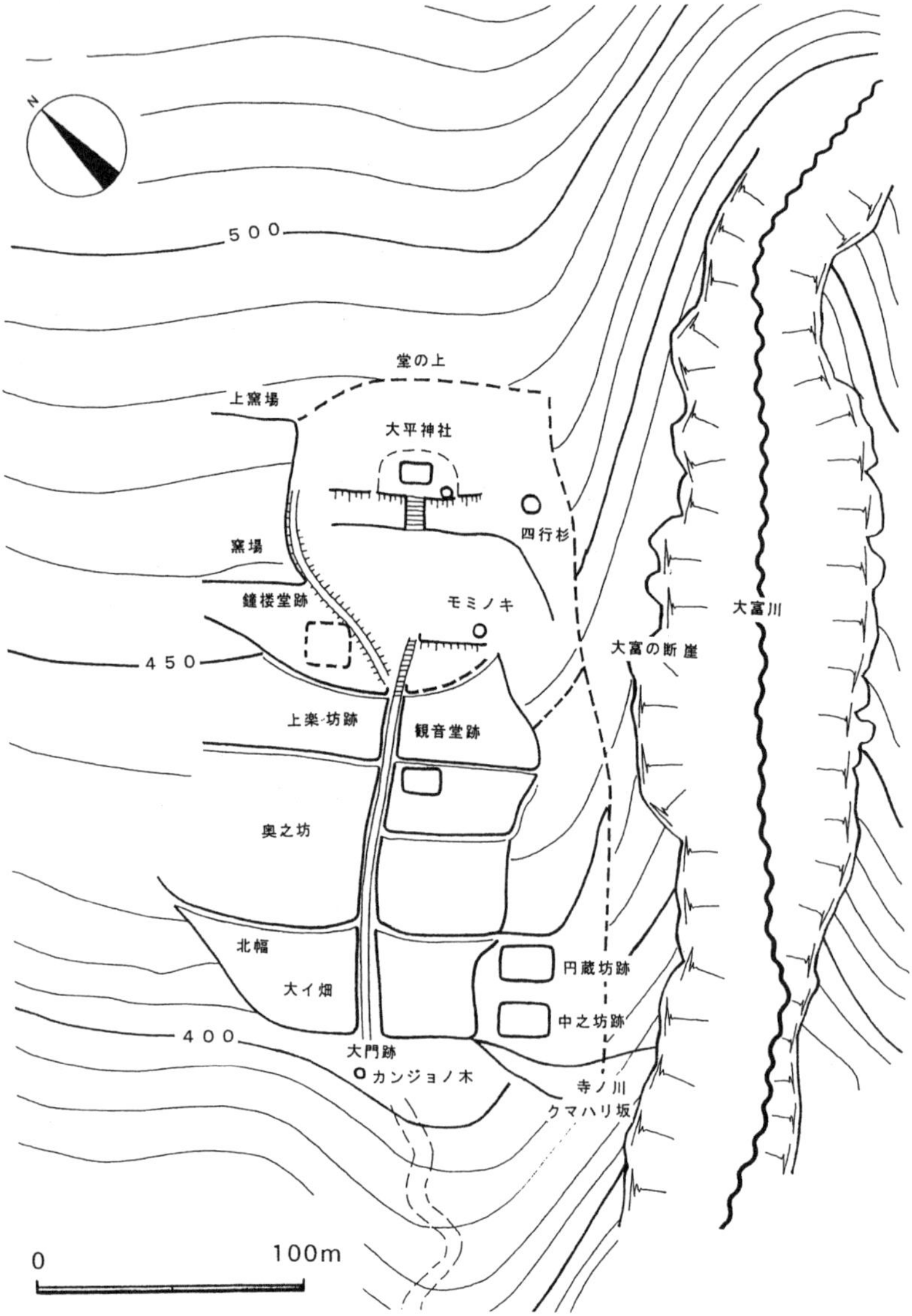

図2−35　太平寺跡遺構図

（一二五九～六〇年）のことである（写真2−16）。

そして、中世後期になると寺域拡大と分解という二方向に向かう。長尾寺や湖東三山の金剛輪寺[13]、百済寺などに見られるように、麓の谷筋の寺院は寺域を拡大し、山上の寺院は弥高寺や伊吹山の松尾寺[14]のように、いくつかの子院や坊に分解して山を降りる。

「近世的展開」とは、山麓の傾斜が緩やかな谷筋に寺域を設けることをいう。米原市清滝寺や名超寺など、寺域の頂点左側に本堂を配置し、多くの場合、中軸線両側に並ぶ坊跡は一列でその平面も方形化の度合が強い。

今日まで存続している山岳寺院には、比叡山寺などの巨大著名寺院を別にすると、二つのあり方、七つの類型で認められる。一つは、中世前期的な展開のまま山上で最近まで機能した古代型の松尾寺と中世型の太平寺（写真

写真2−16　大原観音寺

写真2−17　太平寺の中心部分現況

2−17）という二つの類型。麓に降りた寺は、もう一つの古代型である成菩提院、中世前期型の大原観音寺、中世後期型の長尾寺や弥高寺の一子院である悉地院、近世的な清滝寺という五つの類型で存続している（図2−36）。

　こうした山岳寺院の遺構の展開が良好に遺存しているのが伊吹山や霊山地域であり、山岳寺院の古代から現代までの歴史的展開が近江北半の、この地域だけで自己完結的に語れるまれにみる地域であるといえる。

　なお、最後に山を降りた伊吹山の松尾寺のその後に触れておく。

　もとは伊吹山の二合目付近で七堂伽藍と四十の子院を誇ったといわれ、永正九年（一五一二年）の兵火で焼失した松尾寺であるが、天文年間の文書にはまだ坊名は残っていた。これを黄檗宗僧秋水元固が、貞享九年（一六八六年）に麓で再興し、本堂、座禅堂を建立したのであるが、昭和四二年（一九六七年）になってから、再び元の伊吹山二合目の山上に登って復興した珍しい事例となった。

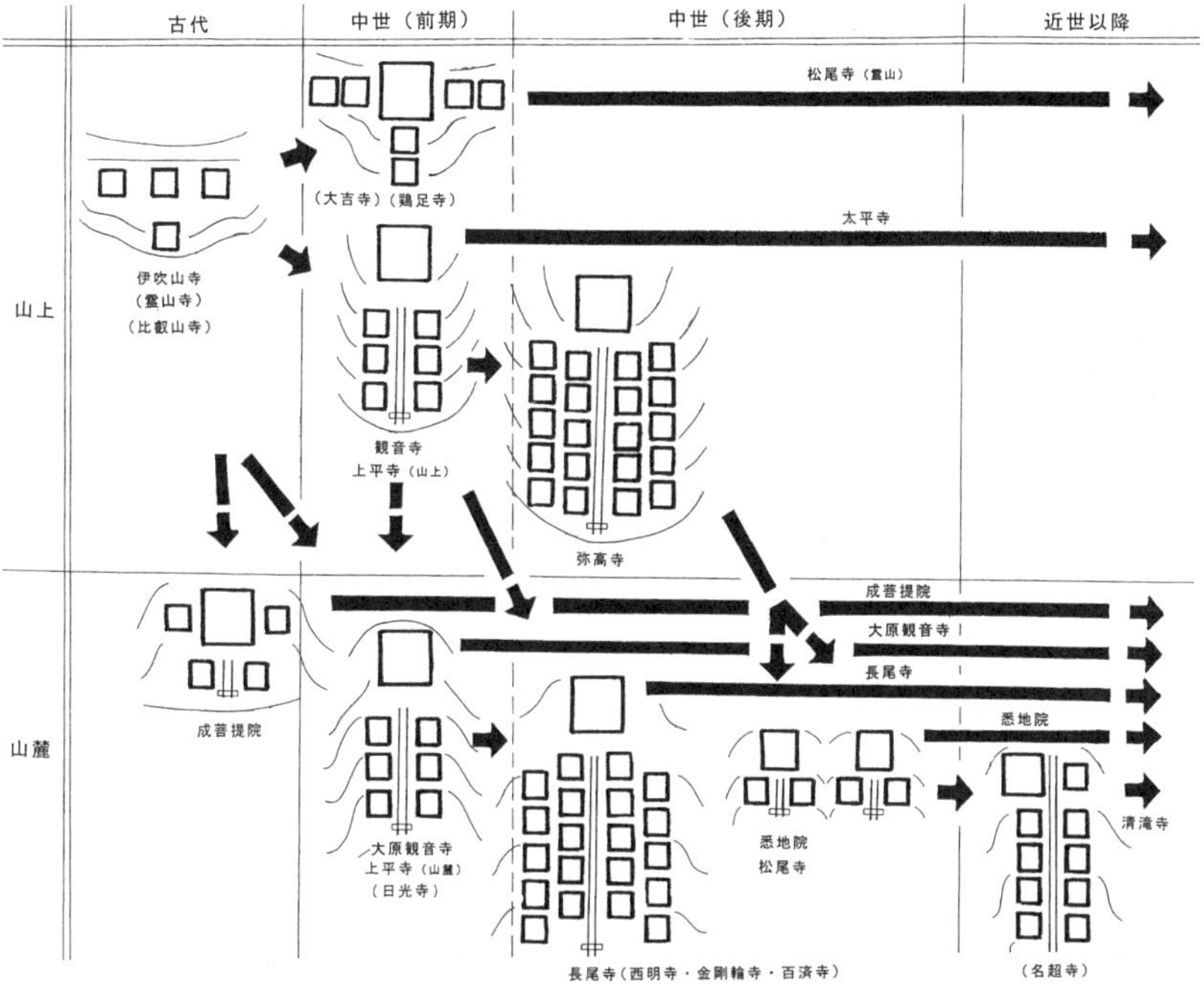

図2−36　伊吹・霊山を中心にした山岳寺院の歴史的展開

その翌年、昭和四三年（一九六八年）、山上の本堂前を掘削中、常滑焼の大甕、鉄刀、それに麓の三宮神社のために明応七年（一四九八年）に鋳造されたという印刻銘が残る梵鐘が出土した[15]。懸け釣りに磨滅がない、口径が変化していない、憧座の文様が鮮やかに残る、竜頭に掛け物金具と鉄環が残ることなどから、鋳造後、比較的短期間であわててはずされ、山寺の墓地に運び上げて隠匿したものと思われる。おそらくは永正九年の兵火の時のことと考えられる。甕は弥高寺で発見されたものと同様の再葬蔵骨器で、刀は墓の副葬品である。これらの遺物は、こうした山岳寺院の存亡をも語る資料となっている（図2—37）。

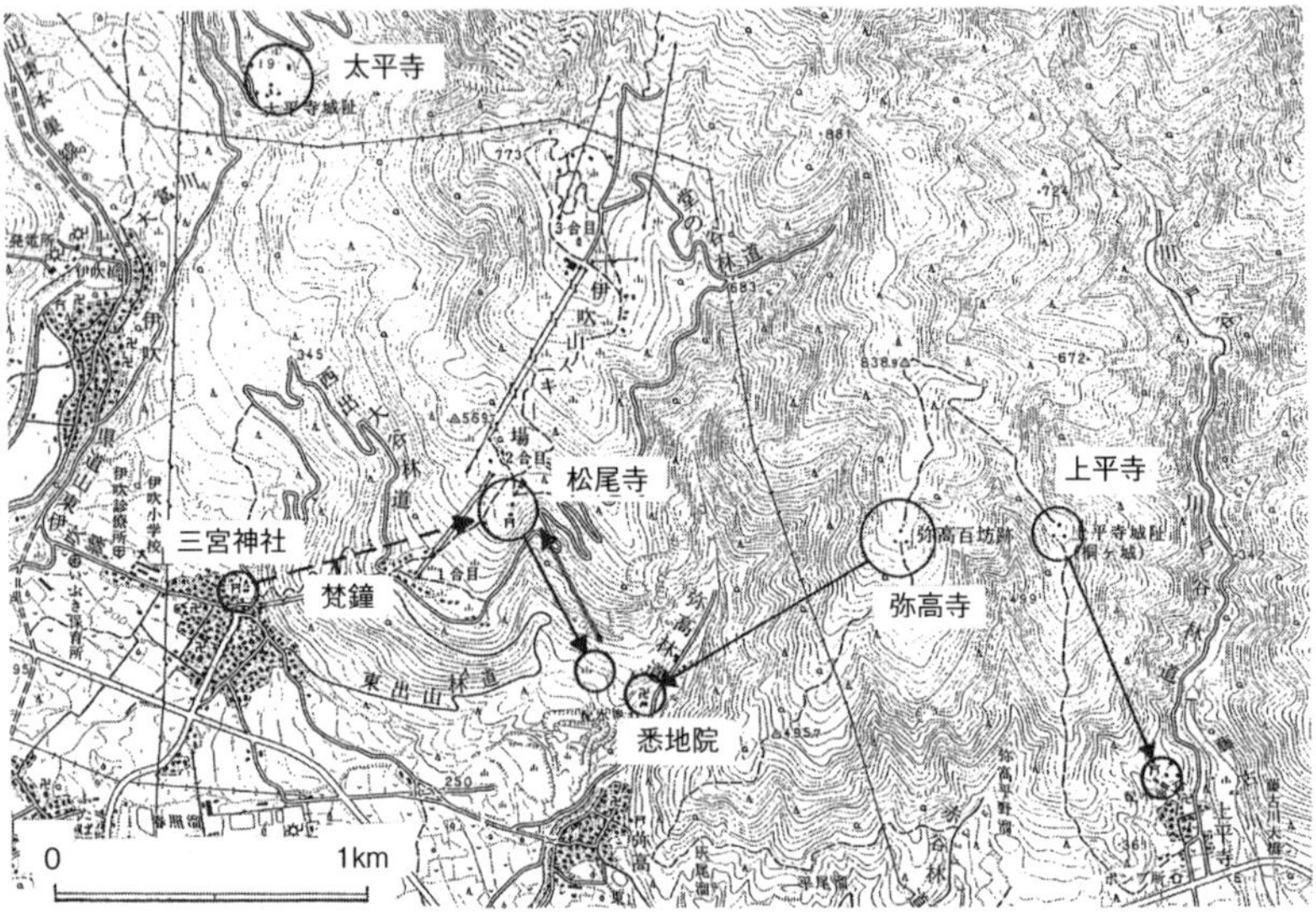

伊吹山南麓・中世後期の寺院展開

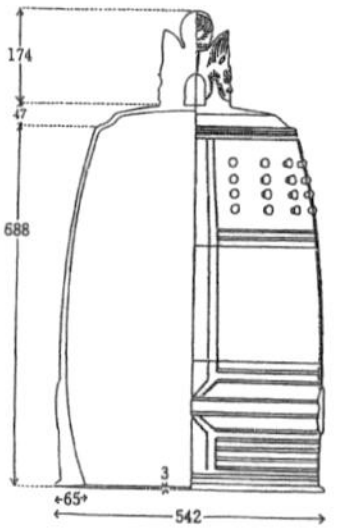

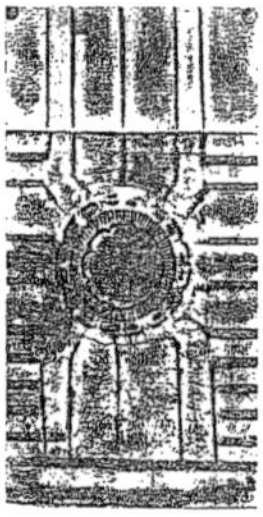

松尾寺跡出土梵鐘

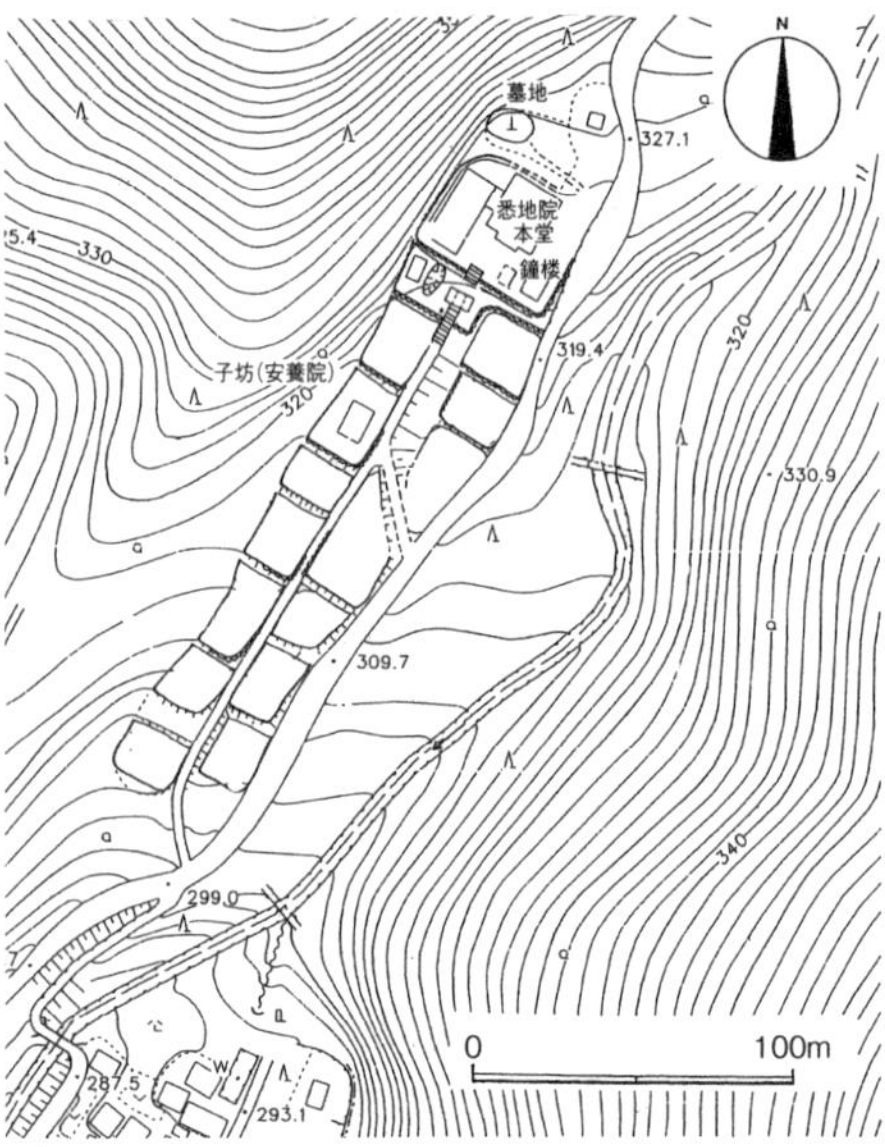

悉地院　現況図

図2-37　伊吹山松尾寺の梵鐘など

注

(1)用田政晴「弥高寺跡の特質」『京極氏の城・館・庭園—上平寺・桐カ城(上平寺城)・弥高寺—』、伊吹町教育委員会、二〇〇二年、および用田政晴「中世山岳寺院・弥高寺跡の特質」『京極氏の城・まち・寺—北近江戦国史—』、サンライズ出版、二〇〇三年でその見通しを述べたことがある。

(2)a 宇野茂樹「伊吹山寺」『柴田實先生古稀記念　日本文化史論叢』、一九七六年。
　b 山嵜仁生『伊吹山弥高護国寺』(私家版)、二〇〇〇年。

(3)a 用田政晴『弥高寺跡調査概要』(『伊吹町文化財調査報告書』一)、伊吹町教育委員会、一九八六年。
　b 高橋順之『国指定史跡京極氏遺跡分布調査報告書—京極氏城館跡・弥高寺跡—』(『伊吹町文化財調査報告書』第一九集)、伊吹町教育委員会、二〇〇五年。

(4)土井一行『松尾寺遺跡発掘調査報告書』(『米原町埋蔵文化財調査報告書』XX)、米原町教育委員会、一九九九年。

(5)柏倉亮吉「大吉寺址」『滋賀県史蹟調査報告』第六冊、滋賀県、一九三四年。

(6)高橋順之『長尾寺遺跡測量調査報告書—平安時代創建の山岳寺院遺跡—』(『伊吹町文化財調査報告書』第五集)、伊吹町教育委員会、一九九二年。

(7)桂田峰男『町内遺跡—大原氏館跡(第三次)・観音寺遺跡—』(『山東町埋蔵文化財調査報告書』X)、山東町教育委員会、一九九六年。

(8)高橋美久二ほか『木之本町遺跡分布調査概報』Ⅱ(『木之本町埋蔵文化財調査報告書』第三集)、木之本町教育委員会、二〇〇三年。

(9)明日一史『百済寺遺跡分布調査報告書』Ⅱ(『愛東町文化財調査報告書』第一〇集)、愛東町教育委員会、二〇〇三年。

(10)伊吹町史編さん委員会『伊吹町史』文化民俗編、伊吹町、一九九四年。

(11)用田政晴「上平寺城・山岳寺院論の提唱」『佐加太』第二二号、二〇〇五年。

(12)a 高橋順之『上平寺城跡群分布調査概要報告書Ⅲ 上平寺城跡―京極氏の山城跡―』(『伊吹町文化財調査報告書』第一七集)、伊吹町教育委員会、二〇〇二年。

b 高橋順之『上平寺城跡群分布調査概要報告書Ⅰ 上平寺館跡―京極氏の居館跡―』(『伊吹町文化財調査報告書』第一二集)、伊吹町教育委員会、一九九八年。

(13)林 定信『金剛輪寺坊跡分布調査報告書』Ⅰ(『秦荘町文化財調査報告書』第九集)、秦荘町教育委員会、一九九三年。

(14)坪井良平「伊吹山出土の明応の古鐘」『滋賀文化財研究所月報』一〇、滋賀文化財研究所、一九六九年。

(15)注(14)に同じ。

第二節　弥高寺跡の史的評価

一　はじめに

伊吹山（標高一三七七m）は、滋賀県と岐阜県境にそびえる近江一の高峰である。古くから山岳仏教の聖地として知られ、平安時代には比叡山、神峯山、金峯山などと共に七高山の一つに数えられていた。伊吹山の南に張り出した尾根上に建立されていた弥高寺は、地元では弥高百坊と呼び、数多くの坊跡と思われる郭状遺構群は国の史跡に指定されている。標高約七〇〇mを計り、平地からの比高差も約四〇〇mあることから、遺構は比較的良好に遺存しているが、昭和に入っての、伊吹山腹での大規模なセメント用石灰岩採掘やスキー場開発等により、弥高寺を含む伊吹四大寺のうち、二つはその所在地さえも不明になってしまい、雄大な伊吹山の山腹をあらわな姿にしてしまった。

加えて、弥高百坊においても「本坊跡」と呼ばれる中枢遺構の背後の山腹にあった墓地群が、たび重なる陶磁器目当ての盗掘にあい、蔵骨器のかけらと五輪塔・石仏などが散乱した状況にあった。

こうしたことから、弥高百坊と呼ばれる弥高護国寺を中心とした伊吹四大寺の分布調査と盗掘の後始末を手はじめに、平野部にも迫り来る諸開発に備え、伊吹町内の詳細な遺跡分布調査を伊吹町教育委員会において昭和六〇年(一九八五年)度から実施した。

ここでは、初年度に行った弥高寺跡の分布・測量調査と一部試掘調査の成果について、最初に説明していく。

二　位置と環境

いわゆる伊吹四大寺は、伊吹山の山腹に、仁寿年間(八五一～八五四年)三修によって建てられた伊吹山寺が展開していったものを指し、弥高寺あるいは弥高護国寺は、後のその関係寺院の一つにすぎない。しかし、その位置や現在知りうる限りにおける規模・内容から、ここが伊吹山寺、あるいは伊吹四大寺の中心をなすことは間違いない。

伊吹山は、膽吹山、伊富貴山、伊服岐山、夷服岐山とも書き、近江盆地北東部の岐阜県境に位置する。そして、この石灰岩と花崗岩質からなる山塊をもって、中部地方と近畿地方を分けている。

伊吹山からは、東は関ヶ原から美濃・尾張を望み、西は湖東・湖北をはじめ、琵琶湖の向こうに湖西もうかがうことのできる近江の東の要に位置する。言いかえれば、近江の主要な平野部においては、どこからも伊吹山を望むことができ、特に、冬季は、日本一の積雪記録を誇るほどの多雪地帯であるため、しばしば雪をいただいた雄大な姿を古くから人々の目に映してきたものである。加えて、山の頂上付近に雲をたなびかせず、山の全貌がくっきり見える日は、年に二〇日しかないともいわれる。その姿から常に山が息を吹くとも称され、山岳崇拝の対象の一つであったことも当然のようにうなづけるのである。

伊吹山は、いくつかの急峻な支尾根を裾に広げているが、南の中仙道、現在では東海道本線・名神高速道路の走るわずかな近江と東国を結ぶ狭い平野部に向かって伸びている支尾根が、その中でも眺望といった点で最もすぐれている。

弥高寺跡は、その支尾根上の標高約六五〇〜七五〇mを計る場所に残る。山裾にある現在の弥高集落からは、幅一mばかりの蛇行する山道を通常、一時間余り登ったところであり、逆に伊吹山頂から下ってくると、角度をかえてややゆるやかになった地点に位置するが、今では林道が整備されて、麓から弥高寺へは容易に近づくことができる。

伊吹山寺あるいは、弥高寺に関する沿革等については、いくつかの論考がすでにあり[1]、詳しくはそれに譲ることにするが、ここで簡単に整理しておく。

『三代実録』元慶二年(八七八年)二月の条には、仁寿年間(八五一〜八五四年)僧三修が七高山の一つの伊吹山に登り、「一精舎」を建てたとあり、その後、「堂舎」が増え、元慶二年二月一三日に、国家公認とでもいうべき定額寺に列せられたという。従って、この頃には、寺院として規模も内容もある程度整備されたものであっただろうと推定される。

次に弥高寺に関係する記録は、徳治三年(一三〇八年)までとぶ。同年四月一〇日、「伊福貴山弥高太平両寺衆僧和与状」(『観音寺文書』)によると、弥高・太平両寺の間に本末寺の相論があったことがうかがえる。この頃、伊吹四ヶ寺のうち、この両寺が最も勢力を誇っていたと思われるが、主導権をにぎっていたのはあくまで弥高寺であったという説もある[2]。

また、嘉暦二年(一三二七年)正月二二日、後醍醐天皇からの令旨が伊福貴社に届き(『観音寺文書』)、その中に、弥高・長尾・観音寺の名が見える。

明応五年(一四九六年)には、美濃の「船田合戦」にこの地域もまきこまれ、その年の五月一〇日には、佐々木政高(京極政経あるいは高清)は「弥高山」に陣したことが知られる(『船田後記』)。

そんな中、弥高寺は明応八年(一四九九年)正月二四日焼失、再建後、永正九年(一五一二年)六月の兵火のためまた焼失したというが、天文五年(一五三六年)五月の「伊富貴大菩薩奉加帳」(『伊夫気文書』)、天文九年(一五四〇年)「伊吹三宮奉加帳」(『伊夫気文書』)には、まだ弥高寺の坊名が見られ、寺は何らかの形で存続していたようである。

結局、天正八年(一五八〇年)に山の西麓へ移ったといわれ、現在では天文五年(一五三六年)の奉加帳にある悉地院が、弥高寺の法灯を伝えているのみである。

四ヶ寺のうち、他の寺院も正元年中(一二五九～一二六〇年)に、現在の米原市朝日に移った観音寺を除いて、遅くとも江戸時代には衰退してしまったようである。

なお、弥高寺の「本坊」跡は、登記簿上、周囲が山林であるにもかかわらず地目が宅地になっており、かなり新しい時期まで何らかの建物が残っていたのではないかと推定される。

現在、長尾寺跡は米原市大久保に、太平寺跡はその南の米原市太平寺に知られているが、かつての観音寺跡の詳しい位置は、石灰岩採掘等により不明である。

三　分布調査

(1)　範囲

調査は、昭和六〇年（一九八五年）五月三〇日、測量範囲を確認するため、弥高寺跡周辺を踏査することから開始した。また、近年、盗掘を受けた個所を確認し、散乱していた蔵骨器と思われる陶器片を採集した。並行して、この盗掘を受けた墓地跡と思われる地区において試掘個所の設定を行った。

測量範囲は、南端の門跡と思われる山道の西側に石を積んだ個所付近から、山の傾斜はゆるやかになり、その付近から坊跡と思われる郭状遺構群が集中するため、その門跡から上方を範囲とした。

一方、本坊跡の背後は細い尾根が続くが、本坊跡から一〇〇mばかり登ったところに、かなり大規模な堀切状遺構があり、石仏が一体、頭をのぞかせていた。

(2)　全体構造

坊跡群は東西約二五〇m、南北約三〇〇mの範囲に集中し、本坊跡を頂点として下方へ扇形に広がる（図2―26）。

現在までに確認したところでは、本坊跡を中心にした扇形のまとまった範囲に六六、その上方や周辺に散在するものも含めると一〇七の坊跡あるいは曲輪跡が残る。本坊跡を別にすると、六〇×一三mを計る長大なものから、一一×七m程度の小さなものまであるが、二〇×一五m程度のものが大半を占める。そのほとんどが、坊跡の長辺を等高線にそろえてあるため、中ほどから西側の坊跡は東西方向に並び、東側は南北あるいは北東・南西方向となっている。

門跡および大門跡から本坊跡へ至る道を中央の道とし、坊跡相互は複雑に入り組んだ道により結ばれる。また、行者谷から石段を下り、現在、宝篋印塔および五輪塔が残る坊跡へ至る道があるが、この道をもって東の限りとしており、西側は急峻な斜面でもって遺構群は終わる。

本坊跡から背後・上方へ至る道は二本ある。一本は本坊跡の東奥から伸び、上方の大がかりな堀切状遺構に至る道。もう一本は西側土塁上を登り、石仏・石塔群の遺存している墓地跡を経て水の手の谷へ至る道がある。

なお明確な土塁は、本坊跡とその周囲、および中央の道の西側に残るだけで、多くの坊跡は土塁を備えていない。

(3) 本坊跡

本坊跡と呼ばれる大きな郭状遺構は、坊跡群のほぼ頂点に位置し、標高七一四m地点にある（図2-38）。ほぼ南面し、東西辺および南辺には北から張り出た自然地形を利用し、それに続ける形で土を盛るなどして基底部幅三・〇～四・〇m、高さ一・〇～一・五mの土塁がめぐる。土塁は南辺中ほどやや東寄りと西辺中ほどが切れ、下方の坊跡群へとつながる道が取りつく。

さらに上方へは、北東隅と西辺土塁上から二本の幅一m足らずの道が伸び、特に西側の道は盗掘を受けた墓地跡へと続く。また東辺にも行者谷へ至る道が残るが、その部分は土塁が切れておらず、本

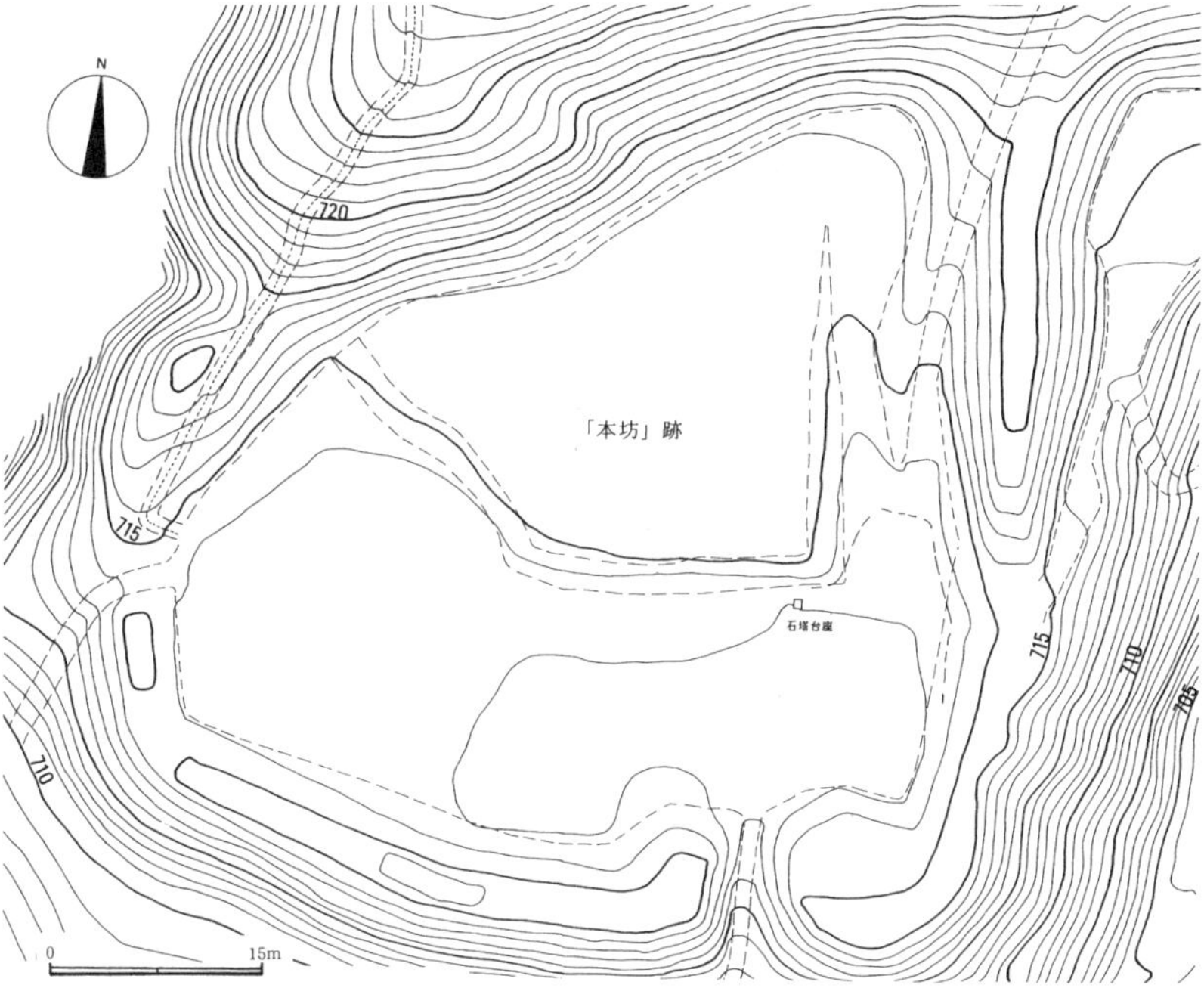

図2－38　弥高寺本坊跡周辺図

来の道かどうか疑わしい。

本坊跡は土塁を含めて最大東西幅約六八m、最大南北長約五九mを計る台形状の不正方形を呈する。本坊跡の北半には、一段高くなった部分があり、何らかの建物基壇跡に似る。高さは約一mあり、その基壇状遺構の東辺はほぼ主軸（南北方向）に沿うが、西辺は主軸とかなり斜交するように伸びている。仮に、基壇状遺構の南辺と東辺を生かすなら、最大で方一八m程度の建物が想定できるし（写真2－18）、本堂は、ある時、七間四面との記録も残る。

本坊跡には一辺六〇㎝の石塔台座と思われる切石と二個の自然石が見られるのみであったが、最近の発掘調査でいくつかの硬質砂岩の礎石とこぶりな山石による基壇化粧が確認された。石材は地元の

写真2−18　弥高寺「本坊」の基壇

石であり、相当に火を受けた痕跡を残している。

　また、本坊跡直下の坊跡調査では、竜の文様を持つ仏像の宝冠や鬼門祭祀の跡が見つかったが、その坊を囲む土塁は一五世紀末に構築されたことが判り、出土した土師皿や陶器類の年代も一五世紀末に集中する。

(4)　門跡

　麓から山道を一時間余り登ると門跡に至る。ここから傾斜がゆるやかになり、幅一mほどの道の両側には、人頭大の山石を一mばかり積み上げている。この石積は長さ三mほどに渡ってあり、ここを一つの門跡と推定した(図2−39)。またその三mほど手前に、この石積を避けるようにう廻する山道との分岐点があり、約五〇cm大の山石が一個、目印のように遺存していた。

　この付近から山道はゆるやかになり、約九〇m先へ行ったところに大門跡と呼ばれているところがある。

(5)　大門跡

　大門跡の手前まで、道は東へ向かっていたものが、鋭角に北西へ折れ曲がる部分を地元では「大門」

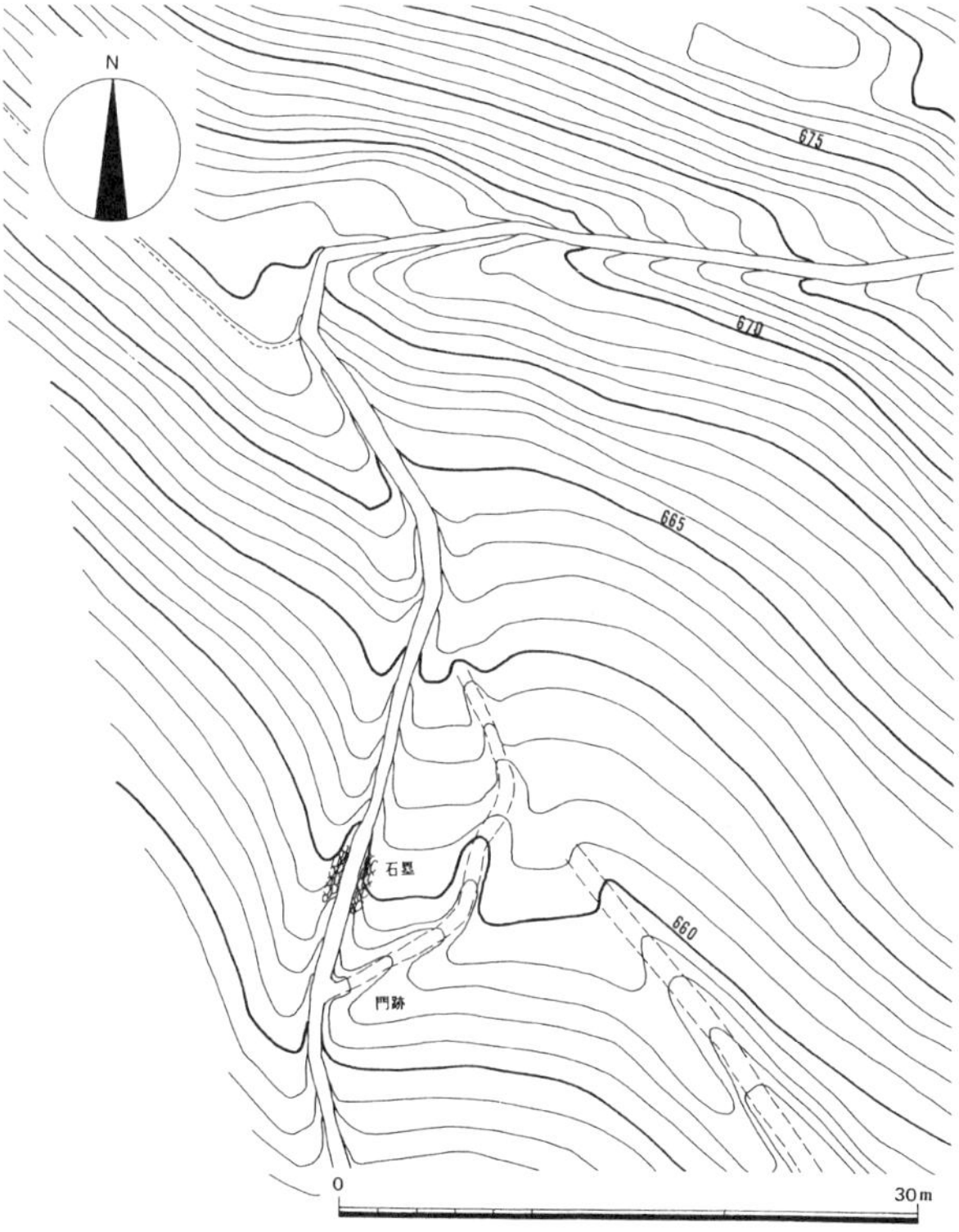

図2－39　弥高寺門跡周辺図

と呼んでいる（図2―40）。上方へ向かって右手に土塁が張り出し、左手に石仏および五輪塔が乱雑に並ぶ。そして両側に三〇～五〇㎝大の石が散在しており、元はきっちりと積まれていたものと思われる。

　この現在使われている道とは別に、大門跡手前で南から登ってくる別の道がある。この道は大門跡の張り出た土塁の横で、現在の山道に取り付くが、このルートをとると、その形態はまさしく中世山城の虎口状を呈する。西側に石が散在する部分は、左手にも土塁が上方から張り出し、深いV字状の地形の底を道が本坊跡へと向かう。この大門跡の先を道はやや北へ角度を変え、そこからは本坊跡までは一直線で約一二〇ｍを計る。

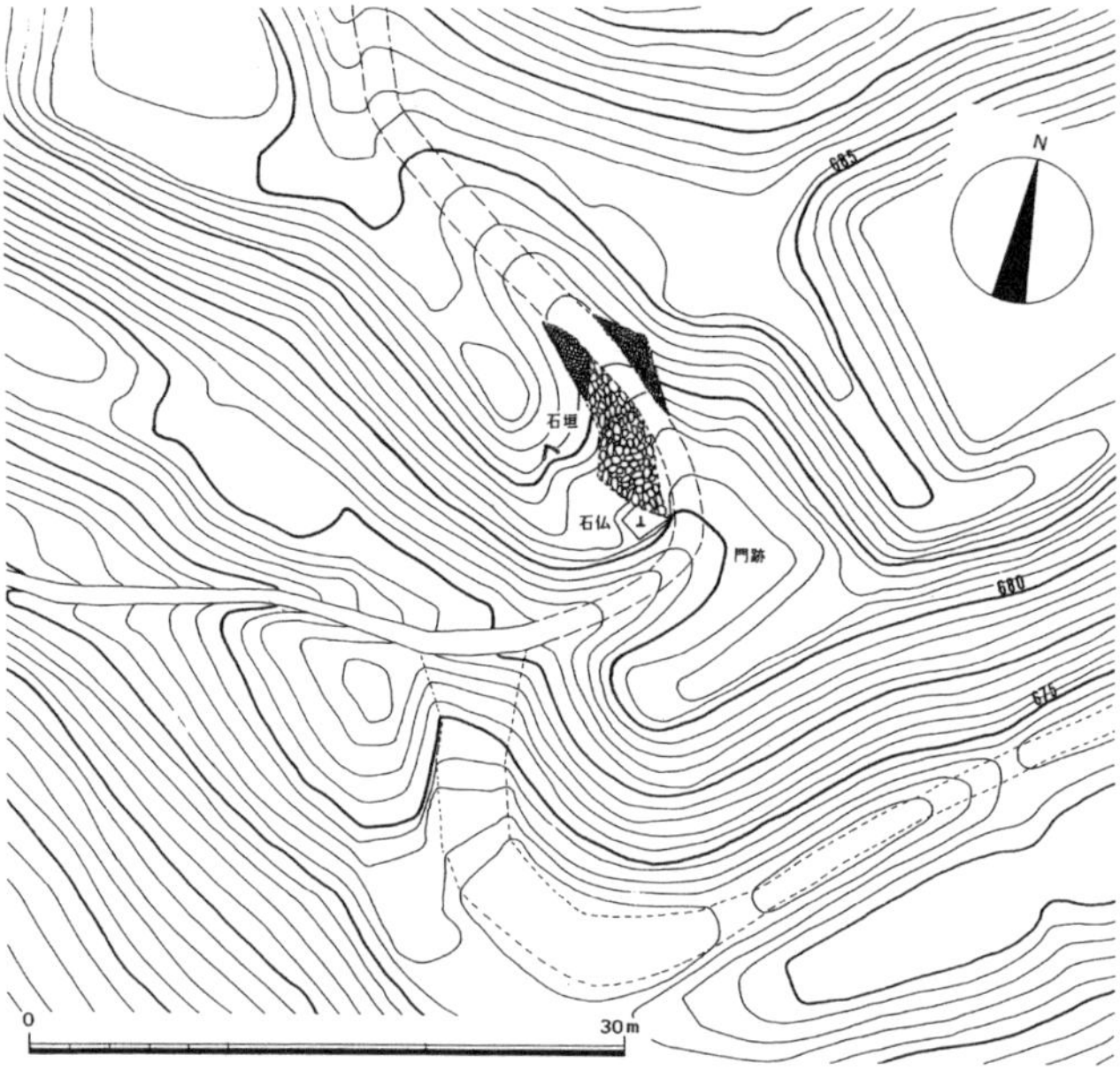

図2－40　弥高寺大門跡周辺図

⑹　行者谷

本坊跡の東辺から東方向へ下る道がある。やや蛇行しながら下ると、細長い郭状遺構に至る。その郭状遺構は南端に径九mの浅い落ち込みがある。自然石を四個配し、行者谷部に近い水を得やすい位置にあたるため、これを池跡と考えた（図2－41）。このことは後に触れる長浜市大吉寺跡の「元池」の寺院中に占める位置に酷似する。

本坊跡から池を備えた郭状遺構へ続く細い道は、さらに北の谷部分へ向かう。ものの二〇mも北へ進むと谷の一番奥まったところにある平坦地に至る。この谷部分を地元では「行者谷」と呼ぶ（図2－42）。

東西幅約三五m、南北の奥行きは五m程度の細長い郭状遺構で、ここには中ほどに現在も水を溜める池が残る。一辺三mほどの平面隅丸方形状を呈し、深さは約五〇㎝、二辺に石を並べ、谷の下方へ向かっての排水溝も人頭大より少し小さめの石で組んで取りついている。この池の東に「入定窟」あるいは「石室《いしむろ》」と呼ばれる石窟が山腹に設け

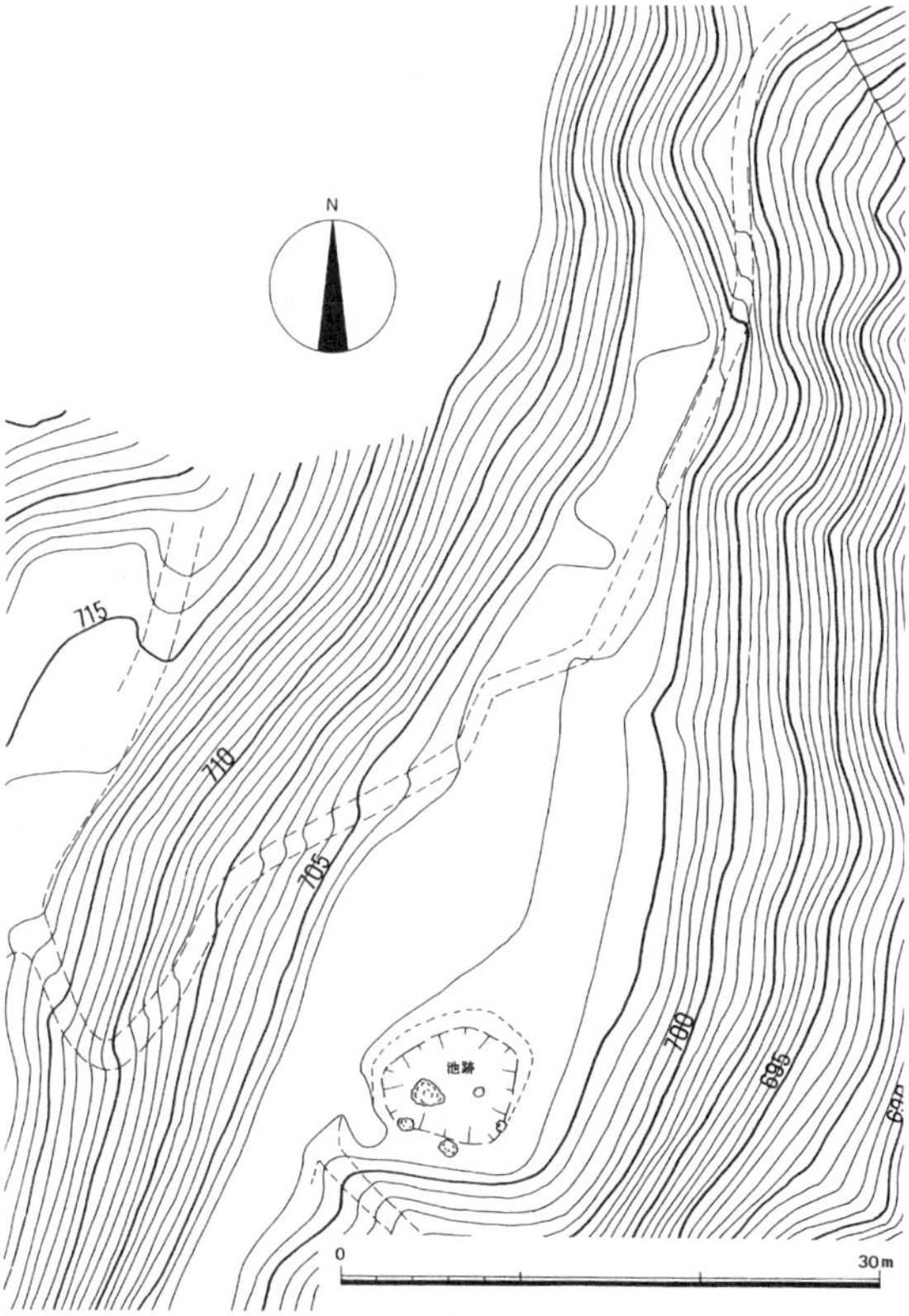

図2－41　弥高寺の池を備えた坊跡周辺図

られている。切石を組んだ小窟で、人がかがんでようやく入れる大きさであり、中には役行者の陶製像が安置されている。

　さらにその東約一〇mに一辺二mほどの基壇状を呈する部分があり、以前、ここに後述する弥高寺跡の南東部にある宝篋印塔があった(3)。

　入定窟の前から石段が下方に向かって設けられている。これは人頭大の石を並べてつくられており、一〇段余り遺存しているが、その下方にもいくつか痕跡が残り、約二五m下の道へ至るものと思われる。下方の道を西へ向かうと、もと行者谷にあったという宝篋印塔が残る郭状遺構へと至る。

　ここは遺構群全体の中では東の端にあたり、すでに『改訂近江國坂田郡志』第三巻で紹介されているが、部分を欠く宝篋印塔と高さ一三八・五㎝の五輪塔の他、高さ四八㎝の一石五輪塔が遺存していた。

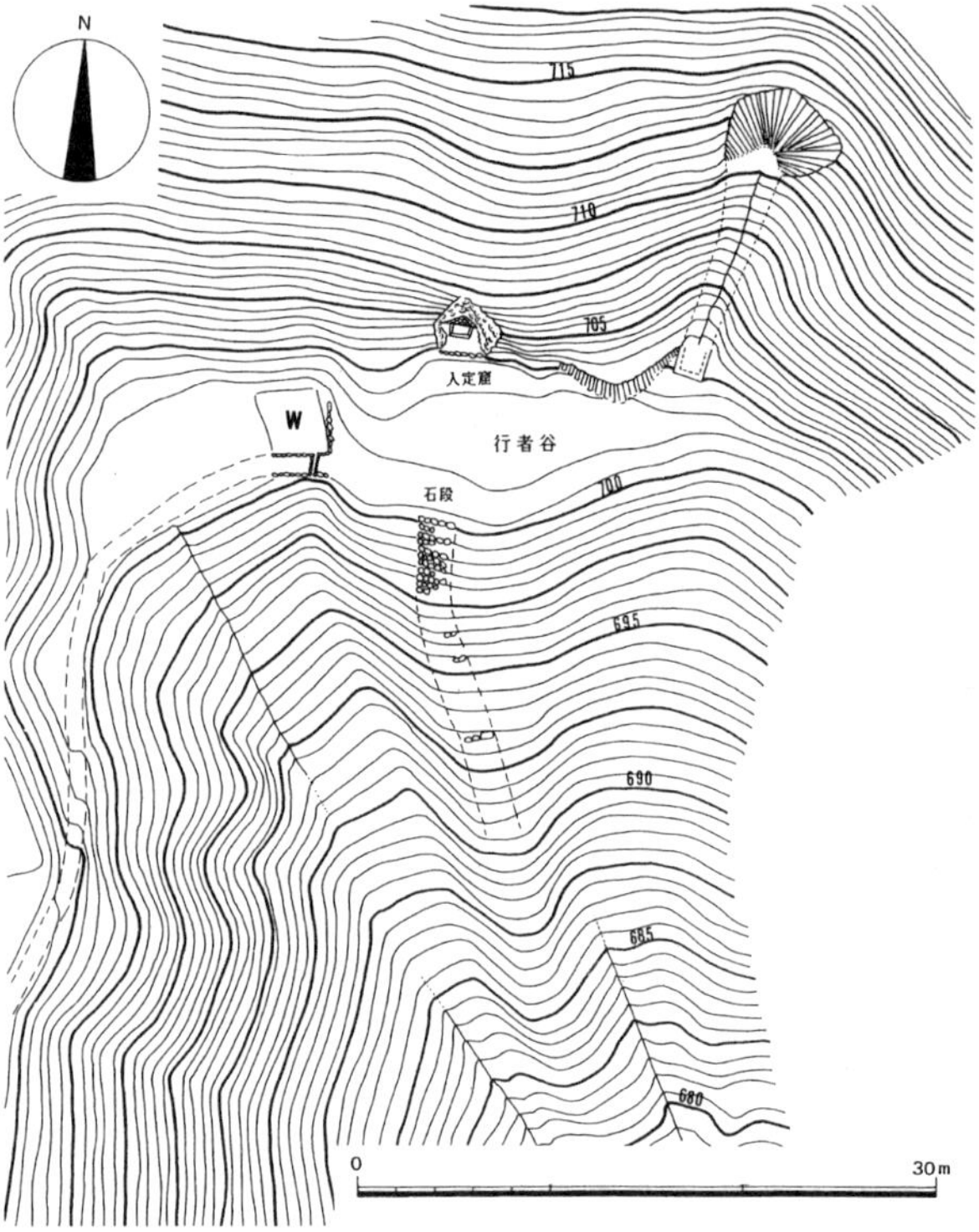

図2－42　弥高寺行者谷周辺図

(7)　墓地跡

本坊跡の西辺には、北から張り出るようにある自然地形を利用した土塁がある。この土塁上を北へ向かう道があり、本坊跡から約五〇ｍ進むとわずかに道が幅広くなる地区に至る（図2－43）。

ここは大がかりな盗掘を近年に受けた部分で、最初に現地へ行った時はすでに地元の人々の努力により、石仏や五輪塔などは整理されており、蔵骨器片もまとめられていたが、かなりの盗掘坑があちこちに穿たれていた。現地には盗掘者の草刈り鎌一〇本程と軍手が多数残されており、大がかりな盗掘を受けたことを物語っていた。

この地区は、厳密に言うと完全な平坦地ではないが、幅約四ｍほどのやや平坦な部分が細長く約五〇ｍに渡って南北に伸び、部分的に約三ｍの高低差をもって二段となる。この細長い墓地跡の西辺は、盗掘坑での観察によると一〇～四〇㎝大の山石で三～四段積まれている。

墓地跡に遺存していた石仏・石塔群は、五輪塔の宝珠・請花二六、笠一九、塔身一六、基礎七二、石仏・五輪塔板碑二六および一石五輪塔が二基からなる。石材の多くは花崗岩製で、白っぽく粒の粗い伊吹山系産と見られる。他は堆積岩系であるが、五輪塔板碑のうち一基だけ笏谷石かと思われるものがあった。

このような石仏・五輪塔の集中が四カ所に見られ、南からA・B・C・D地区と呼称し、特に盗掘を受けていた部分の等高線に直交して二カ所、並行して一カ所、一・五〜二・〇m×七・〇m程度のトレンチを設定することにした。

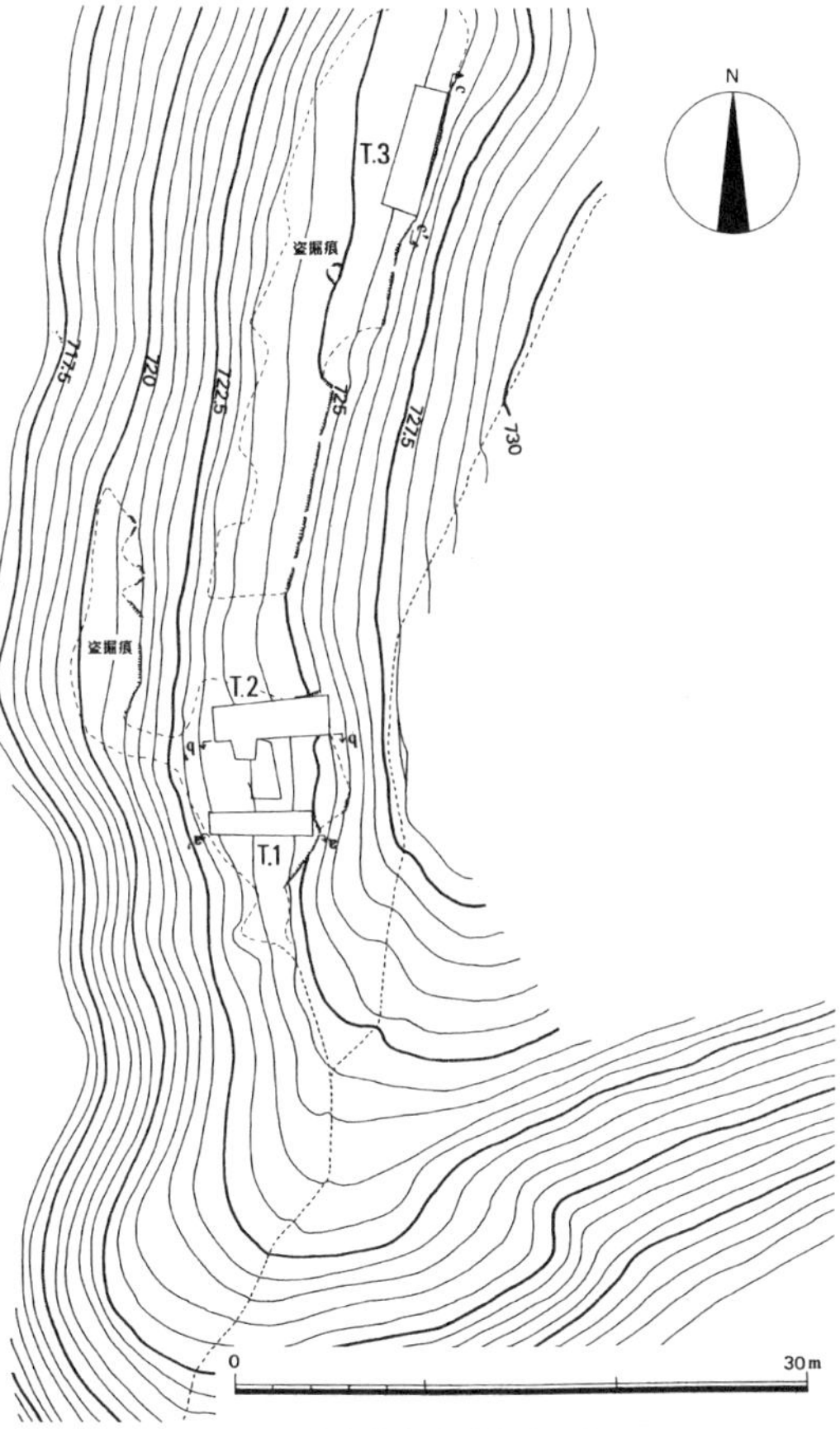

図2−43　弥高寺本坊跡背後調査地区

トレンチ2の東端で鉄釉三耳壺が正立して、また西端近くで常滑大甕が検出された（写真2−19）。大甕の口縁部は盗掘者によって打ち割られていたが、原

写真2－19　墓地出土の大甕

位置は保っていた。大甕内には人骨・灰・炭がつまり、木棺の飾り金具、および別個体の小形壺片が入っていた。木棺ごと火葬された後、それぞれの蔵骨器に収められていたものを、後に大甕にまとめて再葬したと思われる。なお、人骨のあごの部分から数遺体分と推定された。また、大甕の底部近くは大きく欠損し、その部分には別個体の甕片が充填されていた。

トレンチ3と称したところは、盗掘を受けていなかったようで、厚さ四〇～六〇㎝の礫混じりの茶褐色砂質土を除くと、石仏と五輪塔が横一列に並んだ状態で検出された。石塔等はほとんど倒れていたが、本来は平坦に近いこの地区の東側山裾にすべての石仏・五輪塔群が横に並んでいたと推定された。

出土した蔵骨器の大半は常滑焼が占め、ほぼ一三世紀後半～一五世紀のもので、一四世紀代のものがその中心をなす（図2－44・45）。

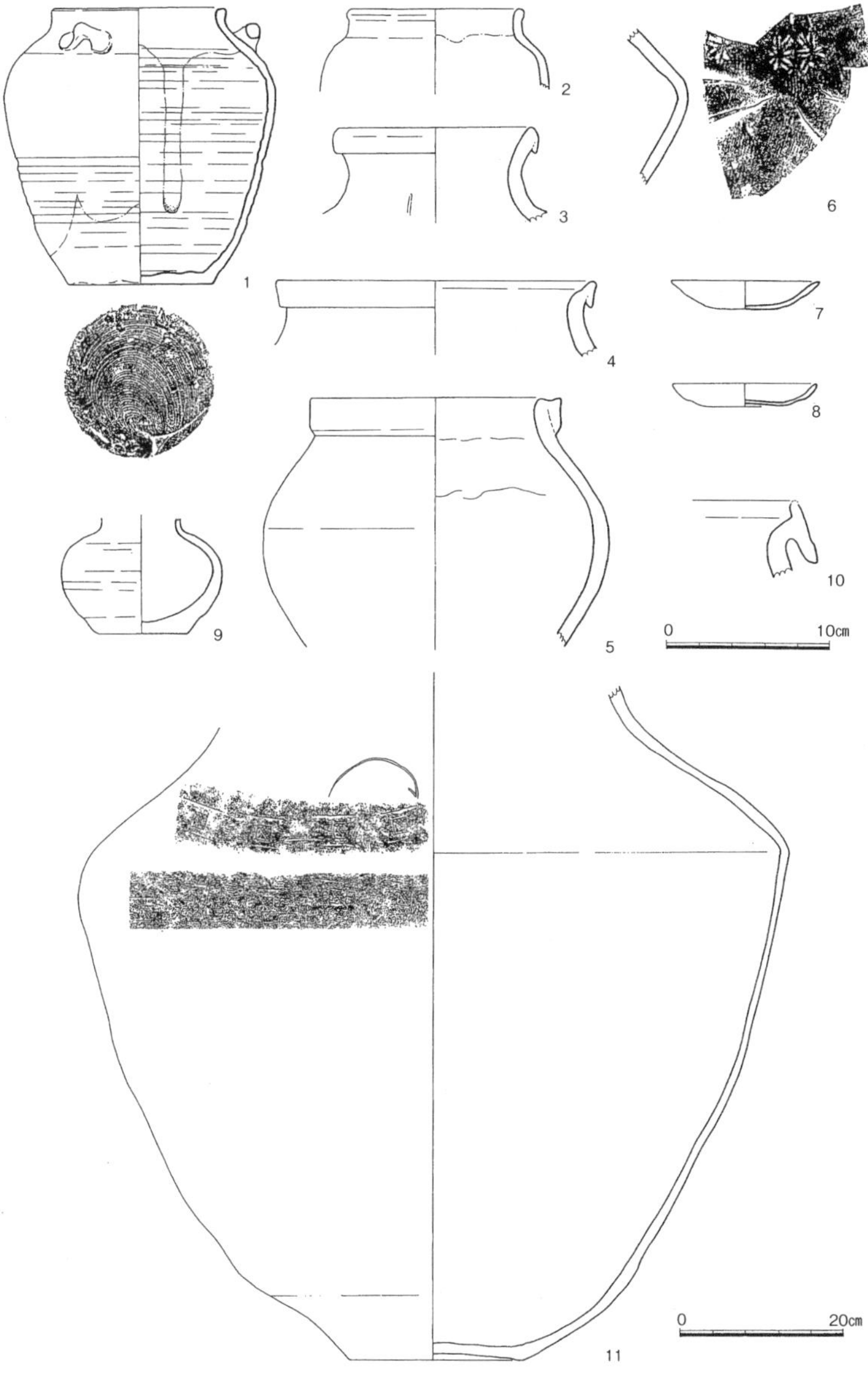

図2−44　弥高寺墓地出土遺物

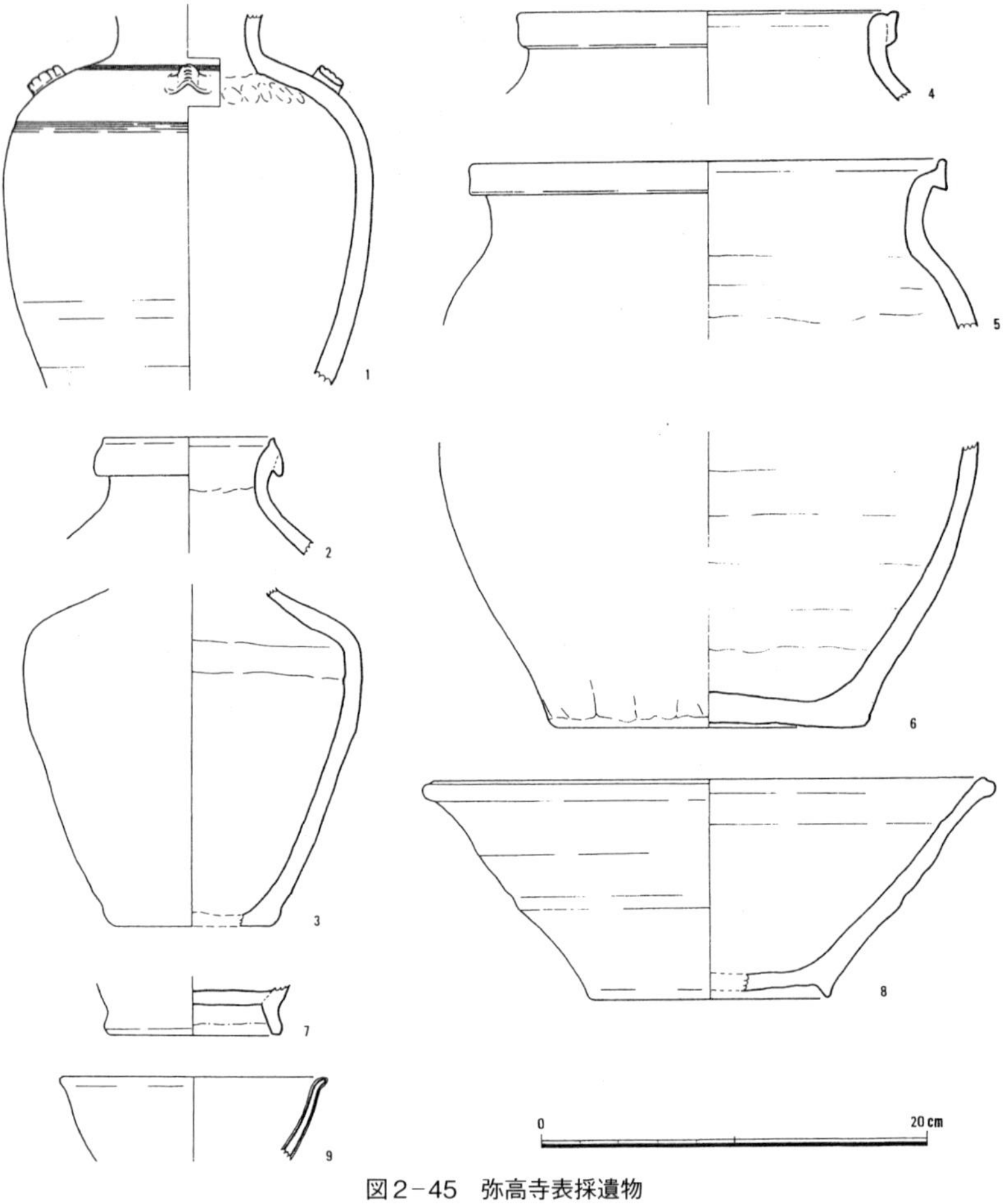

図2-45　弥高寺表採遺物

四　弥高寺跡の評価―山岳寺院の一類型―

分布調査と測量によって、弥高百坊跡と呼ばれてきた伊吹山支尾根上の一寺院の概要が、おおよそわかってきた。そして現在までのところ、この弥高寺跡がその規模や内容から、いわゆる伊吹山寺関係寺院を代表するものであろうと推定されるに至った。こうした山岳密教寺院の一つで、ある程度その内容が知られている長浜市の大吉寺[4]との比較の中で、弥高寺跡の特質をまとめてみる。

大吉寺は貞観七年（八六五年）、安然によって草創されたと伝えられる天台寺院で、『吾妻鑑』等で源頼朝がかくまわれていたことでも知られる。寺には弘安八年（一二八五年）の一切経安置の祈願文が残り、また四十九院を誇ったといわれる。そして大永五年（一五二五年）六角定頼の兵火、元亀三年（一五七二年）織田信長による攻撃等で焦土と化し、衰退していったもので、この遺跡は昭和四八年に県指定の史跡となっている。

弥高寺跡は、東西約二五〇m、南北約三〇〇mの範囲に、本坊跡を頂点の位置として極めて計画的に、方形を基本とする坊跡が六六配されている（図2―46）。いわゆる本坊跡も、最大約六八×約五九mを計る広大なもので、これがこの寺院の中心をなすことは、その位置・規模からも明らかである。このことは中心に最大東西幅約六〇m・南北約五〇mを計る本堂ののる郭、および現在、四八を数えるその周囲の坊跡を備える大吉寺跡とほぼ同規模であるといってよい。ただ、三方に張り出たそれぞれの尾根に坊跡が張り付く大吉寺跡より、全体として弥高寺跡の坊跡群はまとまりがあり、また坊跡

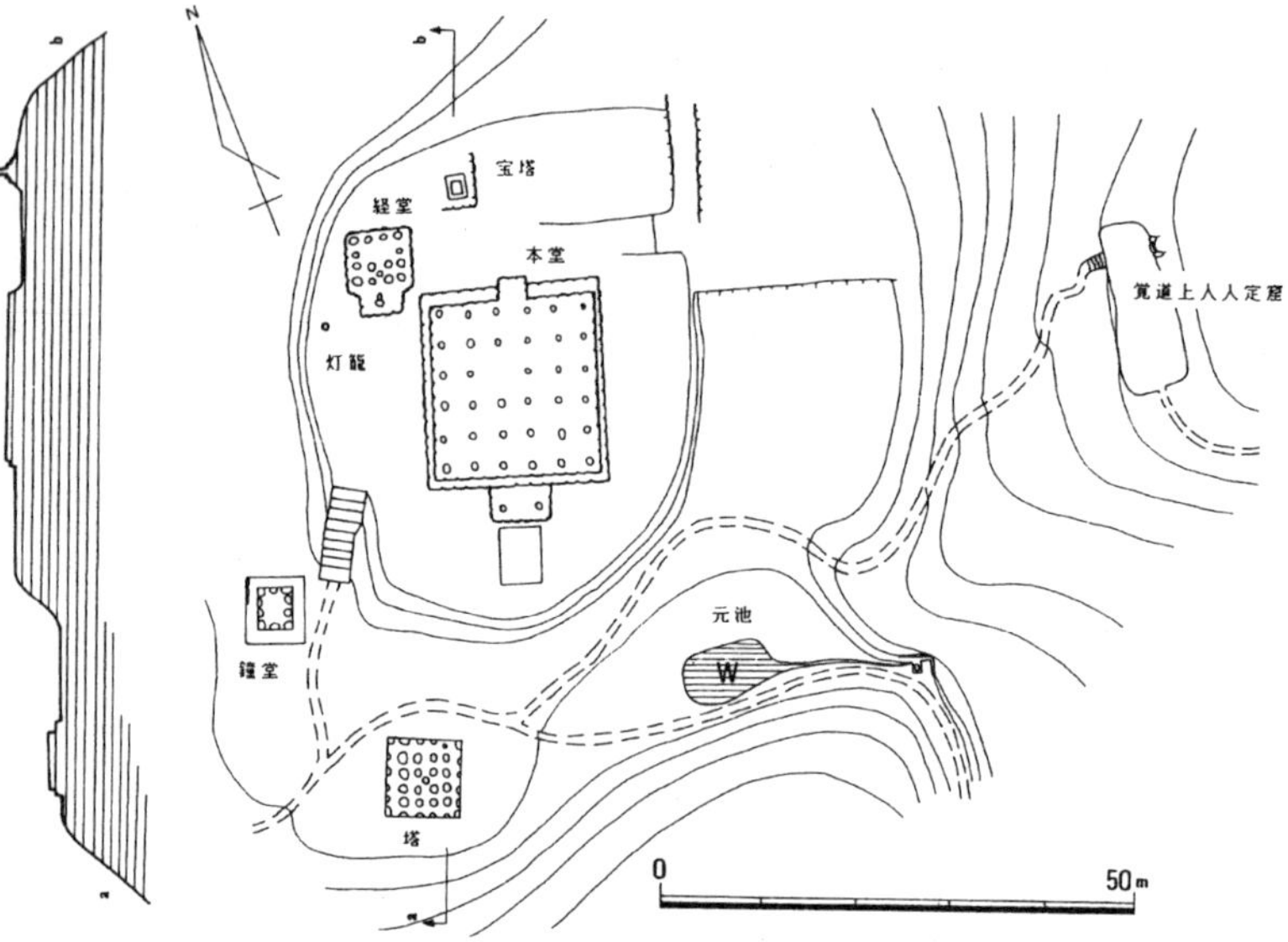

図2−46　大吉寺跡本坊周辺図

平面形にも規格性が認められる。

なお、弥高寺跡の場合二〇×一五m程度の坊跡が平均的なものと考えたが、比叡山西塔での発掘調査例などから、この平坦地いっぱいの規模をもち、土地を最大限に生かした建物があったと考えられる。

大吉寺跡の本堂は、その規模がすでに明らかになっている。ほぼ一九・二×一七・四〜一九・八mを計る五×五間の礎石建物である。

弥高寺跡では、その本坊跡の北半は一段高い基壇状を呈しているが、ここでその直角に交わる東辺と南辺を生かすと一八×一八m四方の建物を想定することができた。双方とも「本堂」はほぼ南面する。本堂あるいは本坊から東へ下ったところに池を配し、さらにその東に入定窟を備えていることなども一致している。

また、その入定窟は両者とも、同様の規模で前室を備え、奥に小室を設け像を安置するところまで酷似している。池は本堂近くの谷に近いところに位置し、双方とも径五～八m前後を計るのである。

奈良時代ごろから山岳信仰と仏教信仰が結合し、僧が奥深い神の住む霊山で修行を行う山岳修行が起こったが、当初、朝廷からの圧力が加えられた時期もあった。しかし奈良時代末から平安時代初め以後、こうした山岳で修行を行った僧が評価されるようになり、多くの山岳寺院が創建されていった。近江ではこの伊吹山寺や後に大吉寺となった天吉山寺をはじめ、比叡山寺、己高山寺、金勝山寺がよく知られているところである。

こうした山岳寺院がその後展開し、伊吹山寺の場合は伊吹四大寺、比叡山寺だと三塔十六谷、己高山寺の場合は己高山五箇寺として石道寺・法華寺といった名で知られるようになり、それぞれ弥高百坊とか比叡山三千坊、あるいは大吉寺四十九院、法華寺百二宇というように多くの院や坊を従えていくのである。

これらは標高五〇〇～七〇〇mの高い山上に位置しながらも、寺院建物は山を背にすることが多い。脇には水の手があり、大規模な本堂と比較的小規模な数十の坊跡群から構成される。また、行者谷あるいは入定窟といった修行の場や池も設け、寺院の入口には「仁王門」あるいは「大門」と呼ばれる門がある。また墓地も近接した地に築かれ、決して日常雑器類ではない蔵骨器が用いられる。そして五輪塔・石仏等をもってその標式とする。このような山岳密教から展開した中世の山岳寺院の中で、弥高寺は大規模で、最もまとまりのある典型的な例であろう。

小規模な試掘と土器類を表採した結果によると、本坊跡の背後に位置する墓地からは、一三世紀後半～一五世紀末か一六世紀初めごろまでの遺物しか見つからなかった。

このことは、特に『大原観音寺文書』を中心とする文献資料においても、鎌倉時代後半から室町時代にかけての伊吹山寺関係の文書が多く残ることとも符合し、墓地の一部からの結果に基づくと、弥高寺は永正九年（一五一二年）六月の兵火により焼失したのち、山岳寺院としての機能は失われ、その大半は麓へ下ったと考えられる。その後の『伊吹大菩薩奉加帳』等に見られる弥高寺関係の坊名等は、麓のそれを指すと考えられる。

ただ、現在の弥高寺跡は、その寺域部分だけ雑木等はほとんどなく、また本坊跡の地目は「宅地」となっていることなどから、衰退後も何らかの寺関係の施設があり管理されていたものと推定できる。

なお、弥高寺跡を上平寺城（「桐ヶ城」あるいは「刈安尾の城」）に比定する説がある。[5]このことについては、すでに小和田哲男によって適切な評価がなされている。[6]

古くから寺院に城としての機能を持たせたことはしばしば見られ、またこの弥高寺も寺としていく度か戦乱にかかわっている。土塁、大門跡の虎口としての形状、あるいは本坊跡西側斜面には竪堀、また本坊跡背後の尾根には堀切も二条認められる。しかし郭状遺構等の配置・規模など、その構造の基本はあくまで寺院そのものであり、小和田の指摘のように、どの部分が京極氏による改造個所なのかを見分けることは難しいことではあるが、必要な作業になってくる。

注

（1）滋賀県坂田郡教育会編「平安朝時代」・「墳墓志」・「寺院総説」・「廃寺」『改訂近江國坂田郡志』、一九四一年。

宇野茂樹「伊吹山寺」『柴田實先生古稀記念　日本文化史論叢』、一九七六年。

樋口　元ほか『伊吹山寺』(『伊吹町文化財』第二集)、一九七七年。

滋賀県教育委員会「大原観音寺文書調査概要」『大原観音寺文書』、一九七五年。

(2)注(1)の宇野論文、二三六頁。

(3)滋賀県坂田郡教育会編「墳墓志」『改訂近江國坂田郡志』第三巻、一九四一年には、「役行者岩窟前に古塔二基あり」と記されている。

(4)柏倉亮吉「大吉寺趾」『滋賀県史蹟調査報告』第六冊、滋賀県、一九三四年。

(5)長谷川銀蔵・長谷川博美「上平寺城跡」『近江の城』第一六号、一九八五年。

(6)小和田哲男「京極氏の内訌と上平寺城」『近江の城』第一六号、一九八五年。

第三節　近世山岳寺院の一様相

一　はじめに

米原市（旧山東町）清滝に所在する宝持坊遺跡は、弘仁年間（八一〇～八二三年）に開かれたという真言宗豊山派の宝持院に伴う坊跡である。

古くからこの清滝の狭小な谷部には多くの寺院が知られ、佐々木京極家の菩提所で、京極家一八代の墓所がある清滝寺もその一つである（図2－25）。かつてはこの寺にも一二坊があったといわれるが、今日では六坊しか知られていない。

現在、宝持坊として知られている宝持院の北の谷部に連なる郭状遺構は、宝持坊のみならず、さらにいくつかの坊があったと思われる。また、大字清滝の代々の区長が保管する元禄一三年（一七〇〇年）の絵図には、寺あるいは坊と思われる建物が鮮明に描かれており、この宝持坊のある谷部にも寺らしき建物表現を見ることができる。

二　調査の経過

調査は、宝持院の北の急峻な谷状部分において測量調査を実施して、遺跡の基本的な構造を確認し、また、一部において発掘調査を行って遺跡の保存資料を得ることにした[1]。

測量の結果、工事予定地を中心に南北二五〇m、東西五〇mほどの範囲においてNo.10～No.30まで二一の郭状遺構を確認した。それぞれの最大比高差は約七〇mを計る（図2―47）。

幅一m前後の道で相互につながっている郭状遺構は、もともと斜面であったところに平坦面を形成したもので、最大のものは三〇×一五m程度の規模をもつ。石垣（No.12）や土塁状遺構（No.23）、現在も水をためる小規模な池や水路、ならびに滝を伴う庭園遺構（No.21、No.24、No.26）などが見られ、近世の五輪塔・石塔群を伴うもの（No.21、B調査区）や時代

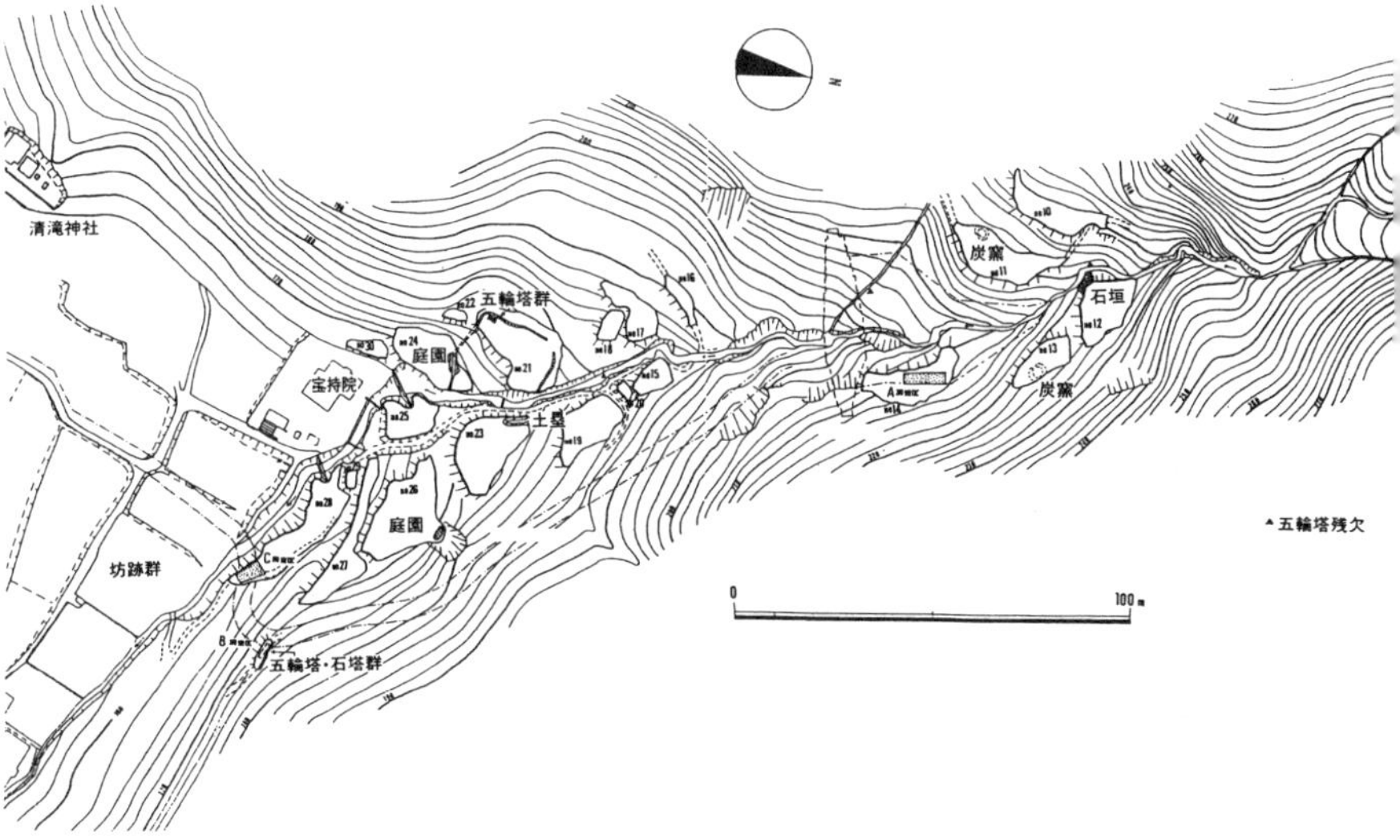

図2−47　宝持坊跡周辺図

の下る平面が楕円形の炭焼成窯も二基認められた。さらに平地となっている宝持院前に広がる林も、絵図やその区画等から、谷状に広がる坊跡と同様のものと考えられる。

測量後に、No.28郭状遺構とその東にある五輪塔・石塔群の一部の試掘調査のため、北からA・B・C調査区をそれぞれ設定した。

三　調査の結果

A調査区では、一二×二・五mのトレンチにおいて表土除去を行った結果、表土の腐蝕土下に五~四〇cmの流土が堆積しており、その下は地山からなる整地面となる。地山整地面上には、約二〇×二五cm大の平坦面をもつ石が見え、これらは建物礎石と判断した。

B調査区では寛政・宝永・元禄等の年号をもつ一石五輪塔をはじめとする石塔・石仏群(写真2-20)の前に、四×一・二mのトレンチを設けたが、五~一〇cmの表土下はすぐ地山となり、墓壙等の下部施設は認められなかった。

C調査区では約三×七mのトレンチを設定した。ここでは北

写真2-20　石塔・石仏群

の山側に道状遺構が残っており、そこへの立ち上りが地山整地面において確認でき、近世以降の陶器片が出土した。

このように宝持坊遺跡として知られる郭状遺構は、中世山城の小規模な郭に酷似したものであり、ここでは少なくとも近世にまでさかのぼる坊跡で、そのいくつかには礎石建物があったことがわかってきた。それは、小規模な池や滝をもつ庭園と呼ぶべきものを備えたもので、さらにその周囲には何個所かに分けて墓地を配置していたことが判明した。このことは谷川に沿って、その周囲に散乱している五輪塔片からもうかがわれ、谷部分のみならず、その下方の平地部にも坊跡は広がるようで、現在の清滝区のいたるところで五輪塔などの石塔群が見られるのである。

四　二つの近世山岳寺院

(1)　清滝寺

元禄一三年の絵図は、いわゆる天台宗の霊通山清滝寺を表現しており、その中心は現在の徳源院である。京極氏初代の氏信が開基とされ、遅くとも弘安九年（一二八六年）には開かれていたようである。後に、寛文一二年（一六七二年）、京極高豊によって再建された際、京極氏歴代の墳墓がここに集められ、現在も京極氏墓所として残されている。その絵図の右上、方位では徳源院の北に位置していたのが宝持坊であるが、あくまで谷間の小さな坊にすぎなかった。

この清滝寺絵図を現在の地形図に落としてみると、大門川とその南の道が寺域全体の中軸線となって、西から東に向かう傾斜の緩やかな谷筋に展開する(図2―48)。その範囲は、およそ東西三〇〇m、南北二〇〇mであり、中心である徳源院は軸線より南側に、東面しておよそ六〇m四方以上の規模を持って在る。つまり、中軸線にのる中世的な山岳寺院の特徴を有しておらず、中軸線より左側に位置する。また、地形的には谷筋の真ん中を軸線となる道が走るが、その左右に展開する理教坊、勧学坊、西蔵坊などの子院群についてみると、軸線の北側の坊は大きな長方形の敷地を有し、南側はそれに比べて小さな正方形に近い坊であるなど、必ずしも左右が対称的でない。坊跡の平面形において方形の度合いが強いことも合わせて、こうした点は最も近世的な山岳寺院の形式であり、それらから外れて北の谷間に小さく残されていた宝持坊などは、山岳寺院の前代的な要素である。

一方で、著名な京極家の墓所が、本堂である徳源院の左後ろにあることは、中世以来の山岳寺院の「きまり」である。

さらに、湖北に残るもう一つの「近世的山岳寺院」の展開例として、長浜市名越町に残る名超寺を見てみる。

(2) 名超寺

名超寺も天台寺院として知られ、白鳳年中の三朱沙門の開基になるという。伊吹山寺の一つで、後に山を下りて現在の米原市朝日に移った大原観音寺に残る文書によると、[2]応安二年(一三六九年)の「伊吹山住山臥衆中連署勝請文」には、山臥の活躍する近江北半を中心とする寺の中にその名が見える。

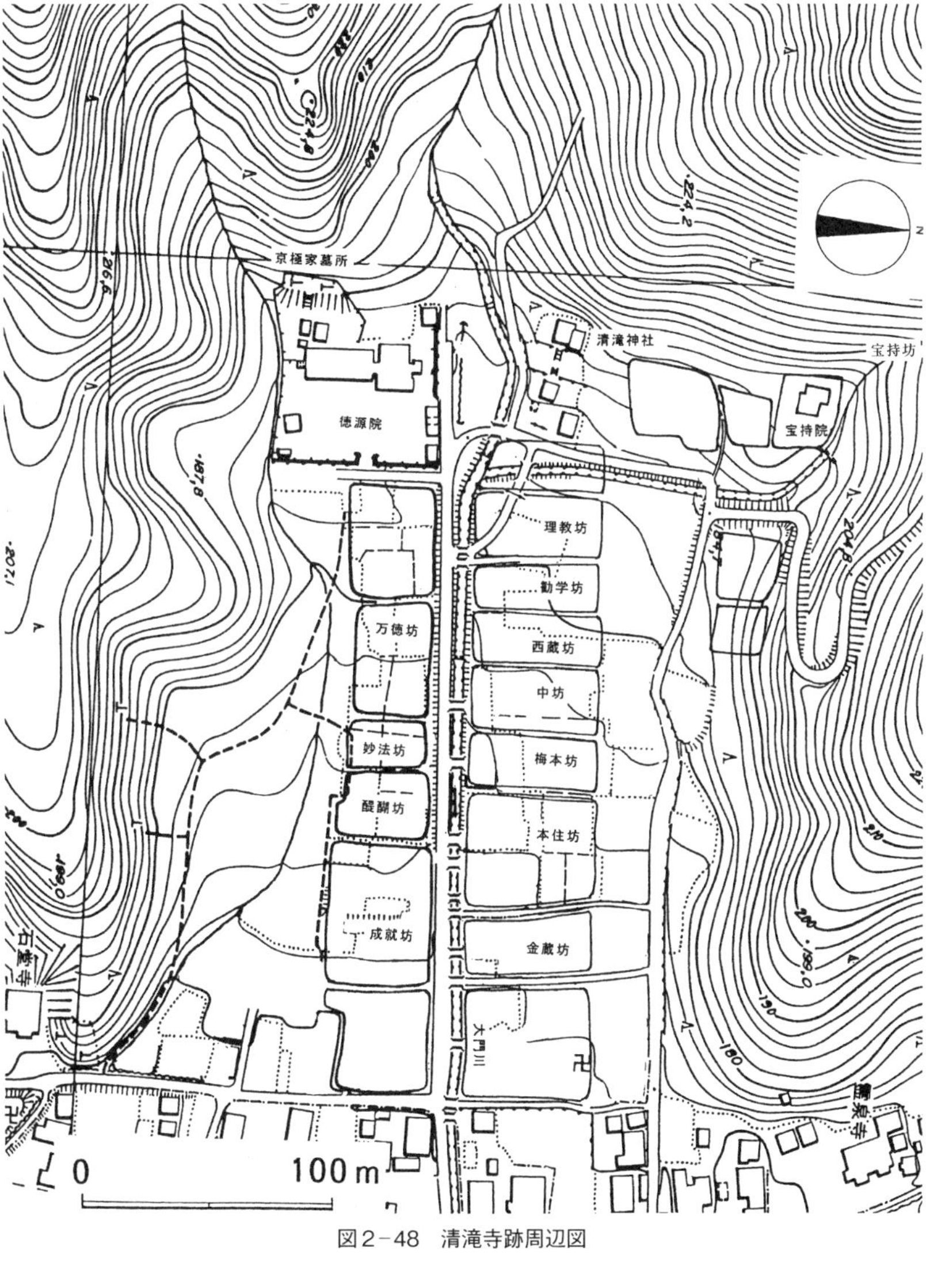

図2−48　清滝寺跡周辺図

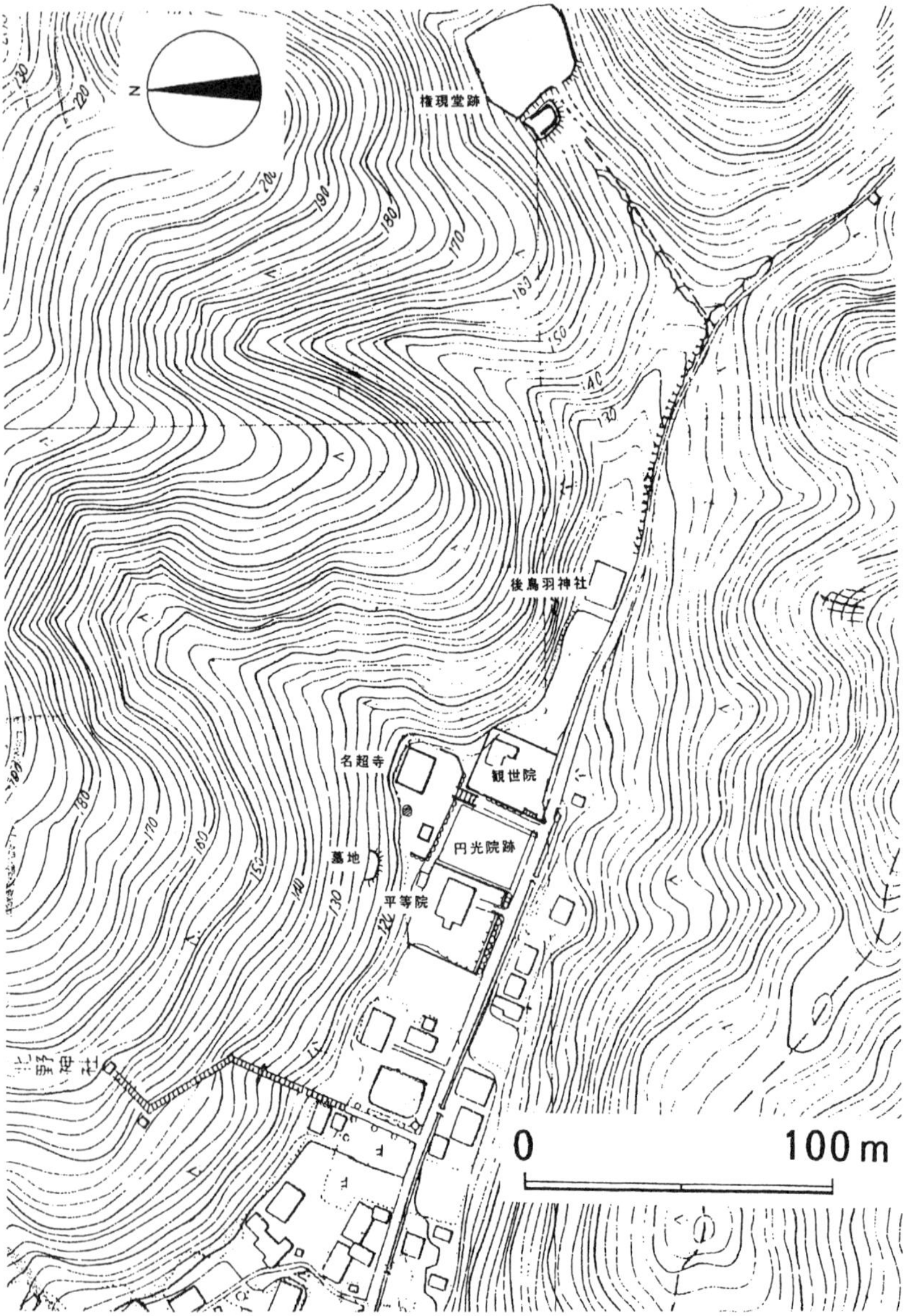

図2−49　名超寺跡遺構図

何度かの戦火の後、豊臣秀吉の手により再建され多くの僧坊があったが、現在では観世院、平等院や円光院跡などが知られるのみである。

寺院跡は、清滝寺とは逆に、東から西に向かって開かれるゆるやかな谷筋に展開する(図2—49)。その谷筋のさらに奥には、権現堂跡と呼ばれる三〇m四方ほどの寺跡が残る。これが名超寺のかつての本堂跡ともいわれるが、現在ではそこから約二〇〇m下った細い谷筋の北側に名超寺本堂があり、その前に観世院や平等院が建つ。この谷筋は、幅が五〇m程しかない細いもので、それを貫く長さ約五〇〇mの一本の道にすべての寺跡あるいは坊跡は面する。しかしながらこの道は、谷筋の南側に偏在しながら広い名超寺の寺域を貫く点において、極めて近世的な山岳寺院の在り方を残している。

清滝寺と同様に、山からほとんど下ってしまった麓に近い傾斜の緩やかな谷筋に、その平面形において方形の度合いが強い寺跡、坊跡が並び、しかも寺域の中心的な寺が、中軸線上から外れて在ることなどは、山岳寺院の近世的な要素であるといえる。

一方で、中軸線は西向きでありながら、本堂へは南から入ること、本堂の左後ろに墓地を備えていることなど、中世以来の山岳寺院の伝統あるいは「きまり」も引き継いでいることがわかる。

五　歴史展開の中での近世山岳寺院

平安時代には二、三の精舎ではじまる山岳寺院は、やがて本堂を中心に尾根上を平面が星形に展開し、

写真2−21　弥高寺の法灯を護る悉地院

中世にかけては一つの尾根に集中して扇形に広がっていく(本章第一節)。前者の代表は、長浜市大吉寺や木之本町鶏足寺であり、後者の典型例は米原市上平寺[3]や太平寺[4]である。そして、さらに山の上で坊が広がり寺域を拡大していくのが米原市弥高寺であり、山上での展開をあきらめて麓に降りるのが上平寺や観音寺[5]である。

山上で寺域の拡大や寺勢を誇っていた多くの寺院は、中世末には分解して下山する。そして多くは、かつての坊がいくつか法灯を護るという形で、弥高寺の悉地院のように現在までその名を細々と残す(写真2−21)。

そんな中にあって、近世段階において山を下りた山岳寺院が、麓の谷筋で寺勢を回復、あるいは拡大したのが、清滝寺であり名超寺であった。これらの遺構の特徴をまとめると、谷筋寺域の頂点左側に本堂が配置され、決して中軸線上にはこない。また、中軸線となった道の両側に一列で坊が配置され、それらは平面形が極めて方形指向にあり、しかもその谷筋自体の傾斜は非常に緩やかなものなのであった。

最近、発掘調査された長浜市(旧浅井町)小野寺遺跡なども、小さな西向きの谷に築かれた寺院跡と想定できる。奥まった高い位置に広い平坦面を備え、各所には三〜四段の石積みが残り、一七〜一八世紀の土師皿が出土している。これなども「近世的山岳寺院」の一例である。

注

(1)用田政晴「近世坊跡の一様相—山東町清滝所在宝持坊遺跡の調査—」『滋賀文化財だより』No.九二、一九八四年。
(2)福田栄次郎・神崎彰利校訂『近江大原観音寺文書』第一、群書類従完成会、二〇〇〇年。
(3)用田政晴「上平寺城・山岳寺院論の提唱」『佐加太』第二二号、二〇〇五年。
(4)伊吹町史編さん委員会『伊吹町史』文化民俗編、伊吹町、一九九四年。
(5)桂田峰男『町内遺跡—大原氏館跡(第三次)・観音寺遺跡』(『山東町埋蔵文化財調査報告書』X)、山東町教育委員会、一九九六年。

第四節　上平寺城山岳寺院論

一　はじめに

密教は原始的な山岳信仰が仏教と結びついてはじまり、近江においては伊吹山がそうした修行の場の一つとなって、今も山中には四カ所以上の寺院跡を残している。

ここでは伊吹山の弥高寺と上平寺城を取り上げ、弥高寺が城郭として利用された要素を探ると共に、上平寺城跡として知られる中世山城が山岳寺院を利用して営まれた可能性(1)、およびそれを通じて山岳寺院の祖型的な構造を看取していきたい。

二　山岳寺院・弥高寺

(1) 弥高寺の構造

伊吹山は、古くから山岳仏教の聖地として知られる。『三代実録』元慶二年(八七八年)二月一三日条では、比叡山、神峯山、金峯山などと共に七高山の一つに数えられ、伊吹山護国寺は定額寺となった。その伊吹山の南に張り出す尾根の中ほど、標高七〇〇m付近に築かれた山岳寺院が、「弥高百坊」と地元では伝える弥高寺である(図2―26)。

この米原市弥高寺(以下、市町名のないものは米原市)は、仁寿年間(八五一～八五四年)、三修によって建てられた「堂舎」にはじまり、後に定額寺となった伊吹山寺の系譜をひく。中世には太平寺、長尾寺、観音寺と共に伊吹四大寺と称されて伊吹山寺の中心寺院になるが、永正九年(一五一二年)六月、兵火のために消失した。しかし、天文九年(一五四〇年)の文書には弥高寺の坊名が残っており、天正八年(一五八〇年)になって山の西麓へ降りたともいわれている[2]。

文字通り百を越える坊跡群は、東西約二五〇m、南北約三〇〇mの範囲に集中し、地元では「本坊」跡と呼ぶ部分をその頂点として、山の斜面下方へ向かって扇形に展開するが、周辺の遺構を含めると南北約五〇〇m、東西約三五〇mにまでその分布範囲が広がる[3]。

「本坊」跡は、標高七一四m地点にあり、およそ東西約六八m、南北約五九mを測って、その前面には土塁が廻る。ここは南北二段からなり、北側の高さ一m程度を測る基壇状部分には、最大で一辺一八m四方規模の南面する建物を想定できる。二〇〇七年度にはその一部が発掘調査され、山石を積んだ基壇化粧と建物礎石が検出されている。その他の坊跡は、平均して二〇×一五m程度の方形を基調にしており、中央頂部の「本坊」へ続く南北方向の直線的な道をはさんで規則的に展開する。坊跡群への入り口には、「門」「大門」と呼ばれる二つの門跡が石積みと共に残り、「本坊」跡東側には、池を備えた坊跡、その先には「入定窟」(別名、「石室」)を備えた「行者谷」がある。

また、「本坊」跡の北西背面には墓地が残り、石仏や五輪塔が四群に分かれて七〇基以上残されていた。この付近の一部をかつて試掘したところ、一三世紀後半から一六世紀初頭にかけての瀬戸・美濃あるいは常滑の蔵骨器、それに土師皿や青磁碗が出土し、特に一四世紀後半の常滑焼大甕には再葬された人骨、炭、灰が詰まっていた。

(2) 城郭の諸要素

守護大名の京極氏は、伊吹山の寺院、特に弥高寺の勢力とその施設を巧みに利用し、後の戦国大名浅井氏も実際に弥高寺を城として改修していることが知られている。明応四年(一四九五年)、京極政高による弥高寺からの出兵(『船田後記』)や翌年の京極高清の布陣(『今井軍記』)などがそれであり、元亀年間には、浅井氏が弥高寺を信長との戦いに備えて手を加えたようである。

弥高寺の中心部分に入る「大門」は、大規模な空堀と土塁を備えたいわゆる桝形虎口であり、周辺の多くの竪堀、「本坊」背後の尾根線を切断する「大堀切」とそれに隣接する帯曲輪を備えた曲輪、さらには坊跡に備えられたいくつかの土塁などが、城として利用された痕跡とみることができる。

三　山岳寺院の特徴

伊吹山を中心とする湖北・湖東で見ることのできる山岳寺院の多くは、通例にならって山頂から南へ少し下りたところに本堂を設け、そこを中心として展開する。

寺は広い本堂跡を中心にして小さな坊跡が下方に展開し、その規模においても本堂跡は他と隔絶している。ただ、下方への展開には二つの類型があり、平面形がほぼ扇形に広がる弥高寺や長尾寺[4]、大原観音寺[5]などと、いくつかの派生した尾根上で星形に広がる松尾寺、長浜市大吉寺[6]、木之本町鶏足寺[7]などの例がある。星形あるいは鳥足形ともいうべきものが扇形配置より古い段階のものである。

坊跡群の平面配置が扇形に広がるものを、仮に「中世的展開」としているが、その場合、坊跡群の真ん中を直線的に南北方向へ走る道があり、南端が門跡になる。そして道の正面、中心部分には本堂跡があり、二段構成となり奥が一段高い。それが建物基壇として利用されたことが、弥高寺、長尾寺、東近江市百済寺旧本堂[8]などの例からわかる。

なお、これらの山岳寺院は時代と共に山を降りる傾向にあり、その多くは中世末に山を去る。そして近代以降では、松尾寺や太平寺[9]などごく一部の寺院だけが山上で存続していた。

四　上平寺城にみる諸要素

(1)　上平寺城

上平寺城は京極氏の山城として知られ、伊吹山から南に延びる刈安尾と呼ぶ尾根の先端、隣の尾根にのる弥高寺よりやや低い標高六六九m付近を中心にしてその遺構が残る[10](図2−50(左)、写真2−22)。城があった時代には「かりやす城」「かりやす尾城」と呼ばれ、近世の地誌で初めて「上平寺城」という名前が登場する。この城は、内紛の続いていた京極家をおさめた京極高清が、京極家の惣領として永正二年(一五〇五年)ごろに築いたものといわれ、元亀元年(一五七〇年)の改修の直後に廃城となった。

標高六六九mの尾根の頂部に、南北約五〇m、東西約三五mの主郭を置き、その南下方に向かって直線的に伸びる道をはさんで曲輪が続いている。曲輪の間には堀切や竪堀が配置され、いくつかの曲輪の周囲には土塁がめぐる。

この上平寺城は、弥高寺に見るような典型的な伊吹山の山岳寺院を中世後期段階で城郭に改変したものであり、その上平寺城の麓に広がる上平寺館跡についても、山上の寺院をそのまま移した痕跡であると考えるに至った。

(2) 寺院の諸要素

尾根上頂部には、他と隔絶した規模で二段からなる中心的曲輪があり、奥の北半部分が山岳寺院にみる本堂の基壇状を呈している。それを頂点として、南に向かって小規模な曲輪が規則的に展開する。これらの曲輪の真ん中を直線的に走る南北の独立した道があり、この左右に八つの曲輪が展開する。南北に走る直線道は、現在は迂回して中心的曲輪である主郭に取り付くが、かつては南から直線的につながっていた痕跡が現地に残る。これらは、「本坊」とそれから南に延びる道を軸として坊跡群が展開する弥高寺の在り方と基本は同じで、典型的な中世前期の山岳寺院形式である。そして土塁や堀切は後の城郭関連施設と考えられる[11]。

また、これらの山岳寺院をそのまま麓におろしたのが、京極氏館跡を中心とした地域である。すなわち伊吹神社を頂点として南に向かう直線道路と左右の規則的な八つの区画であり、頂点の伊吹神社は二段に分かれ、神社から正面を見て右後方に墓地を備えるなど、山を降りた山岳寺院の姿をとどめている（図2−50（右下））。この寺院を後に京極氏が居館として利用し、山上の寺院跡は詰めの城として改変し、刈安尾城あるいは桐カ城と称したのである。

写真2−22　弥高寺から上平寺城を望む

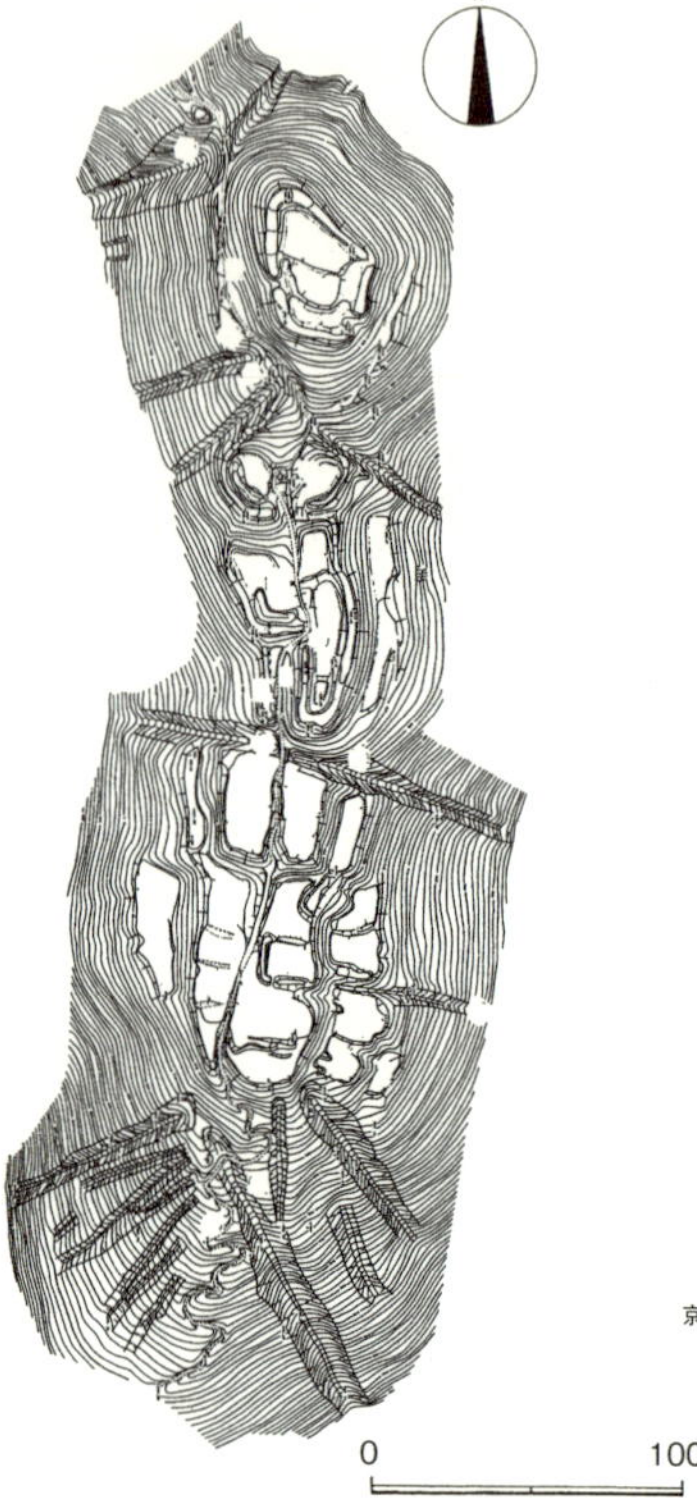

上平寺［山上］（伊吹町）（高橋 2002）

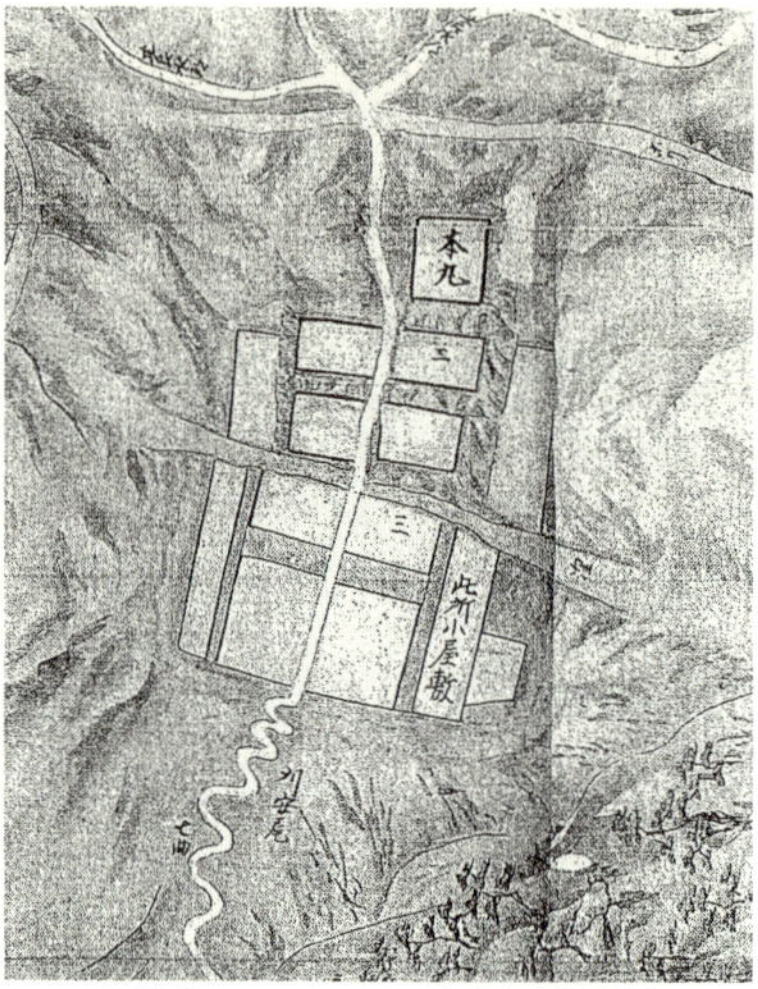

上平寺［山上］絵図（部分）（伊吹町）

（伊吹町・伊吹町教育委員会 2002）

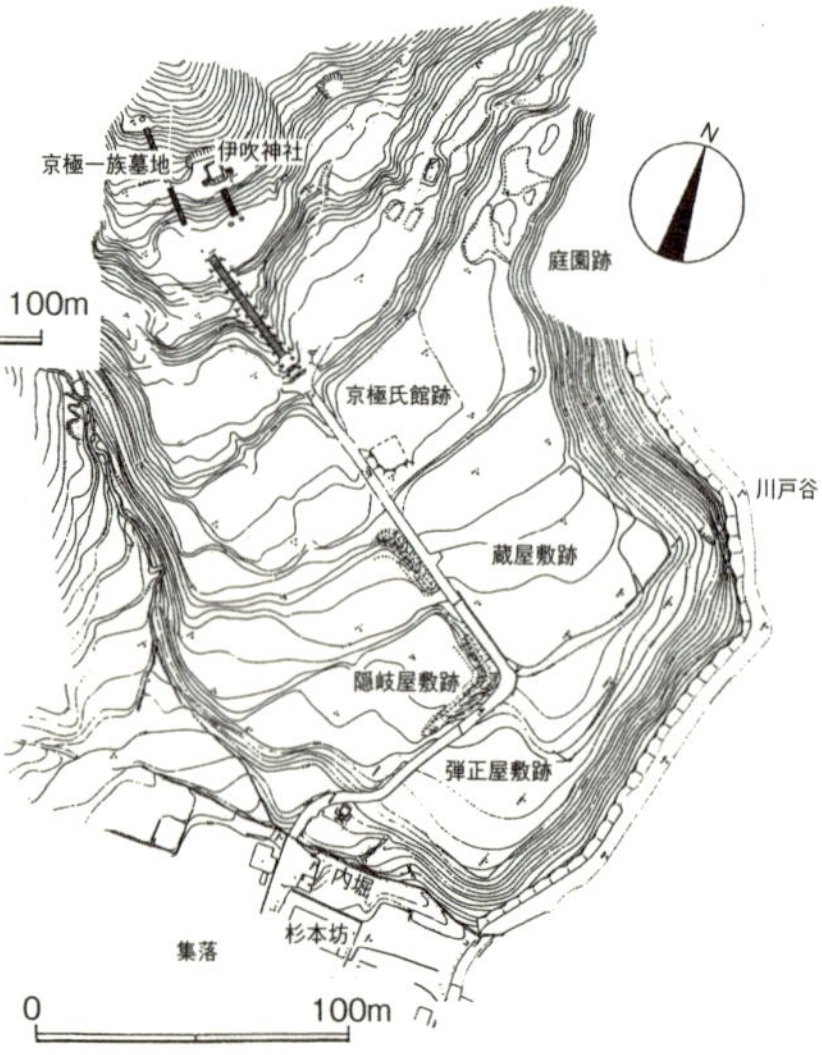

上平寺［山麓］（高橋 1998）

図2−50　上平寺跡

このように考えたことの発端は、南北方向に展開する「上平寺城」の真ん中を南北に貫く直線道路と、北端の主郭の存在である。城の攻撃者が城門を突破すれば一気に「本丸」へ達することができる。このような城郭は、戦略上あり得ないと考えたことによる。今も地元に残る江戸時代初期の『紙本著色上平寺城絵図』(図2―49(右上))を見ると、多分に誇張・略式化された「上平寺城」が山岳寺院であることを明確にし、麓に描かれた京極氏館跡と相似形であることがわかるのである。

五　弥高寺に残る伊吹山寺の原型

前章で、北端の本堂跡を頂点にして、南北に伸びた道の両側に八つの坊跡が展開する山上の上平寺は、後にそのまま麓に降りて相似形に展開していると考えた。このことから、『紙本著色上平寺城絵図』に単純化されたその平面構造は、山上の尾根上に展開した山岳寺院の基本形ではないかと推定した。その考えに沿ってあらためて弥高寺を観察し、再検討することにした(図2―51)。

本坊跡から南に延びる坊跡群中ほどの道は、ほぼ真南に向かう。この点は上平寺にも共通する。本坊跡東側辺のはじまりAからBまではほぼ一直線であり、約四五度の急角度で東側に落ち込むように整形されている。また、そのBからの延長線上にあるC付近の坊跡は、Cの部分のみ地表面が落ち込んでいる。このことから、もともとC付近から東側は盛土によって拡張したため、地盤が軟弱になったものと考えられる。

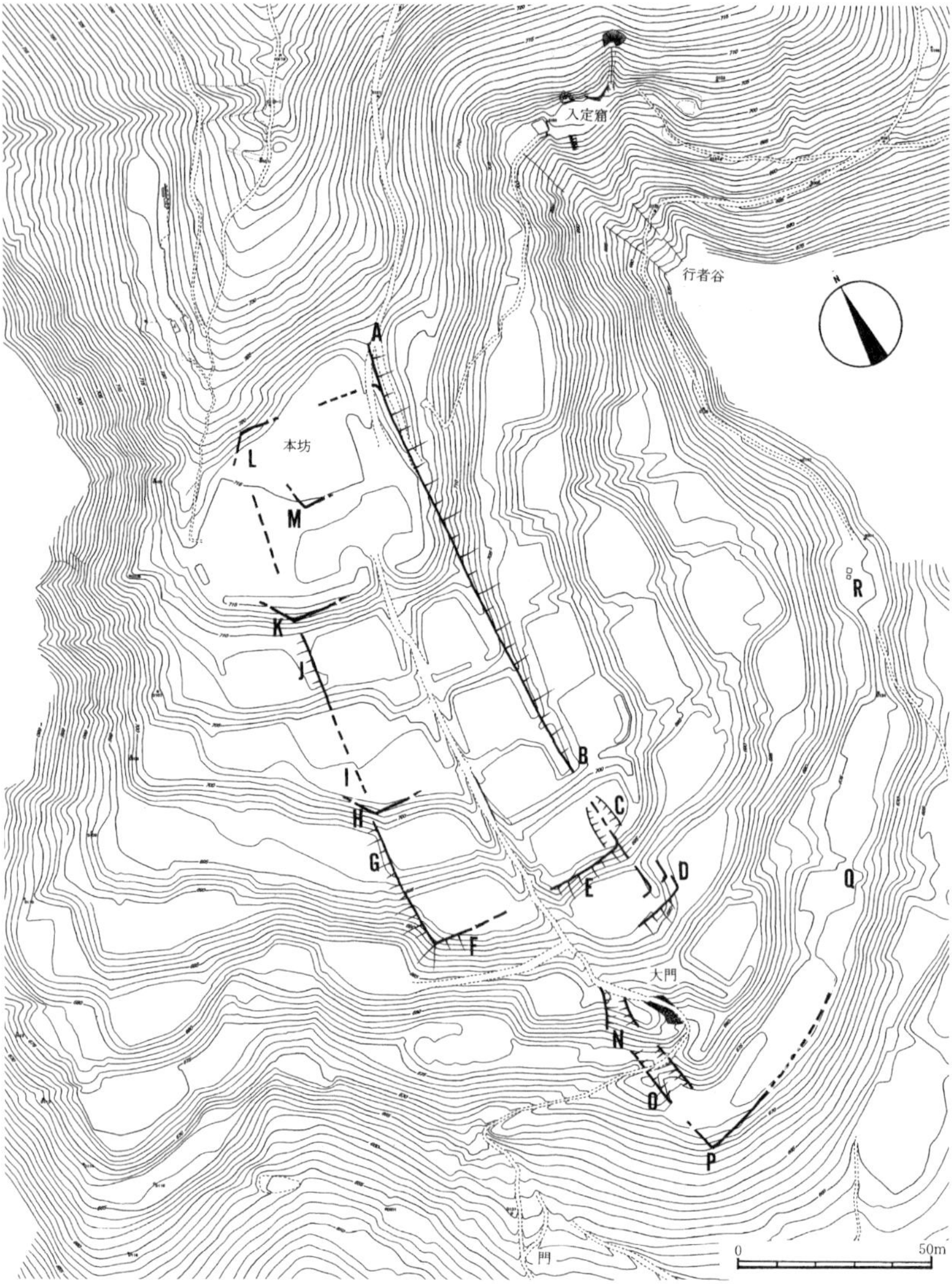

図2−51　弥高寺跡の祖型

また、その南側側辺も急角度で落ち込み、これら本坊にはじまるひとまとまりの坊跡群の南限とみることができる。そのことは、道をはさんだ西側坊跡にも共通し、特にその南西角付近では顕著である。その角から北に向かってG付近までは同様に一直線で急角度をなすが、H付近ではそれが見えなくなる。ただ、このHの斜面を詳細に観察すると角度を持って整形されており、I付近の等高線でもわかるように、Jまで一直線につながっていた坊跡を復元可能なものにしている。

こうして南北に走る道の両側に左右対称で展開した八つの坊跡であるが、本坊跡の平面形は、必ずしも道を中心にした対称形ではない。ただ、その南側側辺のK付近には明瞭に斜面の平面角度変換点が認められ、二段になった本坊跡の基壇も等高線では明らかではないが、M部分は角度を持っており、逆にL付近にもコーナーを持った削平が認められる。

このように本坊を北の頂点とし、おおよそA、C、E、F、Lをつないだ長方形の坊跡群配置が浮かび上がり、先に見た上平寺と相似形になる。

なお、Eのさらに南の先、D付近でもコーナー地形が部分的に認められるが、道をはさんだ反対側には見られない。また、「大門」跡と呼ばれ、後の城郭の枡形虎口として改変された部分を観察すると、NおよびO付近は線状に落ち込んでおり、それは本坊跡から南に延びた道の延長線上に位置する。その道はPで直角に左に曲がり、少なくともQまで伸びていた模様である。

今、地形を詳細に見直すことによって浮かび上がってきた、本坊跡を頂点として南北約一四〇m、東西約五〇mの範囲の中心の道沿いに、八つの坊跡が左右対称に広がり、道はまっすぐ延びた後、東へ直角に折れて向かう平面形式は、この弥高寺の原型となったものであると考えられる。

つまり上平寺と弥高寺は同じ平面形を祖型として構築されたものであり、これらは同じ伊吹四大寺の長尾寺、太平寺にも共通すると想定され（図2―52）、さらには弥高寺が山麓に降りた後、唯一、その法灯を護っている悉地院の平面形式そのものである。この形式を読み取ることをここでは「伊吹山寺原型論」と呼んでおくが、必ずしも伊吹山寺に限ったものではない。

戦国大名浅井氏の居城小谷城のわずかに残されている戦前の本丸や大広間跡を中心とする平面図に[12]、部分的な測量図[13]を合成して作成したものを見ると、その平面形、規模、方位などほとんどが上平寺と酷似している（図2―53）。このことは、少なくとも近江北半に共通する山岳寺院の原型式であるという見通しと共に、小谷城が山岳寺院を、しかもかつて山王権現が祀られており、今では小谷神社といわれて麓の小谷寺の一角に移された跡地・山王丸と京極丸付近を含めた南北二カ寺にわたって城塞化していることが読み取れるのである。山王丸南東の大石垣は、山城のそれではなく、石積みを多用した山岳寺院の名残りでもある。近江守護職佐々木氏の総領家・六角氏の観音寺城は、安土城築城四〇年前の天文五年（一五三六年）には石垣を築いていたが、これは山岳寺院・観音寺の遺構を利用していたことに依るのである。

一方、小谷山の主峰は「大嶽」と呼び、「大嶽寺」はその頂部にあったといわれてきたが、現在ではその山頂付近に残る遺構に山岳寺院の名残りは全く認められない。さらにはこうした独立丘陵の頂部は、神・仏のための場所として知られ、近江においてはそこに寺院を建立する例は皆無である。つまり立地として寺ではありえないことになる。

『大安寺三綱紀』には、「大嶽寺」は「浅井嶽」の「頂上に在り」というが、これは後世、小谷城の

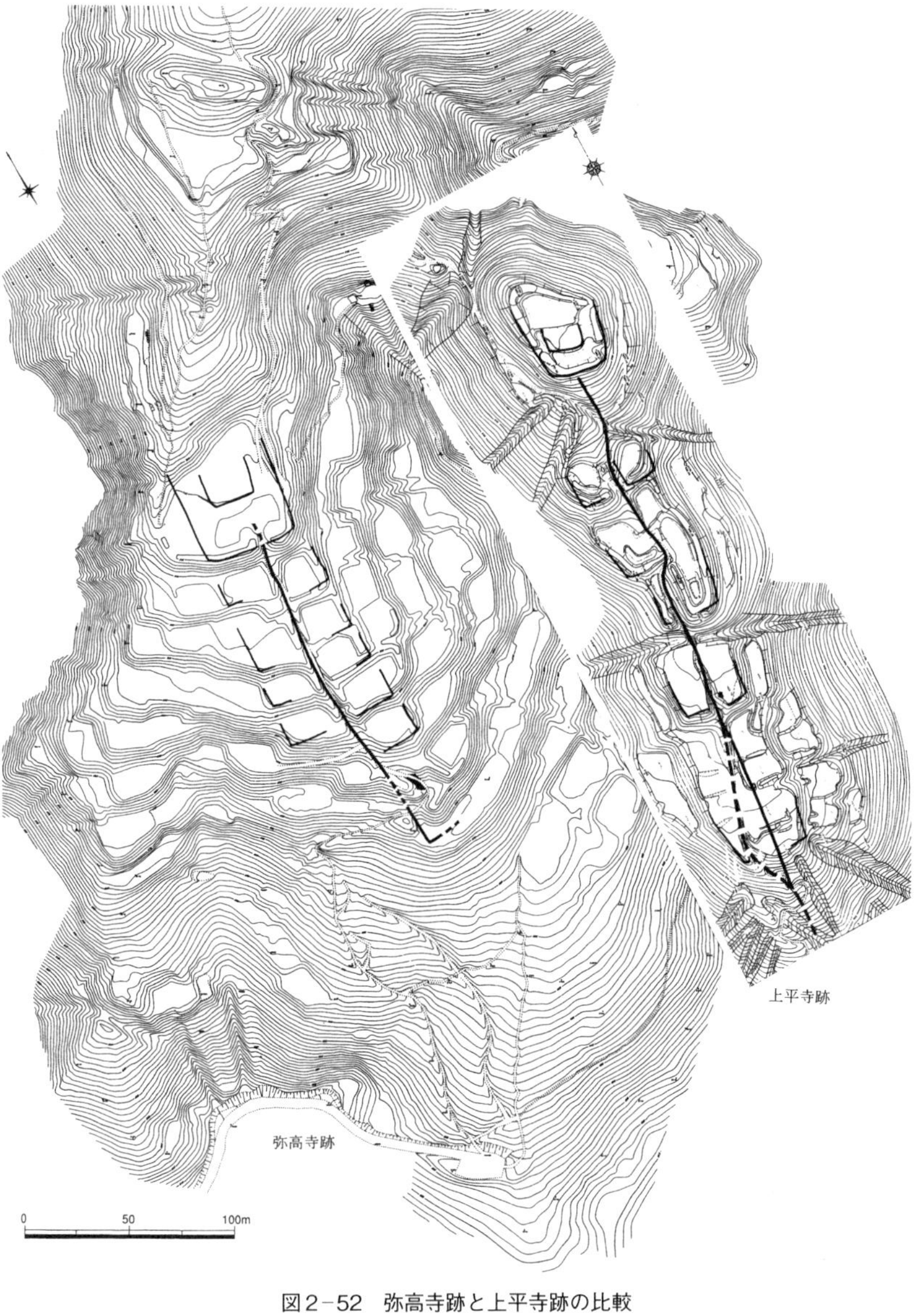

図2−52　弥高寺跡と上平寺跡の比較

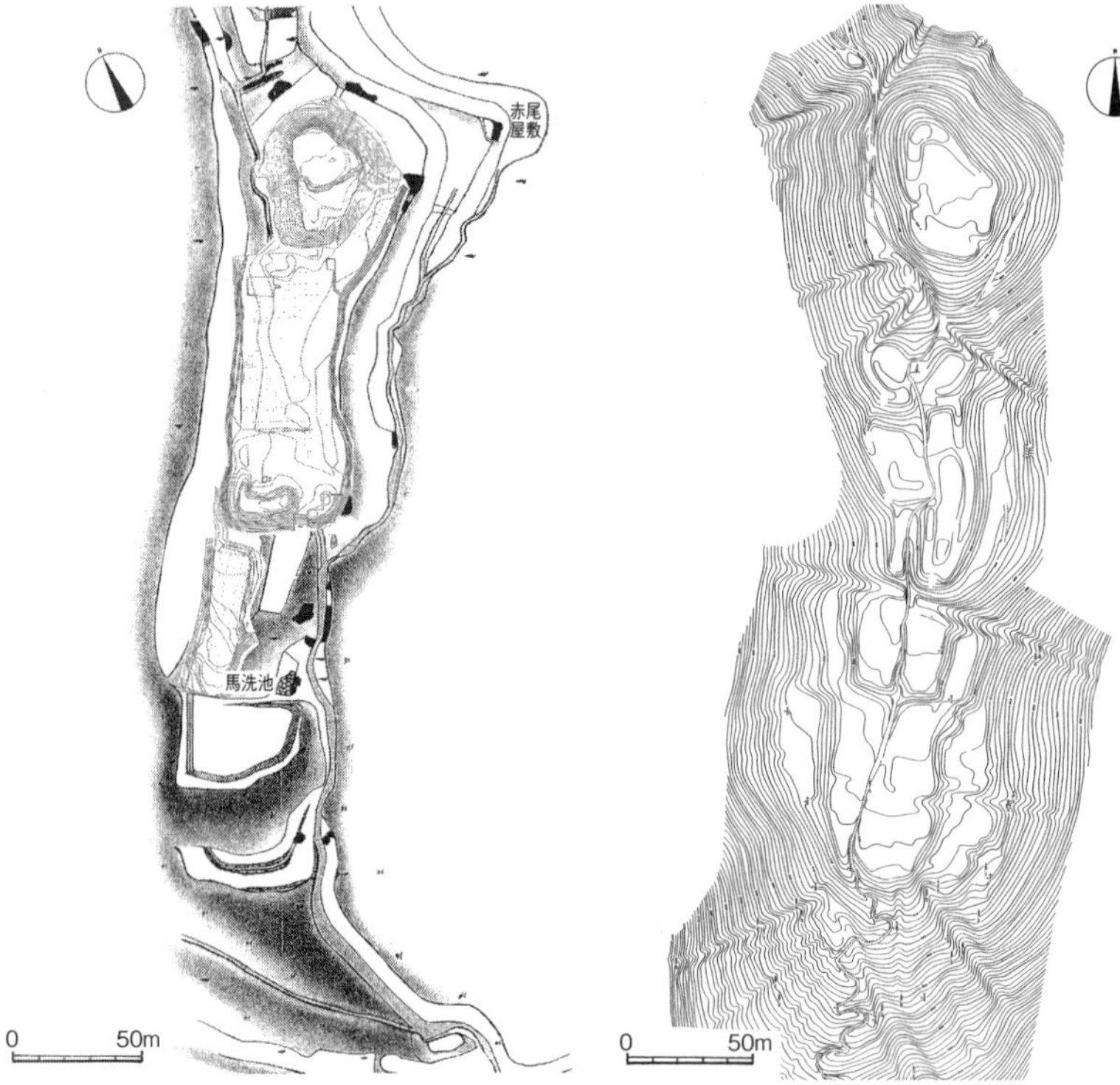

図2−53　小谷城跡中枢部と上平寺跡

のる小谷山（「大嶽」）の支尾根を指すとも考えられる。そうすれば、小谷城の前身寺院を「大嶽寺」と呼んだ可能性も出てくるし、地形的には南北に伸びる小谷城付近は、中世の山岳寺院にふさわしい立地である。一方では、もともと小谷山最高所の大嶽は、小谷築城になった大永五年（一五二五年）の段階では、小谷城の主郭であったとする『長享年後畿内兵乱記』の記述に従うならば、浅井亮政は小谷山の神の降りる場所を意図的に城の中心地として選んだことになる。

注

（1）用田政晴「上平寺城・山岳寺院論の提唱」『佐加太』第二二号、二〇〇五年でその概略を述べたことがある。
（2）a 宇野茂樹「伊吹山寺」『柴田實先生古稀記念　日本文化史論叢』、一九七六年。
　b 山嵜仁生『伊吹山弥高護国寺』（私家版）、二〇〇〇年。
（3）a 用田政晴『弥高寺跡調査概要』（『伊吹町文化財調査報告書』一）、伊吹町教育委員会、一九八六年。
　b 高橋順之『国指定史跡京極氏遺跡分布調査報告書―京極氏城館跡・弥高寺跡―』（『伊吹町文化財調査報告書』第一九集）、伊吹町教育委員会、二〇〇五年。
　なお、本文中の挿図はこの報告書に依る。
（4）高橋順之『長尾寺遺跡測量調査報告書―平安時代創建の山岳寺院遺跡―』（『伊吹町文化財調査報告書』第五集）、伊吹町教育委員会、一九九二年。
（5）桂田峰男『町内遺跡―大原氏館跡（第三次）・観音寺遺跡―』（『山東町埋蔵文化財調査報告書』Ⅹ）、山東町教育委員会、一九九六年。
（6）柏倉亮吉「大吉寺址」『滋賀県史蹟調査報告』第六冊、滋賀県、一九三四年。
（7）高橋美久二ほか『木之本町遺跡分布調査概報』Ⅱ（『木之本町埋蔵文化財調査報告書』第三集）、木之本町教育委員会、二〇〇三年。
（8）明日一史『百済寺遺跡分布調査報告書』Ⅱ（『愛東町文化財調査報告書』第一〇集）、愛東町教育委員会、二〇〇三年。
（9）伊吹町史編さん委員会『伊吹町史』文化民俗編、伊吹町、一九九四年。
（10）a 高橋順之『上平寺城跡群分布調査概要報告書Ⅲ　上平寺城跡―京極氏の山城跡―』（『伊吹町文化財調査報告書』第一七集）、伊吹町教育委員会、二〇〇二年。
　b 高橋順之『上平寺城跡群分布調査概要報告書Ⅰ　上平寺館跡―京極氏の居館跡―』（『伊吹町文化財調査

報告書』第一二集）、伊吹町教育委員会、一九九八年。
(11) 高橋順之「放射状の竪堀群を確認―上平寺（桐ヶ城）跡―」『佐加太』第一七号、二〇〇二年。
(12) 柴田　實「小谷城址」『滋賀県史蹟調査報告』第七冊、滋賀県、一九三八年。
(13) 中村林一『史跡小谷城跡環境整備事業報告書』、湖北町教育委員会、一九七六年。

第五節　一字一石経塚の意味

一　余呉町堀郷遺跡

(1)　遺跡の位置

堀郷遺跡は、伊香郡余呉町大字上丹生字堀郷に所在する。

余呉町は滋賀県の北部に位置し、町の大部分は急峻な山地で、その間に南北方向の福井県境・栃ノ木峠に源を発する丹生川によって形成された構造谷がある。この谷底平野を流れる丹生川によって形成された狭小な河岸段丘に上丹生の集落はあり、堀郷遺跡は集落の南部、西から迫る五〇〇m級の山地の裾部にあたる(図2—54)。

このあたりの耕地は丹生川沿いのわずかな氾濫原のみであり、気候も北陸型で冬期は二〜三mの積雪を見るところでもある。近世には、北国街道のほかに、中之郷から丹生谷を経て北国街道の宿駅であった中河内へ抜ける道があったが、一字一石経を埋納していた経塚である堀郷遺跡は、かつてこの街道に面した上丹生集落の入口に位置している(図2—55)。

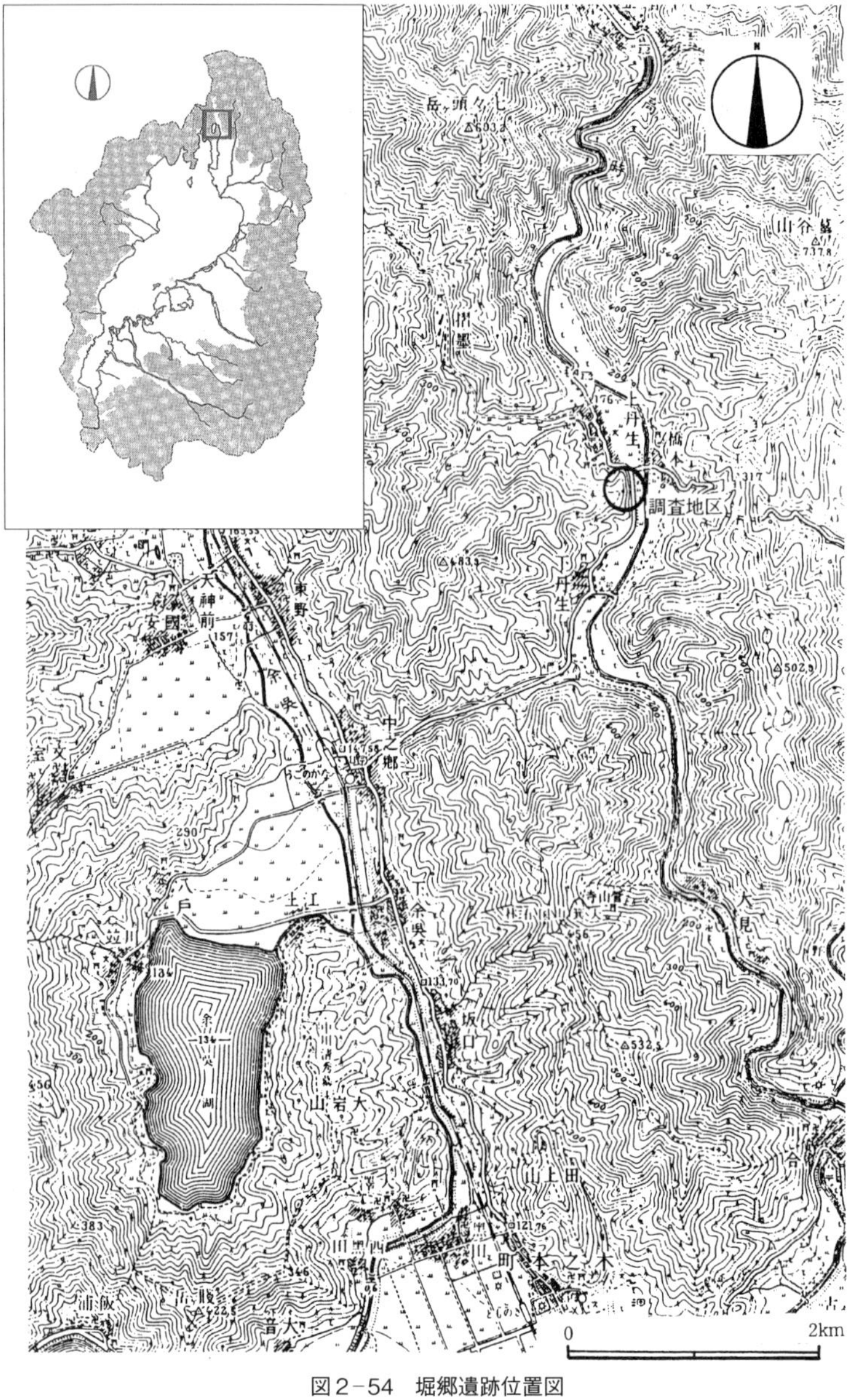

図2－54　堀郷遺跡位置図

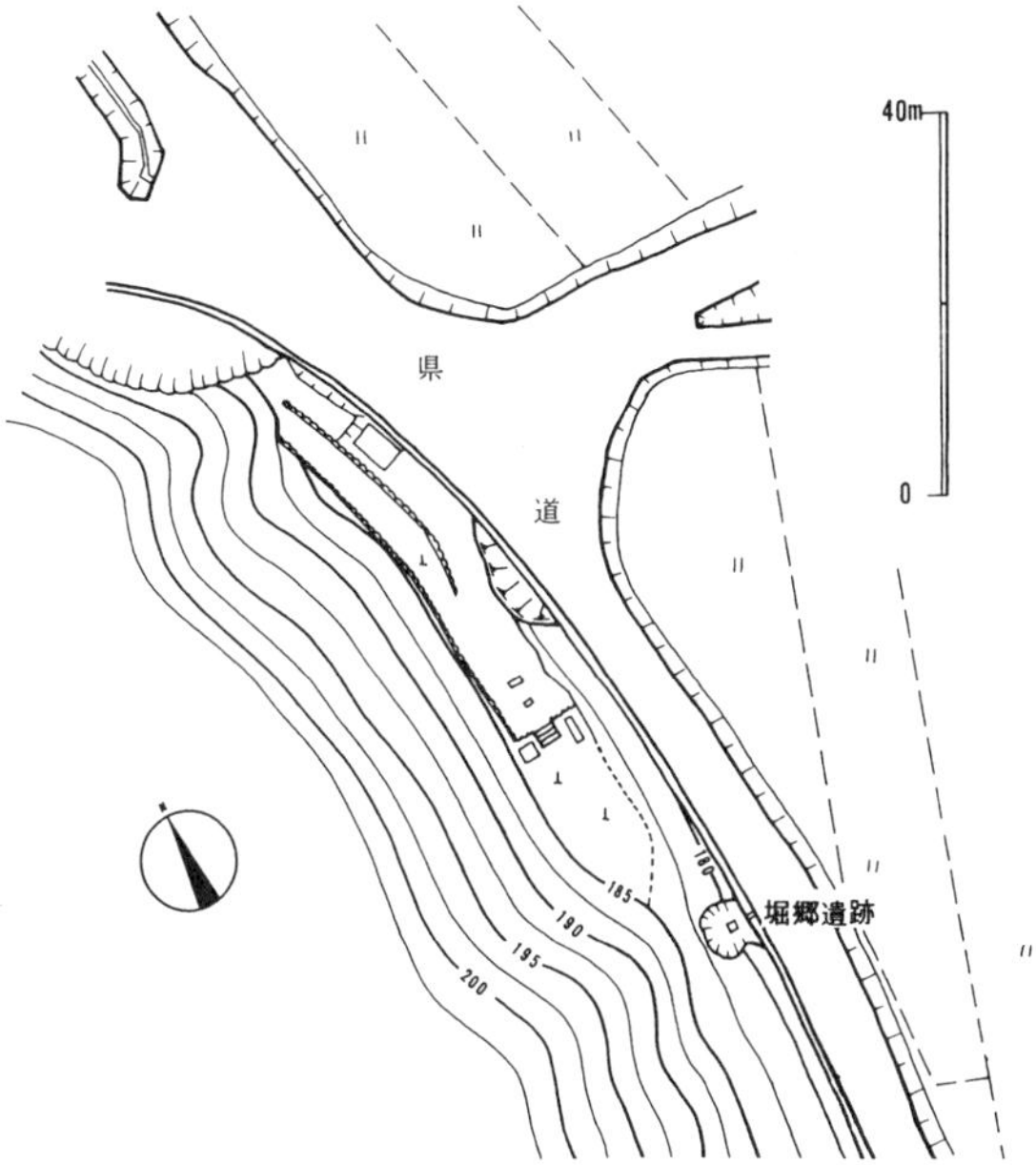

図２−55　堀郷遺跡付近地形図

(2) 遺構

この遺跡は、山裾を幅約四m、奥行き約四mの規模で平面をコの字形に東に向けて削平したところに、縦約一・二m、横約一・〇m、深さ平均〇・九五mの坑を穿ったもので、坑の前面に人頭大から少し大き目の山石によって作られた二段の石積がある。削平面は水平ではなく、山側から谷に向かって緩く傾斜している。

埋納坑の底面はほぼ平らで、奥で現地表からの深さ一・〇m、手前で〇・九mあり、その周囲はやや張り出し気味である。削平された地表面には一字一石経に用いられたのと同様の河原石が、砂利のように敷きつめられていたことが想定される。現在見られるこの河原石は、墨書が施されずに埋納された石が周辺にまき散らされたものとも推測される。しかし、聞き取りの結果、墨書された石は埋納坑の上部手前付近に埋められていたということから、基壇化粧に用いられたものと考えた。埋納坑の背後にも石積みが残存しており、現状では山石が二段積まれている。かつては背後の面に石積みが囲っていたとも考えられるが、現在、その石材は周辺に認められない（図

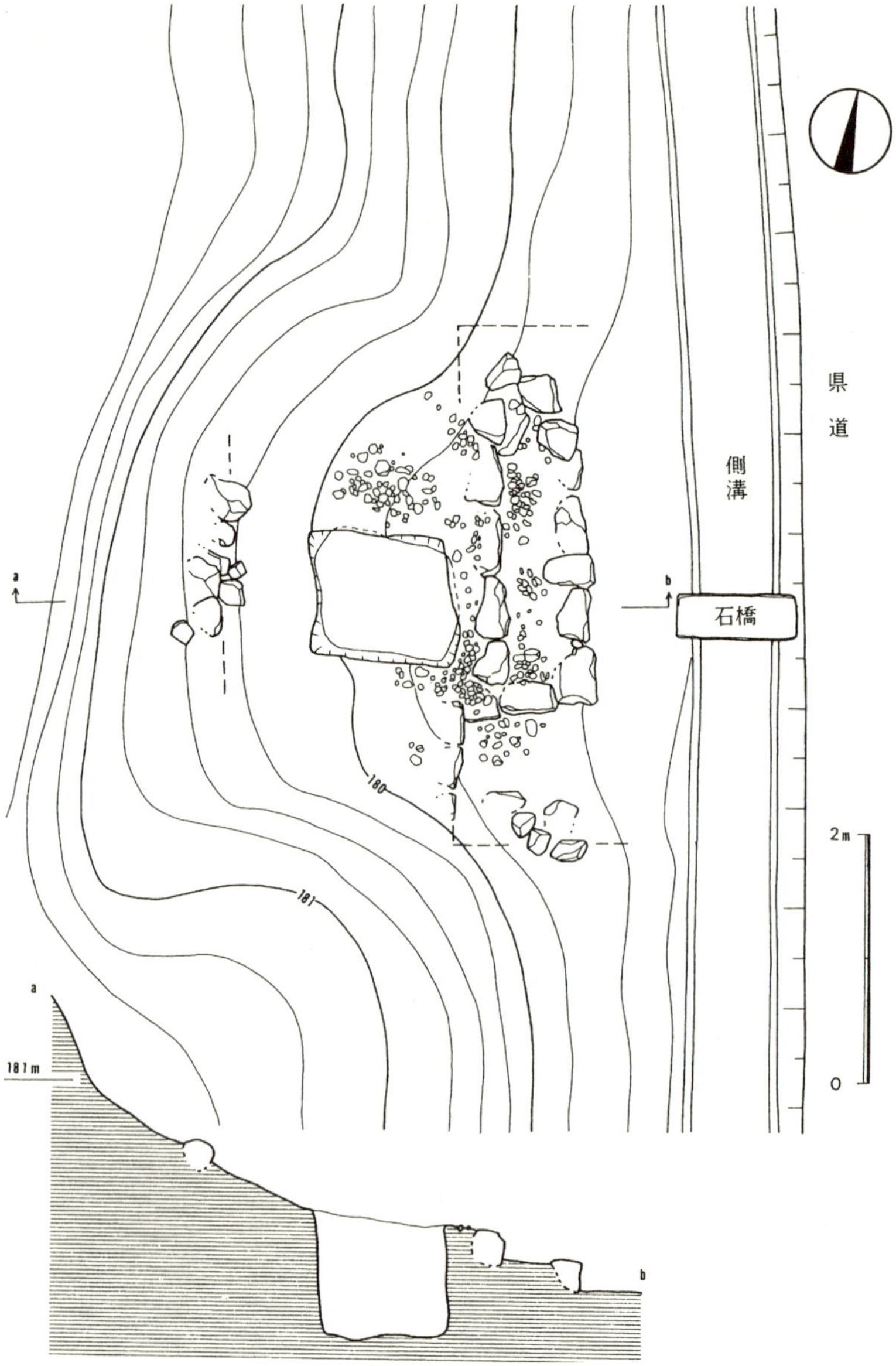

図2−56　堀郷遺跡遺構図

2―56）。

埋納坑の上部施設として、花崗岩の切石による石室があり、その内に木製の小祠があった。現在、この遺跡の前面にある側溝にかかる花崗岩の石橋は石室に伴うもので、造営当初からのものではない。つまり石室の内の小祠は五〇年ほど前に作られたものであると伝えられ、石室はおそらくそれと同時期かそれ以降のものと思われる。

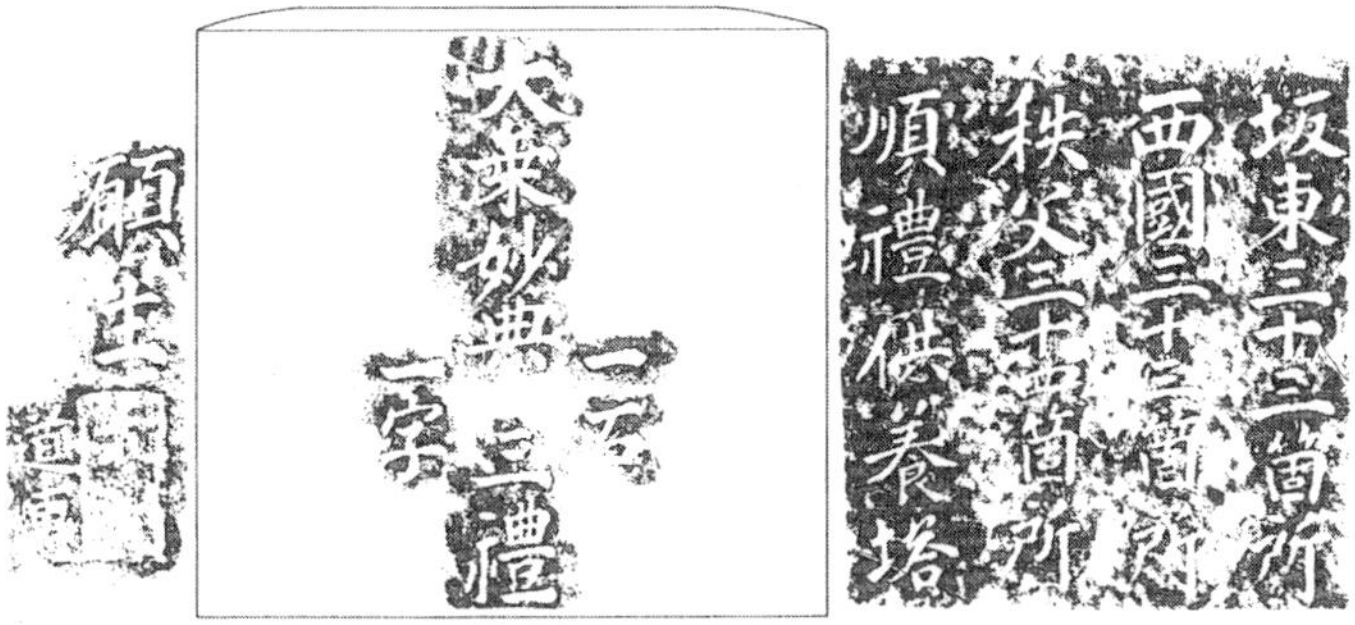

左側面　石碑正面　0　10㎝　右側面

図2−57　石碑

祠の内には縦三〇㎝、横三〇㎝、高さ三〇・五㎝を計る花崗岩の石碑があり（図2―57）、その上に聖（正）観音菩薩坐像が鎮座していた。石碑正面には「大乗妙典　三禮　一石一字」と刻まれ、右側面には「坂東三十三箇所　西國三十三箇所　秩父三十四箇所　順禮供養塔」左側面には「願主□□　道恵」とあり、□の部分は削り取られているが、元□と判読できる。また「道恵」という文字も当初からのものではないようで、彫りが浅く字体も少しだけ傾いている。裏面は荒い成形のままになっている。

聖観音菩薩坐像は、石彫で高さ三五㎝を計る。両手を正面で合わせており、本来の観音菩薩の姿とはやや離れたものとなっている。

⑶ 遺物

埋納坑からの出土遺物は、一字ずつ経文が墨書された二〜六cm大の扁平な石を中心とした河原石のみである（図2—58）。

すべて角の取れた、大きさもほぼ統一された河原石で、砂岩・泥岩・チャートを主とする堆積岩を中心とし、ごく一部、火山岩礫も混じるようである。

一点だけ両面に墨書（「敬」）されていたものがあったが、どちらかを書き損じたものではないようである。

総数はおよそ七万五千個で、洗浄後、肉眼で墨書の有無を確認したところ、確実に墨書されたものは九一九二個あった。検出時の状況は、墨書されたものが坑の正面上部付近に集中していたということから、おそらく当初から何も書かれていない石がほとんどだったとも考えられる。

地元の人の話によると、昔、祠の中に手をつっこむと字の書いた石が出るとのことで、子供達がよく

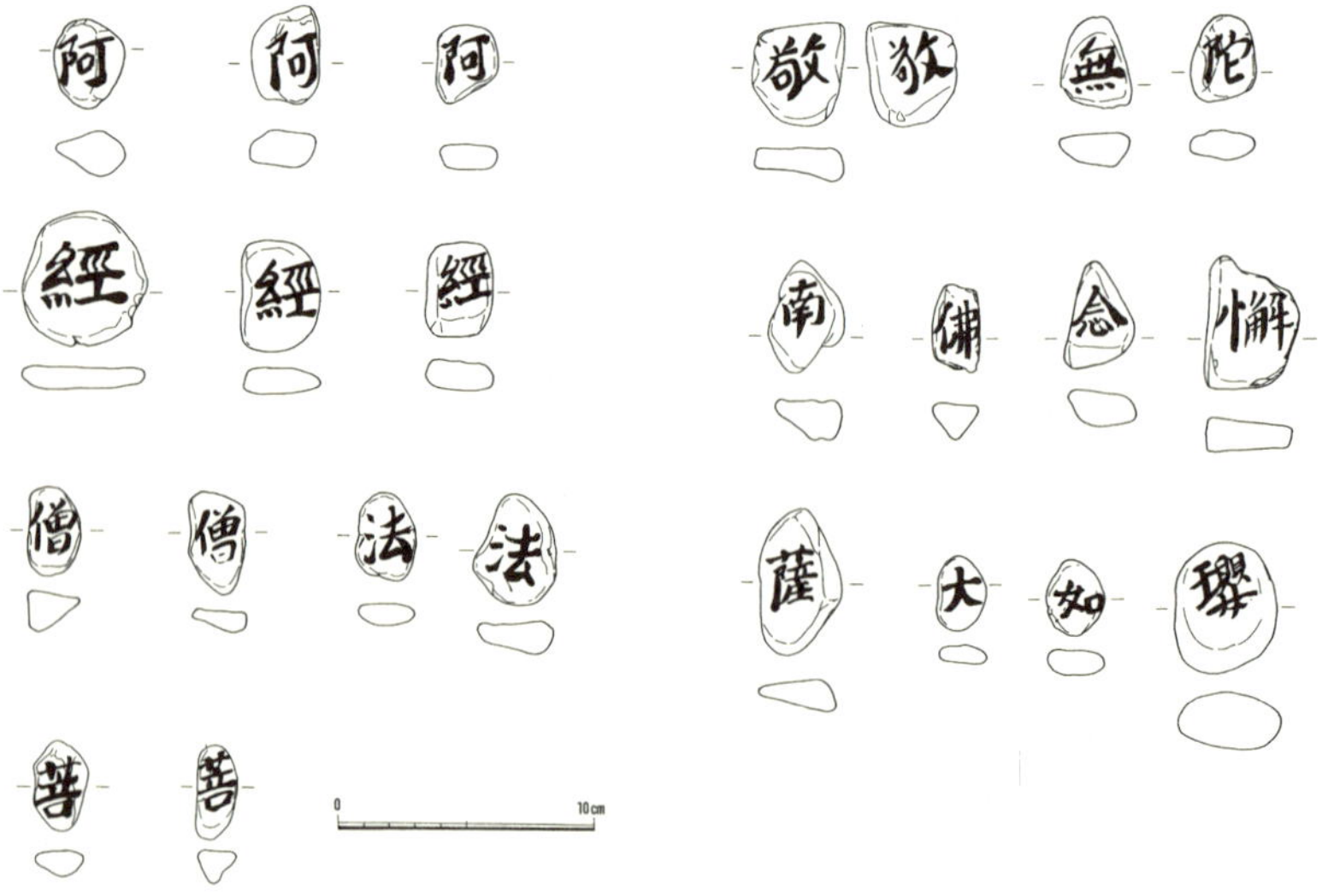

図2−58　礫石経

手を入れたといわれるが、そうして散逸した石は量的には大したことはないと思われる。従って、当初から埋納された石は八万個を超えることはなかったと考えられる。

墨書を確認できた九一九二個の石のうち、字の判断ができたものは三七一一個あり、これらの文字から、経文は法華経と考えられる。当初は経文を全て写経するつもりで願主が石を用意し、途中で写経を断念あるいは中断して埋納したものであろう。

五輪塔は花崗岩製で、火輪二と水輪一が小祠のまわりに置かれていた(図2―59)。

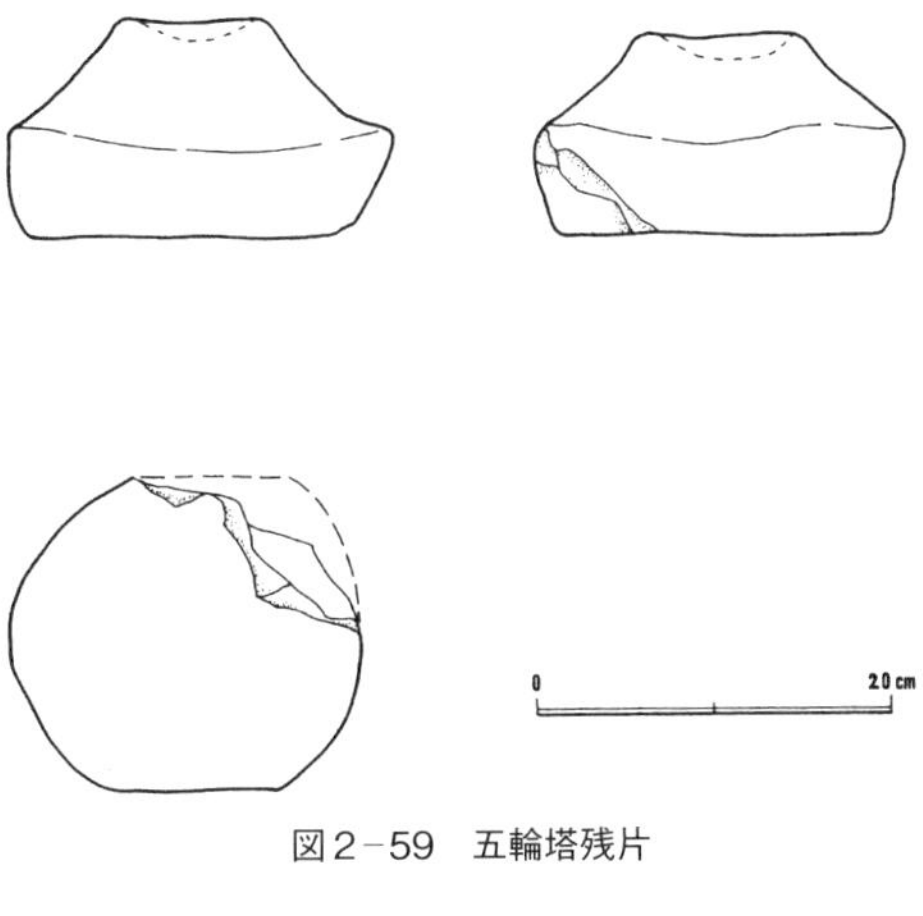

図2―59　五輪塔残片

(4) 文書

土地所有者である浅井清三郎宅に伝わる『道中記』は、縦一二・四cm、横一七・三cmの半横帳で、紙縒綴、表紙共一八丁である。

内容は、甚十郎父が文化八年(一八一一年)二月三日に上丹生をたち、坂東三三カ所、秩父三四カ所を巡り三月三日に帰るまでの憶え程度の簡単なもので、主に日付とその日の起点と終点、その距離を記している。現在の地名をもとに、その経路をたどると図2―60のようになるが、坂東・秩父の霊場のみならず、鳳来寺や善光寺など各地の著名な寺社も参拝している。

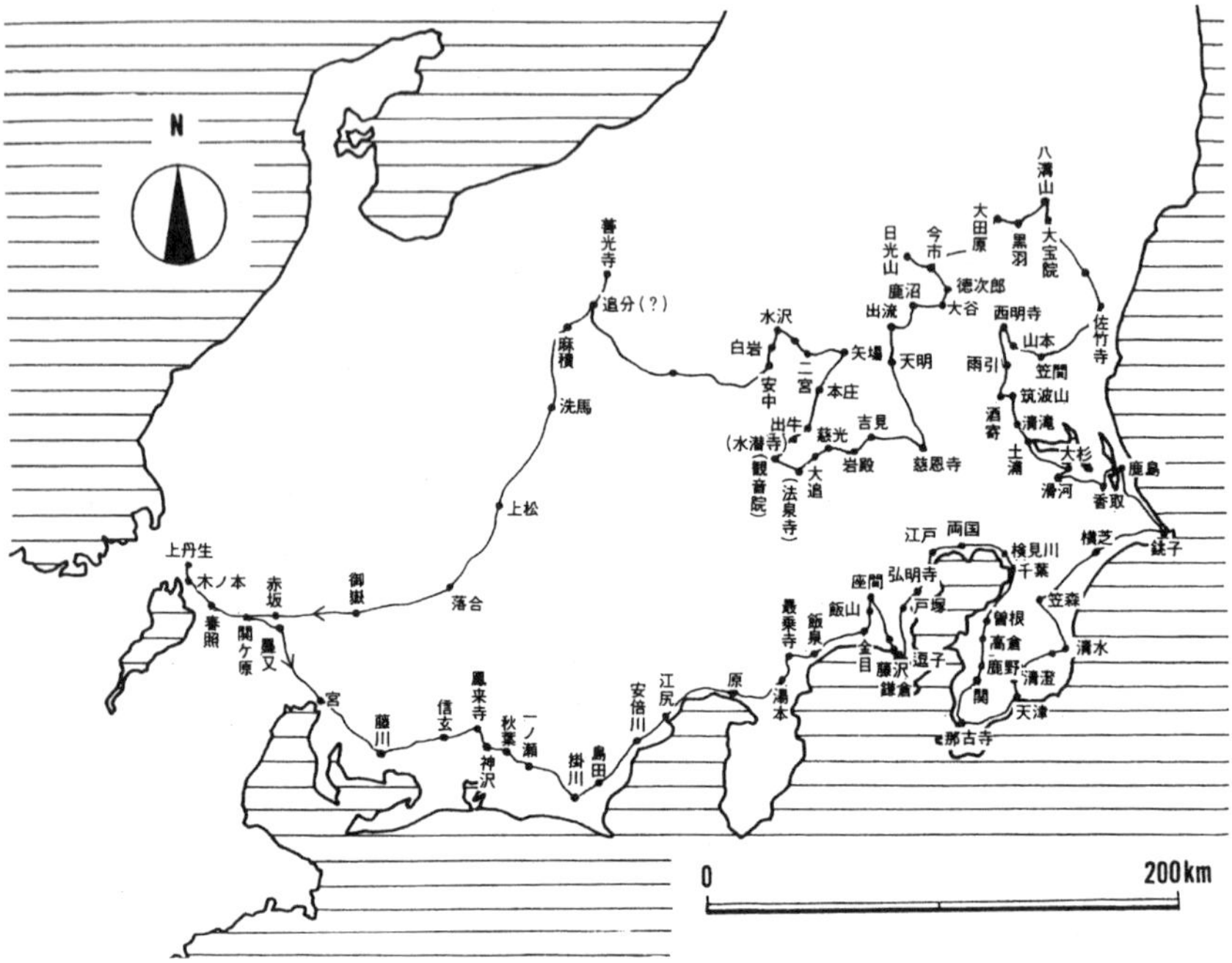

図2−60　『道中記』行程図

二　経塚造営時期と主体

この経塚造営の目的は石碑にあるように、巡礼の旅への供養、つまり安全な旅をと祈願したことへの奉賽と考えられる。従って、この経塚造営の時期は坂東・秩父の巡礼後、文化八年（一八一一年）以降ということになる。また、場所も村の入口の街道に面した、自分の所有する土地の一部が選ばれたようである。

願主は道恵という人物であると石碑から理解できるが、本来の願主の名を刻んだところは長方形に削り取り、その道恵という文字は追刻したものである。この場合、本来願主の下には道恵の俗名が刻まれていたという可能性が考えられる。

浅井家に残されている過去帳によると、

文政一二年（一八二九年）に亡くなった、戒名を智了道恵首座という人が見当たる。おそらくこの人物が石碑の建立にあたって何らかの役割を果たしたのであろう。また、削り取られた元□に類する名を探すと、弘化三年（一八四六年）に亡くなった虎雲元嘯居士という名が浮かぶが、この人物と石碑との関係は明確でない。

また、『道中記』を書いた甚十郎父であるが、元禄のころから浅井家の当主はみな甚重郎と称していたようで、現在でも屋号に近い呼称となっている。従って、この人物と道恵との関係も定かではない。

この経塚の経文は、石の数からすればほぼ法華経全巻を書写、埋経しようとしたものと考えられるが、実際には一万個足らずしか書写していない。和歌山県神倉山の新宮経塚群中の一字一石経例でも、礫石の全てに経文が書写されていないことが知られており、こうした例は特別なことではない。

図2－57に示したのは任意に抽出した同一文字例であるが、全て近似している。こうした例から書写したのは一人であったと思われる。

三　一字一石経について

経塚とは、一般には経典をいろいろな物に書写して供養した後に、地中に埋納して永久に保存していこうとした遺跡であるが、その規模、形態、内容は、時とともに種々の様相を呈し、同時代の中でもいくつかの種類がある。

経塚に造営された経典は法華経が中心であり、天台浄土思想の発達に伴って平安時代中頃に発生し、近世まで続くといわれる。遺物で最古の例は、奈良県金峯山経塚の寛弘四年（一〇〇七年）に藤原道長が埋納した経筒と経巻であるが[1]、経筒の銘文ならびに経巻の跋文から道長は、長徳四年（九九八年）に埋経を計画していたことがうかがわれ、この例などから一般には一〇世紀終わりに発生したとされる。

経塚の性格の一つに「埋納する」ということがあり、そのために一般的な写経に使われる紙以外の材質が用いられる。その材質によって紙本経の他、瓦経、泥塔経、銅板経、青石経、滑石経、貝殻経、柿経、それにここでいう一字一石経などの礫石経などに分類される。

一字一石経の古いものは、大分県豊後大野市所在の暦応二年（一三三九年）銘経碑に「浄土三部経一字一石」とあるのが知られているが[2]、一二世紀とされる福岡県高良山の例[3]や平安時代後期の礫石経[4]も知られている。

そうした末法思想の展開により、仏典亡滅を怖れて地中に埋納し弥勒出生を期すといった経塚の造営は近世まで続くといわれる。三宅敏之の集成によると[5]、最も新しい例は、安政三年（一八五六年）、島根県大田市南八幡宮の礫石経であるようだが[6]、昭和初期の一字一石経例が比叡山でも知られており、何らかの形で埋経といった行為は現代まで伝えられている。

礫石経は、一つの石に数行の経文を墨書したものと、堀郷遺跡のように一字ずつ一つの石に墨か朱で書きつけたものがあり、先述のように平安時代の例もあるが、主に江戸時代に盛行し、特にその後半例が全土的に知られている。

選地については、任意に適当な場所を選んだという意見もあるが[7]、社地の境内やその近辺、あるいは村の入口の街道に面したところ、見はらしの良い丘陵上などが多く[8]、上に標識を置いたものもかなり知られている。また、経石は単に土坑を穿って埋納する場合が多いが、熊本県藤崎台での転用甕に入れた例[9]や島根県大田南八幡宮の木箱、あるいは古墳の横穴式石室に収容して石室の壁にまで墨書した大阪府経塚古墳遺跡[10]などもある。

土坑を掘って埋納する時、その規模は栃木県堀端経塚[11]の場合は（図2―61）、一辺約〇・六m、深さ約〇・四mの方形を呈し、石川県河原市遺跡も方形で一辺約一・五m、深さ約〇・五mの規模をもつ（図2―62）。他に、甲賀市亀井経塚[12]例などを含めても方形に穿つのが普通であったようであるが、平面円形のものも知られている[13]。福島県中目経塚[14]の一辺四・五mのものが、平面形はおそらく最大規模をもつ一例になるであろう。ただ、深さは普通〇・四〜〇・六m程度のもので、堀郷遺跡のように一mを超えるものは、かなり深く穿かれた例の一つである。

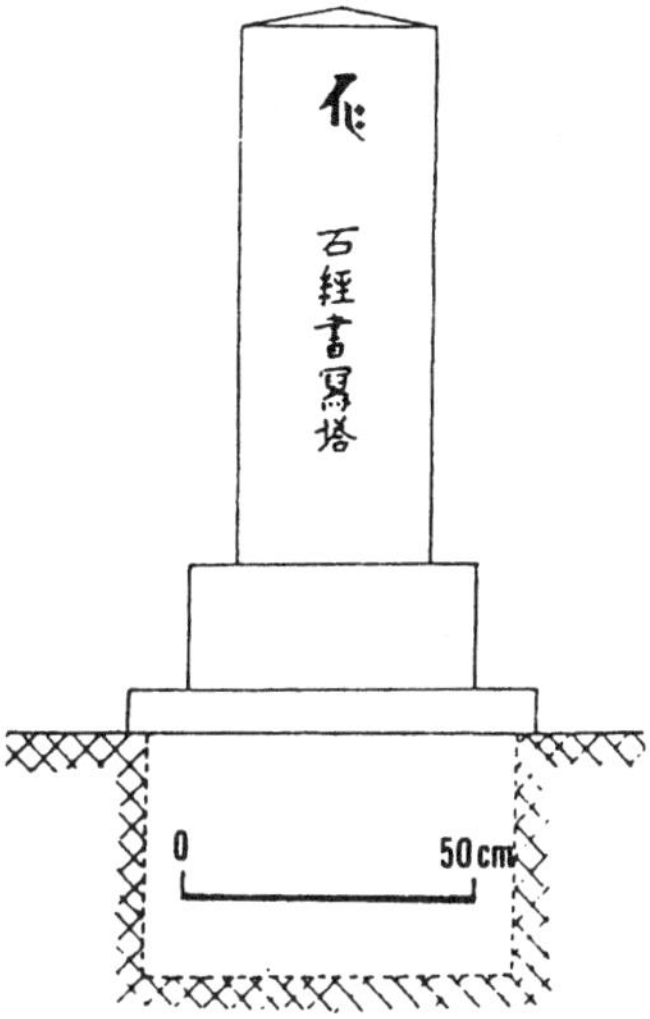

図2―61　堀端遺跡石塔

一字一石経塚の碑石も様々な形態をもち、碑文もまちまちであるが、基本的に、（一）経塚の碑であるという文句、（二）造営の年月、（三）造営者あるいは願主名の三点については記されていることが多い。

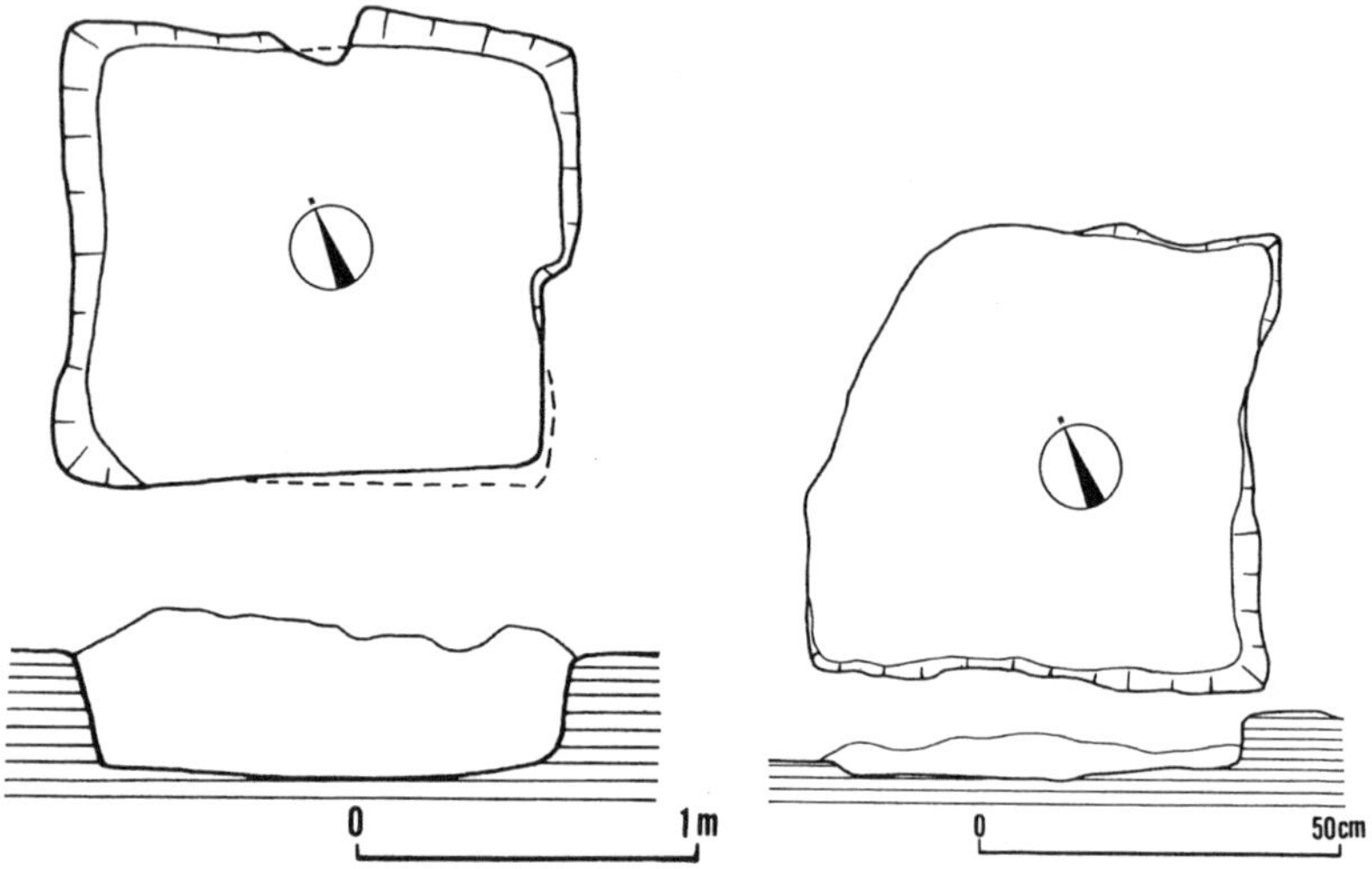

図2−62　堀端遺跡経石埋納坑・河原市遺跡経石埋納坑

一字一石経は、経典を最小単位にまで解体してしまったものであり、すでに埋経としての本来の目的からは離脱してしまっている。「その目的としては無意味であり（中略）全く言語道断の遣り方と云はねばならない」[15]という見方もあるが、ここでは経典を書写して埋めるという行為にその意義を見い出すべきなのであり、庶民の間に広く盛行していったこうした経塚は、個々に地鎮、供養、祈願等の目的を考えていく必要がある。

一字一石経塚の造営は、江戸時代の仏教庶民化のあらわれの一つである。この仏教庶民化の要因は、徳川幕府によるキリシタン禁教政策の強化と共に発達した檀家制度にある。そして、この制度の実施に伴い全ての庶民が仏教と密接な関係をもつようになり、講などを組織する。宗教的な講の組織として特徴的な性格は、遠隔地の各社霊跡への参詣を目的とする参詣講（代参講）と生活地域の中で諸種の信仰対象を中心に営まれるものとに大別できる。[16]堀郷遺跡の場合は、まさにこの両者が結合した形態を示すものといえる。そして、室町時代に確立した六十六部回国納経が、江戸時代前期、明暦元年（一六五五年）の奈良市中之庄出土資料を最後に姿を消してしまうが、これに対応するように一字一石経塚造営が盛行するようになる。しかし、堀郷遺跡の場合はこの六十六部回国納経の思想に近い姿、あるいはその影響を見い出すことができるのである。

注

（1）石田茂作『金峯山経塚遺物の研究』（『帝室博物館学報』八）、一九三七年。
（2）『大分県史跡名勝天然記念物調査報告書』六、一九二八年。
（3）蔵田　蔵「経塚の諸問題」『世界考古学大系』四、日本Ⅳ、平凡社、一九六一年、一四九頁写真。
（4）江谷　寛「広隆寺弁天島経塚群」『考古学ジャーナル』第一五三号、一九七八年。
（5）三宅敏之「経塚遺物年表」『新版仏教考古学講座』、第六巻　教典・経塚、雄山閣、一九七七年。
（6）近藤　正「大田市南八幡宮の鉄塔と経筒について」『島根県文化財調査概要報告』第一集、島根県教育委員会、一九六五年。
（7）奥村秀雄「経塚」『新版考古学講座』、八特論（上）、祭祀・信仰、雄山閣、一九七一年。
（8）石川県河原市遺跡（橋本澄夫・平田天秋『金沢市河原市遺跡』（『北陸自動車道関連埋蔵文化財発掘調査報告書』）、石川県教育委員会、一九七四年）など。
（9）乙益重隆「藤崎台の沿革―藤崎台出土の埋納経石」『熊本県文化財調査報告』二、熊本県教育委員会、一九六一年。
（10）藤井直正「経塚古墳」『原始・古代の枚岡』、第一部各説、一九六七年。
（11）大和久震平「堀端経塚発掘調査報告書」（『今市市埋蔵文化財調査報告書』第一集）、今市市教育委員会、一九六七年。
(12)丸山竜平・松山　薫「甲賀郡土山町亀井経塚調査報告」『昭和四八年度滋賀県文化財調査年報』、滋賀県教育委員会、一九七五年。
(13)福岡県広田遺跡(中間研志『二丈・浜玉道路関係埋蔵文化財調査報告Ⅱ』、福岡県教育委員会、一九八二年)。
(14)中村五郎「会津坂下町中目経塚」『福島考古』第一七号、一九七六年。
(15)蔵田　蔵「埋経」『仏教考古学講座』第一巻、墳墓・経塚編、雄山閣、一九三六年。
(16)柏原祐泉「幕藩体制の成立と宗教の立場　第一部仏教」『体系日本史叢書一八　宗教史』、山川出版社、一九六四年。

その他主要参考文献

松井淳風「経筒の発掘」『考古学雑誌』第九巻第九号、一九一九年。

広瀬都巽「横川経塚」『考古学雑誌』第一四巻第五号、一九二四年。

島田貞彦「比叡山頂発見の経塚関係遺物」『考古学雑誌』第二〇巻第八号、一九三〇年。

景山春樹「横川経塚遺宝拾遺(上・下)」『史迹と美術』第二五七号・第二五八号、一九五五年。

景山春樹「比良山中腹から経塚遺物発見」『古代文化』第三巻第九号、一九五九年。

景山春樹「瓦経の一資料—攷古抄四—」『史迹と美術』第二九九号、一九五九年。

蔵田　蔵「経塚論八(近畿地方出土の経塚遺物中)」『MUSEUM』第一七六号、一九六五年。

景山春樹「横川における如法写経と埋経」『考古学雑誌』第五四巻第三号、一九六九年。

兼康保明『霊山遺跡発掘調査概要』、滋賀県教育委員会、一九七八年。

稲垣晋也「経塚の地域的分布—近畿」『考古学ジャーナル』第一五三号、一九七八年。

第三部　アジアの湖と博物館

第一節　琴湖と琵琶湖の比較文化

一　琴湖・ガリラヤ湖

イスラエル北東部に位置し、東はゴラン高原に接するガリラヤ湖は、東西一二km、南北二一km、周囲五五kmを計るイスラエル最大の淡水湖である。最大深度四三m、平均深度二五・六mで、水量は琵琶湖の四分の一程度であるが、この湖の標高は海面下二〇九mであり、世界で最低地にある淡水湖として有名である（図3―1）。

この湖の水はヨルダン川を南下し、死海へと注いでいる。ここはイスラエル最大の水がめであり、古くから南の乾燥地帯へ送水が行われるなど、現在でも国内水需要の三分の一をまかなっている。本文では、ガリラヤ湖・ヨルダン川、そして死海周辺、つまりヨルダン川水系とでもいうべき地域を中心に、琵琶湖地域との比較の中でその湖環境を紹介していきたい。

ガリラヤ湖には、「聖ペテロの魚」と呼ばれるテラピアの他、二〇種以上の淡水魚が生息し、漁業は観光と並んで重要な産業となっている。特にテラピアは、かつての日本の魚屋でもイズミダイと称して並んでいたなじみ深い魚である（写真3―1）。

緯度が日本とほぼ同じ所に位置するこの湖は、『旧約聖書』の中では「キネレットの海」と呼ばれる。湖の形が竪琴（キノール）に似るからで（図3―2）、「琴湖」と呼んでいいかも知れない。また、『新約聖書』では、イエスとその弟子達の活動の舞台としてたびたび登場し、キリスト教徒の巡礼には欠かせない場所となっている。

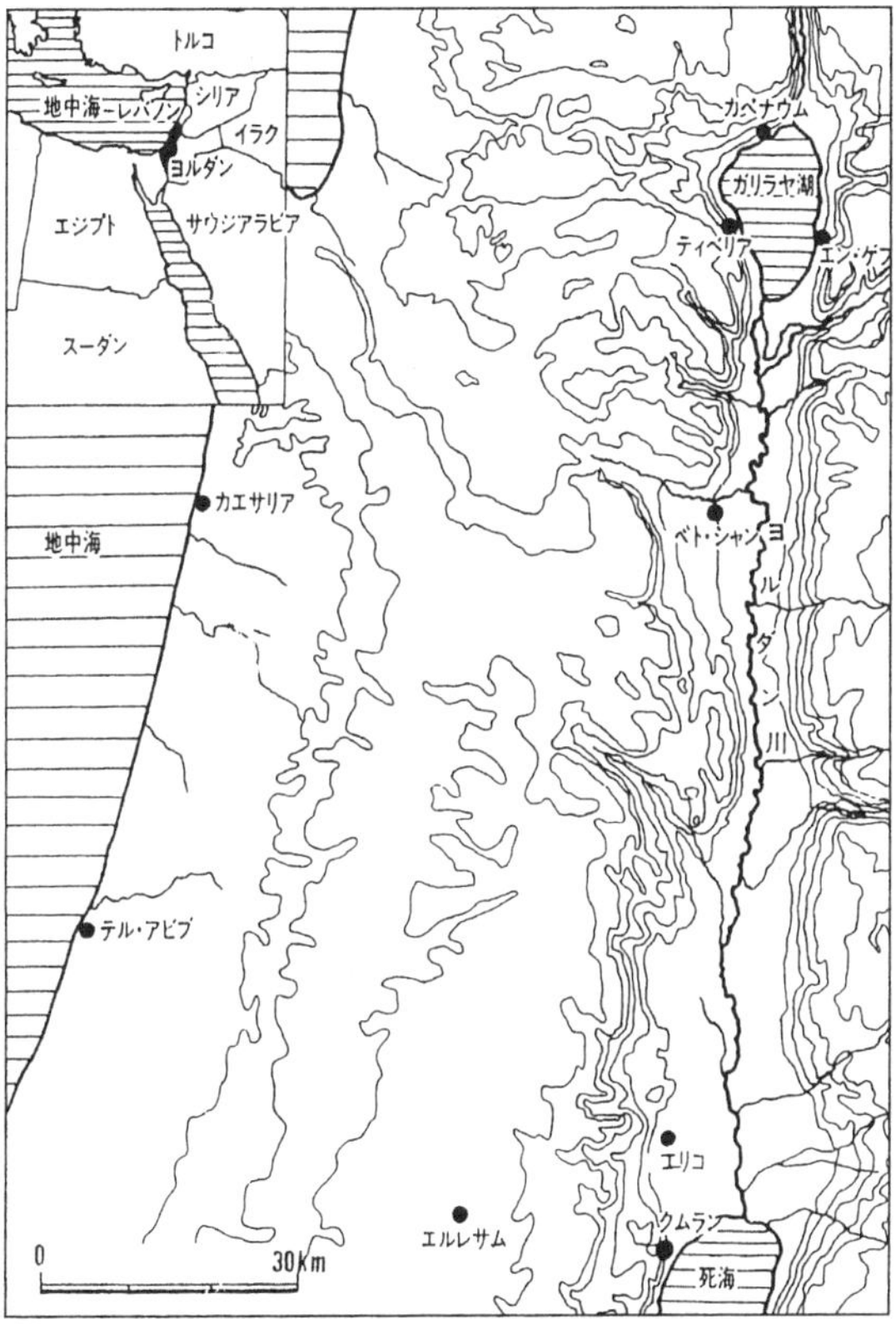

図3－1　位置図およびヨルダン川水系

先史時代以降、十字軍やオスマン・トルコ時代までの遺跡も湖底や湖辺に多く、琵琶湖と同様にここでも発掘調査が盛んに行われている。ガリラヤ湖東岸では、エンゲブ遺跡の発掘調査を日本のスタッフが中心になって継続的に行い、さらにその後、その南部のテル・レヘシュ遺跡の調査にも着手している。

ガリラヤ湖と琵琶湖は、

その位置、地域の中で果たした湖や水の役割、人間との関わりの歴史の酷似していることが知られるが、一方で全く異なる地理的状況、民族や周辺地域とのかかわりなどの固有の歴史がそれぞれにある。

図3－2　西アジアの琴

写真3－1　「聖ペテロの魚」料理

二　テルアビブへ

筆者が、最初にガリラヤ湖の調査へ出かけた一九九二年の様子を中心にして琴湖の環境を簡単に紹介しておく。

日本からイスラエルへの直行便はなく、かつては大韓航空のソウルからの直行便もあったが、ヨーロッパの主要都市を経由して行くのが今では最も早い。中でもトルコ・イスタンブール経由が距離的には最も近いことになる。かつて利用した英国航空の場合、成田から一二時間半でロンドン・ヒースロー空港のターミナル４に着く。さらにヨーロッパ各都市への出発便が出るターミナル１へバスで移動する。六時間半の待時間の後、夜一〇時にテルアビブへの英国航空機は出るのだが、この間、ターミナルに多くいた人はだんだん少なくなり、周りも暗くなり、最後には人影もまばらになってしまっていた。

テルアビブ行きのゲートナンバーは、テロへの用心のためかなかなか表示板に出ず、一時間ほど前になってようやく示される。ゲートに行ってみると長蛇の列ができている。ここでのチェックが厳重を極めるためで、二〇人ほどのイスラエル・エルアル航空の係官の前で手荷物はすべて開けられ、ボディチェック、パスポート、搭乗券を調べられる。いろいろ質問を受け、三カ月以内の滞在にはビザは不要にもかかわらず、ビザが必要だとまで当時はいわれた。そしてやっとのことで、英語とヘブライ語によるシート別の搭乗案内が行われてから搭乗口に行く。

六時間のフライトの後、飛行機は地中海沿岸で高度を下げ、まだ暗いテルアビブ空港に着いたのは朝五時半であった。飛行機の着陸と同時に機内では一斉に拍手が起こる。ユダヤ人が「約束の地」に無事帰り着いたことを喜ぶそうであるが、義理でやっているように見えなくもない。

飛行機搭乗前とはうって変わって、入国審査の後は荷物のチェック等は全くなく、ターンテーブルからスーツケースを取り上げるといきなり空港の外に出てしまった。ただ、最近では、特に日本人は、入国時にもパスポート照会が念入りに行われ、時間を要するようになった。当時は、飛行機が安全に着きさえすればそれで良いということだった。成田を出てから二四時間。やっとのことでイスラエルに着いた、というのが当時の素直な感想であった。

三　ヨルダン川水系の状況

(1)　観光

ガリラヤ湖に面した最大の都市ティベリアは、二世紀以降、ユダヤ教の聖都として栄え、今は行楽地としてガリラヤ湖の中心地である。

大津にも似た景観や町の規模を呈するこの町は、湖の西岸に位置し、紀元前後には人や魚、その他物資を運ぶ船が多く浮かんでいたというが、今では交通手段としての船はない。観光船乗り場周辺にはホテル、レストランがたち並び賑わいを見せている（写真3―2）。

観光船は、エンゲブ遺跡が所在するキブツ・エンゲブが経営するキネレト・セイリング・カンパニーが運行しており、ティベリア、エンゲブ、カペナウムの三つの港を結んでいる。昼の遊覧船のほか、ナイトクルーズ、ディスコバー、レストラン、船上ショー等が行われている。「集団農場」とも訳されてきたキブツは、今では農業だけをやっているのではない。ただ、

写真3－2　ティベリアとガリラヤ湖

二〇〇一年以降、政治情勢の悪化とそれによる観光客激減のため、運行休止状態が多くなっている。

(2) 漁業

ガリラヤ湖の漁業の歴史は古く、聖書にも漁師はたびたび登場し、古代の港も地元の研究者メンデル・ヌンによると、一三カ所以上確認されているという。

今では、先述のテラピア(セント・ピーターズ・フィッシュ、「聖ペテロの魚」)のほか、バルブスやキネレトのいわしと呼ばれる鯉の仲間、ヒレナマズ、ハクレン、ボラなど二二種の魚を獲っており、一九四〇年代には四〇〇～五〇〇トンであったものが一九八〇年代には一八〇〇～二〇〇〇トンの水揚げを誇るようになった。漁業従事者も三〇〇人以上いるが、漁獲量は政府により厳しく制限されており、稚魚の放流も盛んである。

琵琶湖のそれよりなお小型の漁船も多く、船底には反りがあり、幅は長さに比べ広くずんどうな鉄の船体である。ガリラヤ湖は一七〇㎢と琵琶湖の四分の一程度の広さであるため、早く航行する必要がないこと、もともと竜骨に肋材を並べ、外板を張る洋式船の特徴を引き継ぐからであろう。

ティベリア出土のローマ時代のコインやマグダラの遺跡で見ることのできる一世紀のモザイクの船でも、船底の反りが見えるが(図3—3)、興味を引くのはそれに見る船首の構造である。琵琶湖周辺では弥生時代中期以降になってから初めて出現する準構造船の船首構造と酷似しているからである。ガリラヤ湖のような内水面では、琵琶湖とほぼ同じころあるいはそのやや後になって波よけとなる竪板構造が一般的であったことを知ることができる。

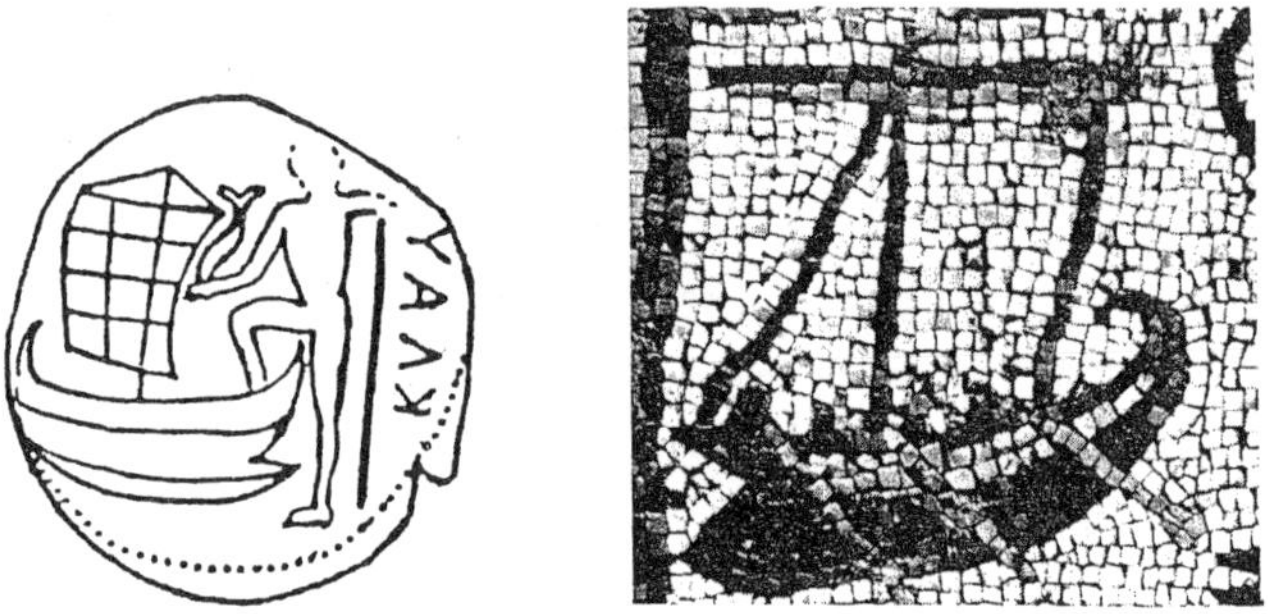

Roman coin of Tiberias *First century mosaic, Magdala*

図３－３　ガリラヤ湖の古代船資料

図３－４　ベランダネット漁の様子

漁法は曳網のほか、投網、刺網、一本釣り、巾着網・巻網、それにベランダネットと呼ぶものが一般的である。ベランダネットは長さ二～三mの棒状のものに支えられた長い網を水面に跳ね上げるようにして獲る漁法で(図３−４)、琵琶湖では知られていない。

一方、刺網の中でもthree-walled construction of trammelと呼んでいるものは、琵琶湖のフナサンマイなどと呼ぶものに似る。

湖から見つかったという古代の碇石は、粟津貝塚近くの湖底で発見され、琵琶湖博物館の収蔵品になっているものとそっくりである。

イスラエルは乾燥地帯というイメージが強いが、ガリラヤ地方は多量の降水、谷地域の平坦な地形、その赤色粘土質の土質により、かつては多くの沼沢地があった。そしてその余剰水と湿地帯でのマラリアの発生は、この地方の悩みの種であった。これを解決したのが魚の養殖である。沼沢地の水を完全に管理することによって、マラリアの原因となる蚊の発生を克服したのである。

イスラエル全体の養魚場五一㎢のうち四分の三はガリラヤの谷にある。主にガリラヤ湖の北のヨルダン川上流域、ガリラヤ湖出水口からヤルムク川合流地付近、それに少しヨルダン川を下ったベト・シャン付近の三カ所に集中し、テラピアを中心とした養殖が行われている。その景観は水をはった春先の水田のようである。

(3) 治水・利水

ガリラヤ湖は、砂漠地帯の端に位置するイスラエル唯一にして最大の水がめであり、ここから汲み上げられた水は導水管(モービル・アルツ・Mのマーク入り)で、南のネゲブ砂漠地帯などイスラエル全土に供給されている。イスラエルの水資源は、一つの配水網に統合されており、その中心がナショナル・ウォーター・キャリアと呼ばれる国営水輸送網である。一九六四年に完成しており、その中心となるのがガリラヤ湖・ヨルダン川である。先に「汲み上げる」と称したのは、ガリラヤ湖が海面下約二〇九mに位置するからである。そしてここから流れ出た水はヨルダン川を南下して死海へと注いでいるが、死海の水面レベルは海面下約四〇〇mである。

ガリラヤ湖の水位は、一九三二年にヨルダン川出水口付近に築かれたデガニヤ・ダムによって人工的に管理されているが、通常、夏の終わりが最も水位は低く、春には高水位になる。湖の最深部は約四三m、

写真3－3　デガニヤ・ダム

写真3－4　カエサリアの導水橋

貯水量は約四五億㎥であり、デガニヤ付近のヨルダン川流水量は四億五〇〇〇万㎥といわれている。

現在のデガニヤ・ダムは琵琶湖でいう瀬田川洗堰に相当するが、思いのほか小規模で水門を二基備えており、その上部は横断する道路となっている（写真3－3）。川幅は一五～二〇m程度しかなく、琵琶湖の周囲に多くある逆水防止用の樋門の大規模なものという程度のものである。しかし、これがイスラエル国民の生命の水を握っている。ちなみにイスラエルの年間水資源使用量は一五億㎥であり、そのうち四億五〇〇〇万㎥をヨルダン川から得ているから、地表水総計九億五〇〇〇万㎥の約半分は、ガリラヤ湖の水を頼りにしているといってよい。

ヨルダン川とシリア国境から流れて出てくるヤルムク川との合流地点付近では、ヨルダン川はコンクリート三面張りの大型排水路状となっていたが、それより下流はヨルダンとの国境緩衝帯となっており近づくことはできなかった。ただ、死海近くでは、聖書でいう「ユダの荒野」という表現がふさわしい茫漠とした平原の中に、一本の道があるという景観の中で、道と平行する導水管だけが目立っていた。

場所や水系は異なるが、地中海に面したカエサリアでローマ時代の導水橋を見ることができた。カルメル山から二〇㎞ほど伸びている高架式のもので、二つの水路がセットで設置されており、京都・南禅寺境内の琵琶湖疏水のそれを思わせた（写真3―4）。

(4) 遺跡

ガリラヤ湖周辺で、そのほとりに位置する遺跡のいくつかを三回にわたって訪れた（図3―5）。テル・ハダールは東岸、テル・キノールは北岸に位置し、エンゲブと共に湖に面した都市遺跡である。ちなみに、テルはしばしば「遺跡丘」と訳しているが、その一つテル・ハダールはヨルダン川からガリラヤ湖東岸を通りダマスカスへ向かう要衝にあたり、テル・キノールもガリラヤ湖から地中海に面した古代の港町アッコに出る道筋にあたる。このように、湖上交通と無関係にこれらのテルの立地を説明できないものである。

また、ガリラヤ湖東岸に位置するクルシもビザンチン時代の修道院で、現在は建物の壁や柱も復元され、訪れた時、露天の祭場では一〇人ほどの熱心なユダヤ教信者による儀式が行われていた。復元された遺跡が現地で生きているのである（写真3―5）。

ガリラヤ湖北岸の「パンと魚の教会」、聖ペテロの召命教会は、キリスト教ゆかりの地である。前者は五世紀の魚のモザイクが床に残っており、ガリラヤ湖周辺のイエスの弟子はほとんどが漁師であったという伝承、あるいはキリスト教と漁師のつながりの深さがうかがわれる。

ガリラヤ湖からヨルダン川を少し下ったところにあるのがベト・シャンの遺跡で、古来よりダマスカスへ向かう軍事的要衝の地であった。エジプト時代の神殿跡、ギリシャ・ローマ、ビザンチン時代のモザイクなどが残る大規模な遺跡で、今も発掘調査を進める傍ら修復・復元を行い、見学者を集め

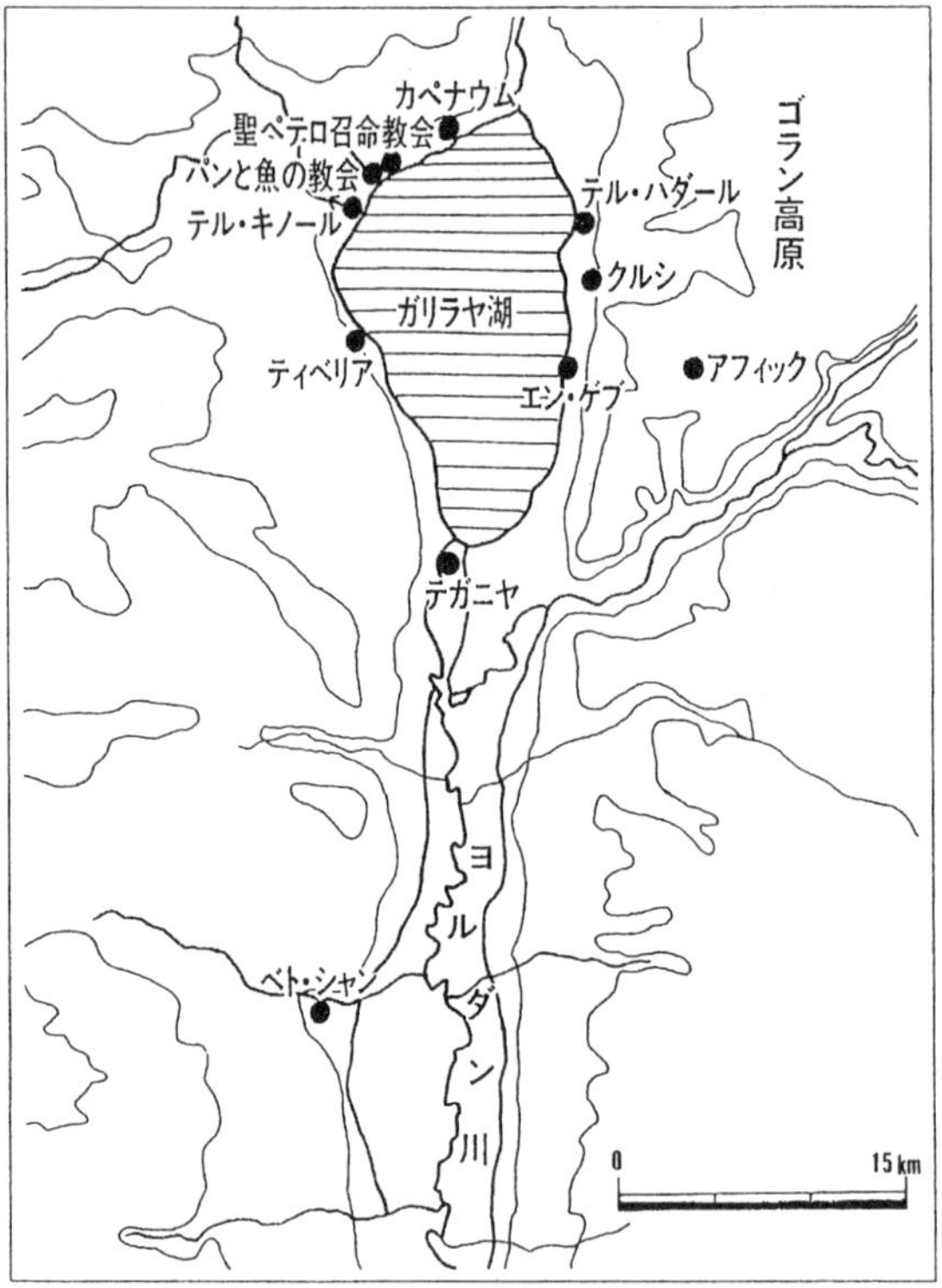

図3－5　ガリラヤ湖周辺図

写真3－5　復元されたクルシと祈る人

ている。二〜三世紀のローマ時代の円形劇場は、現在もコンサート等に利用されている（写真3−6）。

ガリラヤ湖からヨルダン川を経て死海へ至る地域の大半は、ヨルダン川西岸地区と呼ばれるところである。国連軍が行き来し、南下する道路沿いに有刺鉄線が張り巡らされており、夜ともなるとイスラエル人は決して通行しないという。ここを一九九二年には都合四回、車で通ったが、二度目の前日にヨルダンからの侵入者があり、銃撃戦の末、三人を射殺したとテレビニュースが伝えていた。こういう事件の翌日は逆に安全だという。

写真3−6　ベトシャン遺跡の円形劇場

ヨルダン川が死海へと注ぐ手前の西岸のオアシスの町がエリコである。荒涼とした景色の中で緑に囲まれたエリコの町は、オアシスと呼ぶにふさわしい。考古学徒なら誰でも知っている新石器時代初頭のエリコの遺跡である。日本列島では縄文時代早期に相当するが、世界最古の都市といわれるその高さ九m、紀元前七〇〇〇年頃の塔や壁の遺構に改めて驚く（写真3−7）。『旧約聖書』中、ヨシュアが七つのラッパを吹いて難攻不落を誇っていた城壁を破壊した物語は有名である。

パレスチナ人の多いエリコ遺跡の町では、車を止める時、シフトレバーまで厳重にロックするが、日本人は石を投げられたりすることは少ないという。ただ、今ではヨルダン川に沿った道はエリコを避けるようなエリコバイパスが設けられ、多くの

写真３−７　エリコ遺跡の塔

写真３−８　マサダ遺跡

人はエリコの街を抜けずに通り過ぎる。

　ヨルダン川は、最終的に死海へと至るが、その沿岸にクムランとマサダという大きな遺跡がある。前者は、二〇世紀最大の考古学的発見といわれる死海文書が見つかったユダヤ教エッセネ派の遺跡で、後者はヘロデ王の要塞である。後に、「イスラエル版白虎隊」とでもいうべき舞台となり、ヨセフスの『ユダヤ戦記』も伝える、いわば「詰めの城」となった場所である（写真3−8）。共通していえることは、大きな貯水槽とそこへ繋ぐ水路群の施設が充実し、漆喰をしっかりと塗って目張りするなど、どちらも水に対する備えは目を見張るものがある。マサダの貯水総量は四万トンとも五万トンともいわれている。

　死海付近まで来ると、完全に砂漠あるいは土漠が広がる。イスラエルの中でもこのネゲブ地方は、帽子、サングラス、それにミネラルウオーターは必需品である。相当に乾燥しているため、知らず知らずのうちに脱水症状を起こすので、手に持っている水を気がつくたびに無理矢理飲むように心がける。海面下約四〇〇ｍに位置する死海は、あくまで青くきれいな「湖」であったが、水は辛いを超えて苦く、少し舐めただけで何度も唾を吐き出した。水に入っても体の浸透圧により一五分以上いることは無理で、ここに船を浮かべてもスクリューが水面に出てしまって進めないらしい。

ところで、一九八六年一月の雨不足でガリラヤ湖の水位が三～四ｍ下がった時に、湖中から発見された紀元前後の木造船を観察することができた。この資料は、ガリラヤ湖西岸のイグアル・アロン・センターという博物館で保存処理され、一般公開されている（写真3―9）。ここでは日本語のガイドビデオも手に入れることができ、その木造船発見の契機、発掘の様子が紹介されている。この船は、二〇〇〇年に琵琶湖博物館で開催した企画展『湖の船』でも取り上げ、現地で復元した船を琵琶湖博物館に運び込んで、展示したところである。

写真3－9　ガリラヤ・ボートの保存処理

四　ゴランとエルサレム

(1)　ゴラン高原とキブツ

一九六七年の第三次中東戦争（いわゆる六日間戦争）でイスラエルが占領した土地が、ガザ地区を含むシナイ半島、ヨルダン川西岸地区、それにゴラン高原である。

筆者は二度にわたり、ガリラヤ湖東岸のエンゲブ遺跡の発掘調査に参加し、調査団の宿舎であるゴラン高原のキブツ・アフィックや湖畔のキブツ・エンゲブに滞在した。

キブツはかつて「集団農場」と訳され、イスラエルの農業を支えてきた相互扶助による共同体社会をいう。ここでは「揺りかごから墓場まで」のすべての生活をお互いに保障し合う。

キブツ・アフィックは、広い敷地の中にコテージ風の白い建物が並び、芝生が奇麗でプールもある。さながら南欧風の別荘であり、当初抱いていた荒野の町というイメージとは大きく異なった。ただ、普段はディスコになっているが、本来は防空壕になっている地下室、周囲の有刺鉄線と塀、それにその外はまだ地雷が埋まっているから不用意に歩くなと注意されたことなどは、現実に引き戻される。真夏ではあったが夜は涼しく、空には満天の星。生まれて初めて本当の「天の川」を見た。宿舎の壁では一〇㎝大の黒いサソリも見つけた。

調査団は、キブツの片隅のシリアハウスと呼ばれる、窓も扉も銃撃でふっとんだコンクリート建物で整理調査作業を行っていたが、ここの壁には多くの弾痕が残っていた。このキブツの建つゴラン高原は、イスラエルの命の水ともいえるガリラヤ湖を一望することができ、イスラエルがここをシリアに返還することは容易にはあり得ないと感じた。

一方、キブツ・エンゲブは、ガリラヤ湖湖岸に面したキブツで、農業や牧畜、特にダチョウの飼育なども手がけ、さらには観光レストランやコテージ風のホテルも経営している。このキブツの敷地内にエンゲブ遺跡があり、発掘調査団の宿泊や食事もキブツの貴重な収入源になっているようであった。

調査団のメンバーは、キブツに住む人たちと同じようにキブツの中心にある大きな食堂に集まり、バイキング形式の食事をとる。また、キブツには一軒の売店があり、ビールなどのアルコール類も手に入るが、週に一日だけ軍隊専用の日があり、その日だけは一般の人たちは利用できない。軍人はしばしばヒッチハイクで移動し、イスラエル国民は積極的に同乗させる。このようにいくつかの点において軍は優遇されている。

(2) エルサレムと安息日

死海から海抜約八〇〇mのエルサレムへは約四〇㎞の一本道で、途中に海抜〇m地点の石碑が見える。

エルサレムはユダヤ教、キリスト教の最大の聖地で、イスラム教にとってもメッカ、メジナにつぐ第三の聖地である。街は高原の上に白くあるいはクリーム色に浮かび上がり、イスラムの聖所である岩のドームが黄金色に輝く。エルサレムの街の建物は、法律でその外壁にライムストーンを用いるように義務付けられており、石材は白亜のチョークという方が良いかも知れない。

ユダヤ教では、金曜日から土曜日の日没にかけては安息日（シャバット）となっている。この間、人々は一切の仕事あるいは労働をしてはならず、ほとんどの店は閉まって、交通機関も止まる。旅行者には厄介で、シャバットの日にエルサレムのホテルの一五階に宿泊したが、エレベーターもシャバットエレベーターと呼ばれ、一切のボタンを押してはならない。そのため乗り込んでもエレベーターは各階に止まり、ドアもそれぞれの階で閉まるまでじっと待っていなくてはならない。ただ、エレベーターには偶数階と奇数階用という区別があった。

五　琴湖と琵琶湖

ガリラヤ湖と琵琶湖の比較は面白く、琴と琵琶という名前のつけ方のみならず、水がめであり、観光地であり、信仰の地であり、一方で漁業が盛んで二〇種もの淡水魚が成育する。古代から交通の要衝の地でもあり、湖岸や湖辺に十字軍やオスマン・トルコ時代までの遺跡も多い。デガニヤ・ダムと瀬田川洗堰、導水橋と琵琶湖疏水、漁の方法、ティベリアの港と浜大津、かつての木造船や碇石。湖の水の色も同じで、滋賀県では琵琶湖のことを「ウミ」と呼び、ガリラヤ湖はSea of Galilee と呼ばれる。

しかし違いも際立っている。水の色は同じでも向こう岸の景色は全く異なり、訪れた三回はいずれも乾季だったからでもあるが、赤茶けており植生も違う。水利用に対する執念は琵琶湖以上であり、多くの遺跡や今も生きる施設は私たちに水の恵みとありがたさを教えてくれる。
近い将来、琵琶湖とガリラヤ湖がアジアの東端と西端の「琵琶と琴」という姉妹湖関係になれば、中東地域における日本の果たす役割が、少しは見えてくるかもしれない。

注

(1)本文は、用田政晴「イスラエル考古事情(1)―琴の湖・ガリラヤ湖―」『滋賀文化財だより』No.一七七、一九九二年と「琴湖と琵琶湖―イスラエル・ガリラヤ湖の水と歴史―」『職員だより』第七二号、一九九二年をもとにしながら、その後の一九九七年、二〇〇一年の調査成果を踏まえて書き改めたものである。

第二節　琴湖の遺跡保護と博物館の設立

一　イスラエル考古学事情

イスラエルの建国や独立の経緯からわかるように、民族の歴史やその前史は、イスラエル国民のみならず世界のユダヤ人にとって最大の関心事である。このため歴史を物語る文化財の調査と保護は、ヨーロッパ諸国にも増して活発であり、その活用にも力を入れている。

工事に先立ち、あるいは工事を中止して発掘調査を実施するのは、国の機関の一つ、イスラエル考古局（Israel Antiquities Authority）である。ここでは地表下五〇cm以下の埋蔵文化財には規制がかかり、このことはイギリス統治時代から受け継いだ法律に基づいている。また、地勢上、ヨーロッパ、アジア、アフリカの接点に位置しているため、この地域の遺跡は、世界中の考古学者から研究テーマとして取り上げられることが多く、ヨーロッパやアメリカなどからの調査団にも発掘調査の門戸を開いている。こうした成果がイスラエルの文化財保護と考古学研究に果たす役割も大きい。

調査した遺跡は、特にこの国の成立事情により歴史公園として都市計画の中に組み入れられて保存・活用が図られることが多く、考古局の予算規模も大きい。また、このことにあわせて「博物館の国」ともいわれるほど博物館も多く整備され、学ぶべき斬新な展示手法を見ることができる。

イスラエル北部に位置するヨルダン川上流のガラリヤ湖東岸では、鉄器時代のエンゲブ遺跡の発掘調査が、日本とテルアビブ大学の調査団により実施されていた。この調査に一九九二年と二〇〇一年に参加し、テルと呼ばれる遺跡丘での発掘調査方法を知ることができた。また一九九七年には、イスラエル考古局を訪ね、総合科学研究部長ウリ・バルーフの案内を得る機会といくつかの博物館も訪ねたので、ここでその一部を紹介する。(1)

二　エンゲブ遺跡発掘調査

(1)　位置

エンゲブ遺跡は、ガリラヤ湖東岸のキブツ・エンゲブの敷地内に所在する遺跡丘（テル）である（図3―6、写真3―10）。南北約二五〇m、東西約一二〇mの細長い楕円形の小丘を呈し、丘の高さはわずか数mのこのテルは、その丘端から湖ま

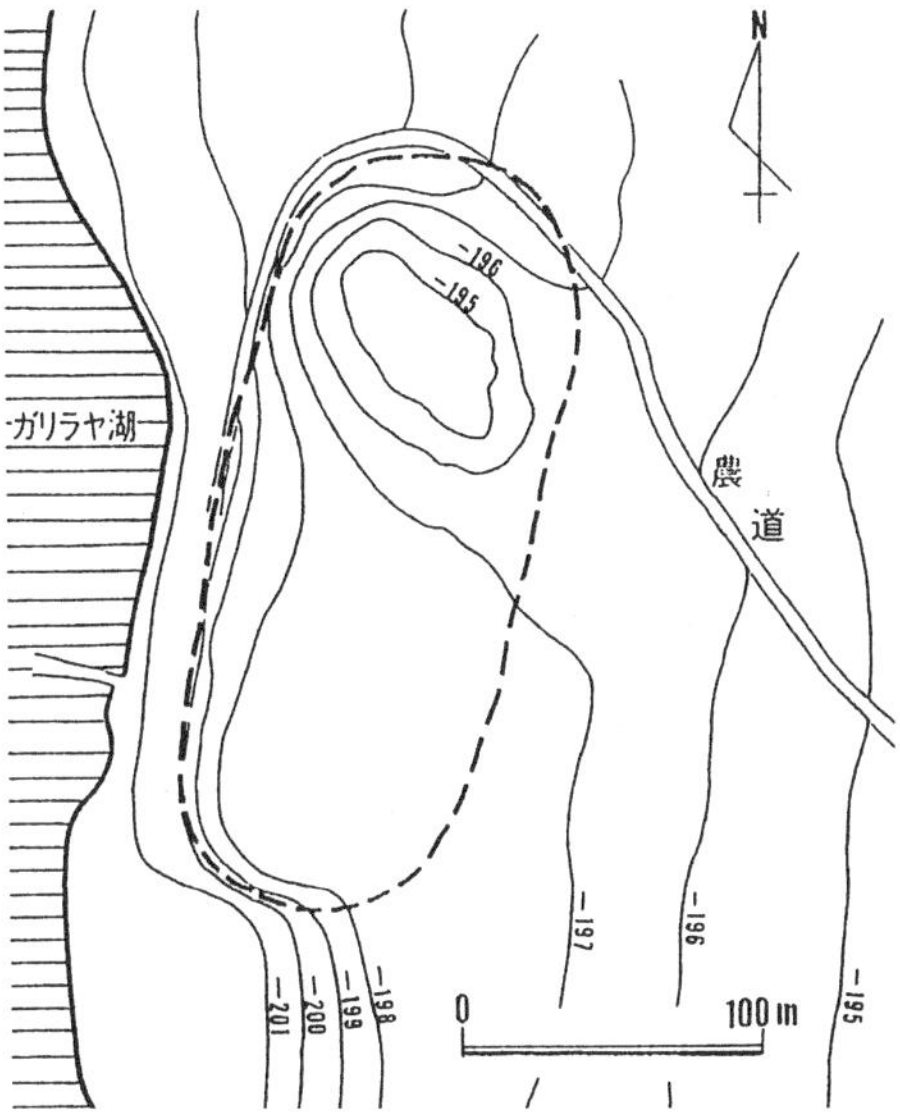

図3－6　エン・ゲブ遺跡位置図

で最も近いところで約二〇mしかない。

(2) 組織

調査は、テルアビブ大学考古学研究所のモシュ・コハヴィ教授を代表とするゲシュール・プロジェクトの一貫として行われたのがきっかけである。

日本聖書考古学発掘調査団（団長：金関恕天理大学教授・大阪府立弥生文化博物館館長、のち月本昭男立教大学教授）は、エンゲブ遺跡の、主として鉄器時代都市遺構の検出を目指した調査を継続して行っていた。[2] 約一〇名の考古学・宗教史・言語学等を専攻する大学教官を中心とする団員と約二〇～三〇名の日本人学生を主体とするボランティアに加え、フィールドディレクターとしてテルアビブ大学のギル・コボが参加して発掘を指導していた。

以下、この調査での、特に方法論的な部分について、日本でのそれと異なったり、あるいは特徴的な工程・作業等に限って見ていく。[3]

写真3-10　エンゲブ遺跡

(3) 方法

発掘調査は、一名の団員と数名のボランティアを一単位として各グリッドに配置し、当地での調査方法にのっとり実施されている。

五m四方のメッシュでグリッドを設定し、杭はその基礎をコンクリートで固めてその上面に絶対高を記入しておく(写真3―11)。グリッドの壁はボルクと呼び、幅一mほど掘り残して発掘を行っていく。もちろん調査の最終工程ではこれらは取りはずす。

写真3－11　グリッド杭

発掘作業は、測量・写真器材や文房具を除いて現地調達した道具を用いて行う。ここでの土は乾燥して極めて固く、通常、日本で使用しているツルハシ、移植ゴテなどはすぐに使用不能になってしまう。イスラエルの器材はすべてにおいて厚く、重く、頑丈である。一輪車もそのバケットは深く、発掘した土砂の運搬には想像以上の力を要する。

発掘は、ローカスと呼ぶ概念を基本に行われる。遺構あるいはグリッドのセクションなど、本来の遺跡を構成する部分や調査用の地区割等に基づくものすべてを含めてローカスとし、それぞれにローカス・ナンバーを付して作業を進め、遺物を取り上げる(図3―7)。これを担当するのが記録係あるいは登録者とでもいう担当であり、ローカス日誌や略図付き出土物用バスケットリストに順次書き込みを行い、各担当に指示を出す。

こうした一連の調査方法により早く掘ることができ、遺跡の全容をすぐにつかむことが可能であると、当時、金関団長に教

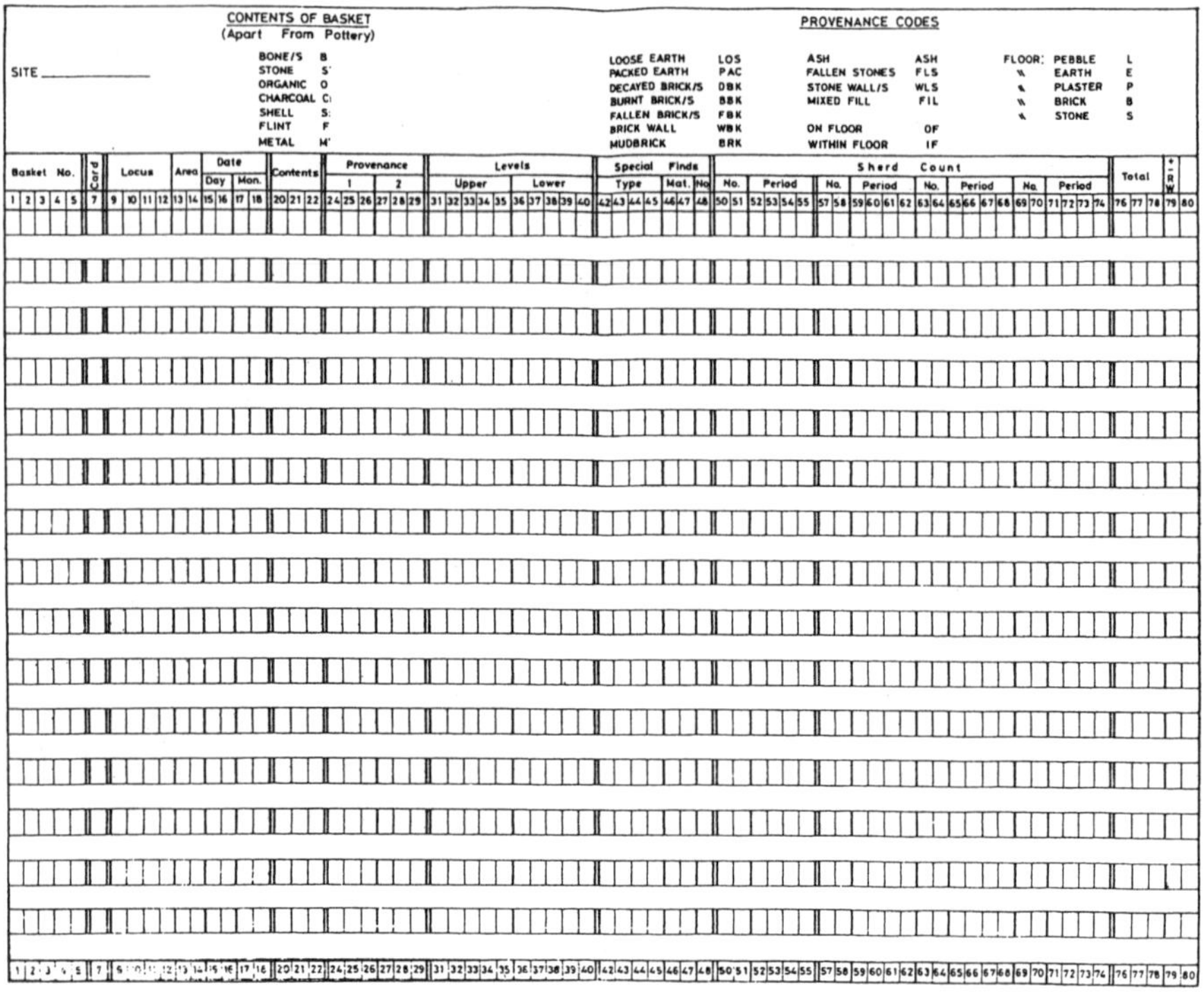

図3－7　ローカス・シートの一例

えられた。

(4) 整理

朝五時に宿舎を出発し、すぐに作業を開始する現地での発掘作業は、午前中に終了する。昼食・午睡をはさんで午後四時ごろから遺物洗浄や土器の復元・実測を行い、その後、検討会を全員で行う。土器洗いは靴磨きのブラシに似たブラシで行われ、とにかく泥や石灰分をすべて除去するようゴシゴシと洗う。紀元前の土器とはいえ、日本とは異なり瓦質あるいは陶質に近いため、ある程度こうした作業に耐えられる土器ではあるが、ブラシの毛部分で取れない部分は背面の木質部分で擦り取るため、木の部分はすり減り角が丸くなってしまっていた。

検討会は、団長によるその日の調査概要と今後の課題についての解説・検討に始まり、調査指導者と記録者を中心としたソーティング（個別の遺物検討作業）に移る。前日の出土品をローカス別に検討し、復元品（R）、実測・保存用（＋）、廃棄（－）に分ける。整理作業場の脇には、マイナスとされた土器の胴部片が山積している。

こうした作業の中で、土器一点ずつの帰属年代やその特徴をつかむための質疑応答も行われ、ボランティア学生の教育の場ともなっていた。また、夕食をはさんで夜八時ごろから週に一度、テーマをもって学生向けの研修を行っている。

三　埋蔵文化財行政

基本的にイスラエルの遺跡は、例えば琵琶湖岸の沖積平野部のように、いたる所に遺跡が所在するという状況とは異なり、人が痕跡を残すところは限られている。特に集落は水、交通路を中心とした立地条件により、また、以前に使用された城壁が新たな城壁の基礎部として利用されるために、同一場所に築かれていき、結果的に丘状を呈する。従って、遺跡であることの把握が容易で、範囲もある程度は明確になっている。

このため特にテルなどは、発掘された後、政府・考古局の土地となって、どこもフェンスと看板に

写真3−12　イスラエル考古局の中

より管理されている。エルサレムにある考古局は中央官庁街の一角にあり、入口はIDカードで厳重に管理されている。しかし、ウリ・バルーフ研究部長の案内により中に一歩入ると、そこは日本でよく見る埋蔵文化財センターそのものであり、復元中の土器や石器がゴロゴロしている。およそ国の中央官庁の庁舎内には見えない（写真3−12）。

日本的な規模での緊急発掘調査も近年増えているが、学問あるいは国家にとって必要な動機により、国が大学や研究所に指示して実施する発掘も多い。

考古学の分野は先史学、聖書考古学、古典考古学に大別され、それぞれの分野は互いに無関心に近い。また、大学の中心的な存在であるヘブライ大学とテルアビブ大学もそれぞれ考古学の学風に特色があり、聖書の記載をたどるのが前者のようである。互いに外国と結びついて調査・研究を進めているようで、例えば、一九九二年当時はヘブライ大学のベントール教授はスペイン系、テルアビブ大学のケンピンスキー教授は主にドイツ系、コハヴィ教授は日本、アメリカ、フィンランドとの結びつきが強いといわれていた。ちなみにウリ・バルーフ部長はヘブライ大学の出身であったが、風土や気候と人類との歴史的関係をふまえた実証的な研究を行っていた。

調査はボランティアを専門雑誌などで募って行い、ほとんどの場合は参加費を払う。中には、大学の単位認定を受けられるものもあり、ある雑誌には一〇件以上のボランティア募集の記事が一覧となって載っていた。

こうして実施された発掘後の多くの遺跡は埋め戻すことなく、むしろ部分的あるいは全面的に遺構を補強したり復元したりして活用している。ガリラヤ湖畔にあるカペナウムの平面八角形を呈する四世紀、ビザンチン時代の教会跡などは、それを管理する教会が遺跡を保護するため、形態的には宙に浮いた建物となっていた。一方では、エルサレムの旧市街ヤッファ門入り口付近の建設工事現場では、遺跡発見と発掘調査によって工事は予定より遅れていると当時は報道されていた。

四　発掘方法と文化財の活用

日本の発掘調査方法とイスラエルのそれは、本質的には変わりはない。もちろん日本の行政が行っている開発に伴う事前調査は、多くの場合は平地で、広大な面積を短期間に掘り上げなければならないため、手順や調査の形態においては多少異なるが、例えば日本の大学等において行う学術調査と比較すると全く違和感はない。日本においてテルのような種類の遺跡を、同じような状況下でもし発掘するなら、イスラエルのような方式を取った方が効率的ではある。

ローカスという概念も、日本で行っている遺構、層位、グリッド等という単位で遺物を取り上げ、遺物と遺構の諸関係を認識するということと同じである。調査指導者、記録係、写真係なども、日本では通常、一人でこなしているだけにすぎない。

異なるところがあるとすれば、遺構の掘り形や石の抜き跡を土層に追い求めるかどうかということや、出土した土器をすでに存在する型式名の中で分類してフィールド記録としていくか否かということである。さらに、グリッド内の土層に従い平面的に掘り下げ、グリッド間に残したボルグを層位の断面記録としてのみならず、グリッドの境界線として強く意識し、出土遺物の整理に援用して、従来の型式ではなく形式・器種分類の中で作業を進めていくなら、現時点における発掘は理想に近くなる。特に、後者の認識は遺構が平面的になればなるほど、また時代が古くなればなるほど必要になってくるだろうし、その結果、土器のみならず様々な時代区分としての型式認識も緻密になり、遺構間・遺跡間の諸関係の認識や歴史的解釈も進む。そうした意味で、日本とこうしたテルの調査法の両方を経験することは、私たち日本人研究者や学生にとっては、発掘調査技術の向上につながると考えられる。

日本の四分の一という国土とはいえ、遺跡の保存・活用のための発掘調査中の現場を旅行中にいくつか見た。国の成立事情なり、聖書や信仰との関連を抜きにしては考えられないが、国の明確な方針があり、一括して国が管理しているならではのことである。イスラエルで発掘された遺跡は国立公園として位置付け、統一したマークと説明板が立てられている。見学者は有料であるが公認ガイドの入場は無料とのこと。その公園内でのガイドの飲み食いも無料という徹底ぶりは、文化財としての活用以上の意図があるが、本来、文化財とはそれほどの価値を備えた資源なのである。

五　遺跡を生かす博物館事情

(1)　イスラエル博物館

イスラエルは、「博物館の国」ともいわれるほど博物館が多いが、その大半は歴史博物館であり、しかも考古博物館の占める割合が多い。イスラエル最大の博物館は、エルサレムにあるイスラエル博物館である。建国以前からあったベツアレル民族美術館を引き継ぎ、一九六五年に国立博物館として開館した。大きく分けて五つのテーマ建物と彫刻庭園などからなり、それぞれ異なった意匠と構造をとって特色を出している（図3—8）。また、各館（ウィング）の展示方法も様々であった。

博物館のゲートを入ってすぐにミュージアム・ショップがあり、各館にもショップが備わっている。死海写本館は、死海を望むクムラン遺跡で発見された、紀元前二～三世紀に筆写された世界最古のヘブライ語聖典の写本だけを展示する建物である。資料の光による劣化を防ぐため内部はかなり暗いが、ケースごとにボタンを押せば一分間だけ照明がつく工夫がされていた。国宝級であるが、見ただけではよくわからないものをいかに見せるかという工夫は参考になる。

聖書・考古学館は、イスラエル考古学会が収集した資料をもとに、中世十字軍までの歴史について展示している。大きな順路はありながらも展示ケースは自由導線的な配置であった。ただ、ケースごとに番号が付けられており、時代を細かに追えることは便利である。今でも随時、資料の入れ替えを行っているようで、新たな発見資料もいくつか見られた。

ルート・ユース・ウイング（子供館）はいくつかのコーナーからなり、鏡、リサイクリング・ルーム、工作コーナー、本のコーナー、ミニチュアルーム、模型の滑り台とかたつむりのトンネル、玩具の野菜を畑に植えるコーナーなどがあり、主として幼児を対象としたものである。リサイクリング・ルームは一二〇㎡ほどの広さの部屋で、家庭から持ち寄った箱や牛乳パックなどで工作をしていた。

その他の特別展示として、一九三〇年代のイスラエルおよびベトシャン遺跡の展示があった。ベトシャン遺跡は、ガリラヤ湖の南二六㎞にある遺跡で、紀元前五〇〇〇年頃までその歴史は遡る。ローマ時代、ビザンチン時代の遺構の復元が行われ、十字軍やオスマン・トルコ時代の遺構も検出されている著名な遺跡である。

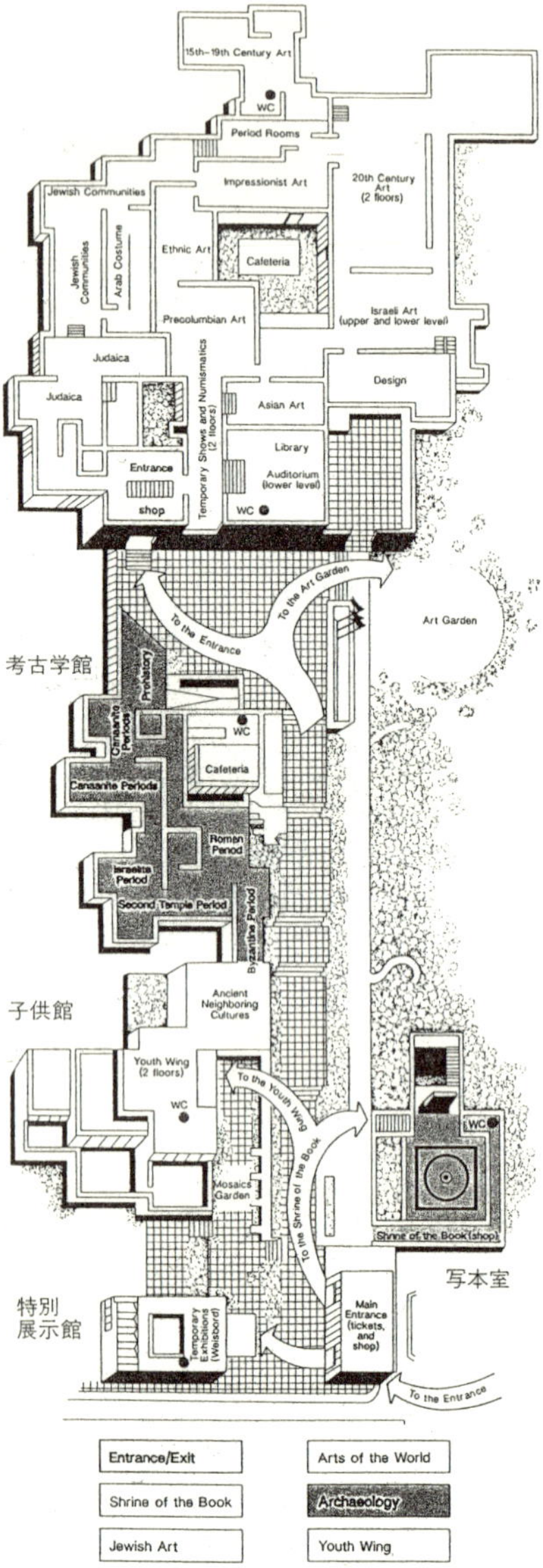

図3−8　イスラエル博物館

縦五m、横一mの垂れ幕を約一m間隔で並べて一枚のベトシャン全景写真を見せる手法は、簡易なものでありながら迫力があり、日本ではめったに見ない展示方法である。

パネル説明は、英語とヘブライ語である。車椅子用の斜路などはなく、すべての階段にリフトと係員がいる。多くの戦禍による身障者への対策が行き届いているのである。

館あるいはコーナーごとに、床の色、天井の高さ、壁の処理、展示手法など様々であり、色々な方法を試しているが、広い展示面積でありながら飽きはこなかった。この博物館の入館券の半券は、二週間以内であれば次回利用が半額になるなど、利用者への便宜もはかられている。

イスラエル博物館のほか、エルサレムの博物館の催しやイベントは、週末のエルサレム・ポスト紙に掲載され、また観光省の月刊パンフレット等にも紹介されるなど、博物館の広報活動も活発である。

(2) ロックフェラー博物館

一九三八年に英国委任統治政府が建設したものであり、もとはヨルダンの管理下にあった(写真3－13)。イスラエルにおける最も重要な博物館といわれていたが、戦禍を避ける地下室がないため、重要な資料はイスラエル博物館に移管されてしまっている。

写真3－13　ロックフェラー博物館

ここは聖跡考古学博物館として知られ、アメリカの工業王J・D・ロックフェラーの遺産によって発足したものである。イスラエルで見た博物館の中で、唯一、古典的な博物館で、かつての東京国立博物館のように、展示手法より資料の価値で見せるというものであった。逆にいえば、玄人受けする博物館であった。旧石器時代にはじまり、青銅器時代、鉄器時代の遺物、ヒシャム宮殿の彫刻なども見学できる。ここでは筆者の大学時代、考古学外書購読の教科書挿し絵で見た、著名なエリコ遺跡出土の、目に貝をはめ込んだ人骨を見ることができた。

(3) ハアレツ・イスラエル博物館

テルアビブにある国立博物館で、ユダヤ教の安息日に唯一開館していた博物館である。紀元前一〇〇〇〇年以上前の、ダビデ・ソロモン王時代の遺跡の中に立つ。

イスラエル博物館と同様、テーマ別に石器時代館、銅館、ガラス館、生活館、ユダヤ館など、一一のパビリオンに分かれて展示館がたち、屋外にもオリーブしぼりや民俗資料の農具などが展示されている。

石器時代をテーマとした建物では、入口で説明書を借り、出る時に返すというシステムを取っている。人に追われた鹿などは絵、矢や槍は実物を壁面に展示したものがあり、日本でもこうした方法は流行している。遺物は個々に説明を加えず、手元で一括して説明するキャプションはすっきりして見やすかった。

特筆すべきは、触る考古学館とでも言うべきA Touch of the Past, Hands on Archaeologyと銘うったもので、視覚障害者が手で触れる比較的大型の考古資料が、スペース的に余裕をもって展示されている。もちろん点字説明つきであった。

一角に手工業工房群があり、ちょうどガラス工房で実演を行っていた(写真3－14)。そのほかにパン屋、馬具工房、機織り、鋳金、土器作り、糸紡ぎ、靴屋、アクセサリー屋、大工、木工師、鋳物屋がある。

また、敷地内にテル・カシル遺跡があり、発掘されたペリシテ時代などの神殿遺構が時代ごとに説明パネルで色分けして示され、一部の建物は復元されている。イスラエルのテルで多くの石壁、日干し煉瓦壁の建物といわれるものを見学したが、天井まで復元されたものを見てはじめて建物をイメージすることができた。まだ、隣接地では継続して発掘調査中であった。

写真3－14　ガラス工房での実演

(4)　イグアル・アロン博物館

ガリラヤ湖西岸キブツ・ゲネサレ出身の政治家イグアル・アロンを記念する博物館で、キブツ・ゲネサレ記念館ともいわれる。「ガリラヤ地方の人間」をテーマに、聖書の時代から現代までのガリラヤ湖周辺の生活をグラフィックとジオラマで紹介している。

“2000歳”イエスの小舟 公開

イスラエル 水槽保存9年間

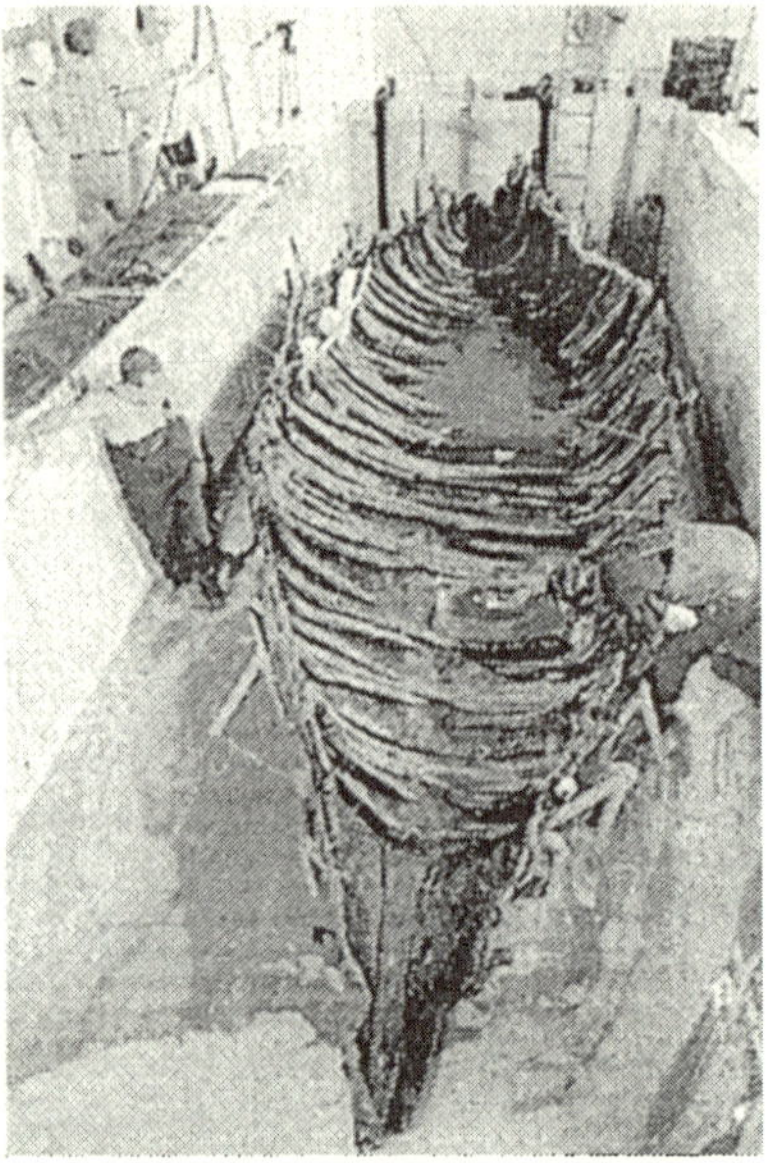

公開された「イエスの小舟」（AP）

【エルサレム27日＝平野真一】イスラエル北部のキブッ・ギノサルで二十六日、二千年前の漁船「イエスの小舟」（通称）が報道陣に公開された。イエス・キリストの伝道の舞台となったガリラヤ湖で使われていたもので、新約聖書時代の様子を伝える貴重な史料として国際的に注目を集めている。

この舟は一九八六年、ガリラヤ湖の岸辺で漁師に発見された。長さ九・二㍍、幅二・三㍍の木造だが、老朽化が激しく、九年もの間、水槽に満たされた保存液に漬けられていた。

一緒に埋まっていた壺《つぼ》やランプとともに放射性炭素測定した結果、「西暦五〇年プラス・マイナス八十年のもの」と判明、時代と発見場所から、この名が付いた。舟は今後一年かけて乾燥した後、特別展示館で一般公開される予定。

図3−9　「イエスの小舟」紹介（1995年6月28日付け『読売新聞』）

ここの保存水槽には、一九八六年一月の雨不足によって湖の水位が三〜四m下がった時に、湖中から発見された紀元前後のものと推定される木造船が保管されている。当時、キリストの船と世界中で騒がれた資料で、長さ八・二m、幅二・三m、ほぞ穴継ぎ様式である船は、一九九七年当時はポリエチレン・グリコールによる保存処理中であり、見られるのは二年後であるとのことであった（図3−9）。

この船に関する資料は図録・冊子のほかスライドフィルム、ビデオテープとして販売されており、見学者への便宜を図っている。ガリラヤ湖周辺のみならずイスラエルの各地で一人の日本人にも出会わなかったにもかかわらず、ビデオの日本語版も置かれていた。

(5) エンゲブ漁撈博物館・エンゲブ民俗博物館

小規模な博物館であるが、非常にユニークで熱心な手作り展示がみものの博物館である(写真3−15)。ガリラヤ湖東岸のキブツ・エンゲブは、農業や漁業以外にも観光レストランや観光船の運航など多様な活動を行っており、これらの博物館もキブツによる活動の一部である。

地元の歴史学者メンデル・ヌンが中心になって、同じく歴史研究者のヨエルと共に運営し、ヌンの妻ゲシアが掃除を担当するが、これらはキブツから課せられた仕事でもある。すべての展示は手作りで、愛情あふれる展示であることが見てとれる。ガリラヤ湖周辺の歴史を扱う漁撈博物館とキブツ・エンゲブの歴史を扱う民俗博物館に分かれている。

写真3−15　エンゲブ漁撈博物館とメンデル・ヌン

古い港跡を中心にした湖の交通史や治水・利水の歴史を扱ったいくつかの研究調査報告書を英語とヘブライ語で出版するなど、イスラエルでも特筆しておくべき博物館である。

六　博物館のあり方と展示手法

イスラエルの国立博物館は、規模的には琵琶湖博物館に相当する。琵琶湖博物館では六〇〇〇㎡の展示面積を持つが、いかに来館者を飽きさせないで見学してもらい、展示のみならず博物館の諸活動に参加し、ひいてはリピーターとなってもらえるかが課題の一つである。そうした意味で、ウィングに分かれ、各館が相当な特色を出すように努めていることは一つのヒントになる。また、一つの建物の中でもコーナーごとに独立感を出し、特徴を押し出すことに成功している。

日本では実物資料がない場合、あるいは得られない場合などは、レプリカかジオラマによる復元、グラフィック・パネルになりがちである。そうしたものに頼らなくても、この国が辿ってきた歴史の中にあっては、人の心を打つ展示が可能であった。博物館にとって大事なことは、何を見せたい、知らせたいかという明確な方針である。その理由がはっきりしており、存在基盤と大きく関わるこの国の博物館の展示は、外国人にとっても非常にわかりやすいものであった。

展示室のゆとりのスペースも、あればあるほど楽な気持ちでいられる。日本の博物館の基準に従っているだけという身障者対策や、車椅子対応だけが身障者対策といった認識も改める必要を感じた。さらに、徹底した弱者への特別な心配りを日本の博物館でも真剣に考えなければならない。

注

（1）本文は、「イスラエル考古事情（2）―発掘調査と埋蔵文化財行政―」『滋賀文化財だより』№一七八、一九九二年と「イスラエル考古事情（3）―博物館―」『滋賀文化財だより』№一七九、一九九二年をもとにしながら、その後の一九九七年、二〇〇一年の調査成果を踏まえて一部、書き改めたものである。

（2）イスラエル考古学の発達史とテル・ゼロール遺跡の発掘調査成果からエンゲヴ遺跡調査に至る経緯や概要に関しての日本語文献の代表として、小川英雄『イスラエル考古学研究』、山本書店、一九八九年があげられる。

（3）エンゲヴ遺跡調査の主な成果は、下記で紹介されている。

金関　恕「旧約聖書時代のエン・ゲヴ遺跡」『文明発祥の地からのメッセージ、メソポタミアからナイルまで』（第四回大学と科学公開シンポジウム組織委員会編）、クバプロ、一九九〇年。

金関　恕「エン・ゲヴ遺跡の発掘調査」『古代文化』第四四巻第二号、一九九二年。

小川英雄「聖書考古学発掘調査団の活動について」『ユダヤ・イスラエル研究』第一三号、一九九二年。

天理大学考古学研究室・聖書考古学発掘調査団編『高原と湖の遺構―古代エン・ゲブの発掘調査―』、天理大学、一九九四年。

牧野久実「ヘレニズム時代のエン・ゲヴとその周辺―人々の営みと湖―」『史学』第六五巻第一・二号、一九九五年。

牧野久実「ペルシャ時代のエン・ゲヴ」『史学』第六六巻第二号、一九九七年。

小川英雄「エン・ゲヴ出土の列柱付き建造物について」『オリエント』第四一巻第一号、一九九八年。

置田雅昭・日野宏「イスラエル　エン・ゲヴ遺跡」『考古学研究』第四五巻第三号、一九九八年。

山内紀嗣「イスラエル　エン・ゲヴ遺跡の発掘調査」『世界の考古学』二〇〇〇年。

置田雅昭「イスラエル国エン・ゲヴ遺跡列柱式建物の規格」『西アジア考古学』第二号、二〇〇一年。

牧野久実「ペルシャ時代から初期ヘレニズム時代のキンネレット湖地域における交易活動」『西アジア考古学』

第二号、二〇〇一年。

イスラエル考古学の概要と発掘調査方法等の紹介は、小川英雄『聖書の歴史を掘る—パレスチナ考古学入門』一九八〇年が詳しい。また、ユヴァリ・ポルトガリ著・牧野久実訳『イスラエルの遺跡』(The Phenomenon of Tell, The Form of Tell Site)、埋蔵文化財天理教調査団研究会シリーズI、一九八九年もわかりやすい。その他、牧野久実「イスラエル　考古学事情」『月刊文化財発掘出土情報増刊号—最新海外考古学事情—』一三四、一九九四年、牧野久実「日本考古学の国際化に向けて」『はじめて出会う日本考古学』、有斐閣、一九九九年、桑原久男「イスラエル考古学との出会い」『西アジア考古学』第二号、二〇〇一年などのほか、牧野久実『イスラエル考古学の魅力』、ミルトス、二〇〇七年などがある。

第三節　トンレサップ湖の歴史的意義

一　ミーソンとアンコール

筆者はかつて、ベトナム社会主義共和国のフエ、ダナンを中心とした地域において踏査を行い、その成果を報告したことがある(1)。特に、チャンパ王国の聖地ミーソン遺跡を訪ね、またチャム彫刻美術館で多くのチャンパ石造彫刻を観察することができた。

そこで、チャンパと長い間、敵対関係にありながらも影響を与えあっていたアンコール王朝の本貫地、アンコール遺跡群も訪ねてみた。また、人びとと水との関わりを琵琶湖との比較の中で探るため、東南アジア最大の湖・トンレサップ湖にも足を延ばした。

二　トンレサップ湖とメコン川

インドシナ半島中央部に位置するカンボジアは、タイ、ラオス、ベトナムと国境を接し、中ほどにメコン川が流れる中央平原を中心とした国である（図3―10）。国土面積は日本の約半分で、そこに一一〇〇万人が暮らしている。クメール語が公用語で、クメール族が九〇％以上を占め、チャム族、華人のほかクイ族、タンプーン族など二〇以上の少数民族がいる。

チベット高原に源を発するメコン川は、中国、ビルマ、ラオス、タイ、カンボジア、ベトナムを通り、メコンデルタを形成して南シナ海に注いでいる（写真3―16）。そのメコンデルタは、世界最大の米生産地であるが、やや上流のカンボジア中央平原もまた有数の米生産地である。

植民地時代の一八六六年、フランスはメコン川を南シナ海から中国雲南省に至る通商のための航路として利用しようとしていた。しかし、途中にはいくつかの滝や浅瀬などの自然障害があったためこれをあきらめ、ベトナム・紅河の開発に切り替えた(2)。メコン川で喫水一五フィートの大型船が通行できるのは、河口からプノンペンのやや上流、カンボジアのクラチエまでといわれている(3)。

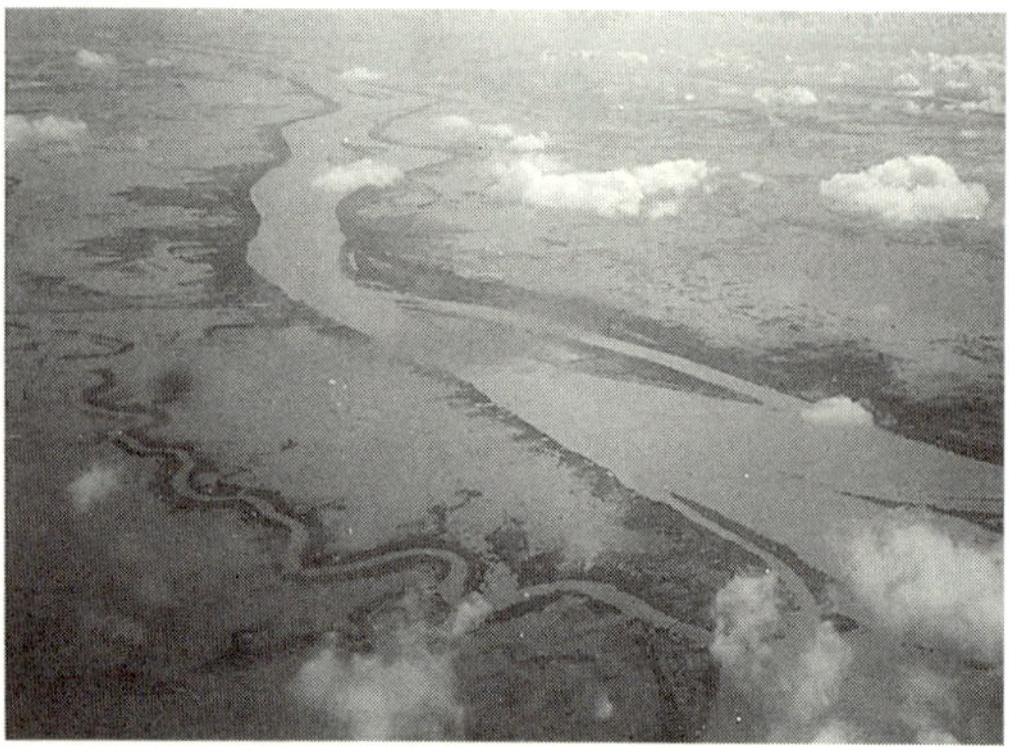

写真3－16　増水したメコン川

図3−10　インドシナ半島全体図

メコン川とプノンペンの北で合流する支流トンレサップ川は、上流でトンレサップ湖となる。乾季は二七〇〇㎢ほどの面積であるが、雨季にはその三倍にまで広がり、周辺部は冠水してしまう「伸縮する湖」として知られている（図3―11、写真3―17）。カンボジア語でトンレサップとは、「淡水の広いひろがり」という意味であり、別名を「大湖」（グラン・ラック）ともいう。広いところでは幅一〇㎞にも及ぶ浸水林で囲まれるこの湖は、雨季の逆流水と共に湖に入ってきた魚が、浸水林間で産卵し、稚魚がそこで育つため淡水魚の宝庫となっている。コイ、ドジョウの仲間をはじめ、ナマズ、

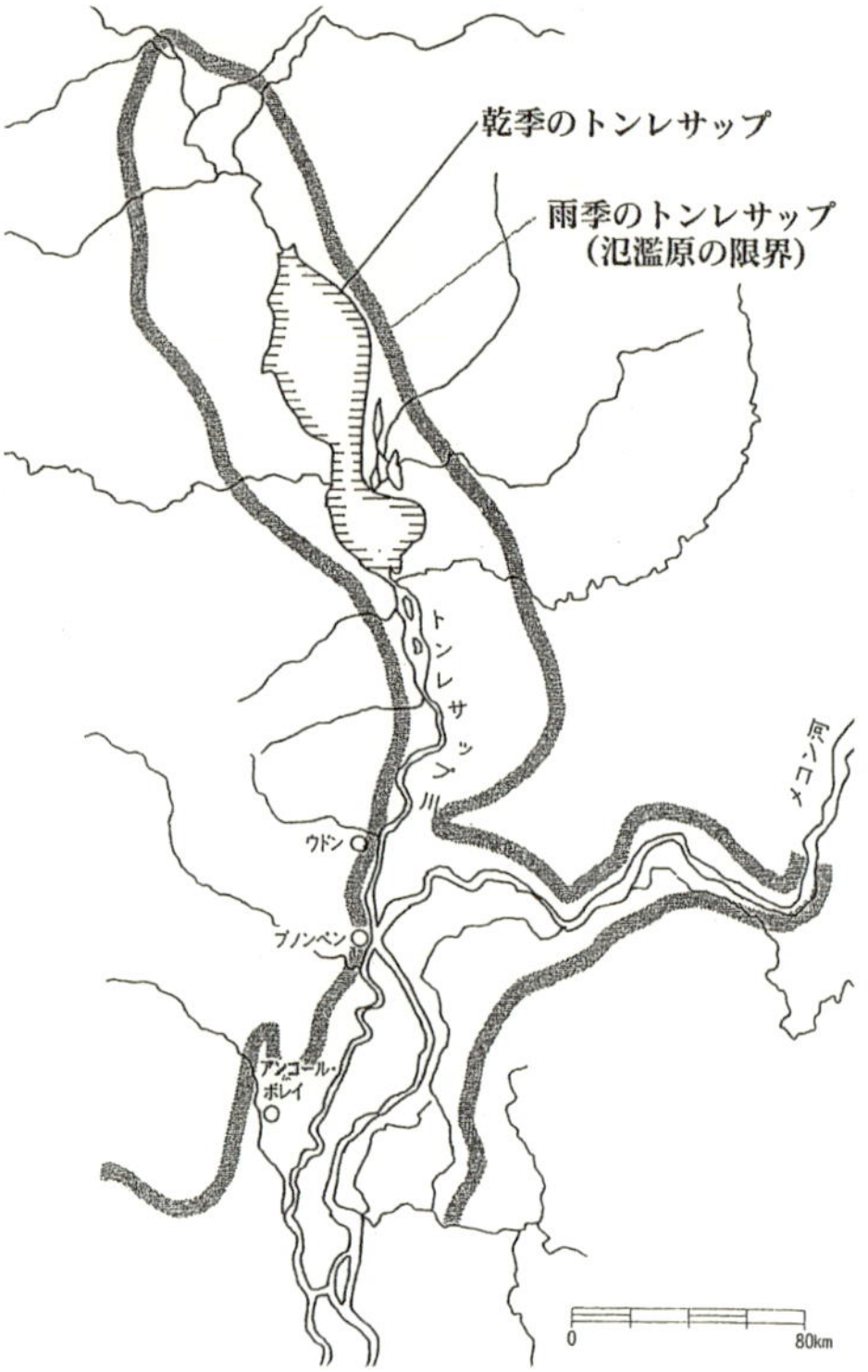

図3－11　トンレサップ湖

写真3－17　雨季に広がったトンレサップ湖

ナギナタナマズ、キノボリウオの仲間や淡水性のフグ、ボラの仲間など二一五種の魚が知られ、漁獲高も一〇万トン以上といわれる。何と湖岸には琵琶湖の風物詩・エリも見られる。（写真3―18）。カンボジアではナマズ、ライギョ、キノボリウオをはじめとする魚をそのまま市場に並べるほか（写真3―19）、プラホックという魚のペーストやプラホックの上澄みを濾過して不純物を取り除き沸騰させた後、魚醤として商品化している。

写真3－18　トンレサップ湖のエリ

写真3－19　市場の魚

トンレサップ湖の毎年の増水は、稲作に適した沃土を作り、これが米の生産性を上げている。また、こうしたメコン川とトンレサップ湖は、今でも豊富な水を供給して、カンボジアの基幹産業である農業を支える源でもある。

三　アンコール遺跡群

一般に、アンコールと呼ばれる遺跡群は、西暦八〇二年から一四三二年まで栄えたクメール王国の都の跡である。東京二三区に相当する範囲に六〇を超える遺跡が展開し、これらを総称してアンコール遺跡群と呼ぶ。

世界遺産の一つアンコールワット（「都の寺」という意味）はあまりに有名でここでは詳説しないが、一二世紀前半に建造されたヒンズー教の寺院であり、王スールヤバルマン二世を葬った墳墓でもある。アンコールというクメール語は、都城を意味するサンスクリット語「ナガラ」に由来し(4)、アンコールワットという呼び名は、仏教建築とみなされるようになった一四～一五世紀以降の新しい呼び名である(5)。

一二世紀後半には、一辺三㎞の城壁で囲まれた王都アンコールトム（「大きな都」）が築かれ、その中心にはバイヨンという仏教寺院がそびえ立っている。その他、周辺には主だったものだけでも六二の遺跡が知られている（図3―12）。

こうした壮大なアンコールの都建設は、強力な王権と水利潅漑による農業基盤によるものであるといわれる。特に、水利灌漑はヤショバルマン一世（在位八八九～九一〇年ごろ）による東西七㎞、南北一・七㎞の東バライ、ウダヤーディティヤバルマン二世（在位一〇五〇～一〇六五年）による西バライという巨大な二つの貯水池を中心として広がる。これらの土木工事には多くの人が動員され、二〇万人以上がここには居住していたともいわれるし、約一〇〇㎞離れたアンコール王朝第二の都城

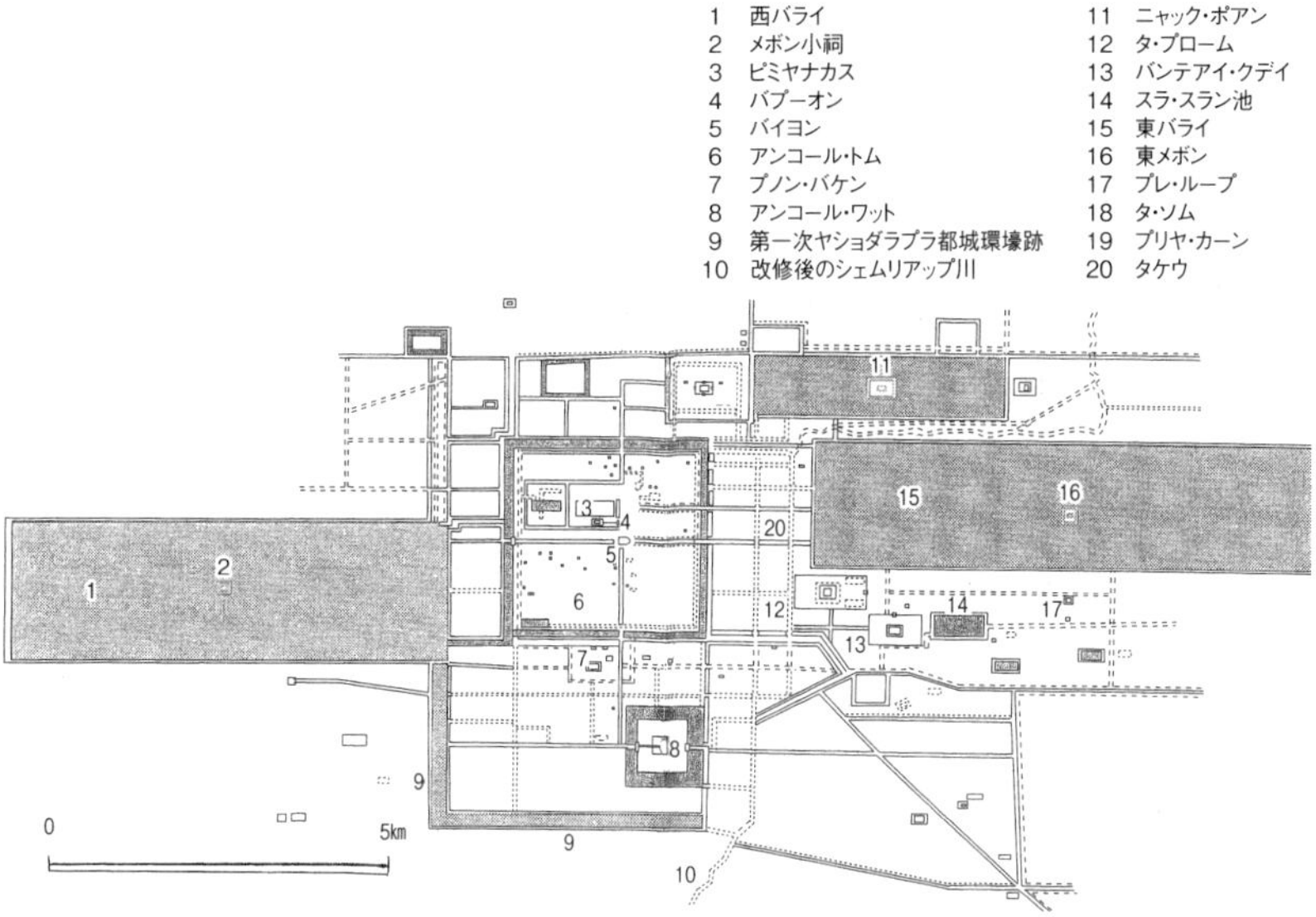

図3−12　13世紀のアンコール遺跡群配置図

コー・ケーでも、ジャヤバルマン四世（在位九二八〜九四二年）の時代には、バライ・ラハール（五六〇m×一二〇〇m）と呼ばれる貯水池が築かれ、今でも住民の用水をまかなっている(6)。また、アンコール・ワットから東へ六〇㎞の一一世紀末の寺院、ベン・メリアにも六〇〇m×一五〇〇mの大貯水池、バライ・スラ・ケウが知られ、その他、一二世紀の大プリヤ・カンや一三世紀のバンテアイ・チュマールなどにもバライはある(7)。こうしたことからすると、この地の基盤を形成した他の理由も考えなくてはならない。

　石井米雄によると、第一にはトンレサップ湖北西に広がる肥沃な稲作適地をあげるが、第二にはトンレサップ漁業の存在を指摘している。年間一〇万トン以上もの漁獲高が保証されるこの湖の幸は、重要な蛋白質源であり、米と魚は社会発展の基礎条件であるという。加えて、アンコールを交易国家として評価すべきという。[8] 元代の中国商人は、交易を求めて競ってアンコールに出かけ、象牙や胡椒などを手に入れた。

現在、カンボジアの年間漁獲量は三〇万〜四〇万トン。国民のタンパク摂取量の五〇％以上をまかない、それらの四〇％がトンレサップ湖の魚である。[9] 淡水魚では世界第二位の水揚げ量ともいう。

そして、巨大石造建築物を長期間にわたって建設し続ける労働力を確保したのが、都城の東西に配された巨大なバライという貯水池と用水運河網であり、これによって八万六〇〇〇haの水田灌漑が可能になり、五〇万〜六〇万人を養うに足る量であったともいうのが「水利都市論」である。[10] さらに最近では、良質な鉄生産がアンコール王朝を支えたのではないかという検討も行われている。[11]

四　トンレサップ湖とメコン川の歴史的意義

これまで「アンコールの王都」などとも呼んできたが、実は単なる都でもなければ城でもない。ここは、その中心に須弥山を模した中央寺院を置き、まわりに海と山々を表す巨大な濠と周壁を築くなど、神々の世界を地上で具現化しようとしたものであった。そして王の権力は神格化し、政治と宗教は不離一体のものであった。四方へ走る基軸となる道路と豊かな稲の実りを保証する巨大貯水池や配水運河は、この世の楽園を作り上げた社会基盤でもあった。

江戸時代の初め、朱印船貿易の拠点として東南アジアの各地には日本人町が作られていた。当時のカンボジアにも少なくとも三〇〇～四〇〇人以上の日本人が住んでおり、彼らはアンコールワットを仏教聖地の祇園精舎と考えていた。仏教の聖地かどうかは別にして、アンコールを築いた王の意図はまさにそこにあったのである。

そもそもメコンデルタは、古くからクメール人の領域であった。一世紀～七世紀頃にかけて、中国が扶南と呼んだ国である。シャム湾に面したオケオでは、中国の後漢鏡やローマ帝国の金貨も発見されている。扶南王国は古代の国際貿易の拠点であり、オケオはその外港・港市であった。

メコン川は、遠く中国・雲南に源を発するが、南シナ海からの船での遡上は途中の数カ所の難所によって極めて難しく、またいくつかの山塊によってその流域は分断されている。今もいくつかの国の国境付近を流れており、いわば地勢的にまとまりがない流域である。それに比べ、メコン川河口から船で上り、プノンペン付近でシェムリアップ川に入り、トンレサップ湖に至るルートは、ほぼ一直線でカンボジア中央平原の真ん中を流れる。そして、そのトンレサップ湖の突きあたりで船を下りて、進路をまっすぐ北にとると、ジャングルの中にアンコール遺跡群、すなわちクメールの王が意図した神々の世界が広がるのである。

そのトンレサップ湖の突きあたりに位置する港の裏山には、アンコール王都を築いたヤショバルマン一世の九世紀末に残したヒンズー教寺院、プノン・クロムが残る（写真3―20）。アンコールの成因を探る古い段階の重要な遺跡であり、その麓にはかつての港跡が残る[12]。

メコン川に通じたトンレサップ湖とシェムリアップ川は、水上の街道であり、王とその都を神格化するための演出された道、神々の世界への参道でもあったのである（図3―13）。

写真3−20　トンレサップ湖とプノン・クロムの丘（右下）

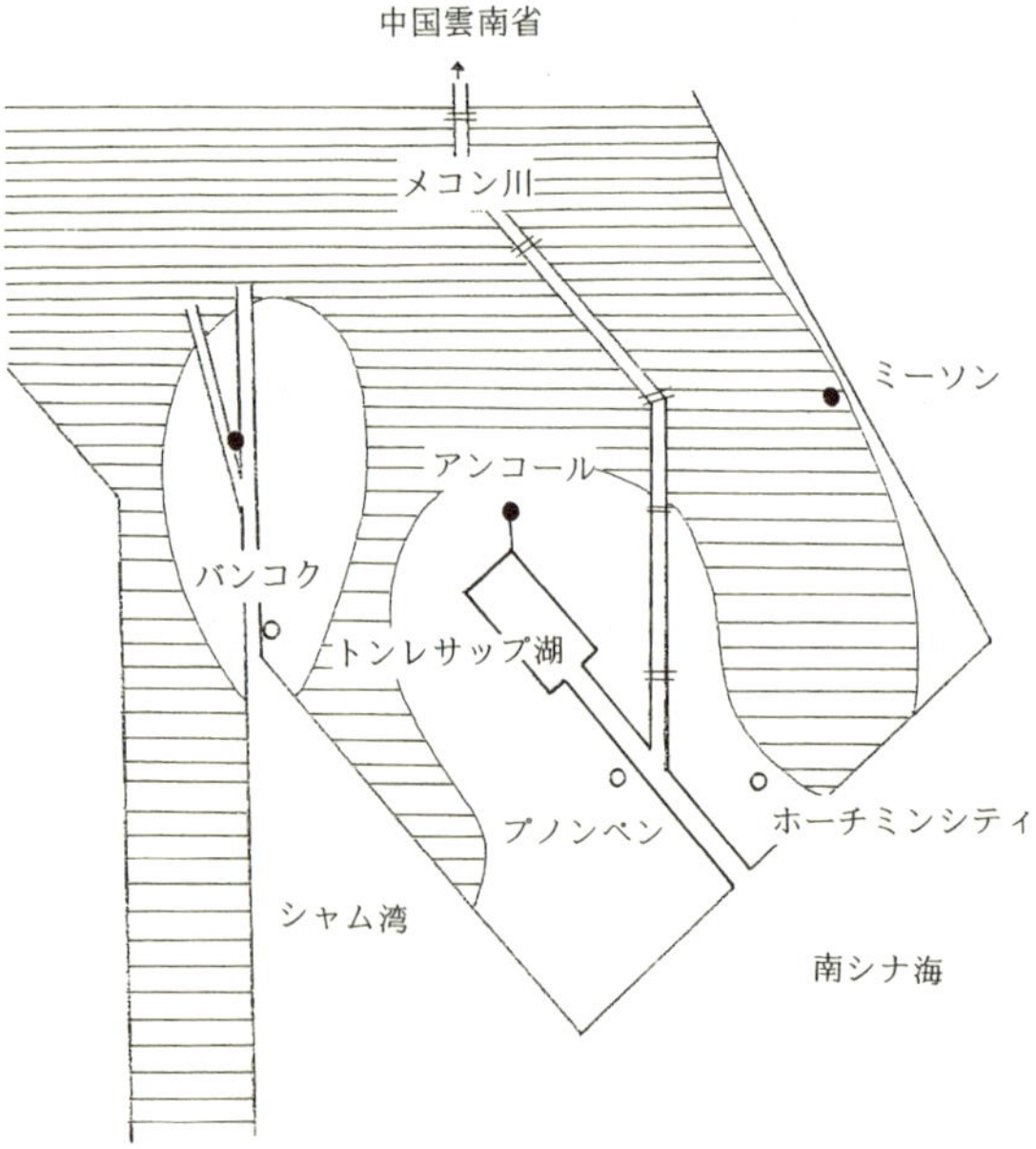

図3−13　アンコール遺跡群・トンレサップ湖・メコン川の配置概念図

一五世紀に、トンレサップ川下流に遷都して以降のカンボジアは、メコン川に面した港に権力の中心を置き、そこでの交易の管理と統制を基盤とする港市国家であるといわれている[13]。領域の奥津城にある神格化された王とその都では、一五世紀を境に、それ以降、南シナ海を通じてアジア進出を図る西欧諸国に対応できなくなっていたのである。

つまり、東南アジアでは香辛料など商品作物の輸出を担う港市が台頭してきて、自給的生産活動から交易活動へと、その経済の重きが移りはじめたのであった。東南アジア史の中では、特に一五〜一八世紀に多くの王国の中心が港市に移っている。

このことを、大和盆地から大和川下流域の河内平野に、五世紀のある段階でその権力の中枢を移し、瀬戸内海水路を通して中国大陸や朝鮮半島と対応した倭王権に例えることが政治的側面からできるかもしれない。また、その後、古代においては、天智二年(六六三年)、白村江の戦いに敗れた日本は、対外的にも緊張した状況の中で、都をより内陸部にあたる近江へ移し、東に比叡山塊、西に琵琶湖、北と南に要塞のような寺院を配置した大津宮を造営したことなどは、それらとはまた逆の事例であるともいえる。

注

(1)用田政晴ほか「アジア考古学研究機構調査報告1　ベトナム編」『人間文化』八号、滋賀県立大学人間文化学部、二〇〇〇年。
(2)石井米雄『メコン』、めこん、一九九五年。
(3)注(2)に同じ。
(4)三宅一郎「訳者まえがき」(ジョルジュ・セデス、三宅一郎訳)『アンコール遺跡』、連合出版、一九九〇年。
(5)注(2)に同じ。
(6)石澤良昭『アンコールからのメッセージ』、山川出版社、二〇〇二年。
(7)注(6)に同じ。
(8)注(2)に同じ。

(9)吉良竜夫「トンレサップ湖—メコン川の巨大な遊水池」『増補改訂版　世界の湖』、滋賀県琵琶湖研究所、二〇〇一年による。
(10)F・グロリエの「水力社会論」(注(2))。
(11)石澤良昭『古代カンボジア史研究』、国書刊行会、一九八二年、北川香子「ポスト・アンコール」『東南アジア史』I、大陸部、山川出版社、一九九九年。
(12)注(6)に同じ。
(13)注(2)に同じ。

その他参考文献

土方美雄『アンコールへの長い道』、新評論、一九九九年。

ブリュノ・ダジャンス『アンコール・ワット』、創元社、一九九五年。

フーオッ・タット(今川幸雄編訳)『アンコール遺跡とカンボジアの歴史』、めこん、一九九五年。

石澤良昭編『おもしろアジア考古学』、連合出版、一九九七年。

石澤良昭『アンコール・ワット』、講談社、一九九六年。

レイ・タン・コイ著、石澤良昭訳『東南アジア史(増補新版)』、白水社、二〇〇〇年。

中川　武「カンボジア・アンコール遺跡バイヨン北経蔵の保存修復」『世界の文化遺産を護る』(第一五回「大学と科学」公開シンポジウム組織委員会編)、クバプロ、二〇〇一年。

弘末雅士『東南アジアの港市世界—地域社会の形成と世界秩序—』、岩波書店、二〇〇四年。

第四節　東南アジアの稜堡と博物館戦略

一　ベトナムの王宮と稜堡

(1)　ベトナム事情

ベトナム(ベトナム社会主義共和国、以下、「ベトナム」という。)は、インドシナ半島の東側、南シナ海に面して南北に長い国で、日本とほぼ同じ大きさの国土をもつ。そしてこの国の歴史は、北で接する中国文化とインドの文化の影響を少なからず受けてきた。

特に、ベトナム中部のホイアンは、かつて東南アジア地域における海上交通の基地、いわゆる港市で、一六世紀から一七世紀にかけては、マニラやタイのアユタヤと並んで日本人町も築かれていた。今もその町並は、中国あるいは日本の伝統的なそれを思わせ、細い路地に瓦葺きの家が続く。

その後、グエン(阮)王朝は一八〇二年に都をベトナム中部のフエに置いたが、その王宮の中心である太和殿は、中国の紫禁城をまねたといわれている。王宮のほとんどの建物が木造であり、構造や区画の呼び名も都城そのものであった。一方で、南東を正面にする軸線をもち、城壁は稜堡形式をとるなど、ベトナムならではの側面も持ち合わせている。

現在のベトナムでは五四の民族が知られているが、その一割強は漢族でもある。従来、ベトナムの歴史とは、中国の影響を受け、人口の九割以上を占めるベト族（キン族、京族）の歴史を意味していたが、最近ではベト族中心史観から五四民族共生史観へ転換しつつある。そして、インドの影響を受けたクメール、チャム族とベト族を中心とする諸民族が織りなす交流の結果がベトナムの歴史といえる。

しかしながら、東南アジア諸国の中で最も中国の影響下にあった国は、やはりベトナムである。ベトナムと日本は、歴史的に中国の縁辺部でその影響を受けてきた同じアジアの国であるという共通項をもつ。

余談になるが、ベトナムではフランス植民地時代に在来言語をアルファベット表記して「クオックゴー（国語）」に変えて以降、漢字は使われていない。ベトナム語で「リクス」は「歴史」、「カムオン」は「ありがとう」を意味するが、漢字で書けば「感恩」となる。また、博物館は「バオタン」と発音し、漢字では「宝蔵」と書く。

(2) ベトナムの稜堡

ベトナム中部のフエは、ベトナム最後の王朝である阮王朝（一八〇二〜一九四五）の都が置かれた落ちついた雰囲気の町である（図3－14）。フォン河（香江）下流域のこの町は、その水を引いた濠によって囲まれた旧市街と新市街とに分けられるが、旧市街の中心が順化城ともいわれる王宮である。一辺

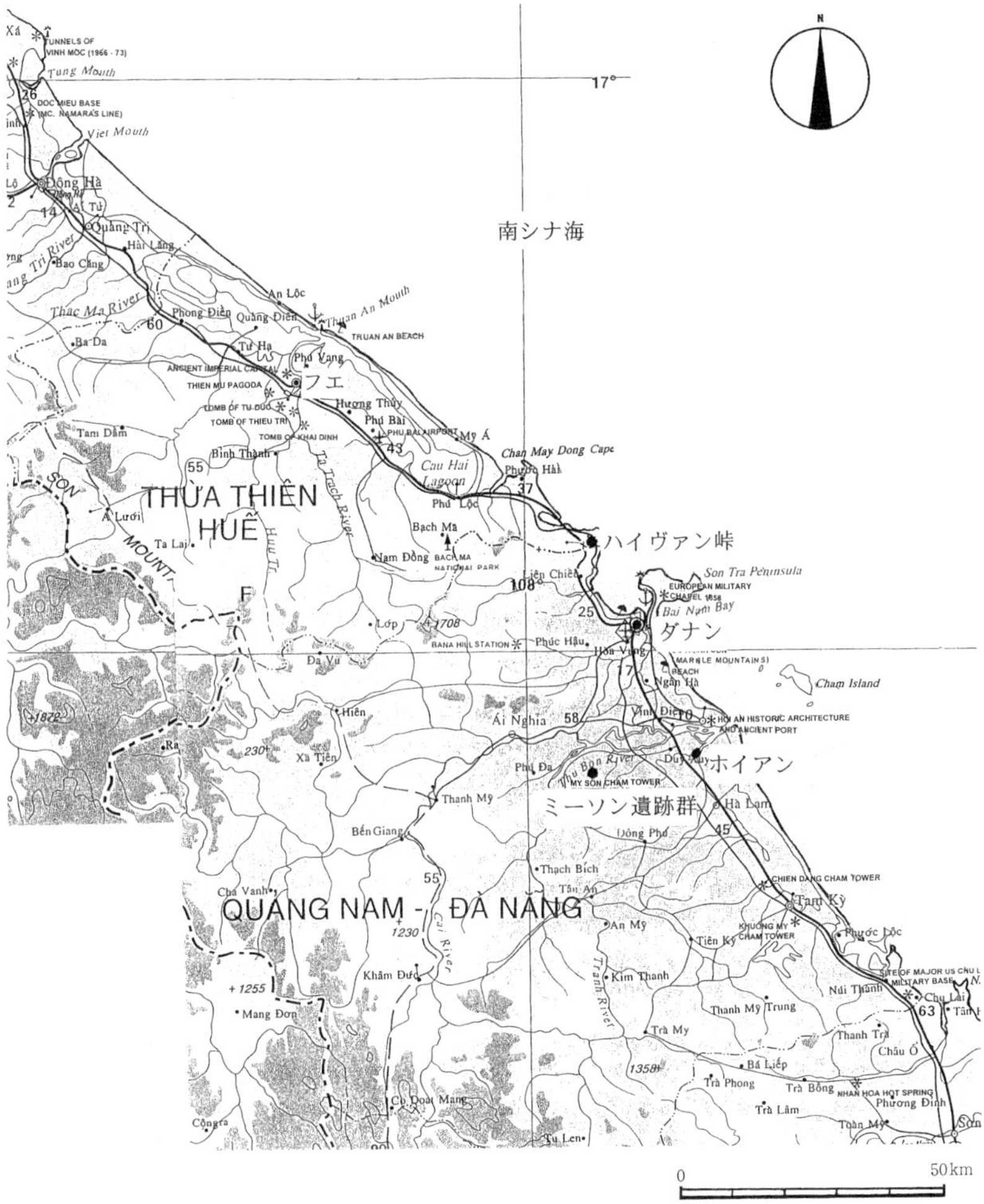

図3-14　ベトナム中央部

約二・二kmの正方形であるが、およそ一〇kmにも及ぶ城壁の外郭線は、高さ六・六m、幅二一mという重厚なもので、平面形は二四の稜を突出させた城壁と濠を備えるなど、フランスの稜堡形式をとりながら（写真3―21）、各辺には三つの城門を開き、内部は格子状の方形区画、九五の坊に区分されるなど中国の

写真3−21　フエ王宮の濠と城壁

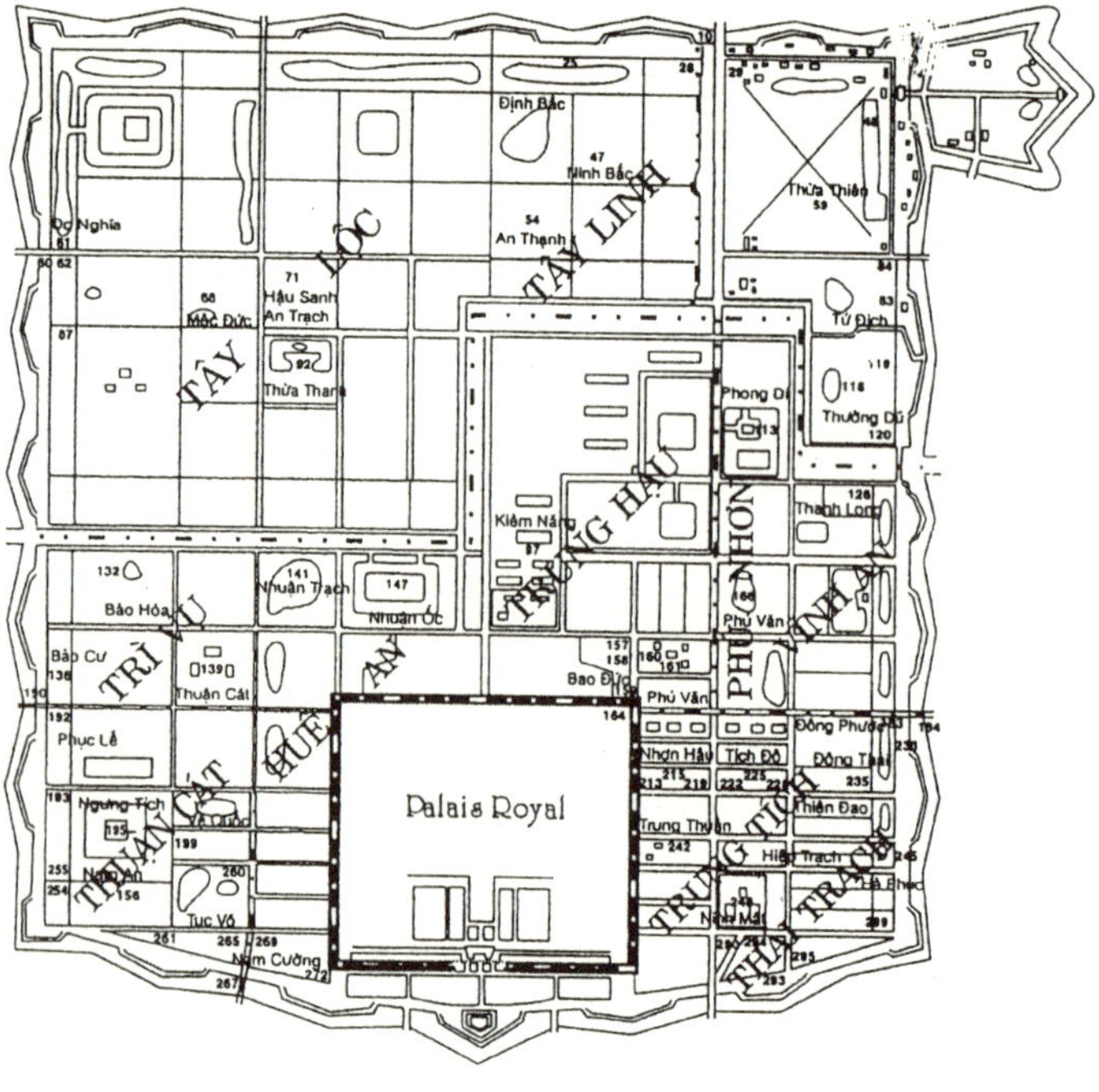

図3−15　順化城平面図

影響下にある（図3―15）。また、城壁とそれに囲まれた区画も、京城、皇城、宮城と呼ばれる中国の呼称に従っている。

四面二四の稜は四百基の大砲で武装していたといい、正面中央の稜は三層の旗台となっている。また、北東角には鎭平台（チャンビンダイ）と呼ばれる砲台があり、フォン河を遡ってくる敵に備える。

この三重の城壁を備えた都市は都城であり、皇帝を中心とした国家の首都の形式でもある。この都城の南には、皇帝が天を祀る、北京の天壇に相当する南郊壇が設けられる。阮王朝は、旗台の真南にあたる南岸市街のはずれにその壇を築いており、三重の円檀と街路は今もよく残っている。さらには、午門（写真3―22）、太和殿、太廟など各宮殿建物の名称にも中国の模倣が表れているが、その規模は比べるまでもなく、小さくまた質素でもある。

写真3-22　フエ王宮の午門

一方で、先述のように都城の主軸は南北方向ではなく、南東を正面とする。稜堡形式の外郭線と共に、この都城の特徴の一つとなっている。

なお、現在のホーチミン市にもかつては阮王朝による嘉定省城と呼ぶ稜堡があったが（図3―16・17）、これもフエの王宮と同様、その省都の内部構造は中国の都城制そのものであった。

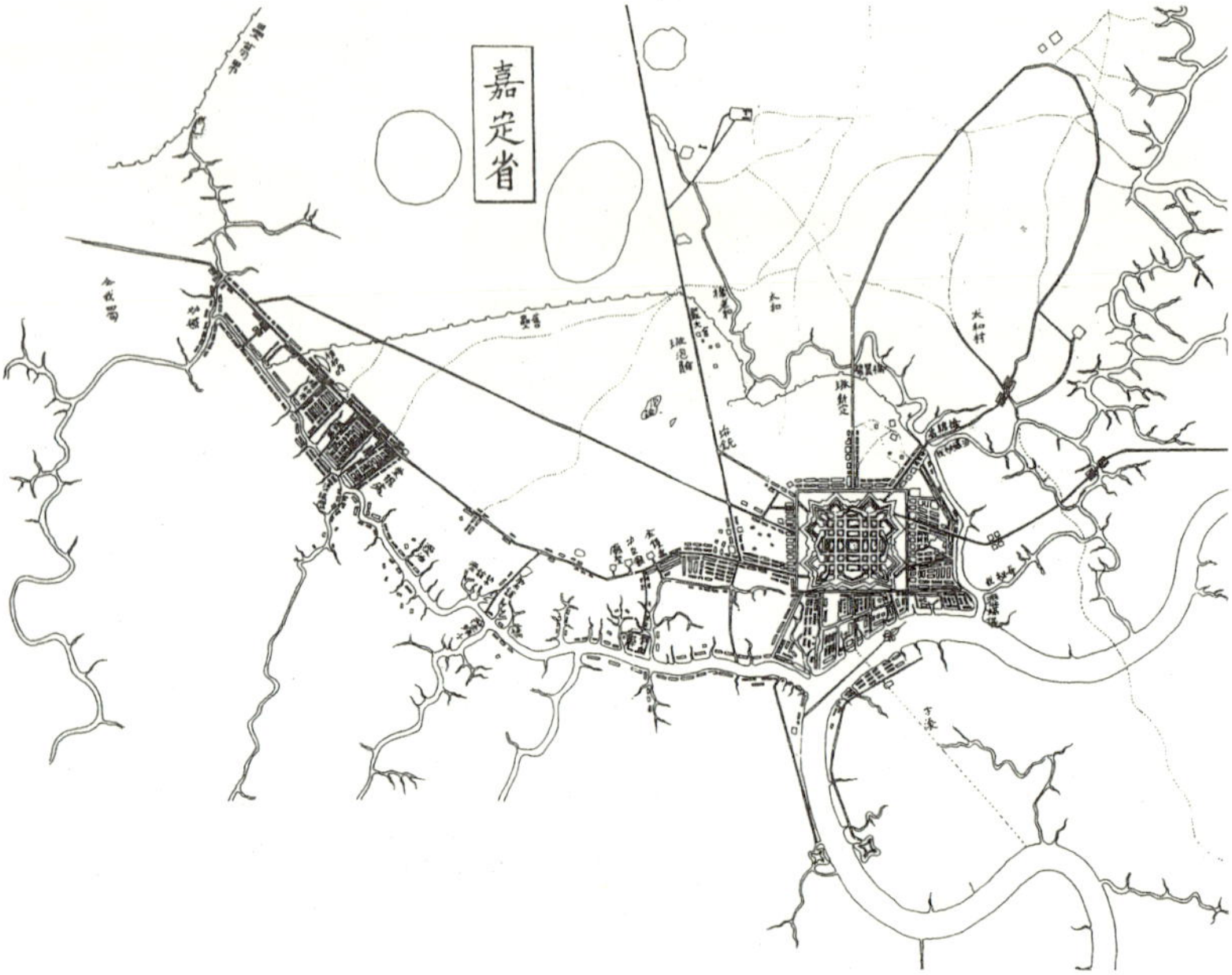

図3−16　嘉定省城と外郭城壁

図3−17　嘉定省城平面図

二　ベトナムの地域博物館

(1)　フエ宮殿美術博物館

フエ市街の稜堡形式をとる順化城内の中心、王宮のすぐそばにフエ宮殿美術博物館がある（写真3―23）。

写真3−23　フエ宮殿美術博物館

阮王朝の宮廷で用いられた調度品や美術品を中心に展示しているこの博物館は、一八四五年にティエウ・チ帝のころに建てられた。二〇〇〇㎡ほどの迎賓館だった木造瓦葺きの建物を一九二三年に改装したものである。

ベトナムの朝は早く、六時にもなると人々は買い物や運動のため町を歩き出す。このためか、この博物館は朝七時から開館している。入場料は二万二千ドン（漢字では「銅」と書く。約二二〇円、当時）。写真撮影をする場合は、別に一アメリカドルか一万ドンを支払う。この写真撮影料を別に支払う方法は、ベトナムでは一般的なようであるが、外国人は最初からそれを含んだ金額を入場料として払ってしまう場合も多く、気づかないこともある。

磁器、銅鼓、銀剣、王座、寝台、衣装、靴、ランプなど、宮廷のガラス、大理石製調度品が多く、宮廷楽器や中国・日本の陶磁器も展示され、また前庭には、銅製の鐘や銅鑼、大砲などの他に、先の戦争に使われた戦車、高射砲、ミサイルなども置かれていた。

もともと博物館として設計された建物ではないため、保管状況が良好とはいえないが、多くのガラス展示ケースを用いて資料の保全を図り、スポットライトを使用するなど展示効果を上げるための工夫がなされていた。また、ベトナムの博物館としては珍しくエアコンが設置されるなど、それなりの設備も整っていた。

この博物館では来館者から献金を募っており、「文化遺産の保存のための献金に心より感謝します」という添え書きは、大英博物館のそれを思い出させるものであった。

(2) チャム彫刻美術館

ベトナム中部の中核都市ダナンのハン河畔に立つこの美術館は、主に七世紀から一五世紀までのチャンパ王国の遺跡から発見された石造彫刻だけを扱う博物館である(1)。チャンパ王国を築いた民族がチャム族である。

もとはチャンパの研究に力を注いだフランス人アンリ・バルマンティエが、その調査の際に発見した遺物を中心資料として、一九一六年、フランス極東学院によって設立されたものである。その後、いくつかのコレクションを加え、一九三九年に正式に博物館として発足した。窓もケースもなく、吹き抜け空間が多いフランス植民地様式のこの建物は、フランス人建築家ペラベルとオークレアの設計によるもので、チャンパ建築でよく使われるモチーフも用いられている。

チャンパ芸術とも呼ばれる約三〇〇点の石造彫刻の多くは砂岩製で、神像としてあるいは建物の装飾に用いられていたものである。時代によって南インド美術、クメール美術、大乗仏教、インドネシア美術などの影響を受けており、六〇〇㎡ほどの展示室で彫刻の変遷を見ることによって、中部ベトナムの歴史がわかるといっても過言ではない。入場料は二万ドン(約二〇〇円)で、ここも朝七時から開館している。

タイルの床、黄色に塗られたコンクリート造りの建物は開放的であるが、逆に風雨の影響を直接受けてしまう。ヒンズー教のシバ神やガネーシャ神の石像、リンガなどの資料も壁や天井近くにまで直接埋め込まれたものが多く、庭にも多くの資料が展示されている。砂岩製だけに資料の保存という立場からは疑問が残るが、展示効果は抜群である。ちなみに展示サインは、資料名がベトナム語、仏語、英語で記され、出土遺跡名と時代(世紀)がベトナム語で示されている。展示室は一〇に分かれ、それぞれミーソン、チャキュウ、チャム・ロー、タップ・マムといった遺跡名に代表される様式別となっており、チャンパ彫刻のすべての様式が紹介されている。また、アート・ギャラリーも設けられている。

中庭では、資料整理を数人のスタッフが行っていた。石製遺物の破片一点ずつに黄色のペンキで注記し、重さと寸法を測っているさまは日本と同様であったが(写真3—24)、注記された文字は日本のそれよりかなり大きめであった。

このチャンパ王国の資料は、一九九四年〜五年にかけて『チャンパ王国の遺跡と文化』という日本での巡回展で紹介されたことがある。この時に作られたミーソン遺跡の模型が展示され、日本語の図録[2]もこの博物館で販売されていた。

筆者が最初に訪ねた時、ハノイ総合大学で博物館学を学ぶという学生が一〇〇人ほど見学に来ていた。博物館学というものがベトナムにあり、しかもそれを学ぶ者が一つの大学で一〇〇人もいたということは、将来のベトナムの歴史研究と文化財の保存、あるいは博物館業界にとって希望がもてることであった。

(3) 海のシルクロード博物館とホイアン歴史博物館

ホイアンは、ダナンの南東約三〇km、トウボン川河口近くの三角州に築かれた町で、チャンパ王国時代以来、国際的な貿易都市・港市として繁栄した。一七世紀には日本人町が形成され、一説には三〇〇人とも一〇〇〇人以上ともいわれる日本人が住んでいた。その後、華僑の移住によって現在の町並みができあがったためか、約四五〇軒の赤瓦木造建築群からなるこの古い町並は、中国南部・華南地方の色合いが濃い[3]。ただ、最近の日本人による日本人町を探るためのホイアンの中心的な通り、チャンフー通りでの発掘の結果、一八世紀より前の遺物は出土せず、そこには一七世紀の町はなかったともいわれている。しかし、少なくとも一七世紀後半の伊万里焼などが出土しており、一七世紀半ばには中国の陶磁器にかわって肥前磁器が交易の中心的なものであったようである。

写真3−24　資料への注記作業

この古い町並み全体がある種の博物館であり、点在する歴史的建造物群や海のシルクロード博物館（貿易陶磁博物館）、ホイアン歴史博物館（観音寺）など九カ所の見学入場券は、町に四カ所あるチケットセンターで購入する。チケットは四枚綴りになっており、料金は五万ドン（約五〇〇円）であり、その売り上げは町並み保存と整備に使われている。

海のシルクロード博物館は、一九九五年九月に開館したもので、ベランダ付きの二階建木造建物を利用している（写真3―25）。周辺の沈没船から引き上げられた陶磁器を中心に、約一〇〇点の資料が展示され、古伊万里やペルシャの土器を見ることができる。一説によると、近くの島、クーラオチャム沖合だけで沈没船の遺物は二四万点にもなり、大半が一五～一七世紀のベトナム陶磁という。なお、この町の港湾としての機能は、トウボン川の土砂の堆積により失われてしまい、一九世紀以降はダナンへと移っていった。

写真3－25　海のシルクロード博物館

ホイアン歴史文化博物館は、チャンパ王国の時代からベトナム戦争中部攻防戦の拠点であったホイアンの町の歴史が紹介されている小さな博物館である。これらの博物館は、ともに朝七時から開館しており、町全体を博物館の一部として利用している。ただ、この町の大部分を構成する木造建築をむしばむ高温多湿の気候やシロアリの害、生活場所でもあることによる劣化なども最近では問題化している。

三　インドネシアの稜堡

(1) 植民都市

大航海時代にヨーロッパ諸国は、インドネシア地方の香辛料を直接入手したいと考え、オランダも、一六〇二年にジャカルタのコタに東インド会社を築き、これをきっかけにしてインドネシアの主な港のみならず内陸部まで植民地化していった。

江戸時代には、長崎・出島に来航していたオランダ船もジャカルタの東インド会社所属のものだったように、一七世紀はオランダの「黄金の世紀」[4]であり、世界史的に見ても「オランダの時代」と呼ばれた。当時の主なオランダの植民都市リストを眺めるだけで、インドネシアではバタビア(後のジャカルタ)やスラバヤなど一四の都市を挙げることができる。[5]

こうした植民都市には、フランスの築城術や戦闘を指導したボーバンによって完成された稜堡式の城郭が残されていることが多い。そうした都市の一つが、中部ジャワ島のジョクジャカルタであり、残された稜堡を利用して設立されたのがベンテン・ブレデバーグ博物館である。

(2) ジョクジャカルタ

ジャワ島はインドネシアの中西部にある東西に長い島で、火山が連なる。インドネシア国土の七％に人口の約六〇％にあたる一億一五〇〇万人が住み、首都ジャカルタや古都であるジョクジャカルタなど、インドネシアの政治、経済、文化の中心となる島でもある。

こうしたジャワ島の中部、インド洋に面するその南岸地方から北へ約三〇km内陸部に入ったジョクジャカルタは、宮廷文化が花開いたところであり、ジョクジャカルタを長年統治した王侯の王宮(クラトン)はその象徴である。一七五六年にジャワ建築の粋を集めて建築され、現在の建物は一九二八年、八代目の王の時に修復したものである。王宮は今も観光の中心であり、内部は博物館になっている。また、隣接する「水の宮殿」(タマン・サリ)は、一七六五年にポルトガルによって建築され、かつてはスルタンが水浴びを楽しんだ場所といわれている。

こうしたかつての王宮などは、南北に流れる東のコデ川と西のウイノゴ川に挟まれた細長い地域に集中し、約一・三km四方の方形区画の中心に王宮や北広場、南広場が南北方向を主軸にして並ぶ。東西の川を濠に代わる防衛施設として利用しており、しかもその流れは意図的に蛇行させて稜堡形式に近いものに仕上げている。この王宮を中心に据えた都城に似る方形区画のすぐ北にあるのがベンテン・ブレデバーグ博物館であり、かつてのオランダ支配の象徴である稜堡の遺構でもある。

四　ベンテン・ブレデバーグ博物館

(1)　博物館の歴史

ここはオランダが一八世紀に築いた稜堡を利用して、一九八七年に開館しており、その平面形を博物館のシンボルマークとして、館内の多くの施設や道具に意匠として徹底的に取り入れている。
模型によるジオラマ展示を連ねて、インドネシアの近代化の過程を紹介しており、たぶんに学習的ではあるが、とにかくひたすら稜堡にこだわる博物館であった。

この建物は、一七六〇年にスルタンが小さな方形の砦として築き、一七八七年になって要塞として修復されたものである。ところが一八六七年の大地震によって倒壊した後、再建され、スルタンとオランダの共存を象徴するブレデバーグ(「平和の要塞」)と呼ばれるようになった。

この建物の歴史を振り返ると、要塞として機能した時代(一七六一年~一八三〇年)、オランダと日本軍の建物として利用された時代(一八三〇年~一九四五年)、インドネシア軍が管理した時代(一九四五年~一九七七年)を経た後、州に移管されたものである。

一九八〇年八月には、国立情報・文化振興センターとしてスタートしたが、一九八五年に独立闘争博物館としてリニューアルされ、一九八七年にベンテン・ジョクジャカルタ博物館として開館した。

この博物館は、現在では独立闘争にかかわる歴史遺産の情報・調査センターであり、未来に向けて写真や資料を伝える施設と位置づけられている。

(2) 博物館の構造

およそ一八〇m四方の稜堡のまわりには、かつて幅一〇m近くの幅を持つ濠があり、門の前には跳ね橋があった。後に、濠は防御目的から排水溝になり、現在では博物館西側正面入り口にだけその一部が保存されている。また周囲は、土塁ではなく壁となっており、四方にそれぞれ門を備えていた。

稜堡を特徴づける四つの角部分には、その上面に平坦面を備えた構造となっている（図3－18、写真3－26）。

　さて、かつての稜堡の中には、現在、博物館として一三の建物があり、常設展示室、企画展示室、案内室、図書室、映像室、セミナー室のほか、収蔵庫、展示準備室、保存室や燻蒸室も備えられている。

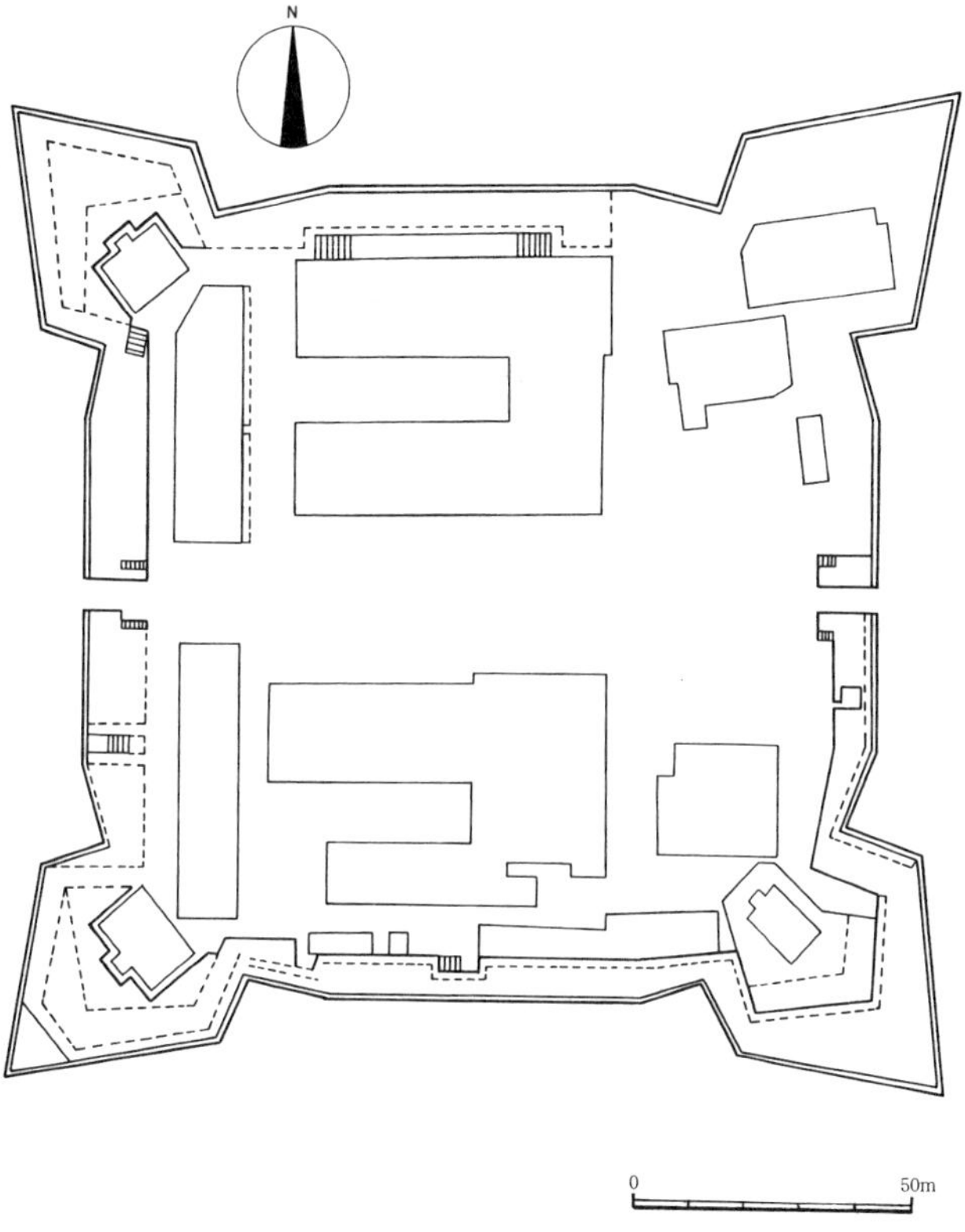

図3－18　ベンテン・ブレデバーグ博物館平面図

　展示室は、四つのゾーンからなるジオラマ展示が中心であり、幅二m、奥行・高さ一m程度の箱の中に表現されたミニチュアによる歴史の一場面で説明していくという形式である。これらを連ねて、一八世紀から今日までの、インドネシア独立運動を通史的に紹介するもので、一部、実物資料を中心にした展示室が

写真3－26　稜堡のコーナー部分

併設されている。

さて、この博物館の象徴は、その特異な稜堡形式の平面形である。この星形の築城形式は、一九世紀までヨーロッパ要塞築城の主流であった。日本では、しばしば「四稜郭」と称され、幕末に函館やその郊外でいくつか築かれた形式であるが、似たようなものは、沖縄本島で一五世紀初めに築城された座喜味城跡や知念城跡にも見ることができ、アーチ状の石造りの門も残る。もちろんヨーロッパのそれとは無関係である。

インドネシアのこの博物館では、一八世紀以降をインドネシア独立闘争の歴史と捉え、その象徴としてヨーロッパの築城形式である稜堡を博物館デザインの原型として採用している。しかし、インドネシアにおける稜堡の採用は一七世紀に遡る。一六一八年、ジャワ島のスンダクラパに上陸したオランダは、ここをバタビアと名付け、そのチリウイーン川河口に星形稜堡ジャカルタ砦を築いている[6]。

現在、この博物館の外壁は白く塗られたコンクリート製の塀となっているが、忠実に稜堡形を呈している。

(3) 博物館のデザイン戦略

平面が正方形の城郭の四つの角を剣先形に突出させた四稜郭形稜堡は、博物館内のいたるところのデザイン原型となり、展示ケースの台、展示説明のベースパネル、書類ケース形、机の脚、屋外展示の資料台や外灯の基礎、ベンチの脚、コンクリート製のゴミ箱、床のタイルにもその形が徹底して取り入れられている（写真3－27～29）。

何気ない設備を注意深く観察したり、人に指摘されないとわからないようなものであるが、植民地支配の象徴を独立闘争の歴史を語る博物館のシンボルマークに取り入れ、これを徹底して使っている

写真3－27　稜堡のデザイン柵

写真3－28　稜堡のデザイン・ゴミ箱

写真3－29　稜堡のデザイン・ブロック

ところに驚いてしまう。

また、二つのショーケースを備えただけのミュージアムショップ・コーナーでは、この稜堡の形をした博物館ミニチュア模型が売られていた。よほどの人でないと購入しないかもしれないが、このことについてもある種の思い入れを感じてしまう。

三　博物館の欲求と要求

本来は、見せたいという欲求と見たいという要求が合致してこそ、博物館は成り立つものであるが、ベトナムやインドネシアの博物館はどれもそうした欲求と要求が感じられる。これは、あるべきところに博物館があるということになる。資料の保存のための設備や施設といった点では不十分であるが、ルーブル美術館や大英博物館ですら直射日光がどんどん入っている展示室を備えるなど、自慢できたものでないことは確かである。こうした資料保存の観点はこれからの課題であるが、ベトナムやインドネシアの博物館には国づくりに必要だという熱意が感じられる。

特に、先に博物館を作るという発案の先行することが多い日本では、なかなかこうした地域や住民からの熱意を感じることが少なくなってきた。ある意味ではうらやましくもある。また、ホイアンの町全体が丸ごと博物館で、実際にそこに多くの人が暮らしている様子を肌で感じた時にはなおさらであった。ただ、ここでも多くの問題点があるようで、今では日本人技術者も参画しながら、文化遺産の保存がはかられつつある。[7]

インドネシアの博物館の歴史は古く、中には一九世紀創立のものもあるが、意外に博物館としての熟度は低い。そうした中にあって、ジョクジャカルタのベンテン博物館は異色であった。インドネシア近代化の歴史を扱ったこの博物館は、通常の観光ルートからはずれることが多いが、その敷地自体が稜堡という歴史的・文化財的価値を持つものであり、それを博物館のトレードマークとして、徹底して博物館戦略の中で位置づけている点で評価できる。

注

(1)チャンパ王国の遺跡群をはじめとするベトナム考古学に関するもので、日本語で書かれた入手しやすい文献には下記のものがある。
チャン・キイ・フォン、重枝　豊『チャンパ遺跡　海に向かって立つ』、連合出版、一九九七年。

重枝　豊「チャンパが危ない―ベトナム最新文化財事情」『おもしろアジア考古学』、連合出版、一九九七年。

新田栄治他『東南アジアの考古学』(『世界の考古学』八)、同成社、一九九八年。

山形眞理子「二～三世紀の国家様相について～ベトナム中部～」『最新海外考古学事情Ⅱ　アジア編』(『月刊文化財発掘出土情報』増刊号)、一九九七年。

山形真理子「甕棺から王国へ―ベトナム中部、チャンパの誕生―」『東南アジア考古学最前線』(第一五回「大学と科学」公開シンポジウム組織委員会編)、クバプロ、二〇〇二年。
(2)重枝　豊・桃木至朗編『チャンパ王国の遺跡と文化』、財団法人トヨタ財団、一九九四年。
(3)菊池誠一「ホイアン日本町の調査と博物館建設」『月刊文化財発掘出土情報』、一九五号、一九九八年に、ホイアンの建物群の保存と博物館建設、日本町の発掘の現状がまとめられている。

友田博通「ベトナムの民家調査と保存修復」『世界の文化遺産を護る』（第一五回「大学と科学」公開シンポジウム組織委員会編）、クバプロ、二〇〇一年。

菊池誠一「ベトナム　ホイアン日本町跡」『東南アジア考古学最前線』（第一五回「大学と科学」公開シンポジウム組織委員会編）、クバプロ、二〇〇二年。

友田博通『ベトナム町並み観光ガイド』、岩波書店、二〇〇三年。
（4）布野修司「はしがき」『近代世界システムと植民都市』、京都大学学術出版会、二〇〇五年。
（5）布野修司「近代世界システムの形成―オランダ共和国と海外進出」注（4）文献。
（6）中井　均「東アジアにおける都城―特に山城との関わり、稜堡との関わりについて―」『アジア基層文化の探求―アジアから日本列島と琵琶湖を見る―』（『琵琶湖博物館研究調査報告』第二一号）、滋賀県立琵琶湖博物館、二〇〇四年。
（7）重枝　豊「ベトナム・フエ王廟の保存修復」『世界の文化遺産を護る』（第一五回「大学と科学」公開シンポジウム組織委員会編）、クバプロ、二〇〇一年など。

おわりに　アジアから琵琶湖へ

一　はじめに

筆者は、何人かの考古学仲間と共にこの十数年間、何回かにわたってアジア地域を中心にした考古学研究のための踏査を行ってきた。

筆者らはかつて、地方の教育委員会で文化財保護という名の行政発掘を行う同じような業務に携わっていた。そこでの調査研究上の関心事は、日本列島の考古学にあり、悩みは開発と遺跡保存の調整など行政上の問題であった。そして、考古学という人類史の世界から、日常の矮小化した雑事に追われるようになり、考古学という学問に閉塞感を感じるようになっていた。

そうしたころ、滋賀県立琵琶湖博物館の計画が具体化し、世界的な視点に立った展示や活動が求められるようになったことを一つのきっかけとして、アジアでの調査がはじまった。そしてひとたびその諸文化に触れると、考古学が人間と関わる森羅万象の物的資料を研究対象とするだけに興味は尽きなくなった。そこで、アジアでどのような視点で見聞きし、考えてきたかを紹介することによって、そこから日本列島や琵琶湖の歴史的な固有世界と普遍世界を明らかにするという方法論開発に貢献したい、あるいはその一助になればと当初は考え、調査という名の旅行がはじまった。

一九九一年の韓国での遺跡と博物館、特に保存科学をテーマにした調査にはじまり、翌、一九九二年から三回にわたるイスラエルでの発掘調査参加や後の博物館めぐりと古代木造船の発掘・保存・復元・展示方法の追跡、以後、ベトナム・カンボジアのチャンパやクメール王国の遺跡群歩き、中国東北部の渤海や高句麗の都城・古墳・遺跡見学、長江の上流域・中流域・下流域の青銅器文化・環濠集落や墳丘墓の踏査、北京の消滅しつつある胡同見学と北京原人の遺址、福建省に数多く残り今も人が住む客家土楼、台湾の先住民族や稜堡にみる植民地政策、インドにおける世界遺産の石窟寺院見学、ジャワ島における化石人骨出土地訪問まで、興味の範囲はつきなかったが、それらを貫くキーワードがあるとすれば、「遺跡と博物館」であり「考古と民俗」、「生業と信仰」であった。

そして彼の地で見たモノとの比較の対象は、いつも琵琶湖であり近江であった。それらの知識や経験は、当初考えた崇高な目的とは裏腹につたないものであり、必ずしも目の前の日常的な職務上、あるいは研究上の課題の解決にもつながらなかったが、いつか自分の考古学研究に役立つよう、メモと図面や写真だけは可能な限りとった踏査でもあった。

二　調査の対象

先述のように、調査は、アジアからみる琵琶湖、遺跡と博物館、考古と民俗からみる生業と信仰をひとつの手がかりにして行ってきた。しかし、その経過の中で、考古学的な理解のために必要な近現代史的な視点も無視できなくなり、各地の民族や地域の誇りのようなものも肌で感じるようになった。

これらは今日の科学の体系の中では、考古学、民俗学、博物館学および近現代史として整理できるかもしれないが、わかりやすく分類するならば、アジアの遺跡、生業と信仰、博物館、そして極めて現代的な各国・地域事情ともいうことができる。

(1) 考古学と博物館事情

筆者らの調査は、見て歩くだけで遺構の全体像がわかる城、都、寺、墓が主な対象遺跡となり、石器、土器、陶磁器などが遺物として、列島とアジアの共通項になっていった。もう一つは、遺跡の修復と保存およびその公開方法である。これらは観光と深く結びついている場合が多いが、これも現地のそれぞれの地域の価値であり、生業の場でもあった。

墓では、墓標、棺や石室などの施設・設備、盛り土や副葬品の有無、その内容などが列島の古墳との比較の中で興味をひいた。中国における「古墳」あるいは「墳丘墓」は、日本の多くの研究者が訪れているにもかかわらず、日本への紹介はわかりやすく行われているとはいえない。特に、長江下流域の良渚文化の墳丘墓は、その名前だけが先行し、七六〇m×四五〇mというとてつもない規模の土台をもつ墓があるとだけ伝えられたりしたが、実際に現地でいくつかの墓を訪ねると、大規模なものについては、墓域全体を含んだ台地状の地形を含んだものである場合もあり、必ずしも全面的に人工物とはいえないものもあることがわかった。従って、現地では「高台墓地」「高土台墓地」「台式墓地」「高台土塚」など様々に呼ばれ、「墳山」ともいわれるなど、日本列島での「墳丘墓」という概念とは必ずしも一致しないことが理解できた。一方で、漢墓に特徴的な木槨墓などは、日本列島でいくつか調査されているそれとは、時代もその背景も異なるものの、系譜はひいており多少のつながりがあるだろうと想像していたところであった。しかし、これも全くの幻想で、長江中流域の代表的なものは板の厚みが三〇㎝を越え、一方、

列島のものは時代を四〇〇年も下ったなれの果てであることがわかった。(1)
城では、その中心的な建造物や礎石などの遺構、濠、土塁や石垣は、世界的に共通する要素である。また、武器・武具も城の構造と不可分に結びついたものである。都や寺は、その構造や配置、建物や基壇、時には瓦の製作技法や瓦当文も目をひくところとなった。

ただ、要素は共有しながらも、その組み合わせは必ずしも列島のそれと共通するものではない場合が多く、また規模があまりにちがいすぎる場合がある。互いに中国の縁辺部として中華世界の影響下にあった日本とベトナムなどの都城は、中国のそれとは比べものにならず、ベトナムの古都フエにある阮王朝順化城の太和殿は、清朝の紫禁城のそれより圧倒的に小規模なものであった。しかし一方では、都城内部は方形で区画されながら、周囲は二四の稜を突出させた稜堡形式をとり、正面も南東方向にするなど、微妙にその地域の歴史を反映して変化している。

なお、中国の都城は周囲に城壁を持つ羅城であり、朝鮮半島では都城に山城が伴う。ところが渤海の上京龍泉府などの都城は山城を備えず、周囲には土塁がめぐる土城遺跡とも呼ばれている一方、日本列島に羅城や山城はないなどその差は大きい。(2) カンボジア・アンコール遺跡群の都城の中心は、宮ではなく寺であり時には墓であった。

アジアの主な都市には、一部の地域を除いて必ずといっていいほど博物館がある。その建物は様々であるが、照明や空調、ガイドブックや案内スタッフ、それに展示手法も興味の対象である。珍品・奇品主義をあながち否定できないことを痛切に感じながらも、アジアの展示に極めて斬新な手法を見つけることもある。

そんな中にあってイスラエルの博物館は、その数も多く歴史、特に考古学分野に限っては非常に充実したものとなっている。この国の成立事情と相まって博物館の存在自体が国の生き残りをかけているといった状況であったし、それは遺跡の保存も同様であった。天然資源の乏しい、また地勢上、アジアとヨーロッパの間に位置するアラブ諸国の中にあって、宗教上の拠点を含む遺跡群、それを生かした歴史公園と博物館を中心にした観光が国の基本施策であり、著名なエリコ遺跡を中心にしているパレスチナにおいても、同様の政策が今後の国づくりのためには必要になってくるかも知れないということまで考えるに及んだ。(3)

(2) 民俗と近現代史

アジアの調査にあっては、民俗、特に考古資料と比較が容易な民具や考古学的な課題が密接に結びついたフィールドに目が行きがちであった。大別すると、農業、漁業、生活、そして宗教ということになる。

今の日本では博物館でしか見ることのできない前近代的な鍬、鋤、犂などの農具、水田や畑の規模・構造と灌漑設備、米、麦、雑穀、芋、野菜など、栽培植物も今日的な考古学の課題との関係で無視できなくなってきている。

ベトナムなどでのインディカ米は、そのまま食べるより米粉に加工してライスペーパーとして食べることが多い。その加工過程は石臼を使って行われ、それがリンガという石造物への信仰と結びついていることがわかり、また環太平洋地域に広く残る精液信仰の民俗例として、列島における縄文時代の石皿・磨石の祭祀ともつながることも容易に理解できるようになってきた(4)。
内水面である河川、沼や湖での漁業、特に木造の漁船やエリ・ヤナなどの仕掛け漁具、四つ手網や筌などにも琵琶湖漁業との関係で比較が可能であった。特に、琵琶湖の風物詩ともなっているエリに類似するものは、中国・長江流域のみならずベトナムやカンボジアなど広く東南アジアに分布し、米・なれずしと共に広がっている様子を見ることができた。

また、トンレサップ湖の漁業資源に注目したのは、アンコール遺跡群を貫く貯水池と運河網での人びとの魚とりであった。スラ・スランという池やバンテ・アイ・クディ遺跡などでは、極めて日常的に生活のための魚を捕っていたのを見たことから、トンレサップの魚種と漁獲量を調べていくことになり、その歴史的意義まで考えてみた。

村や町の市場では、商品としての米、麦、雑穀、野菜、果実それに魚の種類に目が行き、縄文人の食生活を想像してみた。それに対して肉類にほとんど興味が向かなかった。市場を一歩出ると、井戸、カワト、水車、竜骨車、竜尾車、ゴイといった揚水機などの水回りのみならず、カマドや高床の倉庫なども対象となった。また、時には煉瓦や線香の製作工房まで入り込んで見学した。

寺などの宗教生活は、主としてその信仰の対象や象徴が何かということが重要であった。龍や蛇、それに石棒などから列島の縄文人の精神生活を探るための手がかりを求めていたように思う。しかし、信仰が宗教として整備された後は理解も難しくなり、例えばインドのエローラ石窟寺院では、七世紀にはじまる仏教とヒンズー教、八世紀にはじまるジャイナ教の石窟寺院が南北二㎞にわたって築かれる一方、アジャンタ石窟寺院はインド最古の仏教寺院といわれ三〇の石窟が並んでいた。

また、いくつかの地域で今日的な問題に直面することが度々あった。ベトナムでは先のアメリカが加わった戦争の影響、特にチャンパ遺跡での米軍による爆撃で、いくつかの祀堂や周辺地域が破壊された現場を見たり、カンボジアにおいてもポルポト政権による弾圧の博物館、プノンペンのツールスレーンや処刑後の埋葬地であるキリング・フィールドも歩いた。中国・長春での反日的な展示や、川の向こう岸の北朝鮮では、山の頂上まで畑として開墾された光景を見たかつての高句麗の都である集安も印象的であった。

現在もインドに残るカースト制度の話を現地の人々に聞いたり、イスラエルではパレスチナとの関係抜きでは考えられない状況にも直面した。特に、世界最古の都市遺構といわれるエリコ遺跡は、一九九二年に一度は見学することができたが、今ではパレスチナ政府の本拠地となり容易に訪ねることができなくなってしまい、二〇〇一年にはヨルダン川西岸を南北に走る道路までもが迂回してエリコバイパスと呼ばれていた。こうした遺跡などの文化財保存が、現代的な諸問題の中で揺れ動く事情を実際に知ることができた。

三　琵琶湖への展望

多岐にわたる興味の対象を羅列してきたが、結局のところ、日本列島や琵琶湖周辺地域での考古学的な遺物・遺構の理解を助けるための調査であった。考古資料等では同時代資料との比較を行い、また民俗資料を用いて、考古資料の機能や使い方等への援用と類推を行ったりしたが、基本は物的資料の比較作業であった。

また、中国の歴史的な周辺地域への影響力、宗教の持つ力、そして生活・生業レベルでの人類の共通項などを知ることができた。博物館における技術的な側面はともかく、現代社会においてそれが果たす機能と新しい視点・発想は、今後の日本での活動の参考になるかもしれない。

こうした中、個別の課題を明確にし、さらには地域をいくつかに限定して深く掘り下げられるような調査研究活動が、今後は求められている。

特に、近年、琵琶湖や琵琶湖地域が、歴史的には中国大陸や朝鮮半島から日本海・若狭湾を経由して古代政権の中枢部にいたる外交ルートとして再評価されつつある(5)。そんな中にあって、例えば原始・古代には、木槨墓、渡来系墳墓や葬送祭祀形式、陶質・韓式土器、渡来人、大津宮などだけではなく、縄文時代の水辺、立柱祭祀、弥生時代の環濠集落、木偶祭祀、その他、エリ・ヤナ、フナズシ、朝鮮式山城、山岳寺院など、アジアとの関連や比較の中で説明できる事例が増えてきたし、従来、用途不明であった民具の機能も明らかになりつつある。こうした多岐にわたる学際的な見識は、大学などではなく、博物館やその学芸員等が中心になって磨いていくのが適当かも知れない。

注

(1)用田政晴「古代における中国との交流―滋賀県と湖南省―」『うみんど　湖人』第四四号、二〇〇七年。

(2)中井　均「東アジアにおける都城―特に山城との関わり、稜堡との関わりについて―」『アジア基層文化の探究―アジアから日本列島と琵琶湖を見る―』（『琵琶湖博物館研究調査報告』第二二号）、滋賀県立琵琶湖博物館、二〇〇四年。

（3）牧野久実「イェリコ遺跡地域の開発に向けての提案」『国際協力研究』第一二巻第一号、一九九六年。

（4）植田文雄「東南アジアの生活文化と宗教世界」『アジア基層文化の探究―アジアから日本列島と琵琶湖を見る―』（『琵琶湖博物館研究調査報告』第二二号）、滋賀県立琵琶湖博物館、二〇〇四年。

（5）植田文雄「終章」『「前方後方墳」出現社会の研究』、学生社、二〇〇七年や用田政晴「琵琶湖水系の歴史的特質」『琵琶湖をめぐる古墳と古墳群』、サンライズ出版、二〇〇七年など。

図表出典

（出典のないものは筆者作成・撮影あるいは執筆による初出文献に依る）

◆第一部

第一章

図1―1　琵琶湖の主な水没村伝承地と関係地

図1―2　「三ツ矢千軒」付近地形図

図1―3　「三ツ矢千軒」の確認遺構
（林　博通「琵琶湖湖底遺跡の研究―三ツ矢千軒遺跡の調査―」『環琵琶湖環境論』、思文閣出版、二〇〇三年）

図1―4　「三ツ矢千軒」発見石造品
（林　博通「琵琶湖湖底遺跡の研究―三ツ矢千軒遺跡の調査―」『環琵琶湖環境論』、思文閣出版、二〇〇三年）

図1―5　「阿曽津千軒」周辺地形図
（大日本帝国陸地測量部明治二六年測図）

図1―6　「阿曽津千軒」付近地形図

図1―7　塩津港遺跡概略図（アミは調査区）
（滋賀県埋蔵文化財センター『滋賀埋文ニュース』第三三二号、二〇〇七年）

図1―8　粟津湖底遺跡調査区位置図
（伊庭　功ほか『粟津湖底遺跡第三貝塚』（『琵琶湖開発事業関連埋蔵文化財発掘調査報告書』一）、滋賀県教育委員会・財団法人滋賀県文化財保護協会、一九九七年をもとに一部改変）

図1―9　粟津湖底遺跡遺構概略図
（財団法人滋賀県文化財保護協会）

図1―10　粟津貝塚展示の背景図

図1―11　唐橋遺跡の位置図
（財団法人滋賀県文化財保護協会）

図1―12　筑摩湖岸遺跡出土品
（中井　均『筑摩湖岸遺跡発掘調査報告書』（『米原町埋蔵文化財調査報告書』Ⅴ）、米原町教育委員会、一九八六年）

図1―13　余呉湖等深図

図1―14　下丹生遺跡・大門遺跡・笠上遺跡・蔵方遺跡出土土器

図1―15　松田遺跡出土遺物

図1―16　赤子山スキー場窯跡出土土器

図1―17　菅並六所神社裏塚・下余呉八幡社崩れ谷出土土器

図1―18　余呉湖底遺跡出土土器

図1―19　余呉湖北岸の埋没林出土状況
（Shoji HORIE, Seiichi KANARI, Kinshiro NAKAO,1975. Buried Forest in Lake Yogo-ko and its Significance for the Study of Past Bio-Environments. Proceedings of the Japan Academy 51 (No.8).）

図1―20　余呉湖堆積物中の窒素量変化
（Shoji HORIE, Seiichi KANARI, Kinshiro NAKAO,1975. Buried Forest in Lake Yogo-ko and its Significance for the Study of Past Bio-Environments. Proceedings of the

Japan Academy 51 (No.8).)
図1―21　余呉湖堆積物の化学変化
（堀江正治「湖盆の地殻変形の問題」『京都大学防災研究所年報』第一〇号、一九六七年）
図1―22　琵琶湖湖底5m付近の花粉分析図
（藤　則雄「びわ湖底堆積物の古生物学的研究Ⅰ　花粉学的研究」『陸水学雑誌』第三四巻第二号、一九七三年）
図1―23　Emiliani (1966) によるカリブ海の古水温変化図と古気候変化図の比較
（C.Emiliani,1966. Paleotemberature Analysis of the Caribian Cores P63049 and a Generaliqed Temperature Curve for the Last 425,000 Years.Proceedings of Journal of Geology 74.）
図1―24　松原内湖遺跡周辺地形図
（大日本帝国陸地測量部明治二六年測図を一部改変）
図1―25　篦状木製品の紹介
（小林行雄『日本考古学概説』、東京創元社、一九五一年）
図1―26　松原内湖遺跡出土の篦状木製品
（細川修平「滋賀県松原内湖遺跡出土の篦状木製品」『考古学雑誌』第七二巻第四号、日本考古学会、一九八七年）
図1―27　『焔硝御土蔵』の位置
（大日本帝国陸地測量部明治二六年測図）
図1―28　旧彦根藩『大洞焔硝庫』
（『彦根市史』中冊、彦根市、一九六四年、挿入写真をもとに横田洋三作成）

第二章

図1―29　日本列島最古の丸木舟の一つ（入江内湖遺跡出土）
（久保田ひかる「入江内湖遺跡出土の丸木舟」『丸木舟の時代―びわ湖と古代人―』、滋賀県立安土城考古博物館、二〇〇六年）
図1―30　準構造船の構成
（横田洋三「準構造船の時代へ」『丸木舟の時代―びわ湖と古代人―』、滋賀県立安土城考古博物館、二〇〇六年）
図1―31　森ノ内遺跡の2号木簡
（山尾幸久「木簡」『西河原森ノ内遺跡第一・二次発掘調査概要』、中主町教育委員会・中主町埋蔵文化財調査会、一九八七年）
図1―32　諸川瓦窯跡
図1―33　北前船の主な航路と寄港地
（『北前船と大阪』、大阪市立博物館、一九八三年）
図1―34　信長の船のイメージ（安宅船の二種）
（石井謙治「北前船と北前型弁才船」『特別展　北前船』、財団法人日本海事科学振興財団　船の科学館、一九八三年）
図1―35　赤野井湾遺跡の祭祀用具類
（濱　修ほか『琵琶湖開発事業関連埋蔵文化財発掘調査報告書二　赤野井湾遺跡』、滋賀県教育委員会・財団法人滋賀県文化財保護協会、一九九八年）

図1-36　芦浦1号墳
（田路正幸ほか『芦浦遺跡』（『滋賀県住宅供給公社芦浦住宅団地建設工事に伴う発掘調査報告書』）、滋賀県教育委員会・財団法人滋賀県文化財保護協会、一九九八年）
図1-37　鞭崎神社古墳群の位置
（大橋信弥ほか「草津市矢橋町鞭崎神社境内古墳群調査報告」『昭和四九年滋賀県文化財調査年報』、滋賀県教育委員会、一九七六年）
図1-38　芦浦観音寺
（『昭和五九年滋賀県文化財調査年報』、滋賀県教育委員会、一九八一年）
図1-39　『丸船百五拾石積付属品書目』
（滋賀県立琵琶湖博物館蔵）
図1-40　モデルにした大浦所在の丸子船
図1-41　復元した百石積丸子船
図1-42　草津市芦浦・下物町周辺の古代寺院跡と古墳
図1-43　旧矢橋港
（丸山竜平「矢橋港跡発掘調査報告書」『びわ湖と埋蔵文化財』、水資源開発公団琵琶湖開発事業建設部、一九八四年）
図1-44　江戸時代の石場の港
（秦　石田・秋里籬島『近江名所図會』巻之一、一八一五年（『近江名所図会』、臨川書店、一九九七年））
図1-45　江戸時代の矢橋の港
（秋里籬島『東海道名所図會』、一七九七年（粕谷宏紀『東海道名所図会を読む』、東京堂出版、一九九七年））
図1-46　明治時代の北山田・山田・矢橋周辺
（大日本帝国陸地測量部明治二五年測図を一部改変）
図1-47　明治時代の志那周辺
（大日本帝国陸地測量部明治二五年測図を一部改変）
図1-48　明治時代の赤野井浜周辺
（大日本帝国陸地測量部明治二六年測図を一部改変）
図1-49　田川カルバート断面図
（黒田惟信編『東浅井郡志』巻三、滋賀県東浅井郡教育会、一九二七年）
図1-50　西野水道位置図
図1-51　西野水道平面図
（高月町教育委員会提供を一部改変）
図1-52　いくつかの運河構想
図1-53　安政年間に掘削した舟川
（『琵琶湖治水沿革誌』第一巻、琵琶湖治水会、一九二五年）
図1-54　タツロウ位置図
図1-55　竪樋（タツロウ）構造図
図1-56　埋樋出水口
図1-57　木瓜池の樋
（横田洋三「木瓜池樋」『立命館大学びわこ・くさつキャンパス造成工事埋蔵文化財発掘調査報告書　木瓜原遺跡』、滋賀県教育委員会・財団法人滋賀県文化財保護協会、一九九六年）

図1―58　灰塚池の竪樋
（若林良和「農業・生活用水の調達と利用」『栗東の歴史』第四巻、資料編Ⅰ、一九九四年）

◆第二部

第一章

図2―1　小谷城史跡指定祝賀の新聞記事
（昭和一二年五月二二日付け『江州日日新聞』）

図2―2　小谷城跡主要遺構配置図
（黒田惟信編『東浅井郡志』巻二、滋賀県東浅井郡教育会、一九二七年）

図2―3　小谷城中枢部遺構

図2―4　小谷城大嶽から伸びる竪堀

図2―5　清水谷入口付近
（『近江国浅井郡郡上村地引全図』（部分）を一部改変）

図2―6　小谷城下惣構想定図

図2―7　小谷城城下町復元模式
（北村圭弘「小谷城下町の形成過程―小谷城下町の復元的研究三―」『紀要』第一〇号、二〇〇二年）

図2―8　虎御前山周辺図

図2―9　『虎御前山古砦図』
（黒田惟信編『東浅井郡志』巻二、滋賀県東浅井郡教育会、一九二七年）

図2―10　虎御前山城跡遺構図

図2―11　『丁野山古砦図』
（黒田惟信編『東浅井郡志』巻二、滋賀県東浅井郡教育会、一九二七年）

図2―12　『佐和山城絵図』の一例
（谷口　徹「佐和山城の絵図」『彦根城博物館研究紀要』第六号、一九九五年）

図2―13　佐和山城主要遺構およびその周辺地形図

図2―14　矢橋城跡位置図

図2―15　明治初期の地割と土地利用
（岩間一水「渡津集落―琵琶湖湖岸矢橋の場合」『歴史景観の復元―地籍図利用の歴史地理』、古今書院、一九九二年）

図2―16　矢橋城跡推定地

図2―17　朝妻城跡周辺地形図
（大日本帝国陸地測量部明治二六年測図を一部改変）

図2―18　朝妻城跡地形図
（用田政晴ほか「坂田郡米原町法善寺遺跡」『ほ場整備関係遺跡発掘調査報告書』XⅡ―七、滋賀県教育委員会・財団法人滋賀県文化財保護協会、一九八五年を一部改変）

図2―19　山本山城跡・尾上城跡周辺地形図
（大日本帝国陸地測量部明治二六年測図を一部改変）

図2―20　山本山城跡遺構図

図2―21　尾上城跡地形図
（滋賀県教育委員会『滋賀県中世城郭分布調査報告書』七（伊香郡・東浅井郡の城）、滋賀県教育委員会、

一九九〇年）
図2-22　甲賀の方形城館跡・望月城跡
（中井　均『近江の城―城が語る湖国の戦国史―』、サンライズ印刷出版部、一九九七年）
図2-23　横山城跡概要図
（中井　均『近江の城―城が語る湖国の戦国史―』、サンライズ印刷出版部、一九九七年）
図2-24　信長・秀吉の主要城郭配置
（中井　均『近江の城―城が語る湖国の戦国史―』、サンライズ印刷出版部、一九九七年）

第二章
図2-25　伊吹・霊山を中心にした山岳寺院
図2-26　弥高寺跡遺構図
（用田政晴『弥高寺跡調査概要』（『伊吹町文化財調査報告書』一）、伊吹町教育委員会、一九八六年をもとに、その後の測量成果を加えて改変）
図2-27　松尾寺跡遺構図
（土井一行『松尾寺遺跡発掘調査報告書』（『米原町埋蔵文化財調査報告書』ＸＸ）、米原町教育委員会、一九九九年）
図2-28　長尾寺跡遺構図
（高橋順之『長尾寺遺跡測量調査報告書―平安時代創建の山岳寺院遺跡―』（『伊吹町文化財調査報告書』第五集）、伊吹町教育委員会、一九九二年をもとに一部改変）
図2-29　観音寺跡遺構図
（桂田峰男『町内遺跡―大原氏館跡（第三次）・観音寺遺跡―』（『山東町埋蔵文化財調査報告書』Ｘ）、山東町教育委員会、一九九六年をもとに一部改変）
図2-30　大吉寺跡遺構図
（柏倉亮吉「大吉寺址」『滋賀県史蹟調査報告』第六冊、滋賀県、一九三四年をもとに一部改変）
図2-31　鶏足寺跡遺構図
（高橋美久二ほか『木之本町遺跡分布調査概報』Ⅱ（『木之本町埋蔵文化財調査報告書』第三集）、木之本町教育委員会、二〇〇三年をもとに一部改変）
図2-32　百済寺跡遺構図
（明日一史『百済寺遺跡分布調査報告書』Ⅱ（『愛東町文化財調査報告書』第一〇集）、愛東町教育委員会、二〇〇三年）
図2-33　安楽寺跡遺構想定図
（坊跡は大原観音寺のものを転写）
図2-34　日光寺跡遺構図
図2-35　太平寺跡遺構図
（伊吹町史編さん委員会『伊吹町史』文化民俗編、伊吹町、一九九四年をもとに作成）
図2-36　伊吹・霊山を中心にした山岳寺院の歴史的展開
図2-37　伊吹山松尾寺の梵鐘など
（梵鐘：坪井良平「伊吹山出土の明応の梵鐘」『滋賀文化

財研究所月報』一〇、滋賀文化財研究所、一九六九年）
図2−38　弥高寺本坊跡周辺図
図2−39　弥高寺門跡周辺図
図2−40　弥高寺大門跡周辺図
図2−41　弥高寺の池を備えた坊跡周辺図
図2−42　弥高寺行者谷周辺図
図2−43　弥高寺本坊跡背後調査地区
図2−44　弥高寺墓地出土遺物
図2−45　弥高寺表採遺物
図2−46　大吉寺跡本坊周辺図
図2−47　宝持坊跡周辺図
図2−48　清滝寺跡周辺図
図2−49　名超寺跡遺構図
図2−50　上平寺跡
（高橋順之『上平寺城跡群分布調査概要報告書Ⅲ　上平寺城跡—京極氏の山城跡—』（『伊吹町文化財調査報告書』第一七集）、伊吹町教育委員会、二〇〇二年）
図2−51　弥高寺跡の祖型
図2−52　弥高寺跡と上平寺跡の比較
図2−53　小谷城跡中枢部と上平寺跡
図2−54　堀郷遺跡位置図
図2−55　堀郷遺跡付近地形図
図2−56　堀郷遺跡遺構図
図2−57　石碑
図2−58　礫石経
図2−59　五輪塔残片
図2−60　『道中記』行程図
図2−61　堀端遺跡石塔
（大和久震平『堀端経塚発掘調査報告書』（『今市市埋蔵文化財調査報告書』第一集）、今市市教育委員会、一九六七年）
図2−62　堀端遺跡経石埋納坑・河原市遺跡経石埋納坑
（大和久震平『堀端経塚発掘調査報告書』（『今市市埋蔵文化財調査報告書』第一集）、今市市教育委員会、一九六七年、橋本澄夫・平田天秋『金沢市河原市遺跡』（『北陸自動車道関連埋蔵文化財発掘調査報告書』）、石川県教育委員会、一九七四年）

◆第三部

図3−1　位置図およびヨルダン川水系
図3−2　西アジアの琴
図3−3　ガリラヤ湖の古代船資料
（Mendel NUN,1989. The Sea of Galilee and its Fisherman in the Tastament.）
図3−4　ベランダネット漁の様子
（Mendel NUN,1989. The Sea of Galilee and its Fisherman in the Tastament.）
図3−5　ガリラヤ湖周辺図
図3−6　エン・ゲブ遺跡位置図
（小川英雄『イスラエル考古学研究』、山本書店、

一九八九年）
図3−7　ローカス・シートの一例
図3−8　イスラエル博物館
図3−9　「イエスの小舟」紹介
（一九九五年六月二八日付け『読売新聞』）
図3−10　インドシナ半島全体図
（土方美雄『アンコールへの長い道』、新評論、一九九九年を一部改変）
図3−11　トンレサップ湖
（石井米雄『メコン』、めこん、一九九五年）
図3−12　一三世紀のアンコール遺跡群配置図
（石澤良昭『アンコール・ワット』、講談社、一九九六年を一部改変）
図3−13　アンコール遺跡群・トンレサップ湖・メコン川の配置概念図
図3−14　ベトナム中央部
（International Travel Maps,1996. VIETNUM, Second Edition. をもとに作成）
図3−15　順化城平面図
（Dia DANH,1996.La Citadelle De Hue.）
図3−16　嘉定省城と外郭城壁
（Tu LIEU, Hinh ANH,1997. Saigon Gia Dinh.）
図3−17　嘉定省城平面図
（Tu LIEU, Hinh ANH,1997. Saigon Gia Dinh.）
図3−18　ベンテン・ブレデバーグ博物館平面図
（現地説明板をもとに作成）

表目次

◆第一部
第二章
表1−1　「人の移動」年表
表1−2　「物の輸送」年表
表1−3　「軍事利用」年表
表1−4　「祭祀」年表
表1−5　「支配・領域」年表
表1−6　湖上交通史概観年表
表1−7　丸子船復元仕様書
表1−8　企画展開催の体系

写真目次

◆第一部
第一章
写真1−1　『近江名所図屏風』（部分）
（滋賀県立琵琶湖博物館蔵）
写真1−2　「三ツ矢千軒」の石堤

写真1−3　「三ツ矢千軒」石堤の石仏
写真1−4　長盛寺の石仏
写真1−5　深溝浜の石堤
写真1−6　粟津貝塚調査区
写真1−7　粟津貝塚貝層剥ぎ取り作業
写真1−8　粟津貝塚の展示
写真1−9　唐橋遺跡の調査状況
写真1−10　瀬田唐橋の展示
写真1−11　鍋冠祭
写真1−12　余呉湖底遺跡出土土器
写真1−13　余呉湖底遺跡出土木の実
写真1−14　『彦根大洞秋之夕景色』（一九〇五年）（部分）
（彦根市立図書館蔵）
写真1−15　巻胎漆器
写真1−16　彦根藩火薬庫跡
第二章
写真1−17　丸子船交流デスク
写真1−18　諸川瓦窯跡出土瓦
写真1−19　諸川瓦窯遠景
写真1−20　現在の芦浦観音寺
写真1−21　大浦の丸子船
写真1−22　菅浦の丸子船
写真1−23　尾上の丸子船
写真1−24　スギの「出し」
写真1−25　丸子船の博物館への搬入（手前は松井三四郎）
写真1−26　企画展『湖の船』
写真1−27　橋本鉄男先生の書斎
写真1−28　矢橋港突堤の現状
写真1−29　矢橋港の常夜灯
写真1−30　志那港の現在
（『近江栗田郡志』巻参、一九二六年）
写真1−31　藁園の民家の禊
写真1−32　オランダ堰堤
写真1−33　南郷洗堰
写真1−34　西野水道東取水口
写真1−35　昭和二五年の水路
写真1−36　昭和五五年の水路
写真1−37　発見時のタツロウ
写真1−38　埋められたヒューム管
写真1−39　タツロウの出水口
◆第二部
第一章
写真2−1　小谷城土佐屋敷（一）
写真2−2　小谷城土佐屋敷（二）
写真2−3　『彦根大洞秋之夕景色』（一九〇五年）（部分）
（彦根市立図書館蔵）
写真2−4　松原内湖船着き場の現況
写真2−5　大中ノ湖南遺跡石堤
写真2−6　佐和山城大手屋敷跡

写真2-7　佐和山城搦手全景
写真2-8　矢橋港の常夜灯現況
写真2-9　矢橋城を画する川
写真2-10　矢橋城跡中心部
写真2-11　朝妻城堀跡
写真2-12　朝妻城船溜
写真2-13　山本山城本丸
写真2-14　山本山城から尾上港と尾上城を望む

第二章

写真2-15　弥高寺「本坊」
写真2-16　大原観音寺
写真2-17　太平寺の中心部分現況
写真2-18　弥高寺「本坊」の基壇
写真2-19　墓地出土の大甕
写真2-20　石塔・石仏群
写真2-21　弥高寺の法灯を護る悉地院
写真2-22　弥高寺から上平寺城を望む

◆第三部

写真3-1　「聖ペテロの魚」料理
写真3-2　ティベリアとガリラヤ湖
写真3-3　デガニヤ・ダム
写真3-4　カエサリアの導水橋
写真3-5　復元されたクルシと祈る人
写真3-6　ベトシャン遺跡の円形劇場
写真3-7　エリコ遺跡の塔
写真3-8　マサダ遺跡
写真3-9　ガリラヤ・ボートの保存処理
写真3-10　エンゲブ遺跡
写真3-11　グリッド杭
写真3-12　イスラエル考古局の中
写真3-13　ロックフェラー博物館
写真3-14　ガラス工房での実演
写真3-15　エンゲブ漁撈博物館とメンデル・ヌン
写真3-16　増水したメコン川
写真3-17　雨季に広がったトンレサップ湖
写真3-18　トンレサップ湖のエリ
写真3-19　市場の魚
写真3-20　トンレサップ湖とプノン・クロムの丘(右下)
写真3-21　フエ王宮の濠と城壁
写真3-22　フエ王宮の午門
写真3-23　フエ宮殿美術博物館
写真3-24　資料への注記作業
写真3-25　海のシルクロード博物館
写真3-26　稜堡のコーナー部分
写真3-27　稜堡のデザイン棚
写真3-28　稜堡のデザイン・ゴミ箱
写真3-29　稜堡のデザイン・ブロック

初出一覧

序　章　考古学と民具・博物館
新稿

第一部　湖の考古学

第一章　湖底遺跡

第一節　琵琶湖の水没村伝承
「琵琶湖の水没村伝承」(『琵琶湖博物館開設準備室研究調査報告』第二号、滋賀県教育委員会、一九九四年)を書き改めた。

第二節　琵琶湖湖底遺跡の調査と展示
新稿

第三節　余呉湖の歴史環境と埋没林
『余呉町埋蔵文化財発掘調査報告書』一(余呉町教育委員会・滋賀県文化財保護協会、一九八五年)を加筆・修正した。

第四節　松原内湖の歴史的意義
「松原内湖の火薬庫」(『湖国と文化』第一〇三号、滋賀県文化振興事業団、二〇〇三年)、「滋賀県指定有形文化財に指定された松原内湖遺跡出土箆状木製品と松原内湖の意義」(『うみんど　湖人』第二九号、滋賀県立琵琶湖博物館、二〇〇四年)をもとに大幅に書き改めた。

第二章　湖上交通と治水・利水

第一節　琵琶湖の湖上交通史
「湖上交通史の画期と特質および丸子船の意義」(『滋賀大学経済学部附属史料館研究紀要』第三三号　滋賀大学経済学部、二〇〇〇年)を加筆・修正した。

第二節　丸子船の復元・展示と保存
「橋本鉄男先生と丸子船」(『丸子船物語』サンライズ出版、一九九七年)、「丸子船復元製作展示への道」(『琵琶湖博物館研究調査報告書』第一三号、滋賀県立琵琶湖博物館、一九九八年)、「企画展示と博物館の活動—企画展「湖の船」の場合—」(『民具研究』第一二二号、日本民具学会、二〇〇〇年)をもとに構成し、書き改めた。

第三節　琵琶湖の浦・湊・津
新稿

第四節　琵琶湖洪水対策と運河構想の歴史
「琵琶湖の大洪水」(『湖国と文化』九〇号、滋賀県文化振興事業団、二〇〇〇年)、「琵琶湖運河構想の歴史」(『海と船の雑誌・ラメール』第二五号、二〇〇〇年)をもとにした新稿。

第五節　川と池の竪樋
「川と池の竪樋」(『西田弘先生米寿記念論集　近江の考古と歴史』真陽社、二〇〇一年)を加筆・修正した。

第二部　山の考古学

第一章　城郭

第一節　小谷城とその支城の体系的構造

新稿

第二節　佐和山城にみる交通史的意義

「湖上交通史における佐和山城の史的意義」（『城と湖と近江』、琵琶湖がつくる近江の歴史研究会編、サンライズ出版、二〇〇二年）を加筆・修正した。

第三節　湊をめぐる城館と山城

新稿

第四節　近江城郭研究の現状

「書評　中井均著『近江の城―城が語る湖国の戦国史』」（『考古学研究』第一七七号、考古学研究会、一九九八年）を加筆・修正した。

第二章　山寺と信仰

第一節　伊吹山・霊山の山岳寺院研究

新稿

第二節　弥高寺跡の史的評価

「弥高寺跡調査概報」（『伊吹町文化財調査報告書』一、伊吹町教育委員会、一九八六年）を加筆・修正した。

第三節　近世山岳寺院の一様相

「清滝寺に見る近世山岳寺院の要素」『佐加太』第二八号、二〇〇八年を加筆・修正した。

第四節　上平寺城山岳寺院論

「中世山城にみる山岳寺院要素―伊吹山・弥高寺と上平寺城―」（『山の考古学通信』№一九、山の考古学研究会、二〇〇七年）、「伊吹山寺にみる中世山岳寺院祖型」『佐加太』第二九号、二〇〇九年をもとに構成し、加筆・修正した。

第五節　一字一石経塚の意味

『堀郷遺跡調査報告―余呉町上丹生所在の一字一石経塚―』（滋賀県教育委員会・滋賀県文化財保護協会、一九八二年）を加筆・修正した。

第三部　アジアの湖

第一節　琴湖と琵琶湖の比較文化

「琴の湖と琵琶湖―イスラエル・ガリラヤ湖の水と歴史―」（『滋賀県職員だより』七二号　滋賀県、一九九二年）、「イスラエル考古事情（1）―琴の湖ガリラヤ湖―」（『滋賀文化財だより』№一七七、滋賀県文化財保護協会、一九九二年）をもとに構成し、加筆・修正した。

第二節　琴湖の遺跡保護と博物館の設立

イスラエル考古事情（2）―発掘調査と埋蔵文化財行政―」（『滋賀文化財だより』№一七八、滋賀県文化財保護協会、一九九二年）、「イスラエル考古事情（3）―博物館―」（『滋賀文化財だより』№一七九、滋賀県文化財保護協会、一九九二年）をもとに構成し、書き改めた。

第三節　トンレサップ湖の歴史的意義

「アンコール遺跡群とトンレサップ湖の史的意義」

（『滋賀考古』第二一号、滋賀考古学研究会、二〇〇〇年）を加筆・修正した。

第四節　東南アジアの稜堡と博物館戦略

「ベトナムの博物館」（『人間文化』第八号、滋賀県立大学人間文化学部、二〇〇〇年）の一部をもとに構成した新稿。

おわりに　アジアから琵琶湖へ

「アジアから日本列島と琵琶湖を見る―アジア考古学研究機構の調査研究活動―」『琵琶湖博物館研究調査報告』第二一号、滋賀県立琵琶湖博物館、二〇〇四年を加筆・修正した。

あとがき

学生時代の楯築弥生墳丘墓や湯迫車塚古墳の調査をきっかけにして、日本考古学の中心的なテーマのひとつである古墳とは何か、あるいは前方後円墳の成立はいかなるものであるかを卒業後もしばらくは考えてきた。しかし、先行研究も多く、また自らは発掘も行わない立場にあって新しい視座が見つからず、埋蔵文化財行政の諸矛盾の中での閉塞感も感じるようにもなった。そんな時、考古学徒はしばしば特定のモノ（物的資料）に向かったり、地域の限定をしてみたりする。恩師近藤義郎先生の場合は、外国語文献の翻訳に取り組んだと言っておられたが、私は、その調査の対象を変えて気分転換を図ることになった。

新しい博物館設立の仕事に誘われたことをきっかけとして、多くの民具資料と格闘することになり、また西アジア・ガリラヤ湖を眺めながらのエンゲブ遺跡の調査に参加することによって、外国の考古学やその文化にも目が移るようになった。さらには丸子船を復元する伝統的な船大工に出会ったことで、民俗や湖上交通史にも興味が移り、このことによって琵琶湖を通じた考古学の世界に広がりを感じるようになった。アジア考古学研究機構の仲間と共にアジアの遺跡を何度も歩いたことで、琵琶湖との比較もわずかながらはじめることになった。

そんな中で再び琵琶湖周辺の古墳をながめてみて、近江の中心的な前方後円墳と円墳をはじめとする首長墓を船津や渡津と結びつけ、琵琶湖とその周辺の交通史の中で位置づけてまとめてみたのが『琵琶湖をめぐる古墳と古墳群』（サンライズ出版、二〇〇七年）であった。首長墓と湖上交通を関係づけて考え、ひとつの試論は提示した。

そして、今回は、かつての気分転換の総括をするため『湖と山をめぐる考古学』と題してまとめることになった。これは、発掘はしなくても歩くだけで判る事柄を中心に取り扱ったものであり、その作業自体が気分転換になった。それは、扱ったテーマにおいて、自分は門外漢であるという気楽さからくるものでもあったし、結果として、序章で述べたように「考古学」「民俗学」と称するほど科学的な内容にもなっていないが、とにかく取り上げた素材や内容は多岐にわたった。そしてまた今回も、考古学仲間の細川真理子、國分政子、辻川智代さんの援助を得た。

残された『琵琶湖』シリーズの最終巻の刊行を当面はめざしながら、歴史科学であるべき考古学の王道を、考古学徒として世界を眺めながらも地域に根ざして、ボッボッと遊牧民のように歩いていきたい。そんな流浪の民にとって、椎山基金と財団法人ハン六文化振興財団の応援によって刊行する本書は、緑亭樹にたとえられるかも知れない。

用田　政晴

二〇〇九年七月一日

■著者略歴

用田政晴（ようだ まさはる）
1955年　滋賀県彦根市生まれ。
1979年　岡山大学法文学専攻科史学専攻考古学コース修了。
岡山県総務部県史編纂室、滋賀県教育委員会文化財保護課を経て、
現在、滋賀県立琵琶湖博物館上席総括学芸員・研究部長。
考古学専攻。
第22回ハン六文化振興財団学術賞受賞。
博士（人間文化学）。

主な著書・論文
「美作における中世山城について」『考古学研究』第26巻第3号、1979年。
「前期古墳の副葬品配置」『考古学研究』第27巻第3号、1980年。
『丸子船物語』（編著）、サンライズ印刷出版部、1997年。
『信長　船づくりの誤算—湖上交通史の再検討—』、サンライズ出版、1999年。
『琵琶湖をめぐる古墳と古墳群』、サンライズ出版、2007年など。

湖《うみ》と山《やま》をめぐる考古学《こうこがく》

2009年9月16日発行

著　者／用　田　政　晴
発行者／岩　根　順　子
発行所／サンライズ出版株式会社
〒522-0004 滋賀県彦根市鳥居本町655-1
TEL 0749-22-0627　FAX 0749-23-7720

印刷・製本／P-NET 信州

© Masaharu Yoda
ISBN978-4-88325-399-9 C3021

定価はカバーに表示しております。

索引

原則として注と挿図・挿表を除き、本文中から遺跡名と人名を中心に、主要な項目について50音順に並べた。

あ

青木津右衛門 177
アカトリ 7, 48
赤野井湾遺跡 93, 105, 114, 116
浅井氏 209, 211, 218, 221, 224, 229, 254, 256, 266, 268, 328, 336
朝倉氏 68, 214, 216, 218, 266, 267
朝妻城 250～254
朝妻湊 55, 250, 253
浅見氏 258
芦浦一号墳 118, 160
芦浦観音寺 118～121, 160, 161, 241, 243
葦浦屯倉 119, 160, 243
足利義材 110
アジャンタ 431
阿曽津千軒 20, 22, 27～32
安土城 25, 112, 158, 159, 241, 260, 267～269, 336
安土瓢箪山古墳 114
安曇川 57
穴村 167
姉川 59, 144, 145, 153, 174, 209, 224, 250
穴太廃寺 50
天野川 253
アユ 54, 153, 405
粟津貝塚 40, 41, 45～48, 58, 59, 77, 129, 362
粟津御供 54
粟津湖底遺跡 40, 42, 44
粟津神社 55
アンコール王朝 393, 398, 400
安楽寺 284, 286

い

井伊神社 232, 238
井伊直興 233
井伊直弼 91, 178
井伊直憲 92
碇 7, 33, 137, 148, 362, 372
印岐志呂神社古墳群 118
イグアル・アロン博物館 387
石田三成 94, 157, 158, 236
石場 163～165, 245
石山寺 53, 107
イスラエル博物館 383～386
磯千軒 21
一字一石経 341, 343, 349, 350, 352
一乗谷 216, 218, 219
一乗谷朝倉氏遺跡 218
一番丸 101
イノシシ 43, 47
伊吹山 266, 274, 276, 277, 280, 289, 290, 295～297, 326～330
伊吹山寺 276, 287, 296, 297, 311, 313, 314, 320, 327, 333, 336
今井清右衛門 29
今西遺跡 114
入江内湖 48

う

浮御堂遺跡 120
宇佐山城 158
海のシルクロード博物館 414, 415
埋樋 193, 195, 197, 199
浦 157～162, 166, 167
ウリ・バルーフ 375, 380

え

エゴマ 43, 47
恵荘 175, 177, 178, 179
越前道 214

越前焼　219
江戸時代　29, 61, 63, 68, 81, 84, 113, 121, 164, 165, 166, 172, 175, 176, 182, 184, 199, 202, 233, 298, 333, 350, 352, 400, 416
恵美押勝　34
エリ　132, 397, 431, 433
エリー湖　147
エリコ　367, 368, 386, 430, 432
エローラ　431
延喜式　55, 59
エンゲブ遺跡　357, 360, 370, 371, 375, 376
エンゲブ漁撈博物館　389
エンゲブ民俗博物館　389
焔硝御土蔵　89, 90
役行者　305
円墳　114, 118, 125, 160, 226, 243, 266
延暦寺　109, 120

お

御馬屋　213
近江輿地志略　225
大浦　105, 131, 137, 139, 142, 165, 184
小江慶雄　34
大坂城　19, 31, 112
大嶽　209, 211, 213 ～ 215, 228, 229, 267, 336, 338
大谷吉継　105, 131, 137, 139, 142, 165, 184
大津城　105, 131, 137, 139, 142, 165, 184, 260
大津宮　49, 50, 52, 110, 130, 403, 433
大津百艘船　113, 120
大友皇子　52
大野木屋敷　211
大野伴睦　186
大原観音寺　284, 286, 287, 289, 290, 314, 320, 329
大広間　208, 213, 336
大船　81, 82, 110, 112, 120, 125, 159, 163, 238
大洞弁財天　81, 232, 237
大溝城　112, 158, 159, 240, 260, 269
大宮若松神社古墳　118
小笠原好彦　33, 34
岡山城　89, 221
オケオ　401
小谷城　158, 208, 209, 213 ～ 216, 219, 220, 221, 224, 225, 228, 229, 254, 256, 260, 266, 268
織田信長　81, 105, 110, 159, 208, 224, 244, 254, 311
尾上　33, 35, 139, 257
尾上遺跡　114
尾上城　255, 257 ～ 259
大御舟　104
御屋鋪　211
オランダ堰堤　172 ～ 174
小和田哲男　263, 272, 314
園城寺　50, 109
オンドル　54

か

海津　92, 110, 159
貝塚　40, 41, 43, 45, 47
灰釉陶器　30, 65
舵　7, 130, 148, 232 ～ 234, 238
春日山古墳　114
型式　5, 7, 336, 382
堅田　18, 107, 109, 112, 120, 133 ～ 135, 141, 144, 152, 153, 159, 164
金関恕　376
金森　267
窯跡　66, 67, 105, 108
鎌倉時代　30, 34, 36, 109, 244, 314
上豊浦　240
鴨遺跡　92, 110, 114, 159
火薬庫　88 ～ 90, 92, 94

唐崎 52, 55, 114
刈安尾(の)城 314, 331
ガリラヤ湖 356～358, 360～367, 369～373, 375, 381, 384, 387～389
カワブネ 59, 144, 145, 153
河村瑞賢 109, 164, 184
環濠集落 427
観音寺 336
観音寺(ベトナム) 415
(大原)観音寺 276, 280, 282, 297, 298, 324, 327
観音寺城 158, 240, 266, 336

き

企画展 43, 146～149, 369
企画展示(室) 8, 46, 146, 147, 148, 149, 419
起請木簡 35
木曽義仲 110, 245
北畠顕家 110
北船木 20, 153
北山田 18, 166, 167
木戸政寿 113
畿内 50, 52, 53, 125, 221, 338
畿内王権 122
蓋(きぬがさ) 95
キネレット 357
木下藤吉郎 254
旧石器時代 58, 386
京極氏館跡 331, 333
京極高清 328, 330
京極高豊 319
京極丸 213, 229, 336
清滝寺 289, 290, 316, 319, 320, 321, 323, 324
清水谷 209, 211, 213～219, 221, 228, 229
慶州 53, 87
桐ヶ城 314
切通 237
ギル・コボ 376
金吾丸 228, 229

く

グエン(阮)王朝 405
供御瀬 31
グスク 263
百済 54, 87, 280, 284, 285, 289, 329
『口遊』 51
クムラン 368, 383
クメール 401, 406
クルシ 365, 366
クルミ 41, 69, 76
黒川橋 54
桑実寺 284

け

鶏足寺 280, 284, 287, 324, 329
月所丸 211, 214, 228
巻胎漆器 87, 95
玄蕃尾城 68

こ

コイ(鯉) 47, 361, 396
甲賀郡中惣 264
高句麗 427, 432
考古学 4, 5, 8, 9, 47, 58, 59, 271, 272, 361, 376, 380, 396, 426～428, 430
考古資料 4～9, 58, 59, 77, 84, 102, 105, 129, 387, 430, 432, 433
江若鉄道 101
荒神山古墳 114
洪水 20, 31, 32, 171, 172, 174, 177, 178, 183, 184, 186
豪族居館 264
古気候 69, 71, 78
國分政子 8
湖上交通 58, 59, 81, 94, 99, 100, 102, 122～

125, 128, 129, 146, 148, 150, 232, 241, 243, 268, 269, 361, 365, 396
五条古墳群 118, 361, 396
湖上関 109, 124
己高山寺 313
国家祭祀 122
湖底遺跡 15, 18, 21, 30, 32～36, 40, 42, 44, 58, 63, 69, 75～77, 128, 129
固定席艇（フィックス） 147
籠手田安定 174
琴湖 356～358, 372～374
小早川秀秋 244
小林博 40
小林行雄 84
古墳 4, 54, 58, 65, 66, 114, 118, 119, 161, 262, 351, 427, 428
古墳群 4, 63, 65, 118, 119, 226
古墳時代 4, 20, 21, 35, 50, 64～66, 95, 102, 114, 162, 243, 264
ゴラン高原 356, 370
古陸水学 69, 71, 93
金勝山寺 313
近藤義郎 5, 10

さ

祭祀土器 162
最澄 287
西明寺 284
境川 118, 160, 161
坂本 105, 110, 158, 159, 245, 250
坂本城 31, 112, 158, 159, 260, 269
座喜味城跡 420
佐久奈度 52
佐久奈度神社 114
佐久間玄蕃 68
桜馬場 213
佐々木政高 298
砂防ダム 172
佐和山 81, 94, 112, 157, 158, 224, 232～237, 239～241, 268, 270
佐和山城 94, 157, 158, 232～237, 239, 241, 260, 268,270
佐和山惣構 157, 236, 239
山王丸 213, 336
山槐記 31
山岳寺院 267, 274～276, 280, 284, 287, 289, 290, 291, 311, 313, 314, 316, 319, 320, 323, 324, 326, 327, 329, 330, 331, 333, 336, 338, 433
山岳信仰 274, 313, 326
山作所 57
三朱 179, 180, 320
三修 276, 279, 296, 297, 327
三宮神社 291

し

C14年代 23, 24, 73, 74
シェムリアップ川 401
塩津 34, 35, 110, 159, 165, 184
塩津港遺跡 35, 36
シカ 43, 47
死海 356, 363, 365, 367～369, 371, 383
地方凡例録 199, 202
信楽焼 219
鹿跳 17, 31
鹿跳橋 31
シジミ 41, 46, 47, 129
四神思想 50
賤ヶ岳 269
賤ヶ岳合戦 68
シソ 43, 47
七条浦遺跡 77
悉地院 290, 298, 324, 336
志那 110, 159, 166～168, 245

志那湖底遺跡　77
志那中　167
志那南遺跡　77
柴田勝家　68, 228, 269
柴田實　208, 209
下豊浦　240
下長遺跡　104
石道寺　313
秋水元固　290
集石炉　93
充満寺　175, 177
守護大名　120, 271, 328
淳仁天皇　34
準構造船　104, 122, 146, 149, 243, 361
定額寺　276, 297, 327
蒸気船　101, 166, 167
常設展示　43, 84, 149, 419
正倉院　87, 95
聖徳太子　119
上平寺城　266, 314, 326, 330, 331, 333
縄文人　43, 47, 102, 431
縄文土器　21, 35, 40, 46, 63, 69, 71, 75, 76
常夜灯　163, 246
常楽寺　105, 159, 240, 269
条里　161, 264
織豊政権　109, 124
新羅　49, 53, 54, 71
白鬚大明神　31
四稜郭　420, 421
資料目録　7, 8, 10
神功開宝　55, 57
新庄氏　251
新庄城　158
信長公記　105, 112, 159, 208, 224～226, 239, 240

す

水没村　16, 17, 20, 30, 32, 34
崇福寺　50
須恵器　20, 21, 35, 65～67, 87, 95
菅浦　34, 35, 105, 137, 139, 140
杉江進　112
杉立繁雄　132, 134
スクモ　48
硯　55
スッポン　43, 47
角倉了以　184

せ

生態展示　58
清凉寺　232, 233, 238
膳所城　31, 260
膳所神社　55
膳所茶臼山古墳　114
瀬田　55
瀬田唐橋　49, 50, 53, 58
瀬田川　16, 18, 19, 30, 31, 32, 50, 52, 57, 107, 129, 171, 172, 173, 185
瀬田川洗堰　16, 173, 364, 372
瀬田川浚渫　31
勢多橋　50～54, 129
石窟寺院　427, 431
瀬戸焼　219
千軒　18
善光寺川　189, 193, 195, 196, 201
戦国大名　120, 209, 254, 266, 271, 328, 336
前方後円墳　114, 125, 243, 266

そ

惣構　157, 221, 222, 236, 239, 240, 263
蔵骨器　67, 277, 291, 295, 299, 306, 308, 313, 328
底樋　189, 191～193, 195～197, 201, 219

た

大吉寺 280, 283, 287, 304, 311 〜 313, 324, 329
太閤のけつわり堀 184
泰澄 277
大中の湖南遺跡 26, 77, 88
大琵琶湖運河 185
太平寺 276, 284, 287 〜 290, 298, 324, 327, 329, 336
平維盛 110, 245
平重盛 184
高時川 61, 174, 219 〜 221, 224, 229
高橋護 48
田上山 107, 172
田川 174, 220, 221, 224
田川カルバート 173, 174
滝川一益 226
タツロウ 189 〜 192, 194 〜 196, 201, 202
竪櫛 95
竪樋 188, 189, 191 〜 193, 196, 197, 199 〜 202
立樋 195, 201
田邊朔郎 185
田舟 81, 101, 134, 232
玉作 162
タモアミ 48
単郭方形館 253, 264
タンガニーカ湖 147

ち

竹生島 33 〜 35, 159
筑摩神社 21, 56, 250
筑摩御厨 55 〜 57, 120, 250
治水・利水 58, 99, 363, 389
チチカカ湖 147
知念城跡 420
チャイルド 6
チャシ 263
チャム彫刻美術館 393, 412
チャンパ 393, 412 〜 415, 426, 432
長寿院 81, 232, 238
朝鮮人街道 237, 270
朝鮮半島 49, 54, 263, 403, 429, 433
長命寺湖底遺跡 77

つ

津 157 〜 160, 162, 163
通史展示 58
月本昭男 376
筑摩湖岸遺跡 55 〜 57
筑摩御厨 55 〜 57, 120, 250
辻川智代 8, 34
土清水塩硝蔵跡 89
葛籠尾崎 32 〜 35

て

デガニヤ・ダム 363, 364, 372
出口晶子 132
手づくね土器 114
鉄道連絡船 124, 130
デポ 33
出丸 213, 214, 228, 229
テラピア 356, 361, 363
テルアビブ大学 375, 376, 380
テル・キノール 365
テル・ハダール 365
テル・レヘシュ遺跡 357
デ・レーケ 172, 174
展示交流員 100, 146
天主台 68
天智天皇 49, 114

と

東光寺遺跡 114
刀子 55, 67
導水橋 364, 365, 372

東大寺　57, 87, 107
銅鐸　33, 88, 95
同名中惣　264
徳川家光　121
徳源院　319, 320
特別展　43, 148, 384
常滑焼　277, 291, 308, 328
土佐屋敷　211, 213
トチ　6, 41, 47, 69, 76
豊臣秀吉　19, 113, 184, 323
虎御前山城　221, 224, 225, 227, 229
鳥居川量水標　16
ドングリ　41, 46, 47
トンレサップ川　396, 402
トンレサップ湖　393, 394, 396, 397, 399～402, 431

な

内湖　19, 26, 27, 48, 92, 94, 95, 237, 239, 240, 243, 253, 256, 260, 268
尚江千軒　21, 31, 250
中井均　113, 262
長尾寺　276, 280, 281, 284, 289, 290, 298, 327, 329, 336
中浜　145
長浜城　21, 25, 30, 112, 158, 159, 260, 269
長浜湊　158
七瀬の祓い所　52
鍋冠祭　57, 250
ナマズ　47, 361, 396, 397
奈良時代　34, 66, 87, 95, 277, 313
南郷洗堰　16, 172, 173
南北朝時代　53

に

贄　57
西河原森ノ内遺跡　105, 120
西野水道　129, 174～177, 180, 182
西野山古墳　114
西廻り航路　109, 124, 164, 165, 184, 239
日光寺　284, 287
丹生川（高時川）　61
入定窟　277, 304, 305, 312, 313, 328
丹生神社　67

ね

年輪年代測定法　51

の

農具　48, 59, 386, 430

は

ハアレツ・イスラエル博物館　386
バイカル湖　147
灰塚池　200, 201, 202
白村江　49, 403
博物館　4, 6～9, 369, 374, 375, 383, 385～387, 389, 390, 406, 411, 412, 414, 415, 417～423, 426, 427, 429, 430, 432, 433
土師器　20
土師皿　33, 34, 277, 302, 328
羽柴秀吉　269
橋本鉄男　8, 132, 134, 150, 153, 154
長谷川嘉和　132
秦河勝　119
客家土楼　427
八景丸　101
林博通　16
早舟　81, 238
バライ　398～400
ハリコ漁　144, 153
ハリブネ　59, 144, 153
春成秀爾　6, 33
阪敦大運河　184

帆船　133
帆走木造船　100, 129

ひ

ＰＥＧ　49, 50
比叡山　50, 107, 245, 274, 276, 295, 312, 313, 327, 350, 403
比叡山寺　287, 289, 313
彦根三湊　113, 121, 158
彦根城　31, 84, 92, 157, 158, 233, 238, 241, 260, 270
彦根藩　18, 29, 88～91, 94, 95, 113, 121, 122, 158, 175, 177, 178, 184, 233, 238
ヒシ　41, 47
日野川　189
百済寺　280, 284, 285, 289, 329
百間橋　27, 94, 157, 237, 239
琵琶湖　4, 16～18, 20, 22, 27, 30～33, 35, 36, 40, 41, 43, 45, 46, 48, 50, 52, 54, 55, 57～59, 63, 73～75, 77, 81, 82, 84, 92～95, 100～102, 104, 107, 109～114, 120, 124, 125, 128～135, 144, 146, 147, 148, 150～152, 154, 157～166, 171～177, 184～186, 188, 196, 201, 221, 233, 238～241, 243, 245, 248, 250, 253, 254, 256, 258, 260, 268, 269, 274, 296, 356, 357, 361, 362, 364, 372, 373, 379, 393, 397, 403, 426, 427, 431～433
琵琶湖周航　147
琵琶湖疏水　173, 185, 365, 372
琵琶湖博物館　7, 9, 20, 21, 30, 43, 46, 48, 50, 55, 58, 59, 84, 100, 105, 128, 130, 132～138, 141, 144～147, 150, 152～154, 171, 172, 362, 369, 390, 426
浜堤　26, 251
敏満寺　267

ふ

胡同　427
フエ　393, 405, 406, 408, 409, 411, 429
フエ宮殿美術博物館　411
福寿丸　209, 211, 228, 229
藤岡謙二郎　40
藤則雄　73
藤江千軒　19, 31
藤原宮　107
藤原仲麻呂　110
仏教信仰　179, 274, 313
舟形木製品　104, 114, 122
船木千軒　20, 31
船釘　100, 134, 135
船小屋　153
フナズシ　55, 57, 433
船瀬　120
船大工　8, 58, 112, 120, 131～133, 134, 136, 146, 148, 152
船溜まり　95, 243, 254
船津　160, 243
船奉行　113, 158, 160, 241
船（舟）　7, 40, 41, 45, 48, 82, 92, 95, 100, 101, 110, 112, 113, 121, 130, 133, 135, 146～151, 158, 163, 164, 185, 186, 224, 232, 233, 239, 243, 246, 360, 369, 388, 389, 401
墳丘墓　427, 428
文献資料　5, 7, 270, 314

へ

平安時代　21, 30, 33～36, 66, 114, 120, 184, 276, 287, 295, 313, 323, 350
弁才船　164
ヘブライ大学　380
篦状木製品　82, 84, 86, 95
ベランダネット　362
ベンテン・ブレデバーグ博物館　416, 417, 419

ほ

帆　*7, 81, 141, 142, 147, 154, 232*
ホイアン　*405, 414, 415, 422*
ホイアン歴史博物館　*414, 415*
方形周溝墓　*64, 162*
方形館　*253, 264*
宝持坊遺跡　*316, 319*
方墳　*65*
墨書土器　*55, 120*
木瓜池　*197 ～ 202*
木瓜原遺跡　*197*
細川真理子　*8*
渤海　*427, 429*
法華経　*347, 349, 350*
法華寺　*313*
北国街道　*61, 65, 68, 95, 221, 341*
北国脇往還　*216, 218, 219 ～ 221, 229*
堀江正治　*69*
ポリエチレングリコール　*49*
堀郷遺跡　*68, 341 ～ 344, 350, 351, 352*
掘止の地蔵尊　*184*
堀秀政　*226*
本丸　*89, 113, 213, 214, 229, 256, 333, 336*

ま

米原湊　*95, 121, 158*
埋没林　*61, 63, 69 ～ 72, 75 ～ 77*
槙縄　*100, 140*
牧野久実　*146*
マサダ　*368*
松井三四郎　*8, 58, 132, 134, 135, 141, 144, 145, 147, 148*
松右衛門織　*142*
松尾寺　*274, 276, 277, 279, 280, 284, 289, 290, 292, 329*
松尾童子　*279*
松木哲　*132*
松永久秀　*244*
松原内湖　*27, 48, 81 ～ 85, 87 ～ 95, 102, 104, 141, 157, 232 ～ 234, 236 ～ 239*
松原弘宣　*159*
松原湊　*94, 121, 157, 158, 237, 239, 241*
丸木舟　*35, 49, 87, 88, 93, 95, 102, 104, 146, 151*
丸子船（丸子舟）　*4, 6, 8, 59, 81, 94, 100, 101, 112, 124, 125, 128 ～ 136, 138 ～ 142, 144 ～ 155, 164, 232 ～ 234, 239*

み

ミーソン遺跡　*393, 413*
御厨　*55 ～ 57, 120, 250*
水辺の祭祀　*122*
三ツ矢千軒　*18, 19, 22 ～ 26, 30*
みどり丸　*101*
湊　*157 ～ 160, 166, 243, 250*
南滋賀廃寺　*50*
南浜　*20, 145, 152, 221, 224*
壬申の乱　*52, 110*
三宅　*267, 350, 403*
名超寺　*284, 289, 320, 322 ～ 324*
民具資料　*4 ～ 8*
民俗資料　*4, 6, 7, 129, 386, 433*

む

鞭崎神社古墳群　*118, 119*

め

明治時代　*82, 130, 166 ～ 169, 173, 174*
メコン川　*394, 396, 397, 400 ～ 402*
メンデル・ヌン　*361, 389*

も

木偶祭祀　*433*
木製短甲　*95*
モシュ・コハヴィ　*376*

木槨墓　*428, 433*
木簡　*35, 55, 57, 59, 105, 107*
諸川瓦窯跡　*105, 108*

や

八相山　*225, 226*
矢倉　*165*
野洲川　*57, 107, 118, 160, 161, 196, 201*
野洌村右衛門　*175*
八十湊　*104*
弥高寺　*267, 274, 276 〜 278, 280, 284, 287, 289, 〜 291, 295 〜 299, 301 〜 307, 309 〜 314, 324, 326, 〜 331, 333 〜 337*
弥高百坊　*276, 295, 311, 313, 327*
ヤナ　*132, 431, 433*
ヤナ漁　*145*
矢橋　*110, 166, 433*
矢橋街道　*247*
矢橋氏　*244 〜 246*
矢橋城　*244 〜 246, 248, 249, 253*
矢橋の帰帆　*246*
矢橋港　*162, 163, 165, 166, 244 〜 247*
矢橋安忠　*244*
山尾幸久　*105, 159, 160*
山崎丸　*209, 211, 228, 229*
山田　*110, 166, 167, 245*
山田川　*219 〜 221, 229*
山田山城　*221, 229*
山茶碗　*30*
倭琴　*114*
山本山城　*113, 254 〜 258, 260*
弥生時代　*4, 30, 33, 47, 48, 59, 64 〜 66, 77, 84, 88, 93, 95, 102, 114, 129, 161, 162, 188, 243, 361, 433*
弥生土器　*65*

よ

丁野山城　*221, 229*
余呉川　*61, 63 〜 66, 75, 120, 175 〜 178, 183, 254, 257, 258*
余呉湖　*61 〜 63, 69 〜 77*
余呉湖底遺跡　*63, 69, 75, 76*
横山城　*226, 268*
吉田幸三郎　*184*
四ツ手網漁　*145*
ヨルダン川　*356, 357, 360, 363 〜 368, 370, 375, 432*

り

立柱祭祀　*433*
律令制　*52, 59, 61*
霊山　*274, 275, 277, 279, 280, 290, 291, 313*
龍潭寺　*232, 233, 237, 238*
龍潭寺越　*237*
稜堡　*405, 406, 408, 409, 411, 416 〜 422, 427, 429, 433*

れ

レマン湖　*147*

ろ

艪　*7, 137*
六坊　*211, 213, 214, 279, 316*
ロックフェラー博物館　*385*

わ

若宮山古墳　*114*
渡津　*160*
和邇　*55, 120*
和邇大塚山古墳　*114*